ZEN HUMAN DESIGN

EPHEMERIS

1951-1975

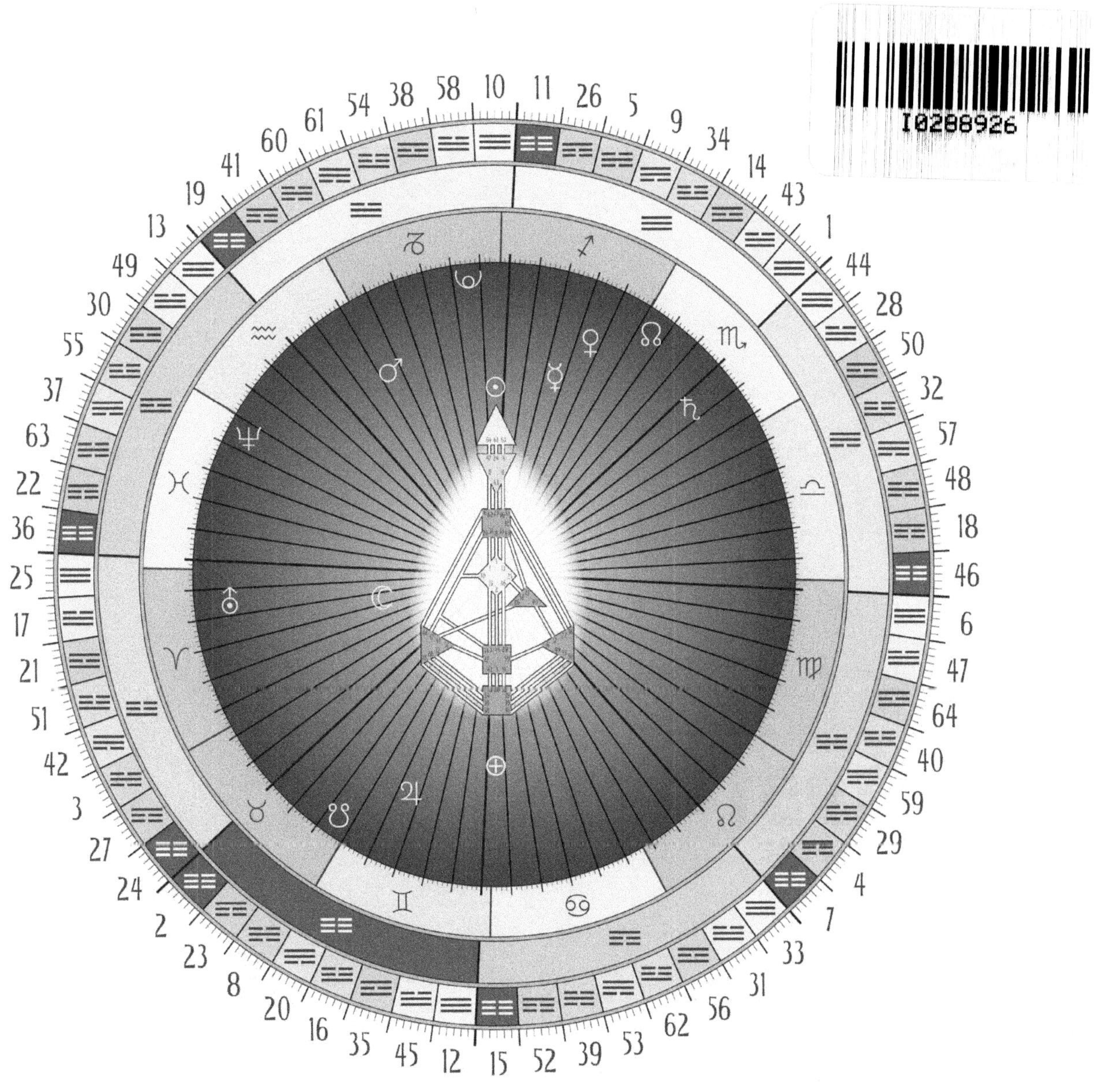

ZEN HUMAN DESIGN

ZEN HUMAN DESIGN

EPHEMERIS 1951–1975

ISBN 978-1-931164-19-1

Compiled, edited, designed, illustrated and produced by Chaitanyo.

Zen Human Design
www.humandesignsystem.com

January 1951

Date	Time	☉	⊕	☾	☊	☋	☿	♀	♂	♃	♄	♅	♆	♇
1	00	38.1	39.1	18.4	22.6	47.6	38.3	61.1	19.6	55.5	46.5	52.4	57.5	4.1
	12			48.5	R	R	38.2	61.2	13.1	D	D	R	D	R
2	00	38.2	39.2	57.6			38.1			55.6				
	12			50.2				61.3	13.2					
3	00	38.3	39.3	28.3			58.6	61.4						
	12			44.5			58.5							
4	00	38.4	39.4	43.1				61.5	13.3					
	12	38.5	39.5	14.3			58.4	61.6						
5	00			34.5	22.5	47.5	58.3	60.1	13.4					
	12	38.6	39.6	5.1										
6	00			26.3			58.2	60.2						
	12	54.1	53.1	11.5				60.3	13.5					
7	00			58.1			58.1			37.1				
	12	54.2	53.2	38.3				60.4	13.6					
8	00			54.5			10.6	60.5						
	12	54.3	53.3	60.1					49.1					
9	00			41.3				60.6						
	12	54.4	53.4	19.4			10.5	41.1						
10	00	54.5	53.5	13.6					49.2					
	12			30.1				41.2						
11	00	54.6	53.6	55.3				41.3	49.3					
	12			37.4						37.2				
12	00	61.1	62.1	63.5			10.4	41.4	49.4					
	12			22.6	D	D		41.5			R			
13	00	61.2	62.2	25.1			D							
	12			17.2				41.6	49.5					
14	00	61.3	62.3	21.3			10.5	19.1						
	12			51.3					49.6					
15	00	61.4	62.4	42.4				19.2						
	12	61.5	62.5	3.4	R	R		19.3						
16	00			27.5					30.1	37.3				
	12	61.6	62.6	24.5				19.4						
17	00			2.5			10.6	19.5	30.2			52.3		
	12	60.1	56.1	23.6	22.4	47.4								
18	00			8.6				19.6	30.3					
	12	60.2	56.2	20.6			58.1	13.1						
19	00			35.1										
	12	60.3	56.3	45.1				13.2	30.4					
20	00			12.1			58.2	13.3						
	12	60.4	56.4	15.2					30.5	37.4				
21	00	60.5	56.5	52.2			58.3	13.4						
	12			39.3				13.5					R	
22	00	60.6	56.6	53.3			58.4		30.6					
	12			62.4				13.6						
23	00	41.1	31.1	56.4			58.5	49.1	55.1					
	12			31.5										
24	00	41.2	31.2	33.6	22.3	47.3	58.6	49.2	55.2					
	12			7.6				49.3						
25	00	41.3	31.3	29.1			38.1			37.5				
	12			59.2				49.4	55.3					
26	00	41.4	31.4	40.3			38.2	49.5						
	12			64.4					55.4					
27	00	41.5	31.5	47.5	D	D	38.3	49.6						
	12	41.6	31.6	6.6			38.4	30.1	55.5					
28	00			18.1										
	12	19.1	33.1	48.2			38.5	30.2						
29	00			57.3			38.6	30.3	55.6	37.6				
	12	19.2	33.2	32.4										
30	00			50.6			54.1	30.4	37.1					
	12	19.3	33.3	44.1			54.2	30.5						7.6
31	00			1.2	R	R								
	12	19.4	33.4	43.4			54.3	30.6	37.2					

February 1951

Date	Time	☉	⊕	☾	☊	☋	☿	♀	♂	♃	♄	♅	♆	♇
1	00	19.4	33.4	14.6	22.3	47.3	54.4	55.1	37.2	37.6	46.5	52.3	57.5	7.6
	12	19.5	33.5	9.1	R	R	D	D	37.3	D	46.4	R	R	R
2	00	19.6	33.6	5.3			54.5	55.2		63.1				
	12			26.5			54.6	55.3	37.4					
3	00	13.1	7.1	11.6										
	12			58.2			61.1	55.4						
4	00	13.2	7.2	38.4			61.2	55.5	37.5					
	12			54.6			61.3							
5	00	13.3	7.3	60.2				55.6	37.6					
	12			41.3			61.4	37.1						
6	00	13.4	7.4	19.5			61.5							
	12			49.1				37.2	63.1	63.2				
7	00	13.5	7.5	30.2			61.6	37.3						
	12			55.4			60.1		63.2					
8	00	13.6	7.6	37.5			60.2	37.4						
	12	49.1	4.1	63.6				37.5	63.3					
9	00			36.2	D	D	60.3							
	12	49.2	4.2	25.3			60.4	37.6						
10	00			17.3			60.5	63.1	63.4					
	12	49.3	4.3	21.4			60.6			63.3				
11	00			51.5				63.2	63.5					
	12	49.4	4.4	42.6			41.1	63.3						
12	00			3.6			41.2							
	12	49.5	4.5	24.1			41.3	63.4	63.6					
13	00			2.1				63.5						
	12	49.6	4.6	23.2			41.4		22.1					
14	00			8.2	R	R	41.5	63.6						
	12	30.1	29.1	20.2			41.6	22.1	22.2	63.4		52.2		
15	00	30.2	29.2	16.3			19.1							
	12			35.3			19.2	22.2						
16	00	30.3	29.3	45.3				22.3	22.3					
	12			12.4			19.3							
17	00	30.4	29.4	15.4			19.4	22.4	22.4					
	12			52.4			19.5							
18	00	30.5	29.5	39.5			19.6	22.5						
	12			53.5			13.1	22.6	22.5	63.5				
19	00	30.6	29.6	62.6										
	12			31.1			13.2	36.1	22.6					
20	00	55.1	59.1	33.1			13.3	36.2						
	12			7.2			13.4		36.1		46.3			
21	00	55.2	59.2	4.3			13.5	36.3						
	12	55.3	59.3	29.4			13.6	36.4						
22	00			59.5			49.1		36.2					
	12	55.4	59.4	40.6				36.5		63.6				
23	00			47.1			49.2	36.6	36.3					
	12	55.5	59.5	6.2	D	D	49.3							
24	00			46.3			49.4	25.1						
	12	55.6	59.6	18.4			49.5	25.2	36.4					
25	00			48.5			49.6							
	12	37.1	40.1	32.1			30.1	25.3	36.5					
26	00			50.2			30.2	25.4		22.1				
	12	37.2	40.2	28.4			30.3		36.6					
27	00			44.5			30.4	25.5						
	12	37.3	40.3	43.1				25.6						
28	00	37.4	40.4	14.2			30.5		25.1					
	12			34.4			30.6	17.1						

March 1951

Date	Time	☉	⊕	☾	☊	☋	☿	♀	♂	♃	♄	♅	♆	♇
1	00	37.5	40.5	9.5	R	R	55.1	17.2	25.2	22.1	46.3	52.2	57.5	7.6
	12			26.1			55.2	D	D	D	R	R	R	R
2	00	37.6	40.6	11.2			55.3	17.3		22.2				
	12			10.4			55.4	17.4	25.3					
3	00	63.1	64.1	58.6			55.5							
	12			54.1			55.6	17.5	25.4					
4	00	63.2	64.2	61.3			37.1	17.6						
	12			60.4			37.2							
5	00	63.3	64.3	41.6			37.3	21.1	25.5					
	12			13.1			37.4	21.2						
6	00	63.4	64.4	49.3			37.5		25.6	22.3	46.2			
	12			30.4			37.6	21.3						
7	00	63.5	64.5	55.5			63.1	21.4	17.1					
	12	63.6	64.6	63.1			63.2							
8	00			22.2			63.3	21.5						
	12	22.1	47.1	36.3	D	D	63.4	21.6	17.2					
9	00			25.4			63.5							
	12	22.2	47.2	17.5			63.6	51.1	17.3					
10	00			21.6			22.1			22.4				
	12	22.3	47.3	42.1	R	R	22.2	51.2						
11	00			3.1			22.3	51.3	17.4					
	12	22.4	47.4	27.2			22.4							
12	00			24.3			22.5	51.4	17.5					
	12	22.5	47.5	2.3			22.6	51.5						7.5
13	00			23.3			36.1						57.4	
	12	22.6	47.6	8.4			36.2	51.6	17.6	22.5				
14	00			20.4			36.3	42.1						
	12	36.1	6.1	16.5			36.4		21.1			D		
15	00	36.2	6.2	35.5			36.5	42.2						
	12			45.5			36.6	42.3	21.2					
16	00	36.3	6.3	12.6	D	D	25.1							
	12			15.6			25.2	42.4						
17	00	36.4	6.4	52.6			25.3	42.5	21.3					
	12			53.1			25.5			22.6				
18	00	36.5	6.5	62.1			25.6	42.6	21.4					
	12			56.2			17.1	3.1			46.1			
19	00	36.6	6.6	31.2			17.2							
	12			33.3			17.3	3.2	21.5					
20	00	25.1	46.1	7.4			17.4	3.3						
	12			4.5			17.5		21.6					
21	00	25.2	46.2	29.5			17.6	3.4						
	12			59.6			21.1			36.1				
22	00	25.3	46.3	64.1			21.2	3.5	51.1					
	12			47.3			21.3	3.6						
23	00	25.4	46.4	6.4	R	R	21.4		51.2					
	12	25.5	46.5	46.5			21.5	27.1						
24	00			48.1			21.6	27.2						
	12	25.6	46.6	57.2			51.1		51.3					
25	00			32.4			51.2	27.3						
	12	17.1	18.1	50.5			51.3	27.4	51.4	36.2				
26	00			44.1			51.4							
	12	17.2	18.2	1.3			51.5	27.5						
27	00			43.4			51.6	27.6	51.5					
	12	17.3	18.3	14.6			42.1							
28	00			9.2			42.2	24.1	51.6					
	12	17.4	18.4	5.3			42.3	24.2						
29	00			26.5			42.4							
	12	17.5	18.5	10.1			42.5	24.3	42.1	36.3				
30	00			58.2							6.6			
	12	17.6	18.6	38.4	D	D	42.6	24.4	42.2					
31	00			54.5			3.1	24.5						
	12	21.1	48.1	60.1			3.2							

April 1951

Date	Time	☉	⊕	☾	☊	☋	☿	♀	♂	♃	♄	♅	♆	♇
1	00	21.2	48.2	41.2	22.3	47.3	3.3	24.6	42.3	36.3	6.6	52.2	57.4	7.5
	12			19.3	D	D	D	2.1	D	D	R	D	R	R
2	00	21.3	48.3	13.5			3.4		42.4	36.4				
	12			49.6			3.5	2.2						
3	00	21.4	48.4	55.1			3.6	2.3						
	12			37.2					42.5					
4	00	21.5	48.5	63.3			27.1	2.4						
	12			22.4	R	R		2.5	42.6					
5	00	21.6	48.6	36.5			27.2							
	12			25.6			27.3	2.6						
6	00	51.1	57.1	21.1					3.1	36.5				
	12			51.2			27.4	23.1						
7	00	51.2	57.2	42.3				23.2	3.2					
	12			3.3	22.2	47.2								
8	00	51.3	57.3	27.4			27.5	23.3						
	12			24.5				23.4	3.3					
9	00	51.4	57.4	2.5			27.6							
	12			23.6				23.5	3.4					
10	00	51.5	57.5	8.6				23.6		36.6				
	12	51.6	57.6	20.6										
11	00			35.1			24.1	8.1	3.5					
	12	42.1	32.1	45.1										
12	00			12.1				8.2	3.6		6.5	52.3		
	12	42.2	32.2	15.2				8.3						
13	00			52.2										
	12	42.3	32.3	39.2				8.4	27.1					
14	00			53.3				8.5		25.1				
	12	42.4	32.4	62.3					27.2					
15	00			56.4	D	D	R	8.6						
	12	42.5	32.5	31.4				20.1						
16	00			33.5					27.3					
	12	42.6	32.6	7.5				20.2						
17	00			4.6					27.4					
	12	3.1	50.1	59.1				20.3					57.3	
18	00			40.2				20.4						
	12	3.2	50.2	64.3					27.5	25.2				
19	00			47.4	R	R		20.5						
	12	3.3	50.3	6.5			27.6	20.6	27.6					
20	00			18.1										
	12	3.4	50.4	48.2				16.1						
21	00			57.4					24.1					
	12	3.5	50.5	32.5			27.5	16.2						
22	00	3.6	50.6	28.1				16.3	24.2					
	12			44.3						25.3				
23	00	27.1	28.1	1.5			27.4	16.4						
	12			14.1				16.5	24.3					
24	00	27.2	28.2	34.3										
	12			9.5			27.3	16.6						
25	00	27.3	28.3	5.6				35.1	24.4					
	12			11.2										
26	00	27.4	28.4	10.4	22.1	47.1	27.2	35.2	24.5					
	12			58.6						25.4				
27	00	27.5	28.5	54.2			27.1	35.3						
	12			61.3				35.4	24.6		6.4			
28	00	27.6	28.6	60.5										
	12			41.6			3.6	35.5	2.1					
29	00	24.1	44.1	13.1	D	D								
	12			49.3				35.6						
30	00	24.2	44.2	30.4			3.5	45.1	2.2					
	12			55.5										D

May 1951

Date	Time	☉	⊕	☾	☊	☋	☿	♀	♂	♃	♄	♅	♆	♇
1	00	24.3	44.3	37.6	22.1	47.1	3.5	45.2	2.3	25.5	6.4	52.3	57.3	7.5
	12			22.1	D	D	R	45.3	D	D	R	D	R	D
2	00	24.4	44.4	36.2	R	R	3.4							
	12			25.3				45.4	2.4					
3	00	24.5	44.5	17.3										
	12			21.4				45.5						
4	00	24.6	44.6	51.5			3.3	45.6	2.5					
	12			42.6										
5	00	2.1	1.1	3.6				12.1	2.6					
	12			24.1				12.2		25.6				
6	00	2.2	1.2	2.1										
	12	2.3	1.3	23.2				12.3	23.1					
7	00			8.2										
	12	2.4	1.4	20.3				12.4	23.2					
8	00			16.3				12.5						
	12	2.5	1.5	35.3			D							
9	00			45.4	63.6	64.6		12.6	23.3			52.4		
	12	2.6	1.6	12.4										
10	00			15.4				15.1		17.1				
	12	23.1	43.1	52.5				15.2	23.4					
11	00			39.5										
	12	23.2	43.2	53.5				15.3	23.5					
12	00			62.6										
	12	23.3	43.3	56.6				15.4						
13	00			31.6				15.5	23.6					
	12	23.4	43.4	7.1			3.4							
14	00			4.1				15.6	8.1					
	12	23.5	43.5	29.2	D	D		52.1		17.2				
15	00			59.3										
	12	23.6	43.6	40.4			3.5	52.2	8.2					
16	00			64.4										
	12	8.1	14.1	47.5	R	R		52.3						
17	00			46.1			3.6	52.4	8.3					
	12	8.2	14.2	18.2										
18	00			48.3				52.5	8.4					
	12	8.3	14.3	57.5			27.1							
19	00			32.6				52.6		17.3				
	12	8.4	14.4	28.2				39.1	8.5					
20	00			44.4			27.2							
	12	8.5	14.5	1.6				39.2						
21	00			14.2			27.3		8.6					
	12	8.6	14.6	34.4	63.5	64.5		39.3						
22	00			9.6			27.4	39.4	20.1					
	12	20.1	34.1	26.2										
23	00	20.2	34.2	11.4			27.5	39.5						
	12			10.6					20.2					
24	00	20.3	34.3	38.2			27.6	39.6		17.4				
	12			54.4					20.3					
25	00	20.4	34.4	61.6			24.1	53.1						
	12			41.2				53.2						
26	00	20.5	34.5	19.3			24.2		20.4					
	12			13.5			24.3	53.3						
27	00	20.6	34.6	49.6										
	12			55.2			24.4	53.4	20.5					
28	00	16.1	9.1	37.3	D	D	24.5	53.5				52.5		
	12			63.4					20.6					
29	00	16.2	9.2	22.5	R	R	24.6	53.6						
	12			36.6			2.1			17.5	D		57.2	
30	00	16.3	9.3	25.6				62.1	16.1					
	12			21.1			2.2	62.2						
31	00	16.4	9.4	51.2			2.3							
	12			42.2				62.3	16.2					

June 1951

Date	Time	☉	⊕	☾	☊	☋	☿	♀	♂	♃	♄	♅	♆	♇
1	00	16.5	9.5	3.3	63.5	64.5	2.4	62.3	16.2	17.5	6.4	52.5	57.2	7.5
	12			27.4	R	R	2.5	62.4	16.3	D	D	D	R	D
2	00	16.6	9.6	24.4			2.6							
	12			2.4	63.4	64.4		62.5						
3	00	35.1	5.1	23.5			23.1	62.6	16.4					
	12			8.5			23.2							
4	00	35.2	5.2	20.6			23.3	56.1		17.6				
	12			16.6			23.4		16.5					
5	00	35.3	5.3	35.6			23.5	56.2						
	12			12.1					16.6					
6	00	35.4	5.4	15.1			23.6	56.3						
	12			52.1	63.3	64.3	8.1	56.4						
7	00	35.5	5.5	39.2			8.2		35.1					
	12			53.2			8.3	56.5						
8	00	35.6	5.6	62.2			8.4							
	12			56.3			8.5	56.6	35.2					
9	00	45.1	26.1	31.3			8.6							
	12			33.3			20.1	31.1		21.1				
10	00	45.2	26.2	7.4			20.2		35.3					
	12			4.4			20.3	31.2						
11	00	45.3	26.3	29.5			20.4	31.3	35.4					
	12			59.5			20.5							
12	00	45.4	26.4	40.6			20.6	31.4						
	12			47.1	D	D	16.1		35.5					
13	00	45.5	26.5	6.2	R	R	16.2	31.5						
	12			46.3			16.3							
14	00	45.6	26.6	18.4			16.4	31.6	35.6			52.6		
	12	12.1	11.1	48.5			16.5							
15	00			57.6			16.6	33.1	45.1					
	12	12.2	11.2	50.2			35.1	33.2						
16	00			28.3			35.2			21.2				
	12	12.3	11.3	44.5			35.3	33.3	45.2					
17	00			43.1			35.4							
	12	12.4	11.4	14.3			35.5	33.4						7.6
18	00			34.5			35.6		45.3					
	12	12.5	11.5	5.1	63.2	64.2	45.1	33.5						
19	00			26.3			45.3							
	12	12.6	11.6	11.5			45.4	33.6	45.4					
20	00			58.1			45.5							
	12	15.1	10.1	38.4			45.6	7.1	45.5					
21	00			54.6			12.1							
	12	15.2	10.2	60.2			12.2	7.2						
22	00			41.4			12.3	7.3	45.6					
	12	15.3	10.3	19.5			12.5							
23	00			49.1			12.6	7.4		21.3				
	12	15.4	10.4	30.3			15.1		12.1					
24	00			55.4			15.2	7.5						
	12	15.5	10.5	37.6			15.3							
25	00			22.1	D	D	15.4	7.6	12.2					
	12	15.6	10.6	36.2			15.6							
26	00			25.3			52.1	4.1	12.3					
	12	52.1	58.1	17.4	R	R	52.2							
27	00			21.4			52.3	4.2						
	12	52.2	58.2	51.5			52.4		12.4					
28	00			42.6			52.5	4.3						
	12	52.3	58.3	3.6			39.1							
29	00			24.1			39.2	4.4	12.5				D	
	12	52.4	58.4	2.1			39.3					39.1		
30	00			23.2			39.4	4.5			6.5			
	12	52.5	58.5	8.2	63.1	64.1	39.5		12.6					

July 1951

Date	Time	☉	⊕	☾	☊	☋	☿	♀	♂	♃	♄	♅	♆	♇
1	00	52.5	58.5	20.3	63.1	64.1	39.6	4.6	12.6	21.4	6.5	39.1	57.2	7.6
	12	52.6	58.6	16.3	R	R	53.1	D	15.1	D	D	D	D	D
2	00			35.3			53.2	29.1						
	12	39.1	38.1	45.4			53.4							
3	00			12.4			53.5	29.2	15.2					
	12	39.2	38.2	15.4			53.6							
4	00			52.5			62.1							
	12	39.3	38.3	39.5			62.2	29.3	15.3					
5	00			53.5			62.3							
	12	39.4	38.4	62.6			62.4	29.4						
6	00			56.6	37.6	40.6	62.5		15.4					
	12	39.5	38.5	31.6			62.6	29.5						
7	00			7.1			56.1		15.5					
	12	39.6	38.6	4.1			56.2	29.6						
8	00			29.2			56.3							
	12	53.1	54.1	59.2			56.4	59.1	15.6					
9	00			40.3			56.5							
	12	53.2	54.2	64.3	D	D	56.6	59.2						
10	00			47.4			31.1		52.1					
	12	53.3	54.3	6.5			31.2							
11	00			46.6			31.3	59.3						
	12	53.4	54.4	48.1			31.4		52.2	21.5				
12	00			57.2			31.5	59.4						
	12	53.5	54.5	32.3	R	R	31.6							
13	00			50.4			33.1	59.5	52.3					
	12	53.6	54.6	28.6			33.2							
14	00	62.1	61.1	1.1			33.3		52.4					
	12			43.3			33.4	59.6						
15	00	62.2	61.2	14.4			33.5				6.6	39.2		
	12			34.6				40.1	52.5					
16	00	62.3	61.3	5.2			33.6							
	12			26.4			7.1							
17	00	62.4	61.4	11.6			7.2	40.2	52.6					
	12			58.2			7.3							
18	00	62.5	61.5	38.4			7.4	40.3						
	12			54.6			7.5		39.1					
19	00	62.6	61.6	60.3										
	12			41.5			7.6	40.4						
20	00	56.1	60.1	13.1			4.1		39.2					
	12			49.2			4.2							
21	00	56.2	60.2	30.4			4.3	40.5	39.3					
	12			55.6										
22	00	56.3	60.3	63.1	D	D	4.4							
	12			22.3			4.5	40.6	39.4					
23	00	56.4	60.4	36.4			4.6							
	12			25.5			29.1							
24	00	56.5	60.5	17.6				64.1	39.5					4.1
	12			51.1			29.2							
25	00	56.6	60.6	42.2			29.3							
	12			3.3				64.2	39.6					
26	00	31.1	41.1	27.3	R	R	29.4							
	12			24.4			29.5				46.1			
27	00	31.2	41.2	2.4			29.6	64.3	53.1					
	12			23.5										
28	00	31.3	41.3	8.5			59.1							
	12			20.6					53.2					
29	00	31.4	41.4	16.6			59.2	64.4						
	12			35.6	37.5	40.5	59.3		53.3				57.3	
30	00	31.5	41.5	12.1										
	12			15.1			59.4							
31	00	31.6	41.6	52.1			59.5	64.5	53.4					
	12			39.2								39.3		

August 1951

Date	Time	☉	⊕	☾	☊	☋	☿	♀	♂	♃	♄	♅	♆	♇
1	00	33.1	19.1	53.2	37.5	40.5	59.6	64.5	53.4	21.5	46.1	39.3	57.3	4.1
	12			62.2	R	R	D	D	53.5	D	D	D	D	D
2	00	33.2	19.2	56.3			40.1							
	12			31.3				64.6						
3	00	33.3	19.3	33.4			40.2		53.6					
	12			7.4										
4	00	33.4	19.4	4.5			40.3							
	12			29.5					62.1	R				
5	00	33.5	19.5	59.6			40.4	47.1						
	12			40.6	D	D								
6	00	33.6	19.6	47.1			40.5		62.2		46.2			
	12			6.2										
7	00	7.1	13.1	46.3			40.6							
	12			18.3					62.3					
8	00	7.2	13.2	48.4			64.1							
	12	7.3	13.3	57.5										
9	00			50.1				47.2	62.4					
	12	7.4	13.4	28.2			64.2							
10	00			44.3					62.5					
	12	7.5	13.5	1.4										
11	00			43.6	R	R	64.3							
	12	7.6	13.6	34.1					62.6					
12	00			9.3										
	12	4.1	49.1	5.5										
13	00			26.6			64.4		56.1					
	12	4.2	49.2	10.2				R						
14	00			58.4										
	12	4.3	49.3	38.6					56.2					
15	00			61.2							46.3			
	12	4.4	49.4	60.4										
16	00			41.6					56.3					
	12	4.5	49.5	13.2										
17	00			49.3			64.5							
	12	4.6	49.6	30.5					56.4					
18	00			37.1			R	47.1						
	12	29.1	30.1	63.2	D	D	64.4					39.4		
19	00			22.4					56.5					
	12	29.2	30.2	36.5										
20	00			17.1										
	12	29.3	30.3	21.2					56.6					
21	00			51.3										
	12	29.4	30.4	42.4										
22	00			3.5				64.6	31.1					
	12	29.5	30.5	27.5			64.3							
23	00			24.6										
	12	29.6	30.6	23.1					31.2					4.2
24	00			8.1			64.2				46.4			
	12	59.1	55.1	20.2	R	R		64.5	31.3					
25	00			16.2										
	12	59.2	55.2	35.3			64.1							
26	00			45.3					31.4					
	12	59.3	55.3	12.3				64.4						
27	00			15.4			40.6							
	12	59.4	55.4	52.4					31.5					
28	00	59.5	55.5	39.4			40.5							
	12			53.5				64.3		21.4				
29	00	59.6	55.6	62.5			40.4		31.6					
	12			56.5										
30	00	40.1	37.1	31.6			40.3	64.2						
	12			33.6					33.1					
31	00	40.2	37.2	4.1			40.2							
	12			29.1				64.1						

September 1951

Date	Time	☉	⊕	☾	☊	☋	☿	♀	♂	♃	♄	♅	♆	♇
1	00	40.3	37.3	59.2	37.5	40.5	40.1	64.1	33.2	21.4	46.5	39.4	57.3	4.2
	12			40.3	R	R	R	R	D	R	D	D	D	D
2	00	40.4	37.4	64.3	D	D	59.6	40.6						
	12			47.4					33.3					
3	00	40.5	37.5	6.5			59.5							
	12			46.6	R	R		40.5						
4	00	40.6	37.6	48.1					33.4					
	12			57.2			59.4							
5	00	64.1	63.1	32.3				40.4						
	12			50.4					33.5					
6	00	64.2	63.2	28.6			59.3						57.4	
	12			1.1				40.3						
7	00	64.3	63.3	43.2					33.6					
	12			14.4										
8	00	64.4	63.4	34.5			59.2			21.3				
	12			5.1				40.2	7.1					
9	00	64.5	63.5	26.2	D	D					46.6			
	12			11.4								39.5		
10	00	64.6	63.6	10.5			D	40.1	7.2					
	12			38.1										
11	00	47.1	22.1	54.3										
	12	47.2	22.2	61.4				59.6	7.3					
12	00			60.6										
	12	47.3	22.3	19.2			59.3							
13	00			13.4					7.4					
	12	47.4	22.4	49.5				59.5						
14	00			55.1			59.4							
	12	47.5	22.5	37.2					7.5					
15	00			63.4	R	R								
	12	47.6	22.6	22.5			59.5							
16	00			25.1				59.4	7.6	21.2				
	12	6.1	36.1	17.2			59.6				18.1			
17	00			21.3										
	12	6.2	36.2	51.4			40.1		4.1					
18	00			42.5										
	12	6.3	36.3	3.6			40.2							
19	00			24.1			40.3	59.3	4.2					
	12	6.4	36.4	2.2										
20	00			23.3			40.4							
	12	6.5	36.5	8.3			40.5		4.3					
21	00			20.4										
	12	6.6	36.6	16.4			40.6							
22	00			35.5			64.1		4.4					
	12	46.1	25.1	45.5			64.2							
23	00			12.5			64.3							
	12	46.2	25.2	15.6	D	D			4.5	21.1				
24	00	46.3	25.3	52.6			64.4							
	12			39.6			64.5				18.2			
25	00	46.4	25.4	62.1			64.6		4.6					
	12			56.1			47.1	D						4.3
26	00	46.5	25.5	31.1			47.2							
	12			33.2			47.3		29.1					
27	00	46.6	25.6	7.2			47.4							
	12			4.3			47.5							
28	00	18.1	17.1	29.4			47.6		29.2					
	12			59.4			6.1							
29	00	18.2	17.2	40.5	R	R								
	12			64.6			6.2		29.3					
30	00	18.3	17.3	6.1			6.3							
	12			46.2			6.4							

October 1951

Date	Time	☉	⊕	☾	☊	☋	☿	♀	♂	♃	♄	♅	♆	♇
1	00	18.4	17.4	18.3	37.5	40.5	6.5	59.3	29.4	17.6	18.2	39.5	57.4	4.3
	12			48.4	R	R	6.6	D	D	R	D	D	D	D
2	00	18.5	17.5	57.5			46.1	59.4			18.3			
	12			32.6			46.2		29.5					
3	00	18.6	17.6	28.2			46.3						57.5	
	12			44.3			46.4							
4	00	48.1	21.1	1.5			46.5		29.6					
	12	48.2	21.2	43.6			46.6							
5	00			34.2	37.4	40.4	18.1	59.5						
	12	48.3	21.3	9.3			18.2		59.1					
6	00			5.5			18.3							
	12	48.4	21.4	26.6			18.4							
7	00			10.2			18.5		59.2					
	12	48.5	21.5	58.4			18.6	59.6						
8	00			38.5	D	D	48.1			17.5				
	12	48.6	21.6	61.1			48.2		59.3					
9	00			60.2			48.3							
	12	57.1	51.1	41.4			48.4	40.1			18.4			
10	00			19.5					59.4					
	12	57.2	51.2	49.1			48.5							
11	00			30.2			48.6							
	12	57.3	51.3	55.4			57.1	40.2	59.5					
12	00			37.5	R	R	57.2							
	12	57.4	51.4	63.6			57.3							
13	00			36.2			57.4	40.3	59.6					
	12	57.5	51.5	25.3			57.5							
14	00	57.6	51.6	17.4			57.6							
	12			21.5			32.1		40.1					
15	00	32.1	42.1	51.6			32.2	40.4		17.4				
	12			3.1			32.3							
16	00	32.2	42.2	27.2					40.2					
	12			24.3			32.4	40.5						
17	00	32.3	42.3	2.4			32.5				18.5			
	12			23.4			32.6	40.6	40.3					
18	00	32.4	42.4	8.5			50.1							
	12			20.6			50.2							
19	00	32.5	42.5	16.6			50.3	64.1						
	12			45.1			50.4		40.4					
20	00	32.6	42.6	12.1			50.5							
	12			15.1				64.2						
21	00	50.1	3.1	52.2			50.6		40.5			R		
	12			39.2			28.1							
22	00	50.2	3.2	53.2	37.3	40.3	28.2	64.3						
	12	50.3	3.3	62.3			28.3		40.6	17.3				
23	00			56.3			28.4	64.4						
	12	50.4	3.4	31.3	D	D	28.5							
24	00			33.4				64.5	64.1					
	12	50.5	3.5	7.4			28.6							
25	00			4.5			44.1				18.6			
	12	50.6	3.6	29.5	37.4	40.4	44.2	64.6	64.2					
26	00			59.6			44.3							
	12	28.1	27.1	64.1	R	R	44.4	47.1						
27	00			47.1			44.5		64.3					
	12	28.2	27.2	6.2	37.3	40.3		47.2						
28	00			46.3			44.6							
	12	28.3	27.3	18.4			1.1		64.4				57.6	
29	00			48.6			1.2	47.3						
	12	28.4	27.4	32.1			1.3							
30	00	28.5	27.5	50.2			1.4	47.4	64.5					
	12			28.4										
31	00	28.6	27.6	44.6			1.5	47.5						
	12			43.1			1.6		64.6	17.2				

November 1951

Date	Time	☉	⊕	☾	☊	☋	☿	♀	♂	♃	♄	♅	♆	♇
1	00	44.1	24.1	14.3	37.3	40.3	43.1	47.6	64.6	17.2	18.6	39.5	57.6	4.3
	12			34.5	R	R	43.2	D	D	R	D	R	D	D
2	00	44.2	24.2	9.6				6.1			48.1			
	12			26.2			43.3		47.1					
3	00	44.3	24.3	11.4			43.4	6.2						
	12			10.6			43.5							
4	00	44.4	24.4	38.2	37.2	40.2	43.6	6.3	47.2					
	12			54.3										
5	00	44.5	24.5	61.5			14.1	6.4						
	12			60.6			14.2		47.3					
6	00	44.6	24.6	19.2			14.3	6.5						
	12	1.1	2.1	13.3	D	D	14.4							
7	00			49.5				6.6	47.4					
	12	1.2	2.2	30.6			14.5							
8	00			37.1			14.6	46.1						
	12	1.3	2.3	63.3	R	R	34.1		47.5					
9	00			22.4			34.2	46.2						
	12	1.4	2.4	36.5										
10	00			25.6			34.3	46.3	47.6					
	12	1.5	2.5	21.1			34.4				48.2			
11	00			51.2			34.5	46.4						
	12	1.6	2.6	42.3			34.6							
12	00			3.4				46.5	6.1					
	12	43.1	23.1	27.5			9.1			17.1				
13	00			24.5			9.2	46.6						
	12	43.2	23.2	2.6			9.3		6.2					
14	00	43.3	23.3	8.1				18.1						
	12			20.1			9.4							
15	00	43.4	23.4	16.2	37.1	40.1	9.5	18.2	6.3					
	12			35.2			9.6							
16	00	43.5	23.5	45.3				18.3						
	12			12.3			5.1	18.4	6.4					
17	00	43.6	23.6	15.4			5.2							
	12			52.4			5.3	18.5						
18	00	14.1	8.1	39.4					6.5					
	12			53.5			5.4	18.6						
19	00	14.2	8.2	62.5			5.5							
	12			56.5			5.6	48.1						
20	00	14.3	8.3	31.6					6.6		48.3			
	12	14.4	8.4	33.6			26.1	48.2						
21	00			7.6			26.2	48.3						
	12	14.5	8.5	29.1					46.1					
22	00			59.1	D	D	26.3	48.4						
	12	14.6	8.6	40.2	R	R	26.4							
23	00			64.2				48.5	46.2					
	12	34.1	20.1	47.3			26.5							
24	00			6.4			26.6	48.6						R
	12	34.2	20.2	46.5					46.3					
25	00			18.6			11.1	57.1					32.1	
	12	34.3	20.3	57.1			11.2	57.2						
26	00			32.2	55.6	59.6								
	12	34.4	20.4	50.3			11.3	57.3	46.4					
27	00	34.5	20.5	28.5										
	12			1.1			11.4	57.4						
28	00	34.6	20.6	43.2			11.5	57.5	46.5					
	12			14.4										
29	00	9.1	16.1	34.6			11.6	57.6						
	12			5.2					46.6		48.4			
30	00	9.2	16.2	26.4			10.1	32.1						
	12			11.6						D				

December 1951

Date	Time	☉	⊕	☾	☊	☋	☿	♀	♂	♃	♄	♅	♆	♇
1	00	9.3	16.3	58.2	55.5	59.5	10.2	32.2	46.6	17.1	48.4	39.5	32.1	4.3
	12			38.4	R	R	D	32.3	18.1	D	D	R	D	R
2	00	9.4	16.4	54.6								39.4		
	12	9.5	16.5	60.2			10.3	32.4						
3	00			41.4					18.2					
	12	9.6	16.6	19.5			10.4	32.5						
4	00			49.1				32.6						
	12	5.1	35.1	30.3					18.3					
5	00			55.4				50.1						
	12	5.2	35.2	37.5	D	D	10.5							
6	00			22.1	R	R		50.2						
	12	5.3	35.3	36.2				50.3	18.4					
7	00			25.3										
	12	5.4	35.4	17.4			R	50.4						
8	00			21.5					18.5					
	12	5.5	35.5	51.6				50.5						
9	00	5.6	35.6	42.6				50.6						
	12			27.1			10.4		18.6					
10	00	26.1	45.1	24.2				28.1						
	12			2.2										
11	00	26.2	45.2	23.3				28.2						
	12			8.4			10.3	28.3	48.1		48.5			
12	00	26.3	45.3	20.4	55.4	59.4								
	12			16.5			10.2	28.4						
13	00	26.4	45.4	35.5					48.2					
	12			45.6			10.1	28.5						
14	00	26.5	45.5	12.6				28.6						
	12	26.6	45.6	15.6			11.6							
15	00			39.1			11.5	44.1	48.3					
	12	11.1	12.1	53.1										
16	00			62.1			11.4	44.2						
	12	11.2	12.2	56.2	55.3	59.3	11.3	44.3	48.4					
17	00			31.2										
	12	11.3	12.3	33.2			11.2	44.4						
18	00			7.3			11.1	44.5	48.5					
	12	11.4	12.4	4.3			26.6			17.2				
19	00			29.3				44.6						
	12	11.5	12.5	59.4	D	D	26.5							
20	00			40.4			26.4	1.1	48.6					
	12	11.6	12.6	64.5				1.2						
21	00	10.1	15.1	47.5			26.3							
	12			6.6				1.3	57.1					
22	00	10.2	15.2	46.6	R	R	26.2	1.4						
	12			48.1										
23	00	10.3	15.3	57.2			26.1	1.5						
	12			32.3					57.2					
24	00	10.4	15.4	50.5			5.6	1.6						
	12			28.6				43.1						
25	00	10.5	15.5	1.1					57.3					
	12			43.3				43.2						
26	00	10.6	15.6	14.5				43.3			48.6			
	12	58.1	52.1	9.1								39.3		
27	00			5.3			5.5	43.4	57.4					
	12	58.2	52.2	26.5			D							
28	00			10.1			5.6	43.5						
	12	58.3	52.3	58.3				43.6						
29	00			38.5					57.5					
	12	58.4	52.4	61.1	55.2	59.2		14.1						
30	00			60.3				14.2						
	12	58.5	52.5	41.5					57.6	17.3				
31	00			13.1			26.1	14.3						
	12	58.6	52.6	49.3										

January 1952

Date	Time	☉	⊕	☾	☊	☋	☿	♀	♂	♃	♄	♅	♆	♇
1	00	38.1	39.1	30.5	55.2	59.2	26.1	14.4	57.6	17.3	48.6	39.3	32.1	4.3
	12			37.1	D	D	D	14.5	32.1	D	D	R	D	R
2	00	38.2	39.2	63.2			26.2							
	12			22.4				14.6						
3	00	38.3	39.3	36.5			26.3	34.1						
	12			25.6					32.2					
4	00	38.4	39.4	21.1				34.2						
	12			51.2	R	R	26.4	34.3						
5	00	38.5	39.5	42.3					32.3					
	12			3.4			26.5	34.4						
6	00	38.6	39.6	27.5										
	12			24.5			26.6	34.5						
7	00	54.1	53.1	2.6			11.1	34.6	32.4					
	12	54.2	53.2	8.1										
8	00			20.1			11.2	9.1		17.4				
	12	54.3	53.3	16.2				9.2						
9	00			35.2			11.3		32.5					
	12	54.4	53.4	45.2				9.3						
10	00			12.3			11.4	9.4						
	12	54.5	53.5	15.3			11.5							
11	00			52.3				9.5	32.6					
	12	54.6	53.6	39.4			11.6							
12	00			53.4			10.1	9.6						
	12	61.1	62.1	62.4	55.1	59.1		5.1	50.1					
13	00	61.2	62.2	56.5			10.2							
	12			31.5			10.3	5.2						
14	00	61.3	62.3	33.5				5.3						
	12			7.6			10.4		50.2				32.2	
15	00	61.4	62.4	4.6			10.5	5.4		17.5				
	12			29.6				5.5						
16	00	61.5	62.5	40.1	D	D	10.6							
	12			64.1			58.1	5.6	50.3					
17	00	61.6	62.6	47.2			58.2	26.1				39.2		
	12			6.2										
18	00	60.1	56.1	46.3			58.3	26.2						
	12	60.2	56.2	18.3			58.4	26.3	50.4					
19	00			48.4										
	12	60.3	56.3	57.5			58.5	26.4						
20	00			32.6			58.6							
	12	60.4	56.4	28.1	R	R	38.1	26.5	50.5					
21	00			44.2				26.6						
	12	60.5	56.5	1.3			38.2			17.6				
22	00			43.5			38.3	11.1						
	12	60.6	56.6	14.6			38.4	11.2	50.6					
23	00			9.2			38.5							
	12	41.1	31.1	5.3				11.3						
24	00	41.2	31.2	26.5			38.6	11.4					R	4.2
	12			10.1			54.1		28.1					
25	00	41.3	31.3	58.3			54.2	11.5			R			
	12			38.5				11.6						
26	00	41.4	31.4	61.1			54.3							
	12			60.4			54.4	10.1						
27	00	41.5	31.5	41.6			54.5	10.2	28.2	21.1				
	12			13.2			54.6							
28	00	41.6	31.6	49.4				10.3						
	12			30.6			61.1							
29	00	19.1	33.1	37.2	D	D	61.2	10.4	28.3					
	12			63.4			61.3	10.5						
30	00	19.2	33.2	22.5			61.4							
	12	19.3	33.3	25.1				10.6						
31	00			17.2			61.5	58.1	28.4					
	12	19.4	33.4	21.4			61.6							

February 1952

Date	Time	☉	⊕	☾	☊	☋	☿	♀	♂	♃	♄	♅	♆	♇
1	00	19.4	33.4	51.5	55.1	59.1	60.1	58.2	28.4	21.1	48.6	39.2	32.2	4.2
	12	19.5	33.5	42.6	D	D	60.2	58.3	D	21.2	R	R	R	R
2	00			27.1			60.3						32.1	
	12	19.6	33.6	24.2				58.4	28.5					
3	00			2.2	R	R	60.4	58.5						
	12	13.1	7.1	23.3			60.5							
4	00			8.4			60.6	58.6						
	12	13.2	7.2	20.4			41.1	38.1	28.6					
5	00	13.3	7.3	16.5			41.2							
	12			35.5				38.2						
6	00	13.4	7.4	45.6			41.3	38.3						
	12			12.6			41.4							
7	00	13.5	7.5	15.6			41.5	38.4	44.1	21.3				
	12			39.1			41.6							
8	00	13.6	7.6	53.1			19.1	38.5						
	12			62.1			19.2	38.6						
9	00	49.1	4.1	56.1			19.3							
	12			31.2				54.1	44.2					
10	00	49.2	4.2	33.2			19.4	54.2						
	12			7.2			19.5							
11	00	49.3	4.3	4.3			19.6	54.3						
	12	49.4	4.4	29.3			13.1	54.4		21.4				
12	00			59.4	D	D	13.2		44.3			39.1		
	12	49.5	4.5	40.4			13.3	54.5						
13	00			64.5			13.4	54.6						
	12	49.6	4.6	47.5			13.5							
14	00			6.6			13.6	61.1						
	12	30.1	29.1	46.6				61.2	44.4					
15	00			48.1			49.1							
	12	30.2	29.2	57.2			49.2	61.3						
16	00			32.2			49.3	61.4						
	12	30.3	29.3	50.3			49.4			21.5				
17	00			28.4			49.5	61.5						
	12	30.4	29.4	44.5			49.6	61.6	44.5					
18	00	30.5	29.5	1.6			30.1							
	12			14.2			30.2	60.1						
19	00	30.6	29.6	34.3	R	R	30.3							
	12			9.4			30.4	60.2						
20	00	55.1	59.1	5.6			30.5	60.3	44.6					
	12			11.1	D	D	30.6							
21	00	55.2	59.2	10.3			55.1	60.4		21.6				
	12			58.5			55.2	60.5						
22	00	55.3	59.3	54.1			55.3							
	12			61.3			55.4	60.6						
23	00	55.4	59.4	60.4			55.5	41.1	1.1					
	12			41.6			55.6							
24	00	55.5	59.5	13.2			37.1	41.2						
	12	55.6	59.6	49.4			37.2	41.3			48.5			
25	00			30.6			37.3							
	12	37.1	40.1	37.2	R	R	37.4	41.4		51.1				
26	00			63.4			37.5	41.5						
	12	37.2	40.2	22.6			37.6		1.2					
27	00			25.2			63.1	41.6						
	12	37.3	40.3	17.3			63.2	19.1						
28	00			21.5			63.3							
	12	37.4	40.4	51.6			63.4	19.2						
29	00			3.1			63.5	19.3						
	12	37.5	40.5	27.3			63.6							

March 1952

Date	Time	☉	⊕	☾	☊	☋	☿	♀	♂	♃	♄	♅	♆	♇
1	00	37.5	40.5	24.4	55.1	59.1	22.1	19.4	1.3	51.2	48.5	39.1	32.1	4.2
	12	37.6	40.6	2.4	R	R	22.2	19.5	D	D	R	R	R	R
2	00			23.5			22.3							
	12	63.1	64.1	8.6			22.4	19.6						
3	00	63.2	64.2	16.1			22.5	13.1						
	12			35.1			22.6							
4	00	63.3	64.3	45.2	D	D	36.1	13.2						4.1
	12			12.2			36.2							
5	00	63.4	64.4	15.3			36.3	13.3	1.4	51.3				
	12			52.3			36.4	13.4						
6	00	63.5	64.5	39.3			36.5							
	12			53.4			36.6	13.5						
7	00	63.6	64.6	62.4			25.1	13.6						
	12			56.4			25.2							
8	00	22.1	47.1	31.4			25.3	49.1						
	12			33.5			25.4	49.2						
9	00	22.2	47.2	7.5			25.5			51.4				
	12			4.5			25.6	49.3	1.5					
10	00	22.3	47.3	29.6			17.1	49.4						
	12	22.4	47.4	59.6	R	R	17.2							
11	00			64.1			17.3	49.5			48.4			
	12	22.5	47.5	47.1				49.6						
12	00			6.2			17.4							
	12	22.6	47.6	46.3			17.5	30.1						
13	00			18.4			17.6	30.2						
	12	36.1	6.1	48.4			21.1			51.5				
14	00			57.5			21.2	30.3						
	12	36.2	6.2	32.6				30.4						
15	00			28.1			21.3							
	12	36.3	6.3	44.2			21.4	30.5						
16	00			1.3			21.5	30.6	1.6					
	12	36.4	6.4	43.4										
17	00			14.6			21.6	55.1						
	12	36.5	6.5	9.1			51.1	55.2		51.6				
18	00	36.6	6.6	5.2										
	12			26.4			51.2	55.3				D		
19	00	25.1	46.1	11.5				55.4						
	12			58.1	D	D	51.3							
20	00	25.2	46.2	38.2				55.5						
	12			54.4			51.4							
21	00	25.3	46.3	61.5				55.6						
	12			41.1				37.1		42.1				
22	00	25.4	46.4	19.3			51.5							
	12			13.4				37.2						
23	00	25.5	46.5	49.6				37.3						
	12			55.2	R	R								
24	00	25.6	46.6	37.4			51.6	37.4			48.3			
	12			63.5				37.5						
25	00	17.1	18.1	36.1										
	12			25.3				37.6	R	42.2				
26	00	17.2	18.2	17.4				63.1						
	12	17.3	18.3	21.6									57.6	
27	00			42.1			R	63.2						
	12	17.4	18.4	3.2	30.6	29.6		63.3						
28	00			27.4										
	12	17.5	18.5	24.5				63.4						
29	00			2.6				63.5						
	12	17.6	18.6	8.1						42.3				
30	00			20.2			51.5	63.6						
	12	21.1	48.1	16.2				22.1						
31	00			35.3										
	12	21.2	48.2	45.4				22.2						

April 1952

Date	Time	☉	⊕	☾	☊	☋	☿	♀	♂	♃	♄	♅	♆	♇
1	00	21.2	48.2	12.4	30.6	29.6	51.4	22.3	1.6	42.3	48.3	39.1	57.6	4.1
	12	21.3	48.3	15.5	R	R	R	D	R	D	R	D	R	R
2	00			52.5				22.4						
	12	21.4	48.4	39.5	D	D	51.3	22.5		42.4				
3	00			53.6										
	12	21.5	48.5	62.6				22.6						
4	00			56.6			51.2	36.1	1.5					
	12	21.6	48.6	33.1										
5	00	51.1	57.1	7.1			51.1	36.2			48.2			
	12			4.1				36.3						
6	00	51.2	57.2	29.2						42.5				
	12			59.2	R	R	21.6	36.4						
7	00	51.3	57.3	40.3										
	12			64.3			21.5	36.5						
8	00	51.4	57.4	47.4				36.6						
	12			6.4			21.4							
9	00	51.5	57.5	46.5				25.1						
	12			18.6				25.2						
10	00	51.6	57.6	57.1			21.3		1.4	42.6				
	12			32.2				25.3						
11	00	42.1	32.1	50.3				25.4						
	12			28.4			21.2							
12	00	42.2	32.2	44.5				25.5						
	12			43.1	30.5	29.5		25.6						
13	00	42.3	32.3	14.2			21.1							
	12			34.3				17.1						
14	00	42.4	32.4	9.5				17.2		3.1				
	12			5.6					1.3					
15	00	42.5	32.5	11.2			17.6	17.3						
	12	42.6	32.6	10.3				17.4						
16	00			58.5										
	12	3.1	50.1	38.6				17.5						
17	00			61.2				17.6						
	12	3.2	50.2	60.3	D	D					48.1			
18	00			41.5				21.1	1.2	3.2				
	12	3.3	50.3	19.6				21.2						
19	00			49.2										
	12	3.4	50.4	30.3			D	21.3						
20	00			55.5	R	R		21.4						
	12	3.5	50.5	37.6										
21	00			22.2				21.5	1.1					
	12	3.6	50.6	36.3										
22	00			25.5				21.6		3.3				
	12	27.1	28.1	17.6				51.1				39.2		
23	00			51.2										
	12	27.2	28.2	42.3				51.2						
24	00			3.4			21.1	51.3	44.6					
	12	27.3	28.3	27.5										
25	00			2.1				51.4						
	12	27.4	28.4	23.2	30.4	29.4		51.5		3.4				
26	00			8.3			21.2							
	12	27.5	28.5	20.3				51.6	44.5					
27	00			16.4				42.1						
	12	27.6	28.6	35.5			21.3							
28	00	24.1	44.1	45.6				42.2						
	12			12.6				42.3						
29	00	24.2	44.2	52.1			21.4							
	12			39.1				42.4	44.4	3.5				
30	00	24.3	44.3	53.1			21.5	42.5						
	12			62.2									57.5	

May 1952

Date	Time	☉	⊕	☾	☊	☋	☿	♀	♂	♃	♄	♅	♆	♇
1	00	24.4	44.4	56.2	30.4	29.4	21.5	42.6	44.4	3.5	48.1	39.2	57.5	D
	12			31.2	R	R	21.6	3.1	R	D	18.6	D	R	
2	00	24.5	44.5	33.3					44.3					
	12			7.3	D	D	51.1	3.2						
3	00	24.6	44.6	4.3				3.3						
	12			29.4	R	R	51.2			3.6				
4	00	2.1	1.1	59.4				3.4						
	12			40.5			51.3	3.5	44.2					
5	00	2.2	1.2	64.5										
	12			47.6			51.4	3.6						
6	00	2.3	1.3	6.6			51.5	27.1						
	12			18.1										
7	00	2.4	1.4	48.2	30.3	29.3	51.6	27.2	44.1					
	12			57.3						27.1				
8	00	2.5	1.5	32.4			42.1	27.3						
	12			50.5			42.2	27.4						
9	00	2.6	1.6	28.6										
	12			1.2			42.3	27.5	28.6					
10	00	23.1	43.1	43.3			42.4	27.6						
	12			14.5										
11	00	23.2	43.2	34.6			42.5	24.1						
	12			5.2			42.6	24.2		27.2				
12	00	23.3	43.3	26.3					28.5					
	12	23.4	43.4	11.5	30.2	29.2	3.1	24.3						
13	00			58.1			3.2	24.4						
	12	23.5	43.5	38.2			3.3							
14	00			54.4				24.5						
	12	23.6	43.6	61.6			3.4	24.6						
15	00			41.1			3.5		28.4					
	12	8.1	14.1	19.3			3.6	2.1		27.3				
16	00			13.5			27.1	2.2						
	12	8.2	14.2	49.6										
17	00			55.2			27.2	2.3				39.3		
	12	8.3	14.3	37.3			27.3	2.4						
18	00			63.4			27.4		28.3					
	12	8.4	14.4	22.6			27.5	2.5						
19	00			25.1			27.6	2.6						
	12	8.5	14.5	17.2						27.4				
20	00			21.4			24.1	23.1						
	12	8.6	14.6	51.5			24.2				18.5			
21	00			42.6			24.3	23.2						
	12	20.1	34.1	27.1			24.4	23.3	28.2					
22	00			24.2			24.5							
	12	20.2	34.2	2.3			24.6	23.4						
23	00			23.4			2.1	23.5						
	12	20.3	34.3	8.5	30.1	29.1	2.2			27.5				
24	00			20.6			2.3	23.6						
	12	20.4	34.4	16.6			2.4	8.1						
25	00			45.1			2.5		28.1					
	12	20.5	34.5	12.2			2.6	8.2						
26	00			15.2			23.1	8.3						
	12	20.6	34.6	52.3			23.2							
27	00			39.3			23.3	8.4						
	12	16.1	9.1	53.4			23.4	8.5						
28	00			62.4			23.5			27.6				
	12	16.2	9.2	56.4			23.6	8.6						
29	00			31.5			8.1	20.1						
	12	16.3	9.3	33.5			8.2							
30	00			7.5			8.3	20.2						
	12	16.4	9.4	4.6			8.4	20.3	50.6					
31	00			29.6	D	D	8.5							
	12	16.5	9.5	59.6			8.6	20.4						

June 1952

Date	Time	☉	⊕	☾	☊	☋	☿	♀	♂	♃	♄	♅	♆	♇
1	00	16.6	9.6	64.1	R	R	20.1	20.5	50.6	24.1	18.5	39.3	57.5	4.1
	12			47.1			20.2	D	R	D	R	D	R	D
2	00	35.1	5.1	6.2			20.3	20.6						
	12			46.2			20.4	16.1						
3	00	35.2	5.2	18.3			20.6							
	12			48.4	49.6	4.6	16.1	16.2						
4	00	35.3	5.3	57.4			16.2							
	12			32.5			16.3	16.3				39.4		
5	00	35.4	5.4	28.1			16.4	16.4						
	12			44.2			16.5			24.2				
6	00	35.5	5.5	1.3			35.1	16.5						
	12			43.5			35.2	16.6						
7	00	35.6	5.6	14.6			35.3							
	12			9.2			35.4	35.1						
8	00	45.1	26.1	5.4			35.5	35.2						
	12			26.5			35.6							
9	00	45.2	26.2	10.1			45.2	35.3						
	12			58.3			45.3	35.4		24.3				
10	00	45.3	26.3	38.5			45.4							
	12			61.1	49.5	4.5	45.5	35.5	D					
11	00	45.4	26.4	60.3			45.6	35.6			D			
	12			41.5			12.1							
12	00	45.5	26.5	19.6			12.3	45.1						
	12			49.2			12.4	45.2						
13	00	45.6	26.6	30.4	D	D	12.5							
	12			55.5			12.6	45.3						
14	00	12.1	11.1	63.1			15.1	45.4		24.4				
	12			22.2			15.2							
15	00	12.2	11.2	36.4	R	R	15.3	45.5						
	12			25.5			15.5	45.6						
16	00	12.3	11.3	17.6			15.6							
	12			51.2			52.1	12.1						
17	00	12.4	11.4	42.3			52.2	12.2						
	12			3.4			52.3							
18	00	12.5	11.5	27.5			52.4	12.3						
	12			24.6			52.5							
19	00	12.6	11.6	2.6			52.6	12.4		24.5				
	12			8.1			39.1	12.5						
20	00	15.1	10.1	20.2			39.2							
	12			16.3			39.3	12.6				39.5		
21	00	15.2	10.2	35.3			39.5	15.1						
	12			45.4			39.6							
22	00	15.3	10.3	12.5			53.1	15.2	28.1					
	12			15.5			53.2	15.3						
23	00	15.4	10.4	52.5	49.4	4.4	53.3							
	12			39.6			53.4	15.4		24.6				
24	00	15.5	10.5	53.6			53.5	15.5						
	12			56.1			53.6							
25	00	15.6	10.6	31.1			62.1	15.6						
	12			33.1				52.1						
26	00	52.1	58.1	7.2			62.2							
	12			4.2			62.3	52.2						
27	00	52.2	58.2	29.2	D	D	62.4	52.3	28.2					
	12	52.3	58.3	59.2			62.5							4.2
28	00			40.3			62.6	52.4						
	12	52.4	58.4	64.3			56.1	52.5		2.1				
29	00			47.3			56.2							
	12	52.5	58.5	6.4			56.3	52.6						
30	00			46.4			56.4	39.1						
	12	52.6	58.6	18.5									D	

July 1952

Date	Time	☉	⊕	☽	☊	☋	☿	♀	♂	♃	♄	♅	♆	♇
1	00	52.6	58.6	48.6	R	R	56.5	39.2	28.2	2.1	18.5	39.5	57.5	4.2
	12	39.1	38.1	57.6			56.6	39.3	28.3	D	D	D	D	D
2	00			50.1			31.1				18.6			
	12	39.2	38.2	28.2			31.2	39.4						
3	00			44.3			31.3							
	12	39.3	38.3	1.5				39.5		2.2				
4	00			43.6			31.4	39.6						
	12	39.4	38.4	34.1			31.5							
5	00			9.3			31.6	53.1	28.4					
	12	39.5	38.5	5.5				53.2						
6	00			26.6			33.1							
	12	39.6	38.6	10.2			33.2	53.3				39.6		
7	00			58.4			33.3	53.4						
	12	53.1	54.1	38.6										
8	00			61.2			33.4	53.5	28.5					
	12	53.2	54.2	60.4			33.5	53.6						
9	00			41.6						2.3				
	12	53.3	54.3	13.2			33.6	62.1						
10	00			49.4	D	D	7.1	62.2						
	12	53.4	54.4	30.6										
11	00			37.2			7.2	62.3	28.6					
	12	53.5	54.5	63.4			7.3	62.4						
12	00			22.6										
	12	53.6	54.6	25.1			7.4	62.5						
13	00			17.3				62.6						
	12	62.1	61.1	21.4			7.5		44.1					
14	00			51.5			7.6	56.1						
	12	62.2	61.2	42.6	R	R		56.2						
15	00			27.1			4.1			2.4				
	12	62.3	61.3	24.2				56.3						
16	00			2.3			4.2	56.4	44.2					
	12	62.4	61.4	23.4										
17	00			8.5			4.3	56.5						
	12	62.5	61.5	20.6										
18	00			16.6			4.4	56.6						
	12	62.6	61.6	45.1				31.1	44.3					
19	00			12.1			4.5							
	12	56.1	60.1	15.2	49.3	4.3		31.2						
20	00			52.2				31.3						
	12	56.2	60.2	39.3			4.6							
21	00			53.3				31.4	44.4	2.5	48.1			
	12	56.3	60.3	62.3				31.5						
22	00			56.4			29.1					53.1		
	12	56.4	60.4	31.4				31.6						
23	00			33.4				33.1	44.5					
	12	56.5	60.5	7.5			29.2							
24	00			4.5	D	D		33.2						
	12	56.6	60.6	29.5				33.3						
25	00			59.5										
	12	31.1	41.1	40.6			29.3	33.4	44.6					
26	00	31.2	41.2	64.6				33.5						
	12			47.6										
27	00	31.3	41.3	46.1				33.6						
	12			18.1				7.1	1.1	2.6				
28	00	31.4	41.4	48.2										
	12			57.2				7.2						
29	00	31.5	41.5	32.3				7.3						
	12			50.4					1.2					
30	00	31.6	41.6	28.5			R	7.4						
	12			44.6	R	R		7.5						
31	00	33.1	19.1	43.1										4.3
	12			14.2				7.6	1.3					

August 1952

Date	Time	☉	⊕	☽	☊	☋	☿	♀	♂	♃	♄	♅	♆	♇
1	00	33.2	19.2	34.3	49.3	4.3	29.3	4.1	1.3	2.6	48.1	53.1	57.5	4.3
	12			9.4	R	R	R	D	D	D	D	D	D	D
2	00	33.3	19.3	5.6				4.2						
	12			11.2				4.3	1.4					
3	00	33.4	19.4	10.3							48.2			
	12			58.5			29.2	4.4						
4	00	33.5	19.5	54.1										
	12			61.3				4.5	1.5	23.1				
5	00	33.6	19.6	60.5				4.6						
	12			19.1			29.1							
6	00	7.1	13.1	13.3				29.1						
	12			49.6	D	D		29.2	1.6					
7	00	7.2	13.2	55.2			4.6					53.2		
	12			37.4				29.3						
8	00	7.3	13.3	63.6				29.4	43.1					
	12			36.2			4.5							
9	00	7.4	13.4	25.3				29.5						
	12			17.5			4.4	29.6						
10	00	7.5	13.5	51.1					43.2					
	12			42.2				59.1						
11	00	7.6	13.6	3.3			4.3	59.2						
	12			27.5					43.3					
12	00	4.1	49.1	24.6			4.2	59.3						
	12			23.1				59.4						
13	00	4.2	49.2	8.1	R	R	4.1							
	12			20.2				59.5	43.4					
14	00	4.3	49.3	16.3				59.6		23.2	48.3			
	12			35.4	D	D	7.6							
15	00	4.4	49.4	45.4				40.1	43.5					
	12			12.5			7.5	40.2						
16	00	4.5	49.5	15.5										
	12			52.6				40.3						
17	00	4.6	49.6	39.6			7.4	40.4	43.6					
	12			53.6										
18	00	29.1	30.1	56.1				40.5						
	12	29.2	30.2	31.1			7.3	40.6	14.1					
19	00			33.1										
	12	29.3	30.3	7.1				64.1						
20	00			4.2				64.2	14.2					
	12	29.4	30.4	29.2	R	R								
21	00			59.2			7.2	64.3						
	12	29.5	30.5	40.3										
22	00			64.3				64.4	14.3					
	12	29.6	30.6	47.3				64.5						
23	00			6.4			D							
	12	59.1	55.1	46.4				64.6	14.4		48.4			
24	00			18.5				47.1						
	12	59.2	55.2	48.5										
25	00			57.6			7.3	47.2	14.5					
	12	59.3	55.3	32.6				47.3				53.3		
26	00			28.1										
	12	59.4	55.4	44.2				47.4	14.6					
27	00			1.3			7.4	47.5						
	12	59.5	55.5	43.4										
28	00			14.5				47.6	34.1					
	12	59.6	55.6	34.6	D	D	7.5	6.1					57.6	
29	00			5.1						23.3				
	12	40.1	37.1	26.2				6.2						
30	00			11.4			7.6	6.3	34.2					4.4
	12	40.2	37.2	10.5										
31	00			38.1			4.1	6.4						
	12	40.3	37.3	54.3			4.2	6.5	34.3					

September 1952

Date	Time	☉	⊕	☽	☊	☋	☿	♀	♂	♃	♄	♅	♆	♇
1	00	40.3	37.3	61.4	49.3	4.3	4.2	6.5	34.3	23.3	48.4	53.3	57.6	4.4
	12	40.4	37.4	60.6	D	D	4.3	6.6	D	D	48.5	D	D	D
2	00			19.2			4.4	46.1	34.4					
	12	40.5	37.5	13.4										
3	00			49.6	R	R	4.5	46.2						
	12	40.6	37.6	55.2			4.6	46.3	34.5					
4	00	64.1	63.1	37.4										
	12			63.6			29.1	46.4						
5	00	64.2	63.2	36.2			29.2	46.5	34.6					
	12			25.4			29.3							
6	00	64.3	63.3	17.6			29.4	46.6						
	12			51.2			29.5	18.1	9.1					
7	00	64.4	63.4	42.4										
	12			3.5			29.6	18.2						
8	00	64.5	63.5	24.1			59.1		9.2					
	12			2.2			59.2	18.3						
9	00	64.6	63.6	23.3			59.3	18.4						
	12			8.4			59.4		9.3					
10	00	47.1	22.1	20.5			59.5	18.5		R	48.6			
	12			16.6			59.6	18.6						
11	00	47.2	22.2	35.6			40.1		9.4					
	12			12.1	D	D	40.2	48.1						
12	00	47.3	22.3	15.2			40.3	48.2						
	12			52.2			40.4		9.5					
13	00	47.4	22.4	39.3			40.5	48.3						
	12			53.3			40.6	48.4						
14	00	47.5	22.5	62.3			64.1		9.6					
	12			56.4			64.2	48.5						
15	00	47.6	22.6	31.4			64.3	48.6	5.1					
	12			33.4			64.4							
16	00	6.1	36.1	7.4			64.5	57.1						
	12			4.5	R	R	64.6	57.2	5.2					
17	00	6.2	36.2	29.5			47.1							
	12	6.3	36.3	59.5			47.2	57.3						
18	00			40.6			47.3	57.4	5.3		57.1	53.4		
	12	6.4	36.4	64.6			47.4							
19	00			47.6			47.5	57.5						
	12	6.5	36.5	46.1			47.6	57.6	5.4					
20	00			18.1			6.1							
	12	6.6	36.6	48.2			6.2	32.1						
21	00			57.3			6.3	32.2	5.5					
	12	46.1	25.1	32.3			6.4							
22	00			50.4			6.5	32.3		23.2				
	12	46.2	25.2	28.5			6.6	32.4	5.6					
23	00			44.6			46.1							
	12	46.3	25.3	1.6			46.2	32.5	26.1					
24	00			14.1			46.3							
	12	46.4	25.4	34.2	49.2	4.2	46.4	32.6						
25	00			9.3			46.5	50.1	26.2					
	12	46.5	25.5	5.5			46.6							
26	00			26.6			18.1	50.2			57.2		32.1	
	12	46.6	25.6	10.1			18.2	50.3	26.3					
27	00			58.2	D	D	18.3							
	12	18.1	17.1	38.4				50.4						
28	00			54.5			18.4	50.5	26.4					
	12	18.2	17.2	60.1			18.5							
29	00	18.3	17.3	41.3			18.6	50.6	26.5					
	12			19.4			48.1	28.1						
30	00	18.4	17.4	13.6			48.2							
	12			30.2	R	R	48.3	28.2	26.6					

October 1952

Date	Time	☉	⊕	☽	☊	☋	☿	♀	♂	♃	♄	♅	♆	♇
1	00	18.5	17.5	55.4	49.2	4.2	48.4	28.3	26.6	23.2	57.2	53.4	32.1	4.4
	12			37.6	R	R	48.5	D	D	R	D	D	D	D
2	00	18.6	17.6	22.2			48.6	28.4	11.1					
	12			36.3			57.1	28.5						
3	00	48.1	21.1	25.5			57.2							
	12			21.1				28.6	11.2					4.5
4	00	48.2	21.2	51.3			57.3	44.1			57.3			
	12			42.5			57.4		11.3					
5	00	48.3	21.3	3.6			57.5	44.2						
	12			24.2			57.6	44.3						
6	00	48.4	21.4	2.3			32.1		11.4					
	12			23.4			32.2	44.4						
7	00	48.5	21.5	8.6			32.3			23.1				
	12			16.1				44.5	11.5					
8	00	48.6	21.6	35.2			32.4	44.6						
	12	57.1	51.1	45.2			32.5		11.6					
9	00			12.3			32.6	1.1						
	12	57.2	51.2	15.4			50.1	1.2						
10	00			52.4	49.1	4.1	50.2		10.1					
	12	57.3	51.3	39.5			50.3	1.3						
11	00			53.5	D	D		1.4						
	12	57.4	51.4	62.6			50.4		10.2		57.4			
12	00			56.6			50.5	1.5						
	12	57.5	51.5	31.6	49.2	4.2	50.6	1.6	10.3					
13	00			7.1			28.1							
	12	57.6	51.6	4.1			28.2	43.1						
14	00			29.1	R	R		43.2	10.4					
	12	32.1	42.1	59.2			28.3							
15	00			40.2	49.1	4.1	28.4	43.3						
	12	32.2	42.2	64.2			28.5	43.4	10.5					
16	00			47.3			28.6							
	12	32.3	42.3	6.3			44.1	43.5	10.6	2.6				
17	00			46.4				43.6						
	12	32.4	42.4	18.4			44.2							
18	00	32.5	42.5	48.5			44.3	14.1	58.1					
	12			57.6			44.4	14.2						
19	00	32.6	42.6	32.6			44.5		58.2		57.5			
	12			28.1				14.3						
20	00	50.1	3.1	44.2			44.6							
	12			1.3			1.1	14.4	58.3					
21	00	50.2	3.2	43.4			1.2	14.5						
	12			14.5	13.6	7.6							32.2	
22	00	50.3	3.3	34.6			1.3	14.6	58.4					
	12			5.1			1.4	34.1						
23	00	50.4	3.4	26.3			1.5		58.5					
	12			11.4			1.6	34.2						
24	00	50.5	3.5	10.5				34.3						
	12			58.6			43.1		58.6	2.5				
25	00	50.6	3.6	54.2			43.2	34.4				R		
	12	28.1	27.1	61.3			43.3	34.5	38.1					
26	00			60.5										
	12	28.2	27.2	41.6	D	D	43.4	34.6						
27	00			13.2			43.5	9.1	38.2		57.6			
	12	28.3	27.3	49.3	R	R	43.6							
28	00			30.5				9.2	38.3					
	12	28.4	27.4	55.6			14.1	9.3						
29	00			63.2			14.2							
	12	28.5	27.5	22.4				9.4	38.4					
30	00			36.5			14.3	9.5						
	12	28.6	27.6	17.1			14.4		38.5					
31	00			21.3			14.5	9.6						
	12	44.1	24.1	51.4						2.4				

November 1952

Date	Time	☉	⊕	☾	☊	☋	☿	♀	♂	♃	♄	♅	♆	♇
1	00	44.1	24.1	42.6	13.6	7.6	14.6	5.1	38.6	2.4	57.6	53.4	32.2	4.5
	12	44.2	24.2	27.2	13.5	7.5	34.1	5.2	D	R	D	R	D	D
2	00	44.3	24.3	24.3										
	12			2.4			34.2	5.3	54.1					
3	00	44.4	24.4	23.6			34.3	5.4						
	12			20.1					54.2					
4	00	44.5	24.5	16.2			34.4	5.5			32.1			
	12			35.3			34.5	5.6						
5	00	44.6	24.6	45.4					54.3					
	12			12.5			34.6	26.1						
6	00	1.1	2.1	15.6			9.1	26.2	54.4					
	12			52.6										
7	00	1.2	2.2	53.1			9.2	26.3						
	12			62.1	13.4	7.4	9.3	26.4	54.5	2.3				
8	00	1.3	2.3	56.2										
	12			31.2			9.4	26.5	54.6					
9	00	1.4	2.4	33.2				26.6						
	12	1.5	2.5	7.3			9.5							
10	00			4.3				11.1	61.1					
	12	1.6	2.6	29.3			9.6							
11	00			59.4				11.2	61.2					
	12	43.1	23.1	40.4			5.1	11.3						
12	00			64.4							32.2			
	12	43.2	23.2	47.5			5.2	11.4	61.3					
13	00			6.5				11.5						
	12	43.3	23.3	46.6			5.3		61.4					
14	00			18.6				11.6						
	12	43.4	23.4	57.1			5.4	10.1		2.2				
15	00			32.2					61.5					
	12	43.5	23.5	50.2				10.2						
16	00	43.6	23.6	28.3			5.5	10.3	61.6					
	12			44.4										
17	00	14.1	8.1	1.5				10.4					32.3	
	12			14.1	13.3	7.3		10.5	60.1					
18	00	14.2	8.2	34.2			5.6							
	12			9.3				10.6	60.2					
19	00	14.3	8.3	5.4										
	12			26.6				58.1						
20	00	14.4	8.4	10.1				58.2	60.3					
	12			58.3			R				32.3			
21	00	14.5	8.5	38.4				58.3	60.4					
	12			54.6				58.4		2.1				
22	00	14.6	8.6	60.1					60.5					
	12	34.1	20.1	41.3				58.5						
23	00			19.4			5.5	58.6						
	12	34.2	20.2	13.6	D	D			60.6					
24	00			30.1				38.1						
	12	34.3	20.3	55.3	R	R	5.4	38.2	41.1					
25	00			37.4										R
	12	34.4	20.4	63.6			5.3	38.3						
26	00			36.1					41.2					
	12	34.5	20.5	25.3			5.2	38.4						
27	00			17.4				38.5	41.3					
	12	34.6	20.6	21.6			5.1							
28	00			42.1				38.6						
	12	9.1	16.1	3.3	13.2	7.2	9.6	54.1	41.4					
29	00	9.2	16.2	27.4			9.5							
	12			24.5			9.4	54.2	41.5	24.6	32.4			
30	00	9.3	16.3	2.6				54.3						
	12			8.2			9.3							

December 1952

Date	Time	☉	⊕	☾	☊	☋	☿	♀	♂	♃	♄	♅	♆	♇
1	00	9.4	16.4	20.3	13.2	7.2	9.2	54.4	41.6	24.6	32.4	53.3	32.3	4.5
	12			16.4	R	R	R	54.5	D	R	D	R	D	R
2	00	9.5	16.5	35.5			9.1		19.1					
	12			45.6			34.6	54.6						
3	00	9.6	16.6	15.1			34.5							
	12			52.1				61.1	19.2					
4	00	5.1	35.1	39.2	13.1	7.1	34.4	61.2						
	12			53.3					19.3					
5	00	5.2	35.2	62.3			34.3	61.3						
	12	5.3	35.3	56.4				61.4	19.4					
6	00			31.4			34.2							
	12	5.4	35.4	33.4				61.5						
7	00			7.5	D	D		61.6	19.5					
	12	5.5	35.5	4.5			34.1							
8	00			29.5				60.1	19.6					
	12	5.6	35.6	59.6						24.5				
9	00			40.6				60.2						
	12	26.1	45.1	64.6				60.3	13.1		32.5			
10	00			6.1	R	R								
	12	26.2	45.2	46.1			D	60.4	13.2					
11	00	26.3	45.3	18.1				60.5						
	12			48.2										
12	00	26.4	45.4	57.3				60.6	13.3					
	12			32.3				41.1						
13	00	26.5	45.5	50.4					13.4					
	12			28.5			34.2	41.2						
14	00	26.6	45.6	44.6										
	12			43.1				41.3	13.5					
15	00	11.1	12.1	14.2			34.3	41.4						
	12			34.3					13.6					
16	00	11.2	12.2	9.5				41.5						
	12			5.6			34.4	41.6	49.1					
17	00	11.3	12.3	11.2										
	12	11.4	12.4	10.3			34.5	19.1						
18	00			58.5	19.6	33.6		19.2	49.2					
	12	11.5	12.5	54.1			34.6							
19	00			61.3				19.3	49.3					
	12	11.6	12.6	60.4			9.1							
20	00			41.6				19.4						
	12	10.1	15.1	13.2	D	D	9.2	19.5	49.4		32.6			
21	00			49.4			9.3							
	12	10.2	15.2	30.5				19.6	49.5	24.4				
22	00			37.1			9.4	13.1						
	12	10.3	15.3	63.2									32.4	
23	00	10.4	15.4	22.4			9.5	13.2	49.6					
	12			36.6			9.6							
24	00	10.5	15.5	17.1	R	R		13.3	30.1					
	12			21.2			5.1	13.4						
25	00	10.6	15.6	51.4			5.2		30.2					
	12			42.5				13.5						
26	00	58.1	52.1	3.6			5.3	13.6						
	12			24.2			5.4		30.3			53.2		
27	00	58.2	52.2	2.3				49.1						
	12			23.4			5.5		30.4					
28	00	58.3	52.3	8.5			5.6	49.2						
	12	58.4	52.4	20.6			26.1	49.3						
29	00			35.1					30.5					
	12	58.5	52.5	45.1			26.2	49.4						
30	00			12.2			26.3		30.6					
	12	58.6	52.6	15.3			26.4	49.5						
31	00			52.4				49.6						
	12	38.1	39.1	39.4			26.5		55.1					

January 1953

Date	Time	☉	⊕	☾	☊	☋	☿	♀	♂	♃	♄	♅	♆	♇
1	00	38.1	39.1	53.5	19.6	33.6	26.6	30.1	55.1	24.4	32.6	53.2	32.4	4.5
	12	38.2	39.2	62.5	R	R	11.1	30.2	55.2	R	D	R	D	R
2	00			56.6										
	12	38.3	39.3	31.6			11.2	30.3	55.3					
3	00	38.4	39.4	7.1	D	D	11.3							
	12			4.1			11.4	30.4						
4	00	38.5	39.5	29.1				30.5	55.4		50.1			
	12			59.2			11.5							
5	00	38.6	39.6	40.2			11.6	30.6	55.5					
	12			64.2			10.1			D				
6	00	54.1	53.1	47.2				55.1						
	12			6.3			10.2	55.2	55.6					
7	00	54.2	53.2	46.3			10.3							
	12			18.3			10.4	55.3	37.1					
8	00	54.3	53.3	48.4			10.5							
	12			57.4	R	R		55.4						
9	00	54.4	53.4	32.5			10.6	55.5	37.2					
	12	54.5	53.5	50.6			58.1							
10	00			28.6			58.2	55.6	37.3					
	12	54.6	53.6	1.1			58.3							
11	00			43.2				37.1						
	12	61.1	62.1	14.3			58.4	37.2	37.4					
12	00			34.4			58.5							
	12	61.2	62.2	9.6			58.6	37.3	37.5					
13	00			26.1			38.1							
	12	61.3	62.3	11.3			38.2	37.4	37.6					
14	00			10.4				37.5						
	12	61.4	62.4	58.6			38.3							
15	00	61.5	62.5	54.2			38.4	37.6	63.1					
	12			61.4			38.5							
16	00	61.6	62.6	60.6			38.6	63.1	63.2					
	12			19.2				63.2						
17	00	60.1	56.1	13.4	D	D	54.1							
	12			49.6			54.2	63.3	63.3			53.1		
18	00	60.2	56.2	55.2			54.3							4.4
	12			37.4			54.4	63.4	63.4					
19	00	60.3	56.3	63.5			54.5							
	12			36.1			54.6	63.5						
20	00	60.4	56.4	25.3				63.6	63.5					
	12	60.5	56.5	17.5			61.1							
21	00			21.6			61.2	22.1	63.6	24.5				
	12	60.6	56.6	42.2			61.3							
22	00			3.3			61.4	22.2	22.1					
	12	41.1	31.1	27.4	R	R	61.5							
23	00			24.5				22.3						
	12	41.2	31.2	23.1			61.6	22.4	22.2					
24	00			8.2			60.1							
	12	41.3	31.3	20.2			60.2	22.5	22.3					
25	00			16.3			60.3							
	12	41.4	31.4	35.4			60.4	22.6					R	
26	00			45.5			60.5		22.4					
	12	41.5	31.5	12.6			60.6	36.1						
27	00	41.6	31.6	15.6				36.2	22.5					
	12			39.1			41.1							
28	00	19.1	33.1	53.1			41.2	36.3						
	12			62.2			41.3		22.6					
29	00	19.2	33.2	56.2			41.4	36.4						
	12			31.3			41.5		36.1					
30	00	19.3	33.3	33.3			41.6	36.5						
	12			7.3	D	D	19.1							
31	00	19.4	33.4	4.4			19.2	36.6	36.2					
	12			29.4			19.3							

February 1953

Date	Time	☉	⊕	☾	☊	☋	☿	♀	♂	♃	♄	♅	♆	♇
1	00	19.5	33.5	59.4	19.6	33.6	19.3	25.1	36.3	24.5	50.1	53.1	32.4	4.4
	12	19.6	33.6	40.5	D	D	19.4	25.2	D	D	D	R	R	R
2	00			64.5	R	R	19.5							
	12	13.1	7.1	47.5			19.6	25.3	36.4					
3	00			6.5			13.1			24.6				
	12	13.2	7.2	46.6			13.2	25.4	36.5					
4	00			18.6			13.3							
	12	13.3	7.3	57.1			13.4	25.5						
5	00			32.1			13.5		36.6					
	12	13.4	7.4	50.1			13.6	25.6			R			
6	00			28.2			49.1		25.1					
	12	13.5	7.5	44.3			49.2	17.1						
7	00			1.3			49.3		25.2					
	12	13.6	7.6	43.4	D	D	49.4	17.2						
8	00	49.1	4.1	14.5			49.5							
	12			34.6			49.6	17.3	25.3					
9	00	49.2	4.2	5.1			30.1							
	12			26.2			30.2	17.4	25.4					
10	00	49.3	4.3	11.4										
	12			10.5			30.3	17.5						
11	00	49.4	4.4	38.1			30.4		25.5			39.6		
	12			54.2			30.5	17.6		2.1				
12	00	49.5	4.5	61.4			30.6		25.6					
	12			60.6			55.1	21.1						
13	00	49.6	4.6	19.2			55.2							
	12	30.1	29.1	13.4	R	R	55.3	21.2	17.1					
14	00			49.6			55.4							
	12	30.2	29.2	55.2			55.5	21.3	17.2					
15	00			37.5			55.6							
	12	30.3	29.3	22.1			37.1	21.4						
16	00			36.3			37.2		17.3					
	12	30.4	29.4	25.5			37.3	21.5						
17	00			21.1			37.4		17.4					
	12	30.5	29.5	51.2	19.5	33.5	37.5	21.6						
18	00			42.4			37.6							
	12	30.6	29.6	3.6			63.1		17.5					
19	00			24.1			63.2	51.1		2.2				
	12	55.1	59.1	2.3			63.3		17.6					
20	00	55.2	59.2	23.4			63.4	51.2						
	12			8.5			63.5							
21	00	55.3	59.3	20.6	D	D	63.6	51.3	21.1					
	12			35.1			22.1							
22	00	55.4	59.4	45.2			22.2	51.4	21.2					
	12			12.2										
23	00	55.5	59.5	15.3			22.3							
	12			52.4			22.4	51.5	21.3					
24	00	55.6	59.6	39.4			22.5							
	12			53.5			22.6	51.6	21.4					
25	00	37.1	40.1	62.5	19.6	33.6	36.1							
	12			56.5						2.3				
26	00	37.2	40.2	31.6			36.2	42.1	21.5					
	12			33.6	R	R	36.3							4.3
27	00	37.3	40.3	7.6			36.4	42.2	21.6					
	12	37.4	40.4	29.1										
28	00			59.1	19.5	33.5	36.5							
	12	37.5	40.5	40.1			36.6	42.3	51.1					

March 1953

Date	Time	☉	⊕	☾	☊	☋	☿	♀	♂	♃	♄	♅	♆	♇
1	00	37.5	40.5	64.2	19.5	33.5	36.6	42.3	51.1	2.3	50.1	39.6	32.3	4.3
	12	37.6	40.6	47.2	R	R	25.1	D	51.2	D	R	R	R	R
2	00			6.2			25.2	42.4						
	12	63.1	64.1	46.3										
3	00			18.3			25.3		51.3					
	12	63.2	64.2	48.3				42.5		2.4				
4	00			57.4					51.4					
	12	63.3	64.3	32.4			25.4							
5	00			50.5				42.6						
	12	63.4	64.4	28.5					51.5					
6	00			44.6			25.5							
	12	63.5	64.5	1.6				3.1	51.6					
7	00	63.6	64.6	14.1										
	12			34.2										
8	00	22.1	47.1	9.3					42.1					
	12			5.4			25.6	3.2						
9	00	22.2	47.2	26.5	D	D			42.2					
	12			11.6			R			2.5				
10	00	22.3	47.3	58.1										
	12			38.2			25.5	3.3	42.3		32.6			
11	00	22.4	47.4	54.4										
	12			61.5										
12	00	22.5	47.5	41.1					42.4					
	12			19.3				3.4						
13	00	22.6	47.6	13.5	R	R	25.4		42.5					
	12			30.1										
14	00	36.1	6.1	55.3										
	12	36.2	6.2	37.5			25.3		42.6	2.6				
15	00			22.1										
	12	36.3	6.3	36.3				3.5	3.1					
16	00			25.5			25.2							
	12	36.4	6.4	21.1										
17	00			51.3			25.1		3.2					
	12	36.5	6.5	42.5										
18	00			27.1			36.6		3.3					
	12	36.6	6.6	24.3	19.4	33.4								
19	00			2.4			36.5							
	12	25.1	46.1	23.6				3.6	3.4	23.1				
20	00			20.1			36.4							
	12	25.2	46.2	16.2					3.5					
21	00			35.3			36.3							
	12	25.3	46.3	45.4										
22	00	25.4	46.4	12.5					3.6					
	12			15.6	D	D	36.2							
23	00	25.5	46.5	39.1								D		
	12			53.1			36.1	R	27.1					
24	00	25.6	46.6	62.2										
	12			56.2			22.6		27.2	23.2				
25	00	17.1	18.1	31.2										
	12			33.3							32.5			
26	00	17.2	18.2	7.3	R	R	22.5		27.3					
	12			4.3										
27	00	17.3	18.3	29.4				3.5	27.4					
	12			59.4										
28	00	17.4	18.4	40.4			22.4							
	12			64.5					27.5					
29	00	17.5	18.5	47.5						23.3				
	12			6.5					27.6					
30	00	17.6	18.6	46.6										
	12			18.6										
31	00	21.1	48.1	48.6				3.4	24.1					
	12	21.2	48.2	32.1			22.3							

April 1953

Date	Time	☉	⊕	☾	☊	☋	☿	♀	♂	♃	♄	♅	♆	♇
1	00	21.2	48.2	50.1	19.4	33.4	22.3	3.4	24.1	23.3	32.5	39.6	32.3	4.3
	12	21.3	48.3	28.2	19.3	33.3	D	R	24.2	D	R	D	R	R
2	00			44.3			22.4							
	12	21.4	48.4	1.3				3.3	24.3	23.4				
3	00			43.4										
	12	21.5	48.5	14.5										
4	00			34.5					24.4					
	12	21.6	48.6	9.6				3.2						
5	00			26.1					24.5					
	12	51.1	57.1	11.2										
6	00			10.3			22.5							
	12	51.2	57.2	58.4				3.1	24.6					
7	00			38.6						23.5				
	12	51.3	57.3	61.1	D	D					32.4			
8	00			60.2			22.6		2.1					
	12	51.4	57.4	41.4				42.6						
9	00			19.5	R	R			2.2					
	12	51.5	57.5	49.1			36.1						32.2	
10	00	51.6	57.6	30.3				42.5						
	12			55.4					2.3					
11	00	42.1	32.1	37.6			36.2							
	12			22.2				42.4		23.6				
12	00	42.2	32.2	36.4			36.3		2.4					
	12			25.6										
13	00	42.3	32.3	21.2	19.2	33.2		42.3	2.5					
	12			51.4			36.4							
14	00	42.4	32.4	42.6										
	12			27.2			36.5	42.2	2.6					
15	00	42.5	32.5	24.4										
	12			2.5			36.6		23.1					
16	00	42.6	32.6	8.1				42.1		8.1				
	12			20.3			25.1							
17	00	3.1	50.1	16.4			25.2		23.2					
	12			35.5				51.6						
18	00	3.2	50.2	45.6			25.3							
	12			15.1					23.3					
19	00	3.3	50.3	52.2			25.4	51.5						
	12			39.3			25.5		23.4					
20	00	3.4	50.4	53.4						8.2	32.3			
	12			62.4			25.6	51.4						
21	00	3.5	50.5	56.5					23.5					
	12	3.6	50.6	31.5	D	D	17.1							
22	00			33.5	R	R	17.2							
	12	27.1	28.1	7.6				51.3	23.6					
23	00			4.6			17.3							
	12	27.2	28.2	29.6	19.1	33.1	17.4		8.1					
24	00			40.1			17.5			8.3				
	12	27.3	28.3	64.1				51.2						
25	00			47.1			17.6		8.2					
	12	27.4	28.4	6.2			21.1							
26	00			46.2										
	12	27.5	28.5	18.2			21.2		8.3					
27	00			48.3			21.3							
	12	27.6	28.6	57.3			21.4	51.1	8.4					
28	00			32.4			21.5							
	12	24.1	44.1	50.4						8.4				
29	00			28.5			21.6		8.5					
	12	24.2	44.2	44.6	41.6	31.6	51.1							
30	00			43.1			51.2							
	12	24.3	44.3	14.1			51.3		8.6					

May 1953

Date	Time	☉	⊕	☾	☊	☋	☿	♀	♂	♃	♄	♅	♆	♇
1	00	24.3	44.3	34.2	41.6	31.6	51.3	51.1	8.6	8.4	32.3	39.6	32.2	4.3
	12	24.4	44.4	9.3	R	R	51.4	R	20.1	D	R	D	R	R
2	00			5.4			51.5	21.6				53.1		
	12	24.5	44.5	26.5			51.6			8.5	32.2			
3	00			11.6			42.1		20.2					D
	12	24.6	44.6	58.1			42.2							
4	00			38.2			42.3							
	12	2.1	1.1	54.4					20.3					
5	00	2.2	1.2	61.5			42.4	D						
	12			60.6			42.5		20.4					
6	00	2.3	1.3	19.1	D	D	42.6							
	12			13.3			3.1			8.6				
7	00	2.4	1.4	49.4	R	R	3.2		20.5					
	12			30.6			3.3	51.1						
8	00	2.5	1.5	37.1			3.4							
	12			63.3			3.5		20.6					
9	00	2.6	1.6	22.5			3.6							
	12			25.1			27.1							
10	00	23.1	43.1	17.2			27.2		16.1					
	12			21.4	41.5	31.5	27.3			20.1				
11	00	23.2	43.2	51.6			27.4		16.2					
	12			3.2			27.5							
12	00	23.3	43.3	27.3			27.6							
	12			24.5			24.1	51.2	16.3					
13	00	23.4	43.4	23.1			24.2							
	12			8.2			24.3							
14	00	23.5	43.5	20.4			24.4		16.4					
	12			16.5			24.5			20.2				
15	00	23.6	43.6	45.1			24.6		16.5					
	12			12.2			2.1	51.3					32.1	
16	00	8.1	14.1	15.3			2.2							
	12			52.4	41.4	31.4	2.3		16.6					
17	00	8.2	14.2	39.5			2.4				32.1			
	12			53.5			2.5	51.4						
18	00	8.3	14.3	62.6			23.1		35.1					
	12			31.1			23.2			20.3				
19	00	8.4	14.4	33.1	D	D	23.3							
	12			7.2			23.4	51.5	35.2					
20	00	8.5	14.5	4.2			23.5							
	12			29.2			23.6		35.3					
21	00	8.6	14.6	59.3	R	R	8.1							
	12			40.3			8.3	51.6						
22	00	20.1	34.1	64.3			8.4		35.4					
	12	20.2	34.2	47.4			8.5			20.4				
23	00			6.4			8.6							
	12	20.3	34.3	46.4			20.1	42.1	35.5					
24	00			18.5			20.2							
	12	20.4	34.4	48.5			20.3							
25	00			57.6			20.5	42.2	35.6			53.2		
	12	20.5	34.5	32.6			20.6							
26	00			28.1			16.1		45.1					
	12	20.6	34.6	44.2			16.2	42.3		20.5				
27	00			1.2			16.3							
	12	16.1	9.1	43.3			16.5		45.2					
28	00			14.4			16.6	42.4						
	12	16.2	9.2	34.5			35.1							
29	00			9.6	41.3	31.3	35.2		45.3					
	12	16.3	9.3	26.1			35.3	42.5						
30	00			11.2			35.4							
	12	16.4	9.4	10.3			35.5	42.6	45.4	20.6				
31	00			58.5			45.1							
	12	16.5	9.5	38.6			45.2		45.5					

June 1953

Date	Time	☉	⊕	☾	☊	☋	☿	♀	♂	♃	♄	♅	♆	♇
1	00	16.5	9.5	61.1	41.3	31.3	45.3	3.1	45.5	20.6	32.1	53.2	32.1	4.3
	12	16.6	9.6	60.3	R	R	45.4	D	D	D	R	D	R	D
2	00			41.4	D	D	45.5	3.2	45.6					
	12	35.1	5.1	19.6			45.6							
3	00			49.1			12.1							
	12	35.2	5.2	30.2			12.2	3.3	12.1	16.1				
4	00			55.4			12.3							
	12	35.3	5.3	37.6			12.5	3.4						
5	00			22.1	R	R	12.6		12.2					
	12	35.4	5.4	36.3			15.1							
6	00			25.4			15.2	3.5	12.3					
	12	35.5	5.5	17.6			15.3							
7	00			51.1			15.4	3.6						
	12	35.6	5.6	42.3			15.5		12.4	16.2				
8	00			3.5			15.6	27.1						
	12	45.1	26.1	27.6			52.1				57.6			
9	00			2.2			52.2		12.5					
	12	45.2	26.2	23.3			52.3	27.2						
10	00			8.4			52.4							
	12	45.3	26.3	20.6			52.5	27.3	12.6					
11	00			35.1										
	12	45.4	26.4	45.2			52.6	27.4		16.3		53.3		
12	00			12.3			39.1		15.1					
	12	45.5	26.5	15.5	41.2	31.2	39.2	27.5						
13	00			52.6			39.3		15.2					
	12	45.6	26.6	39.6			39.4	27.6						
14	00	12.1	11.1	62.1			39.5							
	12			56.2			39.6	24.1	15.3					
15	00	12.2	11.2	31.3	D	D								
	12			33.3			53.1			16.4				
16	00	12.3	11.3	7.4			53.2	24.2	15.4					
	12			4.4			53.3							
17	00	12.4	11.4	29.4			53.4	24.3						
	12			59.5					15.5					
18	00	12.5	11.5	40.5			53.5	24.4						
	12			64.5			53.6							
19	00	12.6	11.6	47.6			62.1	24.5	15.6					
	12			6.6	R	R				16.5				
20	00	15.1	10.1	46.6			62.2	24.6	52.1					
	12			48.1			62.3							
21	00	15.2	10.2	57.1			62.4	2.1						
	12			32.2					52.2					
22	00	15.3	10.3	50.2			62.5	2.2						
	12			28.3			62.6							
23	00	15.4	10.4	44.3				2.3	52.3					
	12			1.4			56.1							
24	00	15.5	10.5	43.5			56.2	2.4		16.6	D			
	12			14.6					52.4					
25	00	15.6	10.6	9.1			56.3	2.5						
	12			5.2				2.6						
26	00	52.1	58.1	26.3			56.4		52.5					
	12			11.4				23.1						
27	00	52.2	58.2	10.6			56.5							
	12			38.1				23.2	52.6					
28	00	52.3	58.3	54.3			56.6			35.1		53.4		
	12			61.4				23.3	39.1					
29	00	52.4	58.4	60.6			31.1							
	12			19.1	D	D		23.4						
30	00	52.5	58.5	13.3			31.2		39.2					
	12			49.5				23.5						

July 1953

Date	Time	☉	⊕	☾	☊	☋	☿	♀	♂	♃	♄	♅	♆	♇
1	00	52.6	58.6	30.6	41.2	31.2	31.3	23.5	39.2	35.1	57.6	53.4	32.1	4.3
	12			37.2	D	D	D	23.6	39.3	D	D	D	R	D
2	00	39.1	38.1	63.4						35.2				
	12			22.5			31.4	8.1						
3	00	39.2	38.2	25.1					39.4				D	
	12			17.2			31.5	8.2						
4	00	39.3	38.3	21.4	R	R		8.3						
	12			51.6					39.5					
5	00	39.4	38.4	3.1				8.4						
	12			27.2			31.6							
6	00	39.5	38.5	24.4				8.5	39.6					4.4
	12			2.5						35.3				
7	00	39.6	38.6	8.1				8.6	53.1					
	12			20.2			33.1							
8	00	53.1	54.1	16.3				20.1						
	12			35.4				20.2	53.2					
9	00	53.2	54.2	45.5										
	12			12.6				20.3			32.1			
10	00	53.3	54.3	52.1					53.3					
	12			39.2				20.4						
11	00	53.4	54.4	53.3						35.4				
	12			62.3				20.5	53.4					
12	00	53.5	54.5	56.4			R							
	12	53.6	54.6	31.5	D	D		20.6						
13	00			33.5				16.1	53.5					
	12	62.1	61.1	7.6								53.5		
14	00			4.6				16.2						
	12	62.2	61.2	59.1					53.6					
15	00			40.1				16.3						
	12	62.3	61.3	64.1						35.5				
16	00			47.2				16.4	62.1					
	12	62.4	61.4	6.2			31.6	16.5						
17	00			46.2										
	12	62.5	61.5	18.3				16.6	62.2					
18	00			48.3										
	12	62.6	61.6	57.3			31.5	35.1	62.3					
19	00			32.4										
	12	56.1	60.1	50.4	R	R		35.2						
20	00			28.5				35.3	62.4	35.6				
	12	56.2	60.2	44.5			31.4							
21	00			1.6				35.4						
	12	56.3	60.3	14.1					62.5					
22	00			34.2			31.3	35.5						
	12	56.4	60.4	9.2				35.6						
23	00			5.3			31.2		62.6					
	12	56.5	60.5	26.5				45.1						
24	00			11.6										
	12	56.6	60.6	58.1			31.1	45.2	56.1	45.1				
25	00			38.3										
	12	31.1	41.1	54.4				45.3						
26	00			61.6			56.6	45.4	56.2					
	12	31.2	41.2	41.2	D	D								
27	00			19.3	R	R	56.5	45.5						
	12	31.3	41.3	13.5					56.3					
28	00			30.1				45.6						
	12	31.4	41.4	55.3			56.4	12.1						
29	00			37.5					56.4			53.6		
	12	31.5	41.5	22.1				12.2		45.2				
30	00			36.3			56.3							
	12	31.6	41.6	25.4				12.3	56.5					
31	00			17.6				12.4						
	12	33.1	19.1	51.2					56.6		32.2			

August 1953

Date	Time	☉	⊕	☾	☊	☋	☿	♀	♂	♃	♄	♅	♆	♇
1	00	33.1	19.1	42.3	41.2	31.2	56.3	12.5	56.6	45.2	32.2	53.6	32.1	4.4
	12	33.2	19.2	3.5	R	R	56.2	D	D	D	D	D	D	D
2	00			24.1				12.6	31.1					
	12	33.3	19.3	2.2	D	D		15.1						
3	00			23.3										
	12	33.4	19.4	8.4				15.2	31.2	45.3				
4	00			20.6										
	12	33.5	19.5	35.1				15.3						
5	00			45.2			D	15.4	31.3					
	12	33.6	19.6	12.3										
6	00			15.4				15.5						
	12	7.1	13.1	52.4					31.4					
7	00	7.2	13.2	39.5				15.6						4.5
	12			53.6				52.1						
8	00	7.3	13.3	62.6					31.5					
	12			31.1				52.2		45.4				
9	00	7.4	13.4	33.1	R	R	56.3							
	12			7.2				52.3	31.6					
10	00	7.5	13.5	4.2				52.4						
	12			29.3			56.4							
11	00	7.6	13.6	59.3				52.5	33.1					
	12			40.4										
12	00	4.1	49.1	64.4			56.5	52.6						
	12			47.4				39.1	33.2					
13	00	4.2	49.2	6.5			56.6							
	12			46.5				39.2						
14	00	4.3	49.3	18.5			31.1		33.3	45.5				
	12			48.6				39.3			32.3	62.1		
15	00	4.4	49.4	57.6			31.2	39.4						
	12			32.6					33.4					
16	00	4.5	49.5	28.1			31.3	39.5						
	12			44.1			31.4	39.6	33.5					
17	00	4.6	49.6	1.2										
	12			43.2			31.5	53.1						
18	00	29.1	30.1	14.3	D	D	31.6		33.6					
	12			34.3			33.1	53.2						
19	00	29.2	30.2	9.4				53.3					32.2	
	12			5.5			33.2		7.1					
20	00	29.3	30.3	26.6			33.3	53.4		45.6				
	12			10.1			33.4							
21	00	29.4	30.4	58.2			33.5	53.5	7.2					
	12			38.4			33.6	53.6						
22	00	29.5	30.5	54.5										
	12			60.1			7.1	62.1	7.3					
23	00	29.6	30.6	41.3	R	R	7.2	62.2						
	12			19.4			7.3							
24	00	59.1	55.1	13.6			7.4	62.3	7.4					
	12			30.2			7.5							
25	00	59.2	55.2	55.4			7.6	62.4						
	12			37.6			4.1	62.5	7.5		32.4			
26	00	59.3	55.3	22.2			4.2			12.1				
	12	59.4	55.4	36.4			4.3	62.6						
27	00			17.1			4.4	56.1	7.6					
	12	59.5	55.5	21.3			4.5							
28	00			51.5	41.1	31.1	4.6	56.2						
	12	59.6	55.6	42.6			29.1		4.1					
29	00			27.2			29.2	56.3						
	12	40.1	37.1	24.4			29.3	56.4						
30	00			2.5			29.4		4.2					
	12	40.2	37.2	8.1			29.5	56.5						
31	00			20.2			29.6	56.6						
	12	40.3	37.3	16.3	D	D	59.2		4.3					

September 1953

Date	Time	☉	⊕	☾	☊	☋	☿	♀	♂	♃	♄	♅	♆	♇
1	00	40.3	37.3	35.4	41.1	31.1	59.3	31.1	4.3	12.1	32.4	62.1	32.2	4.5
	12	40.4	37.4	45.5	D	D	59.4	D	D	D	D	D	D	D
2	00			12.6			59.5	31.2	4.4	12.2		62.2		
	12	40.5	37.5	52.1			59.6	31.3						
3	00			39.2			40.1							
	12	40.6	37.6	53.3			40.2	31.4	4.5					
4	00			62.3			40.3	31.5						
	12	64.1	63.1	56.4			40.4				32.5			
5	00			31.4	R	R	40.5	31.6	4.6					
	12	64.2	63.2	33.5			40.6							
6	00			7.5			64.1	33.1						4.6
	12	64.3	63.3	4.6			64.2	33.2	29.1					
7	00			29.6			64.3							
	12	64.4	63.4	59.6			64.4	33.3						
8	00			64.1			64.5	33.4	29.2					
	12	64.5	63.5	47.1			64.6							
9	00			6.1			47.1	33.5						
	12	64.6	63.6	46.2			47.2	33.6	29.3					
10	00			18.2			47.3			12.3				
	12	47.1	22.1	48.2			47.4	7.1						
11	00	47.2	22.2	57.3			47.5		29.4					
	12			32.3			47.6	7.2						
12	00	47.3	22.3	50.3			6.1	7.3	29.5					
	12			28.4			6.2							
13	00	47.4	22.4	44.4			6.3	7.4						
	12			1.4	60.6	56.6	6.4	7.5	29.6		32.6			
14	00	47.5	22.5	43.5			6.5							
	12			14.6			6.6	7.6						
15	00	47.6	22.6	34.6			46.1	4.1	59.1					
	12			5.1			46.2							
16	00	6.1	36.1	26.2			46.3	4.2						
	12			11.2	D	D		4.3	59.2					
17	00	6.2	36.2	10.3			46.4							
	12			58.4			46.5	4.4						
18	00	6.3	36.3	38.6			46.6		59.3					
	12			61.1			18.1	4.5						
19	00	6.4	36.4	60.2			18.2	4.6						
	12			41.4	R	R	18.3		59.4					
20	00	6.5	36.5	19.5			18.4	29.1		12.4			32.3	
	12			49.1			18.5	29.2						
21	00	6.6	36.6	30.3			18.6		59.5					
	12			55.5			48.1	29.3						
22	00	46.1	25.1	63.1				29.4			50.1			
	12			22.3			48.2		59.6					
23	00	46.2	25.2	36.5			48.3	29.5						
	12	46.3	25.3	17.1			48.4	29.6						
24	00			21.4			48.5		40.1					
	12	46.4	25.4	51.6			48.6	59.1						
25	00			3.2			57.1							
	12	46.5	25.5	27.4				59.2	40.2					
26	00			24.6			57.2	59.3						
	12	46.6	25.6	23.2			57.3							
27	00			8.3			57.4	59.4	40.3			62.3		
	12	18.1	17.1	20.5	60.5	56.5	57.5	59.5						
28	00			16.6			57.6							
	12	18.2	17.2	45.1				59.6	40.4					
29	00			12.3			32.1	40.1						
	12	18.3	17.3	15.4			32.2							
30	00			52.4	D	D	32.3	40.2	40.5					
	12	18.4	17.4	39.5			32.4	40.3			50.2			

October 1953

Date	Time	☉	⊕	☾	☊	☋	☿	♀	♂	♃	♄	♅	♆	♇
1	00	18.4	17.4	53.6	60.5	56.5	32.5	40.3	40.5	12.4	50.2	62.3	32.3	4.6
	12	18.5	17.5	56.1	D	D	D	40.4	40.6	D	D	D	D	D
2	00			31.1	R	R	32.6	40.5						
	12	18.6	17.6	33.2			50.1							
3	00			7.2			50.2	40.6	64.1					
	12	48.1	21.1	4.2			50.3	64.1						
4	00	48.2	21.2	29.3										
	12			59.3			50.4	64.2	64.2					
5	00	48.3	21.3	40.4			50.5							
	12			64.4			50.6	64.3						
6	00	48.4	21.4	47.4				64.4	64.3					
	12			6.4			28.1							
7	00	48.5	21.5	46.5			28.2	64.5						
	12			18.5			28.3	64.6	64.4	12.5				
8	00	48.6	21.6	48.5										
	12			57.6			28.4	47.1			50.3			
9	00	57.1	51.1	32.6	60.4	56.4	28.5	47.2	64.5					
	12			28.1			28.6							
10	00	57.2	51.2	44.1				47.3						
	12			1.1			44.1	47.4	64.6					
11	00	57.3	51.3	43.2			44.2							
	12			14.2			44.3	47.5						29.1
12	00	57.4	51.4	34.3				47.6	47.1					
	12			9.4			44.4							
13	00	57.5	51.5	5.4			44.5	6.1						
	12	57.6	51.6	26.5				6.2	47.2					
14	00			11.6			44.6							
	12	32.1	42.1	10.6			1.1	6.3						
15	00			38.1				6.4	47.3					
	12	32.2	42.2	54.2			1.2			R				
16	00			61.3	D	D	1.3	6.5			50.4		32.4	
	12	32.3	42.3	60.5	R	R		6.6	47.4					
17	00			41.6			1.4							
	12	32.4	42.4	13.1			1.5	46.1						
18	00			49.3				46.2	47.5					
	12	32.5	42.5	30.4	60.3	56.3	1.6							
19	00			55.6			43.1	46.3						
	12	32.6	42.6	63.2					47.6					
20	00			22.4			43.2	46.4						
	12	50.1	3.1	36.6				46.5						
21	00			17.2			43.3		6.1					
	12	50.2	3.2	21.4			43.4	46.6						
22	00	50.3	3.3	51.6				18.1						
	12			3.2			43.5		6.2					
23	00	50.4	3.4	27.5				18.2		12.4				
	12			2.1			43.6	18.3						
24	00	50.5	3.5	23.3					6.3		50.5			
	12			8.4			14.1	18.4						
25	00	50.6	3.6	20.6	60.2	56.2		18.5						
	12			35.2			14.2		6.4					
26	00	28.1	27.1	45.3				18.6						
	12			12.5			14.3	48.1						
27	00	28.2	27.2	15.6					6.5					
	12			39.1			14.4	48.2						
28	00	28.3	27.3	53.2				48.3						
	12			62.3					6.6					
29	00	28.4	27.4	56.3	D	D	14.5	48.4						
	12	28.5	27.5	31.4				48.5						
30	00			33.4	R	R			46.1			R		
	12	28.6	27.6	7.5			14.6	48.6						
31	00			4.5				57.1						
	12	44.1	24.1	29.6					46.2		50.6			

November 1953

Date	Time	☉	⊕	☾	☊	☋	☿	♀	♂	♃	♄	♅	♆	♇
1	00	44.1	24.1	59.6	60.2	56.2	34.1	57.2	46.2	12.4	50.6	62.3	32.4	29.1
	12	44.2	24.2	40.6	R	R	D	57.3	D	R	D	R	D	D
2	00			47.1					46.3					
	12	44.3	24.3	6.1				57.4						
3	00			46.1				57.5						
	12	44.4	24.4	18.2					46.4					
4	00			48.2			R	57.6						
	12	44.5	24.5	57.2				32.1						
5	00			32.3	60.1	56.1			46.5					
	12	44.6	24.6	50.3				32.2						
6	00	1.1	2.1	28.4				32.3						
	12			44.4					46.6					
7	00	1.2	2.2	1.5			14.6	32.4						
	12			43.5				32.5						
8	00	1.3	2.3	14.6					18.1					
	12			34.6			14.5	32.6			28.1			
9	00	1.4	2.4	5.1				50.1						
	12			26.2					18.2	12.3				
10	00	1.5	2.5	11.3	61.6	62.6	14.4	50.2						
	12			10.3			14.3	50.3					32.5	
11	00	1.6	2.6	58.4					18.3					
	12			38.5			14.2	50.4						
12	00	43.1	23.1	54.6				50.5						
	12	43.2	23.2	60.1	D	D	14.1		18.4					
13	00			41.2			43.6	50.6						
	12	43.3	23.3	19.3				28.1						
14	00			13.5			43.5		18.5					
	12	43.4	23.4	49.6	R	R	43.4	28.2						
15	00			55.1			43.3	28.3						
	12	43.5	23.5	37.3					18.6					
16	00			63.5			43.2	28.4						
	12	43.6	23.6	22.6			43.1	28.5			28.2			
17	00			25.2					48.1					
	12	14.1	8.1	17.4			1.6	28.6						
18	00			21.6				44.1						
	12	14.2	8.2	42.2			1.5		48.2					
19	00			3.4			1.4	44.2						
	12	14.3	8.3	27.5				44.3		12.2				
20	00	14.4	8.4	2.1					48.3					
	12			23.3			1.3	44.4						
21	00	14.5	8.5	8.5				44.5						
	12			16.1					48.4					
22	00	14.6	8.6	35.3	61.5	62.5	1.2	44.6						
	12			45.4				1.1						
23	00	34.1	20.1	12.6										
	12			52.1				1.2	48.5					
24	00	34.2	20.2	39.2			D	1.3						
	12			53.3							28.3			
25	00	34.3	20.3	62.4				1.4	48.6					
	12			56.5	D	D		1.5						
26	00	34.4	20.4	31.6										
	12	34.5	20.5	7.1			1.3	1.6	57.1					
27	00			4.1				43.1						R
	12	34.6	20.6	29.2						12.1				
28	00			59.2				43.2	57.2					
	12	9.1	16.1	40.3	R	R	1.4	43.3						
29	00			64.3										
	12	9.2	16.2	47.3			1.5	43.4	57.3					
30	00			6.4				43.5						
	12	9.3	16.3	46.4										

December 1953

Date	Time	☉	⊕	☾	☊	☋	☿	♀	♂	♃	♄	♅	♆	♇
1	00	9.3	16.3	18.4	61.5	62.5	1.6	43.6	57.4	12.1	28.3	62.3	32.5	29.1
	12	9.4	16.4	48.5	R	R	D	14.1	D	R	D	R	D	R
2	00	9.5	16.5	57.5			43.1					62.2		
	12			32.5			43.2	14.2	57.5					
3	00	9.6	16.6	50.6				14.3						
	12			28.6			43.3				28.4			
4	00	5.1	35.1	1.1				14.4	57.6					
	12			43.1			43.4	14.5						
5	00	5.2	35.2	14.2			43.5			45.6				
	12			34.3				14.6	32.1					
6	00	5.3	35.3	9.3			43.6	34.1						
	12			5.4			14.1							
7	00	5.4	35.4	26.5	61.4	62.4		34.2	32.2					
	12			11.6			14.2	34.3						
8	00	5.5	35.5	58.1			14.3							
	12	5.6	35.6	38.2				34.4	32.3					
9	00			54.3			14.4	34.5						
	12	26.1	45.1	61.4			14.5							
10	00			60.5	D	D		34.6	32.4					
	12	26.2	45.2	41.6			14.6	9.1						
11	00			13.1			34.1						32.6	
	12	26.3	45.3	49.3			34.2	9.2	32.5					
12	00			30.4				9.3		45.5				
	12	26.4	45.4	55.5			34.3	9.4			28.5			
13	00			63.1			34.4		32.6					
	12	26.5	45.5	22.2			34.5	9.5						
14	00	26.6	45.6	36.4	R	R		9.6						
	12			25.5			34.6		50.1					
15	00	11.1	12.1	21.1			9.1	5.1						
	12			51.3			9.2	5.2						
16	00	11.2	12.2	42.4			9.3							
	12			3.6				5.3	50.2					
17	00	11.3	12.3	24.2			9.4	5.4						
	12			2.3			9.5							
18	00	11.4	12.4	23.5			9.6	5.5	50.3					
	12			20.1			5.1	5.6		45.4				
19	00	11.5	12.5	16.2										
	12			35.4			5.2	26.1	50.4					
20	00	11.6	12.6	45.5			5.3	26.2						
	12	10.1	15.1	15.1			5.4							
21	00			52.2			5.5	26.3	50.5					
	12	10.2	15.2	39.3				26.4						
22	00			53.4			5.6							
	12	10.3	15.3	62.5	D	D	26.1	26.5	50.6		28.6			
23	00			56.6			26.2	26.6						
	12	10.4	15.4	33.1			26.3							
24	00			7.2				11.1	28.1					
	12	10.5	15.5	4.3			26.4	11.2						
25	00			29.3			26.5							
	12	10.6	15.6	59.4			26.6	11.3	28.2					
26	00	58.1	52.1	40.4			11.1	11.4		45.3				
	12			64.5										
27	00	58.2	52.2	47.5			11.2	11.5	28.3					
	12			6.6			11.3	11.6						
28	00	58.3	52.3	46.6			11.4							
	12			18.6	R	R	11.5	10.1	28.4			62.1		
29	00	58.4	52.4	57.1			11.6	10.2						
	12			32.1										
30	00	58.5	52.5	50.1			10.1	10.3						
	12			28.2			10.2	10.4	28.5					
31	00	58.6	52.6	44.2			10.3							
	12	38.1	39.1	1.3			10.4	10.5						

January 1954

Date	Time	☉	⊕	☾	☊	☋	☿	♀	♂	♃	♄	♅	♆	♇
1	00	38.1	39.1	43.3	61.4	62.4	10.4	10.6	28.6	45.3	28.6	62.1	32.6	29.1
	12	38.2	39.2	14.4	R	R	10.5	D	D	R	D	R	D	R
2	00			34.4			10.6	58.1						
	12	38.3	39.3	9.5			58.1	58.2	44.1	45.2				
3	00			5.6			58.2				44.1			
	12	38.4	39.4	11.1			58.3	58.3						
4	00			10.2			58.4	58.4	44.2					
	12	38.5	39.5	58.3										
5	00			38.4			58.5	58.5						
	12	38.6	39.6	54.5			58.6	58.6	44.3					
6	00	54.1	53.1	60.1	D	D	38.1							
	12			41.2			38.2	38.1						
7	00	54.2	53.2	19.3			38.3	38.2	44.4					
	12			13.5										
8	00	54.3	53.3	49.6			38.4	38.3						
	12			55.2			38.5	38.4	44.5					
9	00	54.4	53.4	37.3			38.6							
	12			63.5			54.1	38.5						
10	00	54.5	53.5	22.6			54.2	38.6						
	12			25.2			54.3		44.6					
11	00	54.6	53.6	17.4				54.1		45.1				
	12			21.5			54.4	54.2						
12	00	61.1	62.1	42.1			54.5		1.1					
	12	61.2	62.2	3.2	R	R	54.6	54.3						
13	00			27.4			61.1	54.4						
	12	61.3	62.3	24.5			61.2		1.2					
14	00			23.1			61.3	54.5						4.6
	12	61.4	62.4	8.2			61.4	54.6						
15	00			20.4	D	D			1.3					
	12	61.5	62.5	16.5			61.5	61.1						
16	00			35.6			61.6	61.2						
	12	61.6	62.6	12.2			60.1		1.4					
17	00			15.3			60.2	61.3						
	12	60.1	56.1	52.4			60.3	61.4						
18	00	60.2	56.2	39.5			60.4				44.2			
	12			53.6			60.5	61.5	1.5					
19	00	60.3	56.3	56.1	R	R	60.6	61.6						
	12			31.2								53.6		
20	00	60.4	56.4	33.3			41.1	60.1	1.6					
	12			7.4			41.2	60.2						
21	00	60.5	56.5	4.4			41.3	60.3						
	12			29.5			41.4		43.1					
22	00	60.6	56.6	59.6			41.5	60.4						
	12			40.6			41.6	60.5						
23	00	41.1	31.1	47.1			19.1		43.2	35.6				
	12	41.2	31.2	6.1			19.2	60.6						
24	00			46.2			19.3	41.1						
	12	41.3	31.3	18.2			19.4							
25	00			48.2			19.5	41.2	43.3					
	12	41.4	31.4	57.3				41.3						
26	00			32.3			19.6							
	12	41.5	31.5	50.3			13.1	41.4	43.4					
27	00			28.4			13.2	41.5						
	12	41.6	31.6	44.4	D	D	13.3						R	
28	00			1.4			13.4	41.6	43.5					
	12	19.1	33.1	43.5			13.5	19.1						
29	00			14.5			13.6							
	12	19.2	33.2	34.6			49.1	19.2	43.6					
30	00	19.3	33.3	5.1			49.2	19.3						
	12			26.1			49.3							
31	00	19.4	33.4	11.2			49.4	19.4						
	12			10.3			49.5	19.5	14.1					

February 1954

Date	Time	☉	⊕	☾	☊	☋	☿	♀	♂	♃	♄	♅	♆	♇
1	00	19.5	33.5	58.4	61.4	62.4	49.6	19.5	14.1	35.6	44.2	53.6	32.6	4.6
	12			38.5	D	D	D	19.6	D	R	D	R	R	R
2	00	19.6	33.6	61.1			30.1	13.1	14.2					
	12			60.2	R	R	30.2							
3	00	13.1	7.1	41.4			30.3	13.2						
	12			19.5			30.4	13.3	14.3					
4	00	13.2	7.2	49.1			30.5							
	12	13.3	7.3	30.2			30.6	13.4						
5	00			55.4			55.1	13.5						
	12	13.4	7.4	37.6			55.2		14.4					
6	00			22.2			55.3	13.6						
	12	13.5	7.5	36.4				49.1						
7	00			25.5			55.4		14.5					
	12	13.6	7.6	21.1			55.5	49.2						
8	00			51.3			55.6	49.3						
	12	49.1	4.1	42.5			37.1		14.6					
9	00			3.6				49.4						
	12	49.2	4.2	24.2			37.2	49.5						
10	00			2.4			37.3							
	12	49.3	4.3	23.5	D	D	37.4	49.6	34.1	D				
11	00	49.4	4.4	8.6				30.1						
	12			16.2			37.5							
12	00	49.5	4.5	35.3			37.6	30.2	34.2			53.5		
	12			45.4				30.3						
13	00	49.6	4.6	12.5			63.1							
	12			15.6			63.2	30.4	34.3					
14	00	30.1	29.1	39.1				30.5						
	12			53.2			63.3							
15	00	30.2	29.2	62.3				30.6						
	12			56.4	R	R	63.4	55.1	34.4					
16	00	30.3	29.3	31.5										
	12			33.6				55.2						
17	00	30.4	29.4	7.6			63.5	55.3	34.5					
	12	30.5	29.5	29.1							R			
18	00			59.1				55.4						
	12	30.6	29.6	40.2				55.5						
19	00			64.3					34.6					
	12	55.1	59.1	47.3	61.3	62.3	63.6	55.6						
20	00			6.3				37.1						
	12	55.2	59.2	46.4			R		9.1					
21	00			18.4				37.2						
	12	55.3	59.3	48.5			63.5	37.3						
22	00			57.5										
	12	55.4	59.4	32.5				37.4	9.2					
23	00			50.6				37.5						4.5
	12	55.5	59.5	28.6										
24	00	55.6	59.6	44.6			63.4	37.6	9.3					
	12			43.1				63.1						
25	00	37.1	40.1	14.1										
	12			34.1			63.3	63.2						
26	00	37.2	40.2	9.2	D	D		63.3	9.4					
	12			5.2			63.2							
27	00	37.3	40.3	26.3				63.4						
	12			11.4			63.1	63.5	9.5					
28	00	37.4	40.4	10.5										
	12			58.6			37.6	63.6						

March 1954

Date	Time	☉	⊕	☽	☊	☋	☿	♀	♂	♃	♄	♅	♆	♇
1	00	37.5	40.5	54.1	61.3	62.3	37.6	22.1	9.5	35.6	44.2	53.5	32.6	4.5
	12			61.2	D	D	37.5	D	9.6	45.1	R	R	R	R
2	00	37.6	40.6	60.3	R	R		22.2						
	12			41.4			37.4	22.3						
3	00	63.1	64.1	19.6					5.1					
	12	63.2	64.2	49.2			37.3	22.4						
4	00			30.3			37.2	22.5						
	12	63.3	64.3	55.5										
5	00			63.1			37.1	22.6	5.2					
	12	63.4	64.4	22.3				36.1						
6	00			36.5			55.6							
	12	63.5	64.5	17.1				36.2						
7	00			21.3	61.2	62.2		36.3	5.3					
	12	63.6	64.6	51.5			55.5							
8	00			3.1				36.4						
	12	22.1	47.1	27.3			55.4	36.5	5.4					
9	00			24.5										
	12	22.2	47.2	23.1				36.6						
10	00	22.3	47.3	8.3			55.3	25.1						
	12			20.4					5.5					
11	00	22.4	47.4	16.5				25.2						
	12			45.1				25.3						
12	00	22.5	47.5	12.2	D	D								
	12			15.3			55.2	25.4	5.6					
13	00	22.6	47.6	52.4				25.5						
	12			39.5						45.2				
14	00	36.1	6.1	53.6				25.6	26.1					
	12			56.1	R	R		17.1						
15	00	36.2	6.2	31.2			D							
	12			33.2				17.2						
16	00	36.3	6.3	7.3				17.3	26.2					
	12			4.3										
17	00	36.4	6.4	29.4				17.4						
	12			59.5			55.3	17.5						
18	00	36.5	6.5	40.5					26.3				32.5	
	12	36.6	6.6	64.5				17.6						
19	00			47.6				21.1						
	12	25.1	46.1	6.6										
20	00			18.1	61.1	62.1	55.4	21.2	26.4					
	12	25.2	46.2	48.1				21.3			44.1			
21	00			57.1										
	12	25.3	46.3	32.2				21.4						
22	00			50.2			55.5	21.5	26.5	45.3				
	12	25.4	46.4	28.2										
23	00			44.3			55.6	21.6						
	12	25.5	46.5	1.3				51.1						
24	00			43.3					26.6					
	12	25.6	46.6	14.4	54.6	53.6	37.1	51.2						
25	00			34.4				51.3						
	12	17.1	18.1	9.5			37.2							
26	00			5.5				51.4	11.1					
	12	17.2	18.2	26.6										
27	00	17.3	18.3	11.6			37.3	51.5						
	12			58.1				51.6						
28	00	17.4	18.4	38.2	D	D	37.4		11.2			D		
	12			54.3				42.1						
29	00	17.5	18.5	61.3	R	R	37.5	42.2						
	12			60.5			37.6			45.4				
30	00	17.6	18.6	41.6				42.3						
	12			13.1			63.1	42.4	11.3					
31	00	21.1	48.1	49.3										
	12			30.4			63.2	42.5						

April 1954

Date	Time	☉	⊕	☽	☊	☋	☿	♀	♂	♃	♄	♅	♆	♇
1	00	21.2	48.2	55.6	54.6	53.6	63.2	42.6	11.3	45.4	44.1	53.5	32.5	4.5
	12			63.2	R	R	63.3	D	11.4	D	R	D	R	R
2	00	21.3	48.3	22.4			63.4	3.1						
	12			36.6				3.2						
3	00	21.4	48.4	17.2			63.5							
	12			21.4			63.6	3.3	11.5					
4	00	21.5	48.5	51.6				3.4						
	12			3.3			22.1							
5	00	21.6	48.6	27.5	54.5	53.5	22.2	3.5		45.5				
	12	51.1	57.1	2.1				3.6			28.6			
6	00			23.3			22.3		11.6					
	12	51.2	57.2	8.5			22.4	27.1						
7	00			20.6				27.2						
	12	51.3	57.3	35.2			22.5							
8	00			45.4			22.6	27.3						
	12	51.4	57.4	12.5			36.1	27.4	10.1					
9	00			15.6										
	12	51.5	57.5	39.1			36.2	27.5						
10	00			53.3			36.3	27.6						
	12	51.6	57.6	62.3			36.4							
11	00			56.4				24.1	10.2	45.6				
	12	42.1	32.1	31.5			36.5	24.2						
12	00			33.6			36.6							
	12	42.2	32.2	7.6			25.1	24.3						
13	00			29.1			25.2	24.4						
	12	42.3	32.3	59.1					10.3					
14	00			40.2			25.3	24.5						
	12	42.4	32.4	64.2			25.4	24.6						
15	00			47.3			25.5							
	12	42.5	32.5	6.3			25.6	2.1						4.4
16	00	42.6	32.6	46.3			17.1		10.4					
	12			18.4	54.4	53.4		2.2						
17	00	3.1	50.1	48.4			17.2	2.3		12.1				
	12			57.4			17.3							
18	00	3.2	50.2	32.5			17.4	2.4						
	12			50.5			17.5	2.5	10.5		28.5			
19	00	3.3	50.3	28.5			17.6							
	12			44.6			21.1	2.6						
20	00	3.4	50.4	1.6			21.2	23.1						
	12			14.1	54.3	53.3	21.3							
21	00	3.5	50.5	34.1				23.2						
	12			9.1			21.4	23.3	10.6					
22	00	3.6	50.6	5.2			21.5			12.2				
	12			26.2			21.6	23.4						
23	00	27.1	28.1	11.3			51.1	23.5					32.4	
	12			10.3			51.2							
24	00	27.2	28.2	58.4			51.3	23.6						
	12			38.5			51.4	8.1	58.1					
25	00	27.3	28.3	54.5	D	D	51.5							
	12			61.6			51.6	8.2						
26	00	27.4	28.4	41.1			42.1	8.3						
	12			19.2	R	R	42.2							
27	00	27.5	28.5	13.3			42.3	8.4		12.3				
	12			49.5			42.4	8.5						
28	00	27.6	28.6	30.6			42.5		58.2					
	12	24.1	44.1	37.2			42.6	8.6						
29	00			63.3			3.1							
	12	24.2	44.2	22.5			3.2	20.1						
30	00			25.1			3.3	20.2						
	12	24.3	44.3	17.3			3.4							

May 1954

Date	Time	☉	⊕	☾	☊	☋	☿	♀	♂	♃	♄	♅	♆	♇
1	00	24.3	44.3	21.5	54.3	53.3	3.5	20.3	58.2	12.3	28.4	53.5	32.4	4.4
	12	24.4	44.4	42.1	R	R	27.1	20.4	58.3	D	R	D	R	R
2	00			3.3			27.2			12.4				
	12	24.5	44.5	27.5	54.2	53.2	27.3	20.5						
3	00			2.1			27.4	20.6						
	12	24.6	44.6	23.4			27.5							
4	00			8.6			27.6	16.1						
	12	2.1	1.1	16.2			24.1	16.2						
5	00			35.3			24.2							D
	12	2.2	1.2	45.5			24.3	16.3						
6	00			15.1			24.5	16.4	58.4					
	12	2.3	1.3	52.2			24.6							
7	00			39.4			2.1	16.5		12.5				
	12	2.4	1.4	53.5	D	D	2.2	16.6						
8	00			62.6			2.3							
	12	2.5	1.5	31.1			2.4	35.1						
9	00			33.2			2.5							
	12	2.6	1.6	7.3			23.1	35.2						
10	00			4.3	R	R	23.2	35.3						
	12	23.1	43.1	29.4			23.3					53.6		
11	00			59.5			23.4	35.4						
	12	23.2	43.2	40.5			23.5	35.5	58.5	12.6				
12	00			64.5			23.6							
	12	23.3	43.3	47.6			8.2	35.6						
13	00	23.4	43.4	6.6			8.3	45.1						
	12			18.1			8.4				28.3			
14	00	23.5	43.5	48.1			8.5	45.2						
	12			57.1			8.6	45.3						
15	00	23.6	43.6	32.2			20.1							
	12			50.2			20.2	45.4						
16	00	8.1	14.1	28.2	54.1	53.1	20.4	45.5		15.1				
	12			44.3			20.5							
17	00	8.2	14.2	1.3			20.6	45.6						
	12			43.3			16.1							
18	00	8.3	14.3	14.4			16.2	12.1						
	12			34.4			16.3	12.2						
19	00	8.4	14.4	9.5			16.4							
	12			5.5			16.5	12.3						
20	00	8.5	14.5	26.6			16.6	12.4						
	12			11.6			35.1			15.2				
21	00	8.6	14.6	58.1			35.2	12.5						
	12			38.2			35.4	12.6						
22	00	20.1	34.1	54.2	D	D	35.5							
	12			61.3			35.6	15.1						
23	00	20.2	34.2	60.4			45.1	15.2						
	12			41.5			45.2							
24	00	20.3	34.3	19.6			45.3	15.3	R					
	12			49.1			45.4							4.5
25	00	20.4	34.4	30.2				15.4		15.3				
	12			55.3			45.5	15.5						
26	00	20.5	34.5	37.5	R	R	45.6							
	12			63.6			12.1	15.6						
27	00	20.6	34.6	36.2			12.2	52.1						
	12			25.3			12.3							
28	00	16.1	9.1	17.5			12.4	52.2			28.2			
	12			51.1			12.5	52.3						
29	00	16.2	9.2	42.3			12.6							
	12			3.5				52.4		15.4				
30	00	16.3	9.3	24.1			15.1	52.5						
	12			2.3			15.2							
31	00	16.4	9.4	23.5			15.3	52.6						
	12			20.1			15.4							

June 1954

Date	Time	☉	⊕	☾	☊	☋	☿	♀	♂	♃	♄	♅	♆	♇
1	00	16.5	9.5	16.3	38.6	39.6	15.4	39.1	58.5	15.4	28.2	62.1	32.4	4.5
	12	16.6	9.6	35.4	R	R	15.5	39.2	R	D	R	D	R	D
2	00			45.6			15.6							
	12	35.1	5.1	15.2			52.1	39.3		15.5			32.3	
3	00			52.3				39.4						
	12	35.2	5.2	39.5			52.2							
4	00			53.6	D	D	52.3	39.5						
	12	35.3	5.3	56.2				39.6						
5	00			31.3			52.4		58.4					
	12	35.4	5.4	33.4			52.5	53.1						
6	00			7.5										
	12	35.5	5.5	4.6			52.6	53.2						
7	00			29.6			39.1	53.3		15.6				
	12	35.6	5.6	40.1										
8	00			64.2			39.2	53.4						
	12	45.1	26.1	47.2	R	R		53.5						
9	00			6.2			39.3							
	12	45.2	26.2	46.3				53.6						
10	00			18.3			39.4	62.1	58.3					
	12	45.3	26.3	48.4										
11	00			57.4			39.5	62.2		52.1				
	12	45.4	26.4	32.4										
12	00			50.5			39.6	62.3						
	12	45.5	26.5	28.5				62.4						
13	00			44.5										
	12	45.6	26.6	1.6			53.1	62.5						
14	00			43.6				62.6	58.2					
	12	12.1	11.1	34.1			53.2							
15	00			9.1				56.1						
	12	12.2	11.2	5.2				56.2		52.2				
16	00			26.2										
	12	12.3	11.3	11.3			53.3	56.3						
17	00			10.3										
	12	12.4	11.4	58.4				56.4	58.1					
18	00			38.5				56.5			28.1			
	12	12.5	11.5	54.6	D	D	53.4					62.2		
19	00			60.1				56.6						
	12	12.6	11.6	41.2				31.1		52.3				
20	00			19.3										
	12	15.1	10.1	13.4				31.2						
21	00			49.5				31.3	10.6					
	12	15.2	10.2	30.6										
22	00			37.1				31.4						
	12	15.3	10.3	63.3										
23	00			22.4				31.5						
	12	15.4	10.4	36.5			R	31.6		52.4				
24	00			17.1	R	R			10.5					
	12	15.5	10.5	21.2				33.1						
25	00			51.4				33.2						
	12	15.6	10.6	42.6										
26	00			27.1				33.3						
	12	52.1	58.1	24.3										
27	00	52.2	58.2	2.5				33.4	10.4					
	12			8.1				33.5		52.5				
28	00	52.3	58.3	20.3										
	12			16.4			53.3	33.6						
29	00	52.4	58.4	35.6				7.1						
	12			12.2										
30	00	52.5	58.5	15.3				7.2	10.3					
	12			52.5			53.2							

July 1954

Date	Time	☉	⊕	☾	☊	☋	☿	♀	♂	♃	♄	♅	♆	♇
1	00	52.6	58.6	39.6	D	D	53.2	7.3	10.3	52.5	28.1	62.2	32.3	4.5
	12			62.2			R	7.4	R	D	R	D	R	D
2	00	39.1	38.1	56.3						52.6				
	12			31.4			53.1	7.5						
3	00	39.2	38.2	33.5				7.6	10.2					
	12			7.6										
4	00	39.3	38.3	29.1			39.6	4.1						
	12			59.2								62.3		
5	00	39.4	38.4	40.3				4.2						
	12			64.4			39.5	4.3					D	
6	00	39.5	38.5	47.4						39.1				
	12			6.5				4.4	10.1					
7	00	39.6	38.6	46.5			39.4	4.5			D			
	12			18.6	R	R								
8	00	53.1	54.1	48.6				4.6						
	12			57.6	D	D	39.3							
9	00	53.2	54.2	50.1				29.1						
	12			28.1				29.2						
10	00	53.3	54.3	44.1					11.6	39.2				
	12			1.2			39.2	29.3						
11	00	53.4	54.4	43.2										
	12			14.2				29.4						
12	00	53.5	54.5	34.3				29.5						
	12			9.3			39.1							4.6
13	00	53.6	54.6	5.4				29.6						
	12			26.5				59.1						
14	00	62.1	61.1	11.5					11.5	39.3				
	12			10.6				59.2						
15	00	62.2	61.2	38.1										
	12			54.2	R	R	52.6	59.3						
16	00	62.3	61.3	61.3				59.4						
	12			60.4										
17	00	62.4	61.4	41.5				59.5						
	12			19.6			D							
18	00	62.5	61.5	49.1				59.6						
	12			30.2				40.1		39.4				
19	00	62.6	61.6	55.4										
	12			37.5			39.1	40.2	11.4					
20	00	56.1	60.1	22.1								62.4		
	12			36.2				40.3						
21	00	56.2	60.2	25.4				40.4						
	12			17.5										
22	00	56.3	60.3	51.1				40.5						
	12			42.2			39.2	40.6		39.5				
23	00	56.4	60.4	3.4										
	12			27.5	D	D		64.1						
24	00	56.5	60.5	2.1			39.3							
	12			23.3				64.2						
25	00	56.6	60.6	8.4				64.3						
	12	31.1	41.1	20.6			39.4							
26	00			35.1				64.4			28.2			
	12	31.2	41.2	45.3			39.5							
27	00			12.4				64.5		39.6				
	12	31.3	41.3	15.6			39.6	64.6						
28	00			39.1										
	12	31.4	41.4	53.2	R	R	53.1	47.1						
29	00			62.4										
	12	31.5	41.5	56.5			53.2	47.2						
30	00			31.6				47.3	D					
	12	31.6	41.6	7.1			53.3							
31	00			4.2			53.4	47.4		53.1				
	12	33.1	19.1	29.3										

August 1954

Date	Time	☉	⊕	☾	☊	☋	☿	♀	♂	♃	♄	♅	♆	♇
1	00	33.1	19.1	59.4	38.6	39.6	53.5	47.5	11.4	53.1	28.2	62.4	32.3	4.6
	12	33.2	19.2	40.5	R	R	53.6	47.6	D	D	D	D	D	D
2	00			64.5			62.1							
	12	33.3	19.3	47.6				6.1						
3	00			46.1			62.2							
	12	33.4	19.4	18.1			62.3	6.2						
4	00			48.2			62.4							
	12	33.5	19.5	57.2			62.5	6.3		53.2		62.5		
5	00			32.2			62.6	6.4						
	12	33.6	19.6	50.3										
6	00			28.3			56.1	6.5						
	12	7.1	13.1	44.3			56.2							
7	00			1.4	D	D	56.3	6.6					32.4	
	12	7.2	13.2	43.4			56.4	46.1						
8	00			14.4			56.5							
	12	7.3	13.3	34.5			56.6	46.2						
9	00			9.5			31.1			53.3				
	12	7.4	13.4	5.6			31.2	46.3	11.5					
10	00			26.6			31.3	46.4						
	12	7.5	13.5	10.1			31.4							
11	00			58.2			31.5	46.5						
	12	7.6	13.6	38.3			31.6							
12	00			54.4	R	R	33.1	46.6						
	12	4.1	49.1	61.5			33.2							29.1
13	00			60.6			33.3	18.1						
	12	4.2	49.2	19.1			33.4	18.2		53.4				
14	00			13.2			33.6							
	12	4.3	49.3	49.3			7.1	18.3	11.6					
15	00			30.5			7.2				28.3			
	12	4.4	49.4	55.6			7.3	18.4						
16	00			63.2			7.4							
	12	4.5	49.5	22.4			7.5	18.5						
17	00			36.5	38.5	39.5	7.6	18.6						
	12	4.6	49.6	17.1			4.1							
18	00	29.1	30.1	21.3			4.2	48.1		53.5				
	12			51.5			4.3		10.1					
19	00	29.2	30.2	42.6			4.4	48.2						
	12			27.2			4.5							
20	00	29.3	30.3	24.4			29.1	48.3						
	12			2.5			29.2	48.4						
21	00	29.4	30.4	8.1			29.3					62.6		
	12			20.2	D	D	29.4	48.5						
22	00	29.5	30.5	16.4			29.5		10.2					
	12			35.5			29.6	48.6		53.6				
23	00	29.6	30.6	12.1			59.1							
	12			15.2			59.2	57.1						
24	00	59.1	55.1	52.3			59.3							
	12			39.4			59.4	57.2						
25	00	59.2	55.2	53.6	R	R	59.5	57.3	10.3					
	12			56.1			59.6							
26	00	59.3	55.3	31.2			40.1	57.4						
	12			33.3			40.2							
27	00	59.4	55.4	7.4			40.3	57.5						
	12			4.5			40.4			62.1				
28	00	59.5	55.5	29.5			40.5	57.6	10.4					
	12			59.6			40.6				28.4			
29	00	59.6	55.6	64.1			64.1	32.1						
	12			47.2			64.2							
30	00	40.1	37.1	6.2			64.3	32.2						
	12			46.3			64.4	32.3	10.5					
31	00	40.2	37.2	18.3			64.5							
	12			48.4	38.4	39.4	64.6	32.4						

September 1954

Date	Time	☉	⊕	☾	☊	☋	☿	♀	♂	♃	♄	♅	♆	♇
1	00	40.3	37.3	57.4	38.4	39.4	47.1	32.4	10.5	62.1	28.4	62.6	32.4	29.1
	12			32.5	R	R	47.2	32.5	D	62.2	D	D	D	D
2	00	40.4	37.4	50.5			47.3		10.6					
	12			28.5			47.4	32.6						
3	00	40.5	37.5	44.6			47.5							
	12	40.6	37.6	1.6			47.6	50.1						
4	00			43.6			6.1							
	12	64.1	63.1	34.1			6.2	50.2	58.1					
5	00			9.1										
	12	64.2	63.2	5.1			6.3	50.3						
6	00			26.2	D	D	6.4							
	12	64.3	63.3	11.2			6.5	50.4	58.2	62.3				
7	00			10.3			6.6							
	12	64.4	63.4	58.3			46.1	50.5						
8	00			38.4	R	R	46.2							
	12	64.5	63.5	54.5			46.3	50.6	58.3					
9	00			61.6			46.4				28.5	56.1		
	12	64.6	63.6	41.1				28.1						
10	00			19.2			46.5							
	12	47.1	22.1	13.3			46.6	28.2	58.4					
11	00			49.5			18.1							
	12	47.2	22.2	30.6			18.2	28.3		62.4				29.2
12	00			37.2			18.3							
	12	47.3	22.3	63.4				28.4	58.5					
13	00			22.6			18.4							
	12	47.4	22.4	25.1			18.5	28.5					32.5	
14	00			17.3	38.3	39.3	18.6							
	12	47.5	22.5	21.5			48.1	28.6	58.6					
15	00			42.1			48.2							
	12	47.6	22.6	3.3				44.1						
16	00			27.5			48.3							
	12	6.1	36.1	2.1			48.4	44.2	38.1					
17	00	6.2	36.2	23.3			48.5							
	12			8.5			48.6	44.3		62.5				
18	00	6.3	36.3	20.6										
	12			35.2			57.1	44.4	38.2		28.6			
19	00	6.4	36.4	45.3			57.2							
	12			12.5	D	D	57.3	44.5						
20	00	6.5	36.5	15.6					38.3					
	12			39.1			57.4							
21	00	6.6	36.6	53.2	R	R	57.5	44.6						
	12			62.3			57.6							
22	00	46.1	25.1	56.4				1.1	38.4					
	12			31.5			32.1							
23	00	46.2	25.2	33.6			32.2	1.2						
	12			4.1			32.3			62.6				
24	00	46.3	25.3	29.2					38.5					
	12			59.3			32.4	1.3						
25	00	46.4	25.4	40.3			32.5							
	12			64.4	38.2	39.2		1.4	38.6					
26	00	46.5	25.5	47.4			32.6							
	12			6.5			50.1	1.5						
27	00	46.6	25.6	46.6					54.1					
	12			18.6			50.2				44.1			
28	00	18.1	17.1	48.6			50.3	1.6						
	12	18.2	17.2	32.1										
29	00			50.1			50.4	43.1	54.2					
	12	18.3	17.3	28.2	38.1	39.1	50.5							
30	00			44.2						56.1				
	12	18.4	17.4	1.2			50.6	43.2	54.3					

October 1954

Date	Time	☉	⊕	☾	☊	☋	☿	♀	♂	♃	♄	♅	♆	♇
1	00	18.4	17.4	43.3	38.1	39.1	28.1	43.2	54.3	56.1	44.1	56.1	32.5	29.2
	12	18.5	17.5	14.3	R	R	D	D	D	D	D	D	D	D
2	00			34.3			28.2	43.3	54.4					
	12	18.6	17.6	9.3			28.3							
3	00			5.4										
	12	48.1	21.1	26.4			28.4	43.4	54.5					
4	00			11.5										
	12	48.2	21.2	10.5			28.5	43.5						
5	00			58.6								56.2		
	12	48.3	21.3	38.6			28.6		54.6					
6	00			61.1				43.6						
	12	48.4	21.4	60.2			44.1				44.2			
7	00			41.3					61.1	56.2				
	12	48.5	21.5	19.4			44.2							
8	00			13.5				14.1						
	12	48.6	21.6	49.6			44.3		61.2					
9	00	57.1	51.1	55.1										
	12			37.3			44.4	14.2						
10	00	57.2	51.2	63.5					61.3					
	12			22.6			44.5						32.6	
11	00	57.3	51.3	25.2	58.6	52.6								
	12			17.4				14.3	61.4					
12	00	57.4	51.4	21.6			44.6							
	12			42.3										
13	00	57.5	51.5	3.5					61.5					
	12			24.1			1.1	14.4						
14	00	57.6	51.6	2.3										
	12			23.5					61.6		44.3			
15	00	32.1	42.1	20.1										
	12			16.3			1.2			56.3				
16	00	32.2	42.2	35.5				14.5	60.1					
	12			45.6										
17	00	32.3	42.3	15.2										
	12	32.4	42.4	52.3					60.2					
18	00			39.5	D	D								
	12	32.5	42.5	53.6			R							29.3
19	00			56.1	R	R		14.6	60.3					
	12	32.6	42.6	31.2										
20	00			33.3										
	12	50.1	3.1	7.4					60.4					
21	00			4.5										
	12	50.2	3.2	29.5			1.1							
22	00			59.6					60.5					
	12	50.3	3.3	64.1	58.5	52.5					44.4			
23	00			47.1										
	12	50.4	3.4	6.2			44.6		60.6					
24	00			46.2										
	12	50.5	3.5	18.3			44.5							
25	00			48.3					41.1					
	12	50.6	3.6	57.4			44.4							
26	00	28.1	27.1	32.4				R						
	12			50.4			44.3		41.2	56.4				
27	00	28.2	27.2	28.5										
	12			44.5	58.4	52.4	44.2		41.3					
28	00	28.3	27.3	1.5			44.1							
	12			43.6										
29	00	28.4	27.4	14.6			28.6		41.4					
	12			34.6			28.5							
30	00	28.5	27.5	9.6										
	12			26.1			28.4		41.5		44.5			
31	00	28.6	27.6	11.1			28.3							
	12			10.2										

November 1954

Date	Time	☉	⊕	☾	☊	☋	☿	♀	♂	♃	♄	♅	♆	♇
1	00	44.1	24.1	58.2	58.4	52.4	28.2	14.6	41.6	56.4	44.5	56.2	32.6	29.3
	12			38.2	D	D	28.1	14.5	D	D	D	D	D	D
2	00	44.2	24.2	54.3										
	12	44.3	24.3	61.3			50.6		19.1					
3	00			60.4										
	12	44.4	24.4	41.5			50.5		19.2			R		
4	00			19.6	R	R								
	12	44.5	24.5	49.1			50.4	14.4					50.1	
5	00			30.2					19.3					
	12	44.6	24.6	55.3										
6	00			37.4										
	12	1.1	2.1	63.6			50.3	14.3	19.4					
7	00			36.1							44.6			
	12	1.2	2.2	25.3										
8	00			17.5			D		19.5					
	12	1.3	2.3	51.1				14.2						
9	00			42.3					19.6					
	12	1.4	2.4	3.5										
10	00	1.5	2.5	24.1	58.3	52.3	50.4							
	12			2.4				14.1	13.1					
11	00	1.6	2.6	23.6										
	12			20.2										
12	00	43.1	23.1	16.4			50.5	43.6	13.2					
	12			35.6										
13	00	43.2	23.2	12.2			50.6							
	12			15.4				43.5	13.3					
14	00	43.3	23.3	52.5	D	D								
	12			53.1			28.1		13.4					
15	00	43.4	23.4	62.2				43.4			1.1			
	12			56.4			28.2							
16	00	43.5	23.5	31.5			28.3		13.5					
	12	43.6	23.6	33.6				43.3						
17	00			4.1			28.4							
	12	14.1	8.1	29.2	R	R			13.6	R				
18	00			59.3			28.5							
	12	14.2	8.2	40.3			28.6	43.2						
19	00			64.4					49.1					
	12	14.3	8.3	47.5			44.1							
20	00			6.5			44.2	43.1	49.2					
	12	14.4	8.4	46.6			44.3							
21	00			18.6										
	12	14.5	8.5	48.6			44.4	1.6	49.3					
22	00			32.1			44.5							
	12	14.6	8.6	50.1										
23	00	34.1	20.1	28.1			44.6		49.4		1.2			
	12			44.2			1.1	1.5						
24	00	34.2	20.2	1.2			1.2		49.5					
	12			43.2			1.3							
25	00	34.3	20.3	14.3										
	12			34.3			1.4	1.4	49.6					
26	00	34.4	20.4	9.3	58.2	52.2	1.5							
	12			5.4			1.6							
27	00	34.5	20.5	26.4					30.1					
	12			11.4			43.1							
28	00	34.6	20.6	10.5			43.2	1.3	30.2					
	12			58.5	D	D	43.3							
29	00	9.1	16.1	38.6			43.4							R
	12	9.2	16.2	54.6			43.5		30.3					
30	00			60.1										
	12	9.3	16.3	41.2			43.6							

December 1954

Date	Time	☉	⊕	☾	☊	☋	☿	♀	♂	♃	♄	♅	♆	♇
1	00	9.3	16.3	19.2	58.2	52.2	14.1	1.3	30.4	56.4	1.3	56.2	50.1	29.3
	12	9.4	16.4	13.3	D	D	14.2	1.2	D	R	D	R	D	R
2	00			49.4	58.3	52.3	14.3		30.5					
	12	9.5	16.5	30.5									50.2	
3	00			55.6			14.4							
	12	9.6	16.6	63.1	R	R	14.5		30.6			56.1		
4	00			22.2			14.6							
	12	5.1	35.1	36.4			34.1		55.1					
5	00	5.2	35.2	25.5			34.2							
	12			21.1	58.2	52.2								
6	00	5.3	35.3	51.2			34.3	D	55.2					
	12			42.4			34.4							
7	00	5.4	35.4	3.6			34.5							
	12			24.2			34.6		55.3					
8	00	5.5	35.5	2.4										
	12			23.6			9.1		55.4					
9	00	5.6	35.6	20.2			9.2			56.3				
	12			16.4			9.3				1.4			
10	00	26.1	45.1	35.6			9.4		55.5					
	12			12.2			9.5							
11	00	26.2	45.2	15.4				1.3						
	12	26.3	45.3	52.6	D	D	9.6		55.6					
12	00			53.2			5.1							
	12	26.4	45.4	62.4			5.2		37.1					
13	00			56.5			5.3							
	12	26.5	45.5	33.1			5.4							
14	00			7.2					37.2					
	12	26.6	45.6	4.3			5.5	1.4						
15	00			29.4			5.6							
	12	11.1	12.1	59.5			26.1		37.3					
16	00			40.6			26.2							
	12	11.2	12.2	47.1			26.3		37.4					
17	00	11.3	12.3	6.1										
	12			46.2	R	R	26.4	1.5						
18	00	11.4	12.4	18.2			26.5		37.5					
	12			48.3			26.6				1.5			
19	00	11.5	12.5	57.3			11.1		37.6					
	12			32.4			11.2	1.6						
20	00	11.6	12.6	50.4						56.2				
	12			28.4			11.3		63.1					
21	00	10.1	15.1	44.5			11.4							
	12			1.5			11.5	43.1						
22	00	10.2	15.2	43.5			11.6		63.2					
	12			14.6			10.1							
23	00	10.3	15.3	34.6			10.2	43.2	63.3					
	12	10.4	15.4	9.6										
24	00			26.1			10.3							
	12	10.5	15.5	11.1			10.4	43.3	63.4					
25	00			10.1			10.5							
	12	10.6	15.6	58.2	D	D	10.6		63.5					
26	00			38.2			58.1							
	12	58.1	52.1	54.3				43.4						
27	00			61.4			58.2		63.6					
	12	58.2	52.2	60.4			58.3	43.5						
28	00			41.5	R	R	58.4				1.6			
	12	58.3	52.3	19.6			58.5		22.1	56.1				
29	00	58.4	52.4	49.1			58.6	43.6						
	12			30.2			38.1		22.2					
30	00	58.5	52.5	55.3										
	12			37.4			38.2	14.1						
31	00	58.6	52.6	63.5			38.3		22.3			62.6		
	12			22.6			38.4	14.2						

January 1955

Date	Time	☉	⊕	☾	☊	☋	☿	♀	♂	♃	♄	♅	♆	♇
1	00	38.1	39.1	25.1	58.2	52.2	38.5	14.2	22.3	56.1	1.6	62.6	50.2	29.3
	12			17.3	R	R	38.6	D	22.4	R	D	R	D	R
2	00	38.2	39.2	21.4	D	D	54.1	14.3						
	12			51.5					22.5					
3	00	38.3	39.3	3.1			54.2	14.4						
	12	38.4	39.4	27.3			54.3							
4	00			24.4			54.4		22.6					
	12	38.5	39.5	2.6			54.5	14.5						
5	00			8.2			54.6		36.1	62.6				
	12	38.6	39.6	20.4			61.1	14.6						
6	00			16.5			61.2							
	12	54.1	53.1	45.1				34.1	36.2					
7	00			12.3			61.3							
	12	54.2	53.2	15.5			61.4				43.1			
8	00			39.1	R	R	61.5	34.2	36.3					
	12	54.3	53.3	53.3			61.6							
9	00	54.4	53.4	62.4			60.1	34.3	36.4					
	12			56.6			60.2							
10	00	54.5	53.5	33.1			60.3	34.4						
	12			7.3			60.4		36.5					
11	00	54.6	53.6	4.4				34.5						29.2
	12			29.5			60.5		36.6					
12	00	61.1	62.1	59.6			60.6	34.6		62.5				
	12			64.1			41.1							
13	00	61.2	62.2	47.2			41.2	9.1	25.1					
	12			6.3			41.3							
14	00	61.3	62.3	46.4			41.4	9.2						
	12			18.5			41.5		25.2					
15	00	61.4	62.4	48.5			41.6	9.3						
	12	61.5	62.5	57.6					25.3					
16	00			32.6	D	D	19.1	9.4						
	12	61.6	62.6	50.6			19.2							
17	00			44.1			19.3	9.5	25.4					
	12	60.1	56.1	1.1			19.4							
18	00			43.1			19.5	9.6	25.5					
	12	60.2	56.2	14.2			19.6							
19	00			34.2				5.1		62.4				
	12	60.3	56.3	9.2			13.1		25.6					
20	00			5.3			13.2	5.2			43.2			
	12	60.4	56.4	26.3			13.3							
21	00	60.5	56.5	11.3			13.4	5.3	17.1					
	12			10.4			13.5							
22	00	60.6	56.6	58.4	R	R		5.4	17.2			62.5		
	12			38.5			13.6							
23	00	41.1	31.1	54.6			49.1	5.5						
	12			61.6			49.2		17.3					
24	00	41.2	31.2	41.1			49.3	5.6						
	12			19.2										
25	00	41.3	31.3	13.3			49.4	26.1	17.4					
	12			49.4			49.5							
26	00	41.4	31.4	30.5				26.2	17.5	62.3				
	12	41.5	31.5	55.6			49.6	26.3						
27	00			63.1			30.1							
	12	41.6	31.6	22.3				26.4	17.6					
28	00			36.4			30.2							
	12	19.1	33.1	25.5				26.5	21.1					
29	00			21.1			30.3							
	12	19.2	33.2	51.2				26.6						
30	00			42.3			30.4		21.2				R	
	12	19.3	33.3	3.5				11.1						
31	00			27.6			30.5	11.2						
	12	19.4	33.4	2.2	D	D			21.3					

February 1955

Date	Time	☉	⊕	☾	☊	☋	☿	♀	♂	♃	♄	♅	♆	♇
1	00	19.4	33.4	23.4	58.2	52.2	30.5	11.3	21.3	62.3	43.2	62.5	50.2	29.2
	12	19.5	33.5	8.5	D	D	D	D	21.4	R	D	R	R	R
2	00	19.6	33.6	16.1			30.6	11.4						
	12			35.2						62.2				
3	00	13.1	7.1	45.4				11.5	21.5					
	12			12.5										
4	00	13.2	7.2	52.1			R	11.6						
	12			39.3	R	R		10.1	21.6					
5	00	13.3	7.3	53.4										
	12			62.6				10.2	51.1					
6	00	13.4	7.4	31.1										
	12			33.3			30.5	10.3						
7	00	13.5	7.5	7.4					51.2		43.3			
	12	13.6	7.6	4.5				10.4						
8	00			59.1	58.1	52.1	30.4	10.5						
	12	49.1	4.1	40.2					51.3					
9	00			64.3			30.3	10.6						
	12	49.2	4.2	47.4					51.4					
10	00			6.5				58.1						
	12	49.3	4.3	46.5			30.2	58.2						
11	00			18.6			30.1		51.5	62.1				
	12	49.4	4.4	57.1				58.3						
12	00			32.1			49.6		51.6					
	12	49.5	4.5	50.2				58.4						
13	00			28.2			49.5							
	12	49.6	4.6	44.3			49.4	58.5	42.1					
14	00	30.1	29.1	1.3				58.6				62.4		
	12			43.3			49.3							
15	00	30.2	29.2	14.4	D	D		38.1	42.2					
	12			34.4			49.2							
16	00	30.3	29.3	9.4			49.1	38.2	42.3					
	12			5.5				38.3						
17	00	30.4	29.4	26.5			13.6							
	12			11.5				38.4	42.4					
18	00	30.5	29.5	10.6			13.5							
	12			58.6	R	R		38.5						
19	00	30.6	29.6	54.1			13.4	38.6	42.5					
	12			61.2										
20	00	55.1	59.1	60.2				54.1	42.6					
	12	55.2	59.2	41.3			13.3							29.1
21	00			19.4				54.2						
	12	55.3	59.3	13.5				54.3	3.1					
22	00			49.6			13.2			53.6				
	12	55.4	59.4	55.1	10.6	15.6		54.4						
23	00			37.3					3.2					
	12	55.5	59.5	63.4				54.5						
24	00			22.6				54.6	3.3					
	12	55.6	59.6	25.1										
25	00			17.3				61.1						
	12	37.1	40.1	21.4			D		3.4					
26	00			51.6				61.2						
	12	37.2	40.2	3.1				61.3						
27	00			27.3					3.5					
	12	37.3	40.3	24.5				61.4						
28	00	37.4	40.4	2.6					3.6					
	12			8.2				61.5						

March 1955

Date	Time	☉	⊕	☾	☊	☋	☿	♀	♂	♃	♄	♅	♆	♇
1	00	37.5	40.5	20.3	10.6	15.6	13.2	61.6	3.6	53.6	43.3	62.4	50.2	29.1
	12			16.5	R	R	13.3	D	27.1	R	R	R	R	R
2	00	37.6	40.6	35.6	D	D		60.1						
	12			12.2										
3	00	63.1	64.1	15.3				60.2	27.2					
	12			52.5	R	R	13.4	60.3						
4	00	63.2	64.2	39.6					27.3					
	12			62.1				60.4						
5	00	63.3	64.3	56.3			13.5	60.5						
	12			31.4					27.4					
6	00	63.4	64.4	33.5				60.6						
	12	63.5	64.5	7.6	10.5	15.5	13.6							
7	00			29.2				41.1	27.5					
	12	63.6	64.6	59.3			49.1	41.2						
8	00			40.4										
	12	22.1	47.1	64.5			49.2	41.3	27.6					
9	00			47.6										
	12	22.2	47.2	6.6			49.3	41.4	24.1					
10	00			18.1				41.5						
	12	22.3	47.3	48.2			49.4							
11	00			57.3	10.4	15.4		41.6	24.2					
	12	22.4	47.4	32.3			49.5	19.1						
12	00			50.4										
	12	22.5	47.5	28.4			49.6	19.2	24.3					
13	00			44.5										
	12	22.6	47.6	1.5			30.1	19.3	24.4					
14	00	36.1	6.1	43.5				19.4						
	12			14.6			30.2							
15	00	36.2	6.2	34.6			30.3	19.5	24.5					
	12			9.6				19.6						
16	00	36.3	6.3	26.1			30.4							
	12			11.1			30.5	13.1	24.6					
17	00	36.4	6.4	10.1	D	D				D				
	12			58.2	R	R	30.6	13.2	2.1					
18	00	36.5	6.5	38.2			55.1	13.3						
	12			54.3										
19	00	36.6	6.6	61.3			55.2	13.4	2.2					
	12			60.4			55.3	13.5						
20	00	25.1	46.1	41.5										
	12			19.6			55.4	13.6	2.3					
21	00	25.2	46.2	49.1			55.5							
	12			30.2				49.1						
22	00	25.3	46.3	55.3			55.6	49.2	2.4					
	12	25.4	46.4	37.4			37.1							
23	00			63.6	10.3	15.3	37.2	49.3	2.5					
	12	25.5	46.5	36.1				49.4						
24	00			25.3			37.3				43.2			
	12	25.6	46.6	17.5			37.4	49.5	2.6					
25	00			21.6			37.5							
	12	17.1	18.1	42.2				49.6						
26	00			3.4			37.6	30.1	23.1					
	12	17.2	18.2	27.6			63.1							
27	00			2.2			63.2	30.2						
	12	17.3	18.3	23.4			63.3	30.3	23.2					
28	00			8.5										
	12	17.4	18.4	16.1			63.4	30.4	23.3					
29	00			35.3			63.5							
	12	17.5	18.5	45.4			63.6	30.5						
30	00			12.6			22.1	30.6	23.4					
	12	17.6	18.6	52.1	D	D	22.2							
31	00	21.1	48.1	39.3	R	R		55.1						
	12			53.4	10.2	15.2	22.3	55.2	23.5					

April 1955

Date	Time	☉	⊕	☾	☊	☋	☿	♀	♂	♃	♄	♅	♆	♇
1	00	21.2	48.2	62.5	10.2	15.2	22.4	55.2	23.5	53.6	43.2	62.4	50.2	29.1
	12			31.1	R	R	22.5	55.3	23.6	D	R	R	50.1	R
2	00	21.3	48.3	33.2			22.6	55.4				D		
	12			7.3			36.1							
3	00	21.4	48.4	4.4			36.2	55.5	8.1					
	12			29.5			36.3							
4	00	21.5	48.5	59.6				55.6						
	12			64.1			36.4	37.1	8.2					
5	00	21.6	48.6	47.2			36.5							
	12			6.2			36.6	37.2						
6	00	51.1	57.1	46.3			25.1	37.3	8.3					
	12			18.4			25.2							
7	00	51.2	57.2	48.5			25.3	37.4						
	12			57.5	10.1	15.1	25.4	37.5	8.4					
8	00	51.3	57.3	32.6			25.5							4.6
	12			50.6			25.6	37.6	8.5					
9	00	51.4	57.4	44.1			17.1							
	12			1.1			17.2	63.1		62.1				
10	00	51.5	57.5	43.1			17.3	63.2	8.6					
	12	51.6	57.6	14.2			17.4							
11	00			34.2			17.5	63.3						
	12	42.1	32.1	9.2			17.6	63.4	20.1					
12	00			5.3			21.1				43.1			
	12	42.2	32.2	26.3			21.2	63.5						
13	00			11.3			21.3	63.6	20.2					
	12	42.3	32.3	10.4	D	D	21.4							
14	00			58.4			21.5	22.1	20.3					
	12	42.4	32.4	38.4			21.6							
15	00			54.5			51.1	22.2						
	12	42.5	32.5	61.5	R	R	51.2	22.3	20.4					
16	00			60.6			51.3							
	12	42.6	32.6	19.1			51.4	22.4						
17	00			13.1			51.5	22.5	20.5					
	12	3.1	50.1	49.2			51.6							
18	00			30.3			42.1	22.6						
	12	3.2	50.2	55.4			42.2	36.1	20.6					
19	00			37.5			42.3							
	12	3.3	50.3	22.1			42.5	36.2	16.1					
20	00			36.2	11.6	12.6	42.6							
	12	3.4	50.4	25.4			3.1	36.3		62.2				
21	00			17.6			3.2	36.4	16.2					
	12	3.5	50.5	51.2			3.3							
22	00	3.6	50.6	42.3			3.4	36.5						
	12			3.5			3.5	36.6	16.3					
23	00	27.1	28.1	24.1			3.6							
	12			2.3			27.1	25.1						
24	00	27.2	28.2	23.5			27.3	25.2	16.4					
	12			20.1			27.4							
25	00	27.3	28.3	16.3			27.5	25.3						
	12			35.5			27.6		16.5					
26	00	27.4	28.4	12.1			24.1	25.4			1.6			
	12			15.3	D	D	24.2	25.5	16.6					
27	00	27.5	28.5	52.5			24.3							
	12			39.6			24.5	25.6						
28	00	27.6	28.6	62.2			24.6	17.1	35.1					
	12			56.3			2.1							
29	00	24.1	44.1	31.4			2.2	17.2		62.3				
	12			33.6	R	R	2.3	17.3	35.2					
30	00	24.2	44.2	4.1			2.4							
	12			29.2			2.5	17.4						

May 1955

Date	Time	☉	⊕	☽	☊	☋	☿	♀	♂	♃	♄	♅	♆	♇
1	00	24.3	44.3	59.3	11.6	12.6	23.1	17.5	35.3	62.3	1.6	62.4	50.1	4.6
	12			40.4	R	R	23.2	D	D	D	R	D	R	R
2	00	24.4	44.4	64.4			23.3	17.6						
	12			47.5			23.4		35.4					
3	00	24.5	44.5	6.6			23.5	21.1						
	12			18.1			23.6	21.2	35.5					
4	00	24.6	44.6	48.1	11.5	12.5	8.1							
	12	2.1	1.1	57.2			8.2	21.3						
5	00			32.2			8.3	21.4	35.6					
	12	2.2	1.2	50.3			8.4							
6	00			28.3			8.5	21.5		62.4				
	12	2.3	1.3	44.4			8.6	21.6	45.1				32.6	
7	00			1.4			20.1							D
	12	2.4	1.4	43.4			20.2	51.1						
8	00			14.5			20.3		45.2					
	12	2.5	1.5	34.5			20.4	51.2			1.5			
9	00			9.5			20.5	51.3						
	12	2.6	1.6	5.6			20.6		45.3					
10	00			26.6			16.1	51.4						
	12	23.1	43.1	11.6	D	D	16.2	51.5						
11	00			10.6			16.3		45.4					
	12	23.2	43.2	38.1			16.4	51.6						
12	00			54.1			16.5	42.1	45.5					
	12	23.3	43.3	61.1						62.5				
13	00			60.2			16.6	42.2						
	12	23.4	43.4	41.2			35.1	42.3	45.6					
14	00			19.3			35.2							
	12	23.5	43.5	13.4			35.3	42.4						
15	00			49.4					12.1					
	12	23.6	43.6	30.5	R	R	35.4	42.5						
16	00			55.6			35.5	42.6						
	12	8.1	14.1	63.1			35.6		12.2					
17	00			22.3				3.1						
	12	8.2	14.2	36.4			45.1	3.2				62.5		
18	00			25.5			45.2		12.3					
	12	8.3	14.3	21.1				3.3		62.6				
19	00			51.3			45.3	3.4						
	12	8.4	14.4	42.4			45.4		12.4					
20	00			3.6				3.5						
	12	8.5	14.5	24.2			45.5	3.6						
21	00			2.4					12.5					
	12	8.6	14.6	23.6			45.6	27.1			1.4			
22	00	20.1	34.1	20.2				27.2	12.6					
	12			16.5			12.1							
23	00	20.2	34.2	45.1				27.3						
	12			12.3			12.2		15.1					
24	00	20.3	34.3	15.5	D	D		27.4						
	12			39.1			12.3	27.5		56.1				
25	00	20.4	34.4	53.2					15.2					
	12			62.4				27.6						
26	00	20.5	34.5	56.6			12.4	24.1						
	12			33.1					15.3					
27	00	20.6	34.6	7.3			12.5	24.2						
	12			4.4				24.3						
28	00	16.1	9.1	29.5					15.4					
	12			59.6				24.4						
29	00	16.2	9.2	64.1	R	R	12.6	24.5						
	12			47.2					15.5					
30	00	16.3	9.3	6.3				24.6		56.2				
	12			46.3										
31	00	16.4	9.4	18.4				2.1	15.6					
	12			48.5			15.1	2.2						

June 1955

Date	Time	☉	⊕	☽	☊	☋	☿	♀	♂	♃	♄	♅	♆	♇
1	00	16.5	9.5	57.5	11.5	12.5	15.1	2.2	52.1	56.2	1.4	62.5	32.6	4.6
	12			32.6	R	R	D	2.3	D	D	R	D	R	D
2	00	16.6	9.6	50.6				2.4						
	12			28.6					52.2					
3	00	35.1	5.1	1.1				2.5						
	12			43.1				2.6						
4	00	35.2	5.2	14.1			R		52.3	56.3	1.3			
	12			34.2	11.4	12.4		23.1						
5	00	35.3	5.3	9.2				23.2						29.1
	12			5.2					52.4					
6	00	35.4	5.4	26.3				23.3						
	12			11.3										
7	00	35.5	5.5	10.3	D	D		23.4	52.5					
	12			58.4				23.5				62.6		
8	00	35.6	5.6	38.4			12.6							
	12			54.4				23.6	52.6					
9	00	45.1	26.1	61.5				8.1		56.4				
	12			60.5										
10	00	45.2	26.2	41.6	11.5	12.5		8.2	39.1					
	12			19.6				8.3						
11	00	45.3	26.3	49.1			12.5							
	12			30.2				8.4	39.2					
12	00	45.4	26.4	55.2				8.5						
	12			37.3					39.3					
13	00	45.5	26.5	63.4			12.4	8.6						
	12	45.6	26.6	22.5				20.1						
14	00			36.6	R	R			39.4	56.5				
	12	12.1	11.1	17.2			12.3	20.2						
15	00			21.3										
	12	12.2	11.2	51.4				20.3	39.5					
16	00			42.6			12.2	20.4						
	12	12.3	11.3	27.2										
17	00			24.3				20.5	39.6					
	12	12.4	11.4	2.5				20.6						
18	00			8.1			12.1							
	12	12.5	11.5	20.3	D	D		16.1	53.1	56.6				
19	00			16.5				16.2						
	12	12.6	11.6	45.1			45.6							
20	00			12.3				16.3	53.2					
	12	15.1	10.1	15.6	R	R		16.4						
21	00			39.2										
	12	15.2	10.2	53.4			45.5	16.5	53.3		1.2			
22	00			62.5				16.6						
	12	15.3	10.3	31.1										
23	00			33.3				35.1	53.4					
	12	15.4	10.4	7.4				35.2		31.1				
24	00			4.6	11.4	12.4	45.4							
	12	15.5	10.5	59.1				35.3	53.5					
25	00			40.3								56.1		
	12	15.6	10.6	64.4				35.4						
26	00			47.5				35.5	53.6					
	12	52.1	58.1	6.6										
27	00			46.6				35.6	62.1					
	12	52.2	58.2	48.1	D	D		45.1						
28	00			57.2			D			31.2				
	12	52.3	58.3	32.2				45.2	62.2					
29	00			50.3				45.3						
	12	52.4	58.4	28.3										
30	00			44.4	11.5	12.5		45.4	62.3					
	12	52.5	58.5	1.4				45.5						

July 1955

Date	Time	☉	⊕	☽	☊	☋	☿	♀	♂	♃	♄	♅	♆	♇
1	00	52.5	58.5	43.4	11.5	12.5	45.4	45.5	62.3	31.2	1.2	56.1	32.6	29.1
	12	52.6	58.6	14.4	D	D	D	45.6	62.4	D	R	D	R	D
2	00			34.5			45.5	12.1						
	12	39.1	38.1	9.5						31.3				
3	00			5.5				12.2	62.5					
	12	39.2	38.2	26.6										
4	00			11.6	R	R		12.3						
	12	39.3	38.3	10.6			45.6	12.4	62.6					
5	00			38.1										
	12	39.4	38.4	54.1				12.5						
6	00			61.2			12.1	12.6	56.1					
	12	39.5	38.5	60.2										
7	00			41.3	11.4	12.4		15.1		31.4				
	12	39.6	38.6	19.3			12.2	15.2	56.2					
8	00			13.4									D	
	12	53.1	54.1	49.4			12.3	15.3						
9	00			30.5				15.4	56.3					
	12	53.2	54.2	55.6			12.4							
10	00			63.1				15.5						
	12	53.3	54.3	22.2			12.5	15.6	56.4					
11	00			36.3						31.5		56.2		
	12	53.4	54.4	25.4			12.6	52.1						
12	00	53.5	54.5	17.5				52.2	56.5					
	12			21.6			15.1							
13	00	53.6	54.6	42.2	D	D	15.2	52.3						
	12			3.3				52.4	56.6					
14	00	62.1	61.1	27.4			15.3							
	12			24.6			15.4	52.5						
15	00	62.2	61.2	23.2					31.1					
	12			8.3			15.5	52.6		31.6				
16	00	62.3	61.3	20.5			15.6	39.1	31.2					
	12			35.1										
17	00	62.4	61.4	45.3			52.1	39.2						
	12			12.5	R	R	52.2	39.3	31.3					
18	00	62.5	61.5	52.1			52.3							29.2
	12			39.3			52.4	39.4						
19	00	62.6	61.6	53.5			52.5	39.5	31.4					
	12			62.6							D			
20	00	56.1	60.1	31.2			52.6	39.6		33.1				
	12			33.4			39.1	53.1	31.5					
21	00	56.2	60.2	7.6			39.2							
	12			29.1			39.3	53.2						
22	00	56.3	60.3	59.3			39.4	53.3	31.6					
	12			40.4			39.5							
23	00	56.4	60.4	64.5			39.6	53.4						
	12			6.1			53.1	53.5	33.1					
24	00	56.5	60.5	46.2			53.2			33.2				
	12			18.3			53.3	53.6						
25	00	56.6	60.6	48.3			53.4	62.1	33.2					
	12			57.4			53.5							
26	00	31.1	41.1	32.5			53.6	62.2				56.3		
	12			50.5			62.1	62.3	33.3					
27	00	31.2	41.2	28.6	D	D	62.2							
	12			44.6			62.3	62.4						
28	00	31.3	41.3	43.1			62.4		33.4					
	12			14.1			62.5	62.5		33.3				
29	00	31.4	41.4	34.1			56.1	62.6						
	12			9.2			56.2		33.5					
30	00	31.5	41.5	5.2			56.3	56.1						
	12			26.2			56.4	56.2						
31	00	31.6	41.6	11.2			56.5		33.6					
	12			10.3	R	R	56.6	56.3						

August 1955

Date	Time	☉	⊕	☽	☊	☋	☿	♀	♂	♃	♄	♅	♆	♇
1	00	33.1	19.1	58.3	11.4	12.4	31.1	56.4	33.6	33.3	1.2	56.3	32.6	29.2
	12			38.3	R	R	31.2	D	7.1	33.4	D	D	D	D
2	00	33.2	19.2	54.4			31.3	56.5						
	12			61.4			31.5	56.6						
3	00	33.3	19.3	60.5			31.6		7.2					
	12			41.6			33.1	31.1						
4	00	33.4	19.4	19.6			33.2	31.2						
	12			49.1			33.3		7.3					
5	00	33.5	19.5	30.2			33.4	31.3						
	12			55.3			33.5	31.4						
6	00	33.6	19.6	37.4	11.3	12.3	33.6		7.4	33.5				
	12	7.1	13.1	63.4			7.1	31.5						
7	00			22.6			7.3	31.6						
	12	7.2	13.2	25.1			7.4		7.5					
8	00			17.2			7.5	33.1						
	12	7.3	13.3	21.3			7.6	33.2	7.6					
9	00			51.4			4.1							
	12	7.4	13.4	42.5			4.2	33.3						
10	00			27.1			4.3	33.4	4.1	33.6				
	12	7.5	13.5	24.2			4.4							
11	00			2.4			4.5	33.5				56.4		
	12	7.6	13.6	23.5	D	D	4.6	33.6	4.2					
12	00			20.1			29.1							
	12	4.1	49.1	16.2			29.2	7.1						
13	00			35.4			29.3		4.3					
	12	4.2	49.2	45.6			29.4	7.2						
14	00			15.1	R	R	29.5	7.3						
	12	4.3	49.3	52.3			29.6		4.4	7.1				
15	00			39.5			59.1	7.4						
	12	4.4	49.4	53.6			59.2	7.5						
16	00			56.2			59.3		4.5					
	12	4.5	49.5	31.4			59.4	7.6			1.3			
17	00			33.5			59.5	4.1						
	12	4.6	49.6	4.1			59.6		4.6					29.3
18	00			29.3			40.1	4.2						
	12	29.1	30.1	59.4			40.2	4.3		7.2				
19	00			40.6			40.3		29.1					
	12	29.2	30.2	47.1	11.2	12.2	40.4	4.4						
20	00			6.2			40.5	4.5						
	12	29.3	30.3	46.3			40.6		29.2					
21	00			18.4			64.1	4.6						
	12	29.4	30.4	48.5			64.2	29.1						
22	00			57.6			64.3		29.3					
	12	29.5	30.5	50.1			64.4	29.2						
23	00			28.1				29.3		7.3				
	12	29.6	30.6	44.2			64.5		29.4					
24	00			1.2			64.6	29.4						
	12	59.1	55.1	43.3			47.1	29.5						
25	00			14.3			47.2		29.5					
	12	59.2	55.2	34.4	D	D	47.3	29.6						
26	00			9.4			47.4	59.1						
	12	59.3	55.3	5.4			47.5		29.6					
27	00	59.4	55.4	26.4				59.2						
	12			11.5	R	R	47.6	59.3		7.4		56.5		
28	00	59.5	55.5	10.5			6.1		59.1					
	12			58.5			6.2	59.4						
29	00	59.6	55.6	38.6			6.3	59.5						
	12			54.6			6.4		59.2					
30	00	40.1	37.1	60.1				59.6						
	12			41.1			6.5	40.1						
31	00	40.2	37.2	19.2			6.6		59.3					
	12			13.3			46.1	40.2		7.5				

September 1955

Date	Time	☉	⊕	☾	☊	☋	☿	♀	♂	♃	♄	♅	♆	♇
1	00	40.3	37.3	49.4	11.1	12.1	46.2	40.3	59.3	7.5	1.3	56.5	32.6	29.3
	12			30.4	R	R	D	D	59.4	D	D	D	D	D
2	00	40.4	37.4	55.5			46.3	40.4			1.4			
	12			37.6			46.4	40.5						
3	00	40.5	37.5	22.2			46.5		59.5					
	12			36.3				40.6						
4	00	40.6	37.6	25.4			46.6	64.1	59.6					
	12			17.5			18.1							
5	00	64.1	63.1	51.1			18.2	64.2		7.6				
	12			42.2				64.3	40.1					
6	00	64.2	63.2	3.3			18.3						50.1	
	12			27.5	26.6	45.6	18.4	64.4						
7	00	64.3	63.3	24.6			18.5	64.5	40.2					
	12			23.2										
8	00	64.4	63.4	8.3			18.6	64.6						
	12			20.5			48.1	47.1	40.3					
9	00	64.5	63.5	16.6										
	12			45.2	D	D	48.2	47.2		4.1				
10	00	64.6	63.6	12.3	R	R	48.3	47.3	40.4					
	12	47.1	22.1	15.5										
11	00			52.6			48.4	47.4						
	12	47.2	22.2	53.2			48.5		40.5					
12	00			62.3				47.5						
	12	47.3	22.3	56.5			48.6	47.6						
13	00			31.6			57.1		40.6					
	12	47.4	22.4	7.2				6.1						
14	00			4.3			57.2	6.2		4.2				
	12	47.5	22.5	29.5			57.3		64.1		1.5			
15	00			59.6				6.3						
	12	47.6	22.6	64.1			57.4	6.4				56.6		
16	00			47.3					64.2					29.4
	12	6.1	36.1	6.4			57.5	6.5						
17	00			46.5	26.5	45.5		6.6						
	12	6.2	36.2	18.6			57.6		64.3					
18	00			57.1				46.1						
	12	6.3	36.3	32.2			32.1	46.2						
19	00			50.3			32.2		64.4	4.3				
	12	6.4	36.4	28.3				46.3						
20	00			44.4			32.3	46.4						
	12	6.5	36.5	1.4					64.5					
21	00			43.5				46.5						
	12	6.6	36.6	14.5			32.4	46.6						
22	00			34.6					64.6					
	12	46.1	25.1	9.6			32.5	18.1						
23	00	46.2	25.2	5.6				18.2						
	12			26.6	D	D	32.6		47.1	4.4				
24	00	46.3	25.3	10.1				18.3						
	12			58.1	R	R		18.4						
25	00	46.4	25.4	38.1			50.1		47.2		1.6			
	12			54.2				18.5						
26	00	46.5	25.5	61.2				18.6						
	12			60.3					47.3					
27	00	46.6	25.6	41.3			50.2	48.1						
	12			19.4				48.2						
28	00	18.1	17.1	13.5					47.4					
	12			49.5	26.4	45.4		48.3		4.5				
29	00	18.2	17.2	30.6			50.3	48.4	47.5					
	12			37.1										
30	00	18.3	17.3	63.2				48.5						
	12			22.4				48.6	47.6					

October 1955

Date	Time	☉	⊕	☾	☊	☋	☿	♀	♂	♃	♄	♅	♆	♇
1	00	18.4	17.4	36.5	26.4	45.4	50.3	48.6	47.6	4.5	1.6	56.6	50.1	29.4
	12			25.6	R	R	D	57.1	D	D	D	D	D	D
2	00	18.5	17.5	21.2			R	57.2	6.1					
	12			51.3										
3	00	18.6	17.6	42.5				57.3						
	12	48.1	21.1	3.6				57.4	6.2	4.6				
4	00			24.2	26.3	45.3								
	12	48.2	21.2	2.4			50.2	57.5					50.2	
5	00			23.5				57.6	6.3		43.1			
	12	48.3	21.3	20.1										
6	00			16.3				32.1						
	12	48.4	21.4	35.4			50.1	32.2	6.4					
7	00			45.6	D	D								
	12	48.5	21.5	15.1				32.3						
8	00			52.3			32.6	32.4	6.5					
	12	48.6	21.6	39.5						29.1				
9	00			53.6	R	R	32.5	32.5						
	12	57.1	51.1	56.1				32.6	6.6					
10	00			31.3			32.4							
	12	57.2	51.2	33.4				50.1						
11	00			7.6			32.3	50.2	46.1					
	12	57.3	51.3	29.1			32.2							
12	00			59.2				50.3						
	12	57.4	51.4	40.3			32.1	50.4	46.2			31.1		
13	00	57.5	51.5	64.4										
	12			47.5			57.6	50.5			43.2			
14	00	57.6	51.6	6.6			57.5	50.6	46.3	29.2				
	12			18.1										
15	00	32.1	42.1	48.2			57.4	28.1						
	12			57.3			57.3	28.2	46.4					
16	00	32.2	42.2	32.4	26.2	45.2								
	12			50.5			57.2	28.3						
17	00	32.3	42.3	28.5				28.4	46.5					
	12			44.6			57.1							
18	00	32.4	42.4	1.6				28.5						
	12			14.1			48.6	28.6	46.6					
19	00	32.5	42.5	34.1										
	12			9.2			48.5	44.1						
20	00	32.6	42.6	5.2				44.2	18.1	29.3				
	12			26.2	D	D								
21	00	50.1	3.1	11.3				44.3	18.2					
	12	50.2	3.2	10.3				44.4						
22	00			58.3			48.4				43.3			
	12	50.3	3.3	38.4				44.5	18.3					
23	00			54.4			D	44.6						
	12	50.4	3.4	61.4										
24	00			60.5	R	R	48.5	1.1	18.4					29.5
	12	50.5	3.5	41.5				1.2						
25	00			19.6										
	12	50.6	3.6	13.6				1.3	18.5					
26	00			30.1				1.4		29.4				
	12	28.1	27.1	55.2			48.6							
27	00			37.3				1.5	18.6					
	12	28.2	27.2	63.4				1.6						
28	00			22.5			57.1							
	12	28.3	27.3	36.6				43.1	48.1					
29	00			17.1			57.2	43.2						
	12	28.4	27.4	21.3									50.3	
30	00	28.5	27.5	51.5			57.3	43.3	48.2					
	12			42.6				43.4			43.4			
31	00	28.6	27.6	27.2			57.4							
	12			24.4	26.1	45.1	57.5	43.5	48.3					

November 1955

Date	Time	☉	⊕	☾	☊	☋	☿	♀	♂	♃	♄	♅	♆	♇
1	00	44.1	24.1	2.6	26.1	45.1	57.5	43.6	48.3	29.4	43.4	31.1	50.3	29.5
	12			8.2	R	R	57.6	D	D	D	D	D	D	D
2	00	44.2	24.2	20.3			32.1	14.1	48.4	29.5				
	12			16.5				14.2						
3	00	44.3	24.3	45.1			32.2							
	12			12.3	D	D	32.3	14.3	48.5					
4	00	44.4	24.4	15.5			32.4	14.4						
	12			39.1										
5	00	44.5	24.5	53.2			32.5	14.5	48.6					
	12			62.4			32.6	14.6						
6	00	44.6	24.6	56.5			50.1							
	12	1.1	2.1	33.1				34.1	57.1					
7	00			7.2	R	R	50.2	34.2						
	12	1.2	2.2	4.4			50.3		57.2		43.5			
8	00			29.5			50.4	34.3						
	12	1.3	2.3	59.6			50.5	34.4				R		
9	00			64.1			50.6		57.3					
	12	1.4	2.4	47.2				34.5		29.6				
10	00			6.3			28.1	34.6						
	12	1.5	2.5	46.4			28.2		57.4					
11	00			18.5			28.3	9.1						
	12	1.6	2.6	48.6			28.4	9.2						
12	00			57.6			28.5		57.5					
	12	43.1	23.1	50.1				9.3						
13	00	43.2	23.2	28.2			28.6	9.4						
	12			44.2			44.1		57.6					
14	00	43.3	23.3	1.3			44.2	9.5						
	12			43.3			44.3	9.6						
15	00	43.4	23.4	14.4			44.4		32.1		43.6			
	12			34.4			44.5	5.1						
16	00	43.5	23.5	9.4				5.2						
	12			5.5			44.6		32.2					
17	00	43.6	23.6	26.5	D	D	1.1	5.3						
	12			11.5			1.2	5.4						
18	00	14.1	8.1	10.6			1.3		32.3					
	12			58.6			1.4	5.5						
19	00	14.2	8.2	38.6				5.6		59.1				
	12	14.3	8.3	54.6			1.5		32.4					
20	00			60.1			1.6	26.1						
	12	14.4	8.4	41.1			43.1	26.2						
21	00			19.1			43.2		32.5					
	12	14.5	8.5	13.2			43.3	26.3						
22	00			49.2			43.4	26.4						
	12	14.6	8.6	30.3					32.6					
23	00			55.4	R	R	43.5	26.5			14.1			
	12	34.1	20.1	37.4			43.6	26.6	50.1					
24	00			63.5			14.1							
	12	34.2	20.2	22.6			14.2	11.1						
25	00			25.1			14.3	11.2	50.2				50.4	
	12	34.3	20.3	17.3			14.4							
26	00	34.4	20.4	21.4				11.3						
	12			51.5			14.5	11.4	50.3					
27	00	34.5	20.5	3.1			14.6							
	12			27.3			34.1	11.5						
28	00	34.6	20.6	24.4			34.2	11.6	50.4					
	12			2.6			34.3							
29	00	9.1	16.1	8.2				10.1						
	12			20.4			34.4		50.5					
30	00	9.2	16.2	16.6			34.5	10.2						
	12			45.2	D	D	34.6	10.3						

December 1955

Date	Time	☉	⊕	☾	☊	☋	☿	♀	♂	♃	♄	♅	♆	♇
1	00	9.3	16.3	12.4	26.1	45.1	9.1	10.3	50.6	59.1	14.2	31.1	50.4	29.5
	12			52.1	D	D	9.2	10.4	D	D	D	R	D	R
2	00	9.4	16.4	39.3				10.5		59.2				
	12	9.5	16.5	53.5			9.3		28.1					
3	00			62.6			9.4	10.6						
	12	9.6	16.6	31.2			9.5	58.1						
4	00			33.4			9.6		28.2					
	12	5.1	35.1	7.5			5.1	58.2						
5	00			29.1				58.3						
	12	5.2	35.2	59.2			5.2		28.3					
6	00			40.4			5.3	58.4				56.6		
	12	5.3	35.3	64.5	R	R	5.4	58.5	28.4					
7	00			47.6			5.5							
	12	5.4	35.4	46.1			5.6	58.6						
8	00			18.2			26.1	38.1	28.5					
	12	5.5	35.5	48.2										
9	00	5.6	35.6	57.3			26.2	38.2			14.3			
	12			32.4			26.3	38.3	28.6					
10	00	26.1	45.1	50.4			26.4							
	12			28.5	D	D	26.5	38.4						
11	00	26.2	45.2	44.5			26.6	38.5	44.1					
	12			1.6										
12	00	26.3	45.3	43.6			11.1	38.6						
	12			34.1			11.2	54.1	44.2					
13	00	26.4	45.4	9.1			11.3							
	12			5.1			11.4	54.2						
14	00	26.5	45.5	26.2	R	R	11.5	54.3	44.3					
	12	26.6	45.6	11.2										
15	00			10.2			11.6	54.4						
	12	11.1	12.1	58.2			10.1	54.5	44.4					
16	00			38.3			10.2							
	12	11.2	12.2	54.3			10.3	54.6						
17	00			61.3			10.4	61.1	44.5					
	12	11.3	12.3	60.4							14.4			
18	00			41.4			10.5	61.2						
	12	11.4	12.4	19.4			10.6	61.3	44.6	R				
19	00			13.5			58.1							
	12	11.5	12.5	49.5			58.2	61.4	1.1					
20	00	11.6	12.6	30.6			58.3	61.5						
	12			55.6			58.4							
21	00	10.1	15.1	63.1				61.6	1.2					
	12			22.2			58.5	60.1						
22	00	10.2	15.2	36.3			58.6							
	12			25.3	D	D	38.1	60.2	1.3					
23	00	10.3	15.3	17.4			38.2	60.3						
	12			21.6			38.3							
24	00	10.4	15.4	42.1				60.4	1.4					
	12			3.2			38.4	60.5						
25	00	10.5	15.5	27.4			38.5							
	12			24.5			38.6	60.6	1.5					
26	00	10.6	15.6	23.1			54.1	41.1			14.5			
	12	58.1	52.1	8.3			54.2							
27	00			20.5			54.3	41.2	1.6					
	12	58.2	52.2	35.1				41.3						
28	00			45.3	R	R	54.4							
	12	58.3	52.3	12.5			54.5	41.4	43.1					
29	00			52.1			54.6	41.5						
	12	58.4	52.4	39.3			61.1							
30	00			53.5			61.2	41.6	43.2					
	12	58.5	52.5	56.1				19.1						
31	00			31.3			61.3		43.3					
	12	58.6	52.6	33.5			61.4	19.2					50.5	

January 1956

Date	Time	☉	⊕	☾	☊	☋	☿	♀	♂	♃	♄	♅	♆	♇
1	00	38.1	39.1	4.1	26.1	45.1	61.5	19.3	43.3	59.2	14.5	56.6	50.5	29.5
	12			29.3	R	R	61.6	D	43.4	R	D	R	D	R
2	00	38.2	39.2	59.4			60.1	19.4						
	12			40.6				19.5						
3	00	38.3	39.3	47.1			60.2		43.5					
	12			6.3			60.3	19.6				56.5		
4	00	38.4	39.4	46.4			60.4	13.1		59.1				
	12			18.5			60.5		43.6		14.6			
5	00	38.5	39.5	48.6	D	D		13.2						
	12			57.6			60.6							
6	00	38.6	39.6	50.1			41.1	13.3	14.1					
	12	54.1	53.1	28.2			41.2	13.4						
7	00			44.2										
	12	54.2	53.2	1.3			41.3	13.5	14.2					
8	00			43.3			41.4	13.6						
	12	54.3	53.3	14.3										
9	00			34.4			41.5	49.1	14.3					
	12	54.4	53.4	9.4			41.6	49.2						29.4
10	00			5.4					14.4					
	12	54.5	53.5	26.5	R	R	19.1	49.3						
11	00			11.5			19.2	49.4						
	12	54.6	53.6	10.5					14.5					
12	00	61.1	62.1	58.6			19.3	49.5						
	12			38.6				49.6						
13	00	61.2	62.2	54.6			19.4		14.6					
	12			61.6				30.1						
14	00	61.3	62.3	41.1	5.6	35.6	19.5	30.2						
	12			19.1					34.1		34.1			
15	00	61.4	62.4	13.2				30.3						
	12			49.2			19.6	30.4						
16	00	61.5	62.5	30.3					34.2					
	12			55.3				30.5						
17	00	61.6	62.6	37.4				30.6		29.6				
	12			63.4			13.1		34.3					
18	00	60.1	56.1	22.5				55.1						
	12	60.2	56.2	36.6				55.2						
19	00			17.1			R		34.4					
	12	60.3	56.3	21.2				55.3						
20	00			51.3				55.4						
	12	60.4	56.4	42.4			19.6		34.5					
21	00			3.5	D	D		55.5						
	12	60.5	56.5	27.6					34.6					
22	00			2.1				55.6						
	12	60.6	56.6	23.3			19.5	37.1						
23	00			8.4					9.1					
	12	41.1	31.1	20.6			19.4	37.2						
24	00	41.2	31.2	35.2				37.3						
	12			45.4	R	R	19.3		9.2					
25	00	41.3	31.3	12.5				37.4						
	12			52.1			19.2	37.5				56.4		
26	00	41.4	31.4	39.3					9.3		34.2			
	12			53.6			19.1	37.6		29.5				
27	00	41.5	31.5	56.2			41.6	63.1						
	12			31.4					9.4					
28	00	41.6	31.6	33.6			41.5	63.2						
	12			4.2			41.4	63.3						
29	00	19.1	33.1	29.4	5.5	35.5			9.5					
	12	19.2	33.2	59.5			41.3	63.4						
30	00			64.1			41.2	63.5						
	12	19.3	33.3	47.3					9.6					
31	00			6.4			41.1	63.6						
	12	19.4	33.4	46.5			60.6		5.1					

February 1956

Date	Time	☉	⊕	☾	☊	☋	☿	♀	♂	♃	♄	♅	♆	♇
1	00	19.4	33.4	48.1	5.5	35.5	60.6	22.1	5.1	29.5	34.2	56.4	50.5	29.4
	12	19.5	33.5	57.2	R	R	60.5	22.2	D	R	D	R	R	R
2	00			32.3					5.2					
	12	19.6	33.6	50.3			60.4	22.3						
3	00			28.4				22.4		29.4				
	12	13.1	7.1	44.5					5.3					
4	00			1.5	D	D	60.3	22.5						
	12	13.2	7.2	43.6				22.6						
5	00	13.3	7.3	14.6					5.4					
	12			9.1			60.2	36.1						
6	00	13.4	7.4	5.1				36.2						
	12			26.1	R	R			5.5					
7	00	13.5	7.5	11.1				36.3						
	12			10.2										
8	00	13.6	7.6	58.2				36.4	5.6					
	12			38.2				36.5						
9	00	49.1	4.1	54.3			D							
	12			61.3				36.6	26.1					
10	00	49.2	4.2	60.3				25.1			34.3			
	12			41.4					26.2	29.3				
11	00	49.3	4.3	19.4				25.2						
	12	49.4	4.4	13.5	5.4	35.4		25.3						
12	00			49.5			60.3		26.3					
	12	49.5	4.5	30.6				25.4						
13	00			37.1				25.5						
	12	49.6	4.6	63.1					26.4					
14	00			22.2			60.4	25.6						
	12	30.1	29.1	36.3										
15	00			25.4				17.1	26.5					
	12	30.2	29.2	17.5			60.5	17.2						
16	00			21.5	5.3	35.3								
	12	30.3	29.3	51.6				17.3	26.6					
17	00			3.2			60.6	17.4						
	12	30.4	29.4	27.3						29.2		56.3		
18	00	30.5	29.5	24.4			41.1	17.5	11.1					
	12			2.5										
19	00	30.6	29.6	23.6				17.6						
	12			20.2	D	D	41.2	21.1	11.2					
20	00	55.1	59.1	16.3										29.3
	12			35.5	R	R	41.3	21.2	11.3					
21	00	55.2	59.2	45.6				21.3						
	12			15.2			41.4							
22	00	55.3	59.3	52.4			41.5	21.4	11.4					
	12			39.5				21.5						
23	00	55.4	59.4	62.1			41.6							
	12			56.3				21.6	11.5					
24	00	55.5	59.5	31.5			19.1							
	12	55.6	59.6	7.1				51.1						
25	00			4.3			19.2	51.2	11.6	29.1				
	12	37.1	40.1	29.4			19.3							
26	00			59.6				51.3						
	12	37.2	40.2	64.2			19.4	51.4	10.1					
27	00			47.4	5.2	35.2	19.5							
	12	37.3	40.3	6.5				51.5						
28	00			46.6			19.6		10.2					
	12	37.4	40.4	48.2			13.1	51.6						
29	00			57.3				42.1						
	12	37.5	40.5	32.4			13.2		10.3					

March 1956

Date	Time	☉	⊕	☾	☊	☋	☿	♀	♂	♃	♄	♅	♆	♇
1	00	37.5	40.5	50.5	5.2	35.2	13.3	42.2	10.3	29.1	34.3	56.3	50.5	29.3
	12	37.6	40.6	28.6	R	R	D	42.3	10.4	R	D	R	R	R
2	00	63.1	64.1	1.1			13.4							
	12			43.1			13.5	42.4						
3	00	63.2	64.2	14.2					10.5					
	12			34.2			13.6	42.5		4.6				
4	00	63.3	64.3	9.3			49.1	42.6						
	12			5.3	D	D	49.2		10.6					
5	00	63.4	64.4	26.4	R	R		3.1						
	12			11.4			49.3						50.4	
6	00	63.5	64.5	10.4			49.4	3.2	58.1					
	12			58.4			49.5	3.3						
7	00	63.6	64.6	38.5										
	12			54.5			49.6	3.4	58.2					
8	00	22.1	47.1	61.5			30.1							
	12			60.6			30.2	3.5						
9	00	22.2	47.2	41.6				3.6	58.3					
	12	22.3	47.3	13.1	5.1	35.1	30.3							
10	00			49.1			30.4	27.1						
	12	22.4	47.4	30.2			30.5	27.2	58.4					
11	00			55.2			30.6							
	12	22.5	47.5	37.3				27.3	58.5	4.5				
12	00			63.4			55.1							
	12	22.6	47.6	22.5			55.2	27.4			R			
13	00			36.6			55.3	27.5	58.6					
	12	36.1	6.1	17.1			55.4							
14	00			21.2	9.6	16.6	55.5	27.6						
	12	36.2	6.2	51.3					38.1					
15	00			42.4			55.6	24.1						
	12	36.3	6.3	3.5			37.1	24.2						
16	00			27.6			37.2		38.2					
	12	36.4	6.4	2.2			37.3	24.3						
17	00	36.5	6.5	23.3			37.4							
	12			8.4			37.5	24.4	38.3					
18	00	36.6	6.6	20.6			37.6	24.5						
	12			35.1	D	D								
19	00	25.1	46.1	45.3			63.1	24.6	38.4					
	12			12.4			63.2							
20	00	25.2	46.2	15.6	R	R	63.3	2.1						
	12			39.1			63.4		38.5					
21	00	25.3	46.3	53.3			63.5	2.2						
	12			62.4			63.6	2.3		4.4				
22	00	25.4	46.4	56.6			22.1		38.6					
	12			33.2			22.2	2.4						
23	00	25.5	46.5	7.3			22.3		54.1					
	12			4.5			22.4	2.5						
24	00	25.6	46.6	29.6			22.5	2.6						
	12			40.2			22.6		54.2					
25	00	17.1	18.1	64.4			36.1	23.1						
	12	17.2	18.2	47.5	9.5	16.5	36.2							
26	00			46.1				23.2	54.3					
	12	17.3	18.3	18.2			36.3							
27	00			48.3			36.4	23.3						
	12	17.4	18.4	57.4			36.5	23.4	54.4					
28	00			32.5			36.6					56.2		
	12	17.5	18.5	28.1			25.1	23.5						
29	00			44.1			25.2		54.5					
	12	17.6	18.6	1.2			25.3	23.6						
30	00			43.3			25.5							
	12	21.1	48.1	14.4			25.6	8.1	54.6					
31	00			34.4			17.1	8.2						
	12	21.2	48.2	9.5			17.2							

April 1956

Date	Time	☉	⊕	☾	☊	☋	☿	♀	♂	♃	♄	♅	♆	♇
1	00	21.2	48.2	5.5	D	D	17.3	8.3	61.1	4.4	34.3	56.2	50.4	29.3
	12	21.3	48.3	26.6			17.4	D	D	R	R	R	R	R
2	00			11.6			17.5	8.4						
	12	21.4	48.4	10.6			17.6		61.2					
3	00			38.1			21.1	8.5						
	12	21.5	48.5	54.1	R	R	21.2							29.2
4	00	21.6	48.6	61.1			21.3	8.6	61.3					
	12			60.2			21.4	20.1						
5	00	51.1	57.1	41.2			21.5		61.4					
	12			19.2			21.6	20.2				D		
6	00	51.2	57.2	13.3			51.1							
	12			49.3			51.3	20.3	61.5	4.3				
7	00	51.3	57.3	30.4			51.4							
	12			55.4			51.5	20.4						
8	00	51.4	57.4	37.5	9.4	16.4	51.6		61.6					
	12			63.6			42.1	20.5						
9	00	51.5	57.5	36.1			42.2							
	12			25.2			42.3	20.6	60.1					
10	00	51.6	57.6	17.3			42.4	16.1						
	12			21.4			42.5							
11	00	42.1	32.1	51.5			3.1	16.2	60.2					
	12			3.1			3.2							
12	00	42.2	32.2	27.2			3.3	16.3						
	12			24.3			3.4		60.3					
13	00	42.3	32.3	2.5			3.5	16.4			34.2			
	12			23.6			3.6							
14	00	42.4	32.4	20.2			27.1	16.5	60.4					
	12	42.5	32.5	16.3			27.2					56.3	50.3	
15	00			35.5	D	D	27.3	16.6						
	12	42.6	32.6	12.1			27.4		60.5					
16	00			15.2			27.6	35.1						
	12	3.1	50.1	52.4			24.1							
17	00			39.5			24.2	35.2	60.6					
	12	3.2	50.2	62.1			24.3							
18	00			56.2	R	R	24.4	35.3		D				
	12	3.3	50.3	31.4			24.5		41.1					
19	00			33.6			24.6	35.4						
	12	3.4	50.4	4.1			2.1							
20	00			29.2			2.2	35.5	41.2					
	12	3.5	50.5	59.4			2.3							
21	00			40.5			2.4	35.6						
	12	3.6	50.6	47.1			2.5		41.3					
22	00			6.2			2.6	45.1						
	12	27.1	28.1	46.3			23.1							
23	00			18.4			23.2	45.2	41.4					
	12	27.2	28.2	48.6	9.3	16.3								
24	00			32.1			23.3	45.3						
	12	27.3	28.3	50.2			23.4		41.5					
25	00			28.3			23.5	45.4						
	12	27.4	28.4	44.3			23.6							
26	00			1.4			8.1		41.6					
	12	27.5	28.5	43.5				45.5						
27	00	27.6	28.6	14.6			8.2							
	12			34.6			8.3	45.6	19.1					
28	00	24.1	44.1	5.1	D	D	8.4							
	12			26.1				12.1	19.2					
29	00	24.2	44.2	11.2			8.5							
	12			10.2			8.6	12.2		4.4	34.1			
30	00	24.3	44.3	58.2					19.3					
	12			38.3			20.1							

May 1956

Date	Time	☉	⊕	☾	☊	☋	☿	♀	♂	♃	♄	♅	♆	♇
1	00	24.4	44.4	54.3	9.3	16.3	20.2	12.3	19.3	4.4	34.1	56.3	50.3	29.2
	12			61.3	D	D	D	D	19.4	D	R	D	R	R
2	00	24.5	44.5	60.4			20.3	12.4						
	12			41.4										
3	00	24.6	44.6	19.4			20.4		19.5					
	12			13.5	R	R		12.5						
4	00	2.1	1.1	49.5			20.5							
	12			30.6				12.6						
5	00	2.2	1.2	55.6			20.6		19.6					
	12			63.1										
6	00	2.3	1.3	22.2			16.1	15.1						
	12			36.3					13.1					
7	00	2.4	1.4	25.3				15.2						
	12			17.5			16.2							
8	00	2.5	1.5	21.6					13.2					D
	12			42.1				15.3						
9	00	2.6	1.6	3.2										
	12			27.4			16.3		13.3					
10	00	23.1	43.1	24.5				15.4						
	12			23.1										
11	00	23.2	43.2	8.3					13.4					
	12	23.3	43.3	20.4				15.5						
12	00			16.6	D	D	16.4							
	12	23.4	43.4	45.2					13.5		14.6			
13	00			12.4				15.6						
	12	23.5	43.5	15.5										
14	00			39.1					13.6					
	12	23.6	43.6	53.3				52.1						
15	00			62.5			R							
	12	8.1	14.1	56.6					49.1	4.5				
16	00			33.2										
	12	8.2	14.2	7.4				52.2						
17	00			4.5					49.2					
	12	8.3	14.3	59.1	R	R	16.3							
18	00			40.2										
	12	8.4	14.4	64.3				52.3	49.3					
19	00			47.5										
	12	8.5	14.5	6.6										
20	00			18.1					49.4					
	12	8.6	14.6	48.2			16.2	52.4						
21	00			57.3									50.2	
	12	20.1	34.1	32.4										
22	00			50.5					49.5					
	12	20.2	34.2	28.5			16.1							
23	00			44.6								56.4		
	12	20.3	34.3	43.1				52.5	49.6					
24	00			14.2										
	12	20.4	34.4	34.2			20.6							
25	00			9.3					30.1					
	12	20.5	34.5	5.3	D	D				4.6	14.5			
26	00			26.4			20.5							
	12	20.6	34.6	11.4					30.2					
27	00			10.4				52.6						
	12	16.1	9.1	58.5										
28	00			38.5			20.4		30.3					
	12	16.2	9.2	54.5										
29	00			61.6										
	12	16.3	9.3	60.6			20.3							
30	00			41.6	R	R			30.4					
	12	16.4	9.4	13.1										
31	00	16.5	9.5	49.1										
	12			30.1			20.2		30.5					

June 1956

Date	Time	☉	⊕	☾	☊	☋	☿	♀	♂	♃	♄	♅	♆	♇
1	00	16.6	9.6	55.2	9.3	16.3	20.2	R	30.5	4.6	14.5	56.4	50.2	29.2
	12			37.2	R	R	R		D	D	R	D	R	D
2	00	35.1	5.1	63.3	D	D			30.6					
	12			22.4						29.1				
3	00	35.2	5.2	36.4			20.1							
	12			25.5										
4	00	35.3	5.3	17.6					55.1					
	12			51.1										
5	00	35.4	5.4	42.2										
	12			3.4					55.2					
6	00	35.5	5.5	27.5				52.5						
	12			24.6										
7	00	35.6	5.6	23.2					55.3					
	12			8.4			D				14.4			
8	00	45.1	26.1	20.5										
	12			35.1	R	R								
9	00	45.2	26.2	45.3					55.4					
	12			12.5				52.4						
10	00	45.3	26.3	52.1						29.2				
	12			39.3					55.5					
11	00	45.4	26.4	53.5										29.3
	12			56.1										
12	00	45.5	26.5	31.3				52.3						
	12			33.5			20.2		55.6					
13	00	45.6	26.6	4.1								56.5		
	12			29.3										
14	00	12.1	11.1	59.4				52.2						
	12			40.6			20.3		37.1					
15	00	12.2	11.2	47.1										
	12			6.2	D	D								
16	00	12.3	11.3	46.4			20.4	52.1	37.2					
	12			18.5						29.3				
17	00	12.4	11.4	48.6										
	12			32.1			20.5	15.6						
18	00	12.5	11.5	50.2					37.3					
	12			28.2			20.6							
19	00	12.6	11.6	44.3				15.5						
	12			1.4										
20	00	15.1	10.1	43.4			16.1		37.4					
	12			14.5				15.4						
21	00	15.2	10.2	34.5			16.2							
	12			9.6	R	R			37.5					
22	00	15.3	10.3	5.6			16.3	15.3			14.3			
	12			11.1			16.4			29.4				
23	00	15.4	10.4	10.1										
	12			58.1			16.5	15.2	37.6					
24	00	15.5	10.5	38.2										
	12			54.2			16.6							
25	00	15.6	10.6	61.2			35.1	15.1						
	12	52.1	58.1	60.3					63.1					
26	00			41.3			35.2							
	12	52.2	58.2	19.3			35.3	12.6						
27	00			13.4										
	12	52.3	58.3	49.4			35.4		63.2					
28	00			30.4			35.5	12.5		29.5				
	12	52.4	58.4	55.5			35.6							
29	00			37.5										
	12	52.5	58.5	63.6			45.1							
30	00			22.6			45.2	12.4	63.3			56.6		
	12	52.6	58.6	25.1			45.3							

July 1956

Date	Time	☉	⊕	☾	☊	☋	☿	♀	♂	♃	♄	♅	♆	♇
1	00	52.6	58.6	17.2	9.3	16.3	45.4	12.4	63.3	29.5	14.3	56.6	50.2	29.3
	12	39.1	38.1	21.2	D	D	D	R	D	D	R	D	R	D
2	00			51.3			45.5	12.3	63.4					
	12	39.2	38.2	42.4			45.6							
3	00			3.5			12.1							
	12	39.3	38.3	24.1			12.2			29.6				
4	00			2.2			12.3	12.2						
	12	39.4	38.4	23.3			12.4		63.5					
5	00			8.5			12.5							
	12	39.5	38.5	20.6			12.6							
6	00			35.2	R	R	15.1							
	12	39.6	38.6	45.4			15.2		63.6					
7	00			12.6			15.3	12.1						
	12	53.1	54.1	52.2			15.4							
8	00			39.4			15.5							
	12	53.2	54.2	53.6			15.6			59.1				
9	00			56.3	9.2	16.2	52.1		22.1					
	12	53.3	54.3	31.5			52.2						D	
10	00			7.1			52.3							
	12	53.4	54.4	4.3			52.4							
11	00			29.5			52.5							
	12	53.5	54.5	40.1			52.6	45.6	22.2					
12	00			64.2			39.1							
	12	53.6	54.6	47.4			39.3							
13	00			6.5			39.4							
	12	62.1	61.1	18.1			39.5							
14	00			48.2			39.6	D		59.2				
	12	62.2	61.2	57.3			53.1		22.3					
15	00			32.4	D	D	53.2				14.2			
	12	62.3	61.3	50.5			53.3					31.1		
16	00			28.6			53.4							
	12	62.4	61.4	44.6			53.6	12.1						
17	00			43.1			62.1							
	12	62.5	61.5	14.2			62.2		22.4					
18	00			34.2			62.3							
	12	62.6	61.6	9.3	R	R	62.4			59.3				
19	00			5.3			62.5							
	12	56.1	60.1	26.3			62.6							
20	00			11.4			56.2							
	12	56.2	60.2	10.4			56.3							
21	00			58.4			56.4		22.5					
	12	56.3	60.3	38.5			56.5	12.2						29.4
22	00			54.5			56.6							
	12	56.4	60.4	61.5			31.1							
23	00			60.6			31.2							
	12	56.5	60.5	41.6			31.3			59.4				
24	00			19.6			31.5							
	12	56.6	60.6	49.1	9.1	16.1	31.6	12.3	22.6					
25	00	31.1	41.1	30.1			33.1							
	12			55.2			33.2							
26	00	31.2	41.2	37.2			33.3							
	12			63.2			33.4							
27	00	31.3	41.3	22.3			33.5	12.4						
	12			36.3			33.6							
28	00	31.4	41.4	25.4			7.1			59.5				
	12			17.5			7.2							
29	00	31.5	41.5	21.5			7.3	12.5						
	12			51.6			7.4		36.1					
30	00	31.6	41.6	3.1			7.5							
	12			27.2			7.6							
31	00	33.1	19.1	24.3	D	D	4.1	12.6			D	31.2		
	12			2.4			4.2							

August 1956

Date	Time	☉	⊕	☾	☊	☋	☿	♀	♂	♃	♄	♅	♆	♇
1	00	33.2	19.2	23.5	9.1	16.1	4.3	12.6	36.1	59.5	14.2	31.2	50.2	29.4
	12			20.1	D	D	4.4	15.1	D	D	D	D	D	D
2	00	33.3	19.3	16.2	R	R	4.5			59.6				
	12			35.4			4.6							
3	00	33.4	19.4	45.6			29.1							
	12			15.1			29.2	15.2						
4	00	33.5	19.5	52.3			29.3							
	12			39.5			29.4							
5	00	33.6	19.6	62.1			29.5	15.3						
	12			56.3			29.6							
6	00	7.1	13.1	31.6			59.1							
	12			7.2	34.6	20.6	59.2	15.4		40.1				
7	00	7.2	13.2	4.4			59.3		36.2					
	12			29.6				15.5						
8	00	7.3	13.3	40.2			59.4							
	12			64.4			59.5							
9	00	7.4	13.4	47.6			59.6	15.6						
	12			46.1			40.1							
10	00	7.5	13.5	18.3			40.2							
	12			48.4			40.3	52.1						
11	00	7.6	13.6	57.5			40.4		R	40.2				
	12			50.1				52.2						
12	00	4.1	49.1	28.2			40.5							
	12			44.3			40.6							
13	00	4.2	49.2	1.3			64.1	52.3						
	12			43.4	D	D	64.2							
14	00	4.3	49.3	14.5			64.3	52.4						
	12			34.5					36.1					
15	00	4.4	49.4	9.6	R	R	64.4			40.3				
	12			5.6			64.5	52.5				31.3		
16	00	4.5	49.5	11.1			64.6				14.3			
	12	4.6	49.6	10.1				52.6						
17	00			58.1			47.1							
	12	29.1	30.1	38.2			47.2	39.1						
18	00			54.2			47.3							
	12	29.2	30.2	61.2	34.5	20.5		39.2						
19	00			60.2			47.4							
	12	29.3	30.3	41.3			47.5			40.4				
20	00			19.3			47.6	39.3						
	12	29.4	30.4	13.4										29.5
21	00			49.4			6.1	39.4						
	12	29.5	30.5	30.4			6.2							
22	00			55.5				39.5						
	12	29.6	30.6	37.5			6.3							
23	00			63.6	34.4	20.4	6.4	39.6						
	12	59.1	55.1	22.6					22.6					
24	00			25.1			6.5	53.1		40.5				
	12	59.2	55.2	17.2			6.6							
25	00			21.2				53.2						
	12	59.3	55.3	51.3			46.1							
26	00			42.4			46.2	53.3						
	12	59.4	55.4	3.5									50.3	
27	00			27.6			46.3	53.4						
	12	59.5	55.5	2.1										
28	00			23.2			46.4	53.5						
	12	59.6	55.6	8.3			46.5		22.5	40.6				
29	00			20.4	D	D		53.6						
	12	40.1	37.1	16.5	R	R	46.6							
30	00			45.1				62.1						
	12	40.2	37.2	12.2			18.1							
31	00			15.4				62.2						
	12	40.3	37.3	52.5			18.2							

September 1956

Date	Time	☉	⊕	☾	☊	☋	☿	♀	♂	♃	♄	♅	♆	♇
1	00	40.3	37.3	53.1	34.4	20.4	18.2	62.3	22.5	40.6	14.3	31.4	50.3	29.5
	12	40.4	37.4	62.3	R	R	18.3	D	22.4	64.1	D	D	D	D
2	00			56.5				62.4						
	12	40.5	37.5	33.1			18.4							
3	00	40.6	37.6	7.3				62.5						
	12			4.5	34.3	20.3	18.5							
4	00	64.1	63.1	59.1				62.6						
	12			40.3										
5	00	64.2	63.2	64.5			18.6	56.1	22.3					
	12			6.1										
6	00	64.3	63.3	46.2			48.1	56.2		64.2				
	12			18.4										
7	00	64.4	63.4	48.6				56.3			14.4			
	12			32.1			48.2							
8	00	64.5	63.5	50.2				56.4						
	12			28.3					22.2					
9	00	64.6	63.6	44.5				56.5						
	12			1.5				56.6						
10	00	47.1	22.1	43.6			48.3							
	12			34.1				31.1		64.3				
11	00	47.2	22.2	9.2	D	D								
	12			5.2				31.2						
12	00	47.3	22.3	26.3					22.1					
	12			11.3	R	R		31.3						
13	00	47.4	22.4	10.4										
	12			58.4				31.4						
14	00	47.5	22.5	38.4			R	31.5						
	12			54.5	34.2	20.2				64.4				
15	00	47.6	22.6	61.5				31.6						
	12			60.5					63.6					
16	00	6.1	36.1	41.6				33.1						
	12	6.2	36.2	19.6										
17	00			13.6				33.2						
	12	6.3	36.3	30.1			48.2							
18	00			55.1				33.3						
	12	6.4	36.4	37.2				33.4						
19	00			63.2					63.5	64.5				29.6
	12	6.5	36.5	22.3			48.1	33.5						
20	00			36.3								31.5		
	12	6.6	36.6	25.4	34.1	20.1		33.6						
21	00			17.5			18.6				14.5			
	12	46.1	25.1	21.6				7.1						
22	00			42.1			18.5	7.2						
	12	46.2	25.2	3.1										
23	00			27.2			18.4	7.3	63.4					
	12	46.3	25.3	24.3						64.6				
24	00			2.4			18.3	7.4						
	12	46.4	25.4	23.6			18.2	7.5						
25	00			20.1										
	12	46.5	25.5	16.2	D	D	18.1	7.6						
26	00			35.3										
	12	46.6	25.6	45.5			46.6	4.1						
27	00			12.6			46.5						50.4	
	12	18.1	17.1	52.1	R	R		4.2						
28	00	18.2	17.2	39.3			46.4	4.3	63.3	47.1				
	12			53.4										
29	00	18.3	17.3	62.6			46.3	4.4						
	12			31.2										
30	00	18.4	17.4	33.3			46.2	4.5						
	12			7.5				4.6						

October 1956

Date	Time	☉	⊕	☾	☊	☋	☿	♀	♂	♃	♄	♅	♆	♇
1	00	18.5	17.5	29.1	34.1	20.1	46.1	4.6	63.3	47.1	14.5	31.5	50.4	29.6
	12			59.3	R	R	R	29.1	R	D	D	D	D	D
2	00	18.6	17.6	40.4						47.2	14.6			
	12			64.6			6.6	29.2						
3	00	48.1	21.1	6.2				29.3						
	12			46.4	14.6	8.6								
4	00	48.2	21.2	18.5				29.4						
	12			57.1										
5	00	48.3	21.3	32.2			6.5	29.5						
	12			50.4				29.6						
6	00	48.4	21.4	28.5			D							
	12			44.6			6.6	59.1		47.3				
7	00	48.5	21.5	43.1					63.2					
	12	48.6	21.6	14.2				59.2						
8	00			34.3	D	D		59.3						
	12	57.1	51.1	9.4										
9	00			5.4			46.1	59.4						
	12	57.2	51.2	26.5										
10	00			11.5				59.5						
	12	57.3	51.3	10.6			46.2	59.6	D					
11	00			58.6										
	12	57.4	51.4	38.6			46.3	40.1		47.4				
12	00			61.1	R	R		40.2			34.1			
	12	57.5	51.5	60.1			46.4							
13	00			41.1				40.3						
	12	57.6	51.6	19.2			46.5							
14	00			13.2				40.4						
	12	32.1	42.1	49.3			46.6	40.5	63.3					
15	00			30.3			18.1							
	12	32.2	42.2	55.3				40.6						
16	00			37.4			18.2			47.5				
	12	32.3	42.3	63.4			18.3	64.1						
17	00	32.4	42.4	22.5			18.4	64.2						
	12			36.6										
18	00	32.5	42.5	17.1			18.5	64.3				31.6		
	12			21.1			18.6	64.4						
19	00	32.6	42.6	51.2			48.1							
	12			42.3			48.2	64.5						
20	00	50.1	3.1	3.4										
	12			27.5			48.3	64.6		47.6				
21	00	50.2	3.2	2.1			48.4	47.1						
	12			23.2			48.5				34.2			
22	00	50.3	3.3	8.3			48.6	47.2						
	12			20.4	D	D	57.1	47.3						
23	00	50.4	3.4	16.6			57.2						50.5	
	12			45.1				47.4	63.4					
24	00	50.5	3.5	12.3			57.3							
	12			15.4			57.4	47.5						
25	00	50.6	3.6	52.5			57.5	47.6						
	12	28.1	27.1	53.1			57.6			6.1				
26	00			62.3			32.1	6.1						
	12	28.2	27.2	56.4			32.2	6.2						
27	00			31.6	R	R	32.3							59.1
	12	28.3	27.3	7.1			32.4	6.3						
28	00			4.3				6.4						
	12	28.4	27.4	29.4			32.5		63.5					
29	00			59.6			32.6	6.5						
	12	28.5	27.5	64.1			50.1							
30	00			47.3	14.5	8.5	50.2	6.6			34.3			
	12	28.6	27.6	6.5			50.3	46.1		6.2				
31	00			46.6			50.4							
	12	44.1	24.1	48.1			50.5	46.2						

November 1956

Date	Time	☉	⊕	☾	☊	☋	☿	♀	♂	♃	♄	♅	♆	♇
1	00	44.1	24.1	57.3	14.5	8.5	50.6	46.3	63.5	6.2	34.3	31.6	50.5	59.1
	12	44.2	24.2	32.4	R	R	D	D	63.6	D	D	D	D	D
2	00	44.3	24.3	50.5			28.1	46.4						
	12			28.6			28.2	46.5						
3	00	44.4	24.4	1.2			28.3							
	12			43.3			28.4	46.6						
4	00	44.5	24.5	14.4			28.5							
	12			34.4	D	D	28.6	18.1	22.1					
5	00	44.6	24.6	9.5			44.1	18.2		6.3				
	12			5.6										
6	00	1.1	2.1	26.6			44.2	18.3						
	12			10.1			44.3	18.4						
7	00	1.2	2.2	58.2			44.4							
	12			38.2			44.5	18.5			34.4			
8	00	1.3	2.3	54.2			44.6	18.6	22.2					
	12	1.4	2.4	61.3			1.1							
9	00			60.3			1.2	48.1						
	12	1.5	2.5	41.3				48.2						
10	00			19.4			1.3			6.4				
	12	1.6	2.6	13.4			1.4	48.3	22.3					
11	00			49.4	R	R	1.5							
	12	43.1	23.1	30.5			1.6	48.4						
12	00			55.5			43.1	48.5						
	12	43.2	23.2	37.6			43.2					R		
13	00			63.6				48.6						
	12	43.3	23.3	36.1			43.3	57.1	22.4					
14	00			25.1			43.4							
	12	43.4	23.4	17.2			43.5	57.2						
15	00			21.3			43.6	57.3						
	12	43.5	23.5	51.4			14.1				34.5			
16	00	43.6	23.6	42.5				57.4	22.5	6.5				
	12			3.6			14.2	57.5						
17	00	14.1	8.1	24.1			14.3							
	12			2.2			14.4	57.6					50.6	
18	00	14.2	8.2	23.4			14.5	32.1	22.6					
	12			8.5	D	D	14.6							
19	00	14.3	8.3	16.1			34.1	32.2						
	12			35.2										
20	00	14.4	8.4	45.4			34.2	32.3						
	12			12.6			34.3	32.4	36.1					
21	00	14.5	8.5	52.1			34.4							
	12			39.3	R	R	34.5	32.5						
22	00	14.6	8.6	53.5			34.6	32.6		6.6				
	12	34.1	20.1	62.6										
23	00			31.2			9.1	50.1	36.2					
	12	34.2	20.2	33.4			9.2	50.2			34.6			
24	00			7.5			9.3							
	12	34.3	20.3	29.1			9.4	50.3						
25	00			59.3			9.5	50.4	36.3					
	12	34.4	20.4	40.4	D	D								
26	00			64.6			9.6	50.5						
	12	34.5	20.5	6.1			5.1	50.6						
27	00			46.2			5.2		36.4					
	12	34.6	20.6	18.4			5.3	28.1						
28	00			48.5				28.2						
	12	9.1	16.1	57.6			5.4			46.1				
29	00	9.2	16.2	50.1			5.5	28.3	36.5					
	12			28.2			5.6	28.4						
30	00	9.3	16.3	44.3			26.1							
	12			1.4			26.2	28.5						

December 1956

Date	Time	☉	⊕	☾	☊	☋	☿	♀	♂	♃	♄	♅	♆	♇
1	00	9.4	16.4	43.5	14.5	8.5	26.2	28.6	36.6	46.1	9.1	31.6	50.6	59.1
	12			14.6	R	R	26.3	D	D	D	D	R	D	D
2	00	9.5	16.5	9.1			26.4	44.1						
	12			5.1			26.5	44.2						R
3	00	9.6	16.6	26.2			26.6		25.1					
	12			11.3			11.1	44.3						
4	00	5.1	35.1	10.3										
	12	5.2	35.2	58.4			11.2	44.4						
5	00			38.4			11.3	44.5	25.2					
	12	5.3	35.3	54.5			11.4							
6	00			61.5			11.5	44.6		46.2				
	12	5.4	35.4	60.5				1.1						
7	00			41.6			11.6		25.3					
	12	5.5	35.5	19.6			10.1	1.2						
8	00			13.6			10.2	1.3						
	12	5.6	35.6	30.1			10.3					31.5		
9	00			55.1			10.4	1.4	25.4		9.2			
	12	26.1	45.1	37.1				1.5						
10	00			63.2			10.5							
	12	26.2	45.2	22.2	D	D	10.6	1.6	25.5					
11	00	26.3	45.3	36.3			58.1	43.1						
	12			25.3			58.2							
12	00	26.4	45.4	17.4				43.2						
	12			21.4			58.3	43.3	25.6					
13	00	26.5	45.5	51.5			58.4							
	12			42.6			58.5	43.4						
14	00	26.6	45.6	27.1				43.5						
	12			24.2			58.6		17.1	46.3				
15	00	11.1	12.1	2.3			38.1	43.6						
	12			23.5			38.2	14.1						
16	00	11.2	12.2	8.6	R	R	38.3		17.2					
	12	11.3	12.3	16.2				14.2						
17	00			35.4			38.4	14.3			9.3			
	12	11.4	12.4	45.5			38.5							
18	00			15.1			38.6	14.4	17.3					
	12	11.5	12.5	52.3				14.5					28.1	
19	00			39.5			54.1							
	12	11.6	12.6	62.1			54.2	14.6	17.4					
20	00			56.3			54.3	34.1						
	12	10.1	15.1	31.5										
21	00			7.1			54.4	34.2						
	12	10.2	15.2	4.3			54.5	34.3	17.5					
22	00	10.3	15.3	29.4										
	12			59.6			54.6	34.4						
23	00	10.4	15.4	64.2			61.1	34.5	17.6					
	12			47.3										
24	00	10.5	15.5	6.5			61.2	34.6						
	12			46.6	D	D		9.1						
25	00	10.6	15.6	48.2			61.3		21.1					
	12			57.3				9.2			9.4			
26	00	58.1	52.1	32.4			61.4	9.3		46.4				
	12			50.5					21.2					
27	00	58.2	52.2	28.6			61.5	9.4						
	12			1.1				9.5						
28	00	58.3	52.3	43.2			61.6		21.3					
	12	58.4	52.4	14.2				9.6						
29	00			34.3	R	R		5.1						
	12	58.5	52.5	9.4			60.1							
30	00			5.4				5.2	21.4					
	12	58.6	52.6	26.5				5.3						
31	00			11.5										
	12	38.1	39.1	10.6			60.2	5.4	21.5					

January 1957

Date	Time	☉	⊕	☾	☊	☋	☿	♀	♂	♃	♄	♅	♆	♇
1	00	38.1	39.1	58.6	14.5	8.5	60.2	5.5	21.5	46.4	9.4	31.5	28.1	59.1
	12	38.2	39.2	54.1	R	R	D	D	D	D	D	R	D	R
2	00			61.1			R	5.6	21.6					
	12	38.3	39.3	60.1				26.1						
3	00	38.4	39.4	41.2	14.4	8.4	60.1				9.5			
	12			19.2				26.2						
4	00	38.5	39.5	13.3				26.3	51.1					
	12			49.3										
5	00	38.6	39.6	30.3			61.6	26.4						
	12			55.3				26.5	51.2					
6	00	54.1	53.1	37.4										
	12			63.4			61.5	26.6				31.4		
7	00	54.2	53.2	22.5				11.1	51.3					
	12			36.5			61.4							
8	00	54.3	53.3	25.5			61.3	11.2						
	12	54.4	53.4	17.6				11.3	51.4					29.6
9	00			21.6			61.2							
	12	54.5	53.5	42.1	D	D	61.1	11.4						
10	00			3.2				11.5	51.5					
	12	54.6	53.6	27.3			54.6							
11	00			24.4			54.5	11.6						
	12	61.1	62.1	2.5				10.1						
12	00			23.6			54.4		51.6		9.6			
	12	61.2	62.2	20.1	R	R	54.3	10.2						
13	00			16.3				10.3						
	12	61.3	62.3	35.4			54.2		42.1					
14	00	61.4	62.4	45.6			54.1	10.4						
	12			15.2				10.5						
15	00	61.5	62.5	52.4			38.6		42.2					
	12			39.6				10.6						
16	00	61.6	62.6	62.2			38.5	58.1						
	12			56.4	14.3	8.3			42.3	R				
17	00	60.1	56.1	31.6			38.4	58.2						
	12			7.2				58.3						
18	00	60.2	56.2	4.4					42.4					
	12			29.6			38.3	58.4						
19	00	60.3	56.3	40.2				58.5						
	12			64.4					42.5					
20	00	60.4	56.4	47.6				58.6						
	12	60.5	56.5	46.2				38.1						
21	00			18.3			38.2							
	12	60.6	56.6	48.5				38.2	42.6					
22	00			57.6			D	38.3			5.1			
	12	41.1	31.1	50.1										
23	00			28.2	D	D		38.4	3.1					
	12	41.2	31.2	44.3			38.3	38.5						
24	00			1.4										
	12	41.3	31.3	43.5				38.6	3.2					
25	00			14.6	R	R		54.1						
	12	41.4	31.4	9.1										
26	00	41.5	31.5	5.1			38.4	54.2	3.3					
	12			26.2				54.3						
27	00	41.6	31.6	11.2										
	12			10.3				54.4	3.4					
28	00	19.1	33.1	58.3			38.5	54.5						
	12			38.3								31.3		
29	00	19.2	33.2	54.4	14.2	8.2		54.6	3.5					
	12			61.4			38.6	61.1						
30	00	19.3	33.3	60.5										
	12			41.5			54.1	61.2	3.6					
31	00	19.4	33.4	19.5				61.3						
	12			13.6			54.2							

February 1957

Date	Time	☉	⊕	☾	☊	☋	☿	♀	♂	♃	♄	♅	♆	♇
1	00	19.5	33.5	49.6	14.2	8.2	54.2	61.4	27.1	46.4	5.1	31.3	28.1	29.6
	12	19.6	33.6	30.6	R	R	54.3	61.5	D	R	D	R	D	R
2	00			37.1	14.1	8.1								
	12	13.1	7.1	63.1			54.4	61.6	27.2		5.2			
3	00			22.1				60.1					R	
	12	13.2	7.2	36.2			54.5							
4	00			25.2				60.2	27.3					
	12	13.3	7.3	17.2			54.6	60.3						
5	00			21.3										
	12	13.4	7.4	51.3			61.1	60.4	27.4					
6	00			42.4			61.2	60.5						
	12	13.5	7.5	3.5										
7	00	13.6	7.6	27.5			61.3	60.6	27.5	46.3				
	12			24.6			61.4	41.1						
8	00	49.1	4.1	23.1	D	D								
	12			8.2	R	R	61.5	41.2						
9	00	49.2	4.2	20.3				41.3	27.6					
	12			16.4			61.6							
10	00	49.3	4.3	35.6			60.1	41.4						
	12			12.1				41.5	24.1					
11	00	49.4	4.4	15.3			60.2							
	12			52.4			60.3	41.6						
12	00	49.5	4.5	39.6			60.4	19.1	24.2					
	12			62.2										
13	00	49.6	4.6	56.4	43.6	23.6	60.5	19.2						
	12	30.1	29.1	31.6			60.6	19.3	24.3					
14	00			7.2										
	12	30.2	29.2	4.5			41.1	19.4						
15	00			59.1			41.2	19.5	24.4					
	12	30.3	29.3	40.3			41.3							
16	00			64.5				19.6						
	12	30.4	29.4	6.1			41.4	13.1	24.5		5.3			
17	00			46.3			41.5							
	12	30.5	29.5	18.5			41.6	13.2						
18	00			57.1				13.3	24.6					
	12	30.6	29.6	32.2			19.1			46.2				
19	00			50.4			19.2	13.4						
	12	55.1	59.1	28.5	43.5	23.5	19.3	13.5	2.1					29.5
20	00	55.2	59.2	44.6								31.2		
	12			43.1			19.4	13.6						
21	00	55.3	59.3	14.2	D	D	19.5	49.1	2.2					
	12			34.3			19.6							
22	00	55.4	59.4	9.4	R	R	13.1	49.2						
	12			5.4				49.3	2.3					
23	00	55.5	59.5	26.5			13.2							
	12			11.5			13.3	49.4						
24	00	55.6	59.6	10.6			13.4	49.5	2.4					
	12			58.6			13.5							
25	00	37.1	40.1	54.1				49.6						
	12			61.1			13.6	30.1	2.5					
26	00	37.2	40.2	60.1			49.1							
	12	37.3	40.3	41.2			49.2	30.2						
27	00			19.2			49.3	30.3	2.6					
	12	37.4	40.4	13.2			49.4			46.1				
28	00			49.3			49.5	30.4						
	12	37.5	40.5	30.3				30.5	23.1					

March 1957

Date	Time	☉	⊕	☾	☊	☋	☿	♀	♂	♃	♄	♅	♆	♇
1	00	37.5	40.5	55.3	43.4	23.4	49.6	30.5	23.1	46.1	5.3	31.2	28.1	29.5
	12	37.6	40.6	37.4	R	R	30.1	30.6	D	R	D	R	R	R
2	00			63.4			30.2	55.1	23.2					
	12	63.1	64.1	22.4			30.3							
3	00			36.5			30.4	55.2						
	12	63.2	64.2	25.5			30.5	55.3	23.3					
4	00			17.6			30.6							
	12	63.3	64.3	21.6				55.4						
5	00			42.1			55.1	55.5	23.4					
	12	63.4	64.4	3.1			55.2							
6	00	63.5	64.5	27.2			55.3	55.6						
	12			24.3			55.4	37.1	23.5					
7	00	63.6	64.6	2.3			55.5							
	12			23.4	D	D	55.6	37.2		6.6				
8	00	22.1	47.1	8.5			37.1	37.3	23.6					
	12			20.6			37.2							
9	00	22.2	47.2	35.1			37.3	37.4						
	12			45.2	R	R	37.4	37.5	8.1					
10	00	22.3	47.3	12.4			37.5							
	12			15.5			37.6	37.6						
11	00	22.4	47.4	52.6				63.1	8.2					
	12			53.2			63.1							
12	00	22.5	47.5	62.4			63.2	63.2						
	12			56.6	43.3	23.3	63.3	63.3	8.3		5.4			
13	00	22.6	47.6	33.1			63.4							
	12	36.1	6.1	7.3			63.5	63.4						
14	00			4.5			63.6	63.5	8.4					
	12	36.2	6.2	59.1			22.1			6.5				
15	00			40.4			22.2	63.6						
	12	36.3	6.3	64.6			22.3	22.1	8.5					
16	00			6.2			22.4							
	12	36.4	6.4	46.4			22.5	22.2						
17	00			18.6			22.6		8.6					
	12	36.5	6.5	57.1			36.1	22.3						
18	00			32.3			36.2	22.4						
	12	36.6	6.6	50.5			36.3		20.1					
19	00			28.6			36.5	22.5						
	12	25.1	46.1	1.2			36.6	22.6						
20	00			43.3	D	D	25.1		20.2					
	12	25.2	46.2	14.4			25.2	36.1						
21	00			34.5			25.3	36.2						
	12	25.3	46.3	9.6			25.4		20.3					
22	00	25.4	46.4	26.1			25.5	36.3		6.4				
	12			11.1			25.6	36.4						
23	00	25.5	46.5	10.2			17.1		20.4				50.6	
	12			58.3	R	R	17.2	36.5						
24	00	25.6	46.6	38.3			17.3	36.6						
	12			54.3			17.4		20.5		R			
25	00	17.1	18.1	61.4			17.5	25.1						
	12			60.4			17.6	25.2						
26	00	17.2	18.2	41.5			21.1		20.6					
	12			19.5			21.3	25.3						
27	00	17.3	18.3	13.5	43.2	23.2	21.4	25.4						
	12			49.6			21.5		16.1					
28	00	17.4	18.4	30.6			21.6	25.5						
	12			55.6			51.1	25.6				31.1		
29	00	17.5	18.5	63.1			51.2		16.2					
	12			22.1			51.3	17.1		6.3				
30	00	17.6	18.6	36.1			51.4	17.2						
	12	21.1	48.1	25.2			51.5		16.3					
31	00			17.2			51.6	17.3						
	12	21.2	48.2	21.3			42.1	17.4						

April 1957

Date	Time	☉	⊕	☾	☊	☋	☿	♀	♂	♃	♄	♅	♆	♇
1	00	21.2	48.2	51.4	43.2	23.2	42.2	17.4	16.4	6.3	5.4	31.1	50.6	29.5
	12	21.3	48.3	42.4	R	R	42.3	17.5	D	R	R	R	R	R
2	00			3.5			42.4	17.6						
	12	21.4	48.4	27.6			42.5		16.5					29.4
3	00			24.6			42.6	21.1						
	12	21.5	48.5	23.1			3.1	21.2						
4	00			8.2	D	D	3.2		16.6					
	12	21.6	48.6	20.3			3.3	21.3						
5	00			16.4			3.4	21.4	35.1					
	12	51.1	57.1	35.5			3.5				5.3			
6	00			45.6			3.6	21.5		6.2				
	12	51.2	57.2	15.1			27.1	21.6	35.2					
7	00			52.3			27.2							
	12	51.3	57.3	39.4			27.3	51.1						
8	00			53.5	R	R	27.4	51.2	35.3					
	12	51.4	57.4	56.1			27.5							
9	00	51.5	57.5	31.3				51.3						
	12			33.4			27.6	51.4	35.4					
10	00	51.6	57.6	7.6			24.1							
	12			29.2			24.2	51.5				D		
11	00	42.1	32.1	59.3			24.3	51.6	35.5					
	12			40.5										
12	00	42.2	32.2	47.1			24.4	42.1						
	12			6.3			24.5	42.2	35.6					
13	00	42.3	32.3	46.5										
	12			48.1	43.1	23.1	24.6	42.3						
14	00	42.4	32.4	57.2			2.1	42.4	45.1					
	12			32.4										
15	00	42.5	32.5	50.6			2.2	42.5		6.1				
	12			44.1				42.6	45.2					
16	00	42.6	32.6	1.3			2.3							
	12			43.4	D	D		3.1						
17	00	3.1	50.1	14.5			2.4	3.2	45.3					
	12			34.6										
18	00	3.2	50.2	5.1				3.3						
	12			26.2			2.5	3.4	45.4					
19	00	3.3	50.3	11.3										
	12			10.4				3.5						
20	00	3.4	50.4	58.5			2.6		45.5					
	12	3.5	50.5	38.5				3.6						
21	00			54.6	43.2	23.2		27.1						
	12	3.6	50.6	61.6					45.6					
22	00			41.1	R	R	23.1	27.2						
	12	27.1	28.1	19.1				27.3						
23	00			13.1					12.1					
	12	27.2	28.2	49.2	43.1	23.1		27.4				31.2		
24	00			30.2				27.5						
	12	27.3	28.3	55.2					12.2					
25	00			37.3				27.6						
	12	27.4	28.4	63.3			R	24.1						
26	00			22.3					12.3					
	12	27.5	28.5	36.4				24.2		47.6				
27	00			25.4				24.3						
	12	27.6	28.6	17.5					12.4					
28	00			21.5				24.4						
	12	24.1	44.1	51.6				24.5					50.5	
29	00			3.1			2.6		12.5					
	12	24.2	44.2	27.2				24.6						
30	00			24.2				2.1			5.2			
	12	24.3	44.3	2.3					12.6					

May 1957

Date	Time	☉	⊕	☾	☊	☋	☿	♀	♂	♃	♄	♅	♆	♇
1	00	24.3	44.3	23.4	D	D	2.6	2.2	12.6	47.6	5.2	31.2	50.5	29.4
	12	24.4	44.4	8.5			2.5	2.3	D	R	R	D	R	R
2	00			20.6					15.1					
	12	24.5	44.5	35.2				2.4						
3	00			45.3				2.5						
	12	24.6	44.6	12.4			2.4		15.2					
4	00	2.1	1.1	15.5				2.6						
	12			39.1				23.1						
5	00	2.2	1.2	53.2			2.3		15.3					
	12			62.4				23.2						
6	00	2.3	1.3	56.5				23.3						
	12			33.1			2.2		15.4					
7	00	2.4	1.4	7.2				23.4						
	12			4.4	R	R		23.5						
8	00	2.5	1.5	29.5			2.1		15.5					
	12			40.1				23.6						
9	00	2.6	1.6	64.3				8.1						
	12			47.4			24.6		15.6					
10	00	23.1	43.1	6.6				8.2						D
	12			18.1										
11	00	23.2	43.2	48.3	D	D	24.5	8.3	52.1					
	12			57.5				8.4						
12	00	23.3	43.3	32.6										
	12			28.2				8.5	52.2					
13	00	23.4	43.4	44.3			24.4	8.6						
	12			1.4										
14	00	23.5	43.5	43.6	R	R		20.1	52.3					
	12			34.1				20.2						
15	00	23.6	43.6	9.2							5.1			
	12			5.3				20.3	52.4					
16	00	8.1	14.1	26.4			24.3	20.4						
	12			11.5										
17	00	8.2	14.2	10.6				20.5	52.5					
	12			58.6				20.6						
18	00	8.3	14.3	54.1										
	12			61.2				16.1	52.6					
19	00	8.4	14.4	60.2				16.2						
	12			41.3			D			D				
20	00	8.5	14.5	19.3				16.3	39.1					
	12	8.6	14.6	13.3				16.4						
21	00			49.4										
	12	20.1	34.1	30.4				16.5	39.2					
22	00			55.4	D	D		16.6						
	12	20.2	34.2	37.5			24.4							
23	00			63.5				35.1	39.3					
	12	20.3	34.3	22.5				35.2						
24	00			36.6										
	12	20.4	34.4	25.6				35.3	39.4					
25	00			21.1										
	12	20.5	34.5	51.1			24.5	35.4						
26	00			42.2				35.5	39.5					
	12	20.6	34.6	3.3										
27	00			27.4			24.6	35.6						
	12	16.1	9.1	24.5				45.1	39.6					
28	00			2.5										
	12	16.2	9.2	8.1	R	R	2.1	45.2			9.6			
29	00			20.2				45.3	53.1			31.3		
	12	16.3	9.3	16.3										
30	00			35.4			2.2	45.4						
	12	16.4	9.4	45.6				45.5	53.2					
31	00			15.1			2.3							
	12	16.5	9.5	52.3				45.6						

June 1957

Date	Time	☉	⊕	☾	☊	☋	☿	♀	♂	♃	♄	♅	♆	♇
1	00	16.5	9.5	39.4	43.1	23.1	2.3	12.1	53.3	47.6	9.6	31.3	50.5	29.4
	12	16.6	9.6	53.6	R	R	2.4	D	D	D	R	D	R	D
2	00			56.1				12.2						
	12	35.1	5.1	31.3			2.5	12.3	53.4					
3	00			33.5			2.6							
	12	35.2	5.2	7.6				12.4						
4	00			29.2			23.1	12.5	53.5					
	12	35.3	5.3	59.4										
5	00			40.5			23.2	12.6						
	12	35.4	5.4	47.1	D	D		15.1	53.6					
6	00			6.2			23.3							
	12	35.5	5.5	46.4			23.4	15.2						
7	00			18.5					62.1					
	12	35.6	5.6	57.1			23.5	15.3					50.4	
8	00			32.2			23.6	15.4						
	12	45.1	26.1	50.3					62.2					
9	00			28.5			8.1	15.5						
	12	45.2	26.2	44.6			8.2	15.6						
10	00			43.1					62.3		9.5			
	12	45.3	26.3	14.2	R	R	8.3	52.1						
11	00			34.3			8.4	52.2						
	12	45.4	26.4	9.4			8.5		62.4	6.1				
12	00	45.5	26.5	5.5				52.3						
	12			26.6			8.6	52.4						
13	00	45.6	26.6	10.1			20.1		62.5					
	12			58.2			20.2	52.5						
14	00	12.1	11.1	38.2			20.3	52.6						
	12			54.3			20.4		62.6					
15	00	12.2	11.2	61.4				39.1						
	12			60.4			20.5	39.2						
16	00	12.3	11.3	41.5			20.6		56.1					29.5
	12			19.5			16.1	39.3						
17	00	12.4	11.4	13.6			16.2	39.4						
	12			49.6			16.3		56.2					
18	00	12.5	11.5	30.6			16.4	39.5						
	12			37.1			16.5	39.6				31.4		
19	00	12.6	11.6	63.1			16.6		56.3					
	12			22.1			35.1	53.1						
20	00	15.1	10.1	36.2			35.2							
	12			25.2	D	D	35.3	53.2	56.4					
21	00	15.2	10.2	17.2			35.4	53.3						
	12			21.3			35.5							
22	00	15.3	10.3	51.3			35.6	53.4	56.5					
	12			42.4			45.1	53.5						
23	00	15.4	10.4	3.5			45.2			6.2				
	12			27.5			45.3	53.6	56.6		9.4			
24	00	15.5	10.5	24.6			45.4	62.1						
	12			23.1	R	R	45.5							
25	00	15.6	10.6	8.2			45.6	62.2	31.1					
	12			20.3			12.1	62.3						
26	00	52.1	58.1	16.5			12.2							
	12			35.6			12.3	62.4	31.2					
27	00	52.2	58.2	12.1	1.6	2.6	12.4	62.5						
	12			15.3			12.6							
28	00	52.3	58.3	52.5			15.1	62.6	31.3					
	12			39.6			15.2	56.1						
29	00	52.4	58.4	62.2			15.3							
	12			56.4			15.4	56.2	31.4					
30	00	52.5	58.5	31.6			15.5							
	12			7.2			15.6	56.3						

July 1957

Date	Time	☉	⊕	☾	☊	☋	☿	♀	♂	♃	♄	♅	♆	♇
1	00	52.6	58.6	4.4	1.6	2.6	52.2	56.4	31.5	6.2	9.4	31.4	50.4	29.5
	12			29.5	R	R	52.3	D	D	D	R	D	R	D
2	00	39.1	38.1	40.1			52.4	56.5		6.3				
	12			64.3			52.5	56.6	31.6					
3	00	39.2	38.2	47.5			52.6							
	12			6.6			39.1	31.1						
4	00	39.3	38.3	18.2			39.3	31.2	33.1					
	12			48.3			39.4							
5	00	39.4	38.4	57.5	D	D	39.5	31.3						
	12			32.6			39.6	31.4	33.2			31.5		
6	00	39.5	38.5	28.1			53.1							
	12			44.2			53.2	31.5						
7	00	39.6	38.6	1.4			53.4	31.6	33.3					
	12			43.5	R	R	53.5							
8	00	53.1	54.1	14.6			53.6	33.1						
	12			9.1			62.1	33.2	33.4					
9	00	53.2	54.2	5.1			62.2							
	12			26.2			62.3	33.3		6.4	9.3			
10	00	53.3	54.3	11.3			62.4		33.5					
	12	53.4	54.4	10.4			62.5	33.4						
11	00			58.4			62.6	33.5						
	12	53.5	54.5	38.5	1.5	2.5	56.2		33.6					
12	00			54.6			56.3	33.6					D	
	12	53.6	54.6	61.6			56.4	7.1						
13	00			41.1			56.5		7.1					
	12	62.1	61.1	19.1			56.6	7.2						
14	00			13.2			31.1	7.3						
	12	62.2	61.2	49.2			31.2		7.2					
15	00			30.2			31.3	7.4						
	12	62.3	61.3	55.3			31.4	7.5						
16	00			37.3			31.5		7.3	6.5				
	12	62.4	61.4	63.3			31.6	7.6						
17	00			22.4			33.1	4.1						
	12	62.5	61.5	36.4	1.4	2.4	33.2		7.4					
18	00			25.4			33.3	4.2						
	12	62.6	61.6	17.5			33.4							
19	00			21.5			33.5	4.3	7.5					
	12	56.1	60.1	51.6			33.6	4.4						
20	00			42.6			7.1							
	12	56.2	60.2	27.1	D	D	7.2	4.5	7.6					
21	00			24.1			7.3	4.6				31.6		
	12	56.3	60.3	2.2			7.4							
22	00			23.3	R	R	7.5	29.1	4.1					
	12	56.4	60.4	8.4				29.2		6.6				
23	00			20.5			7.6							
	12	56.5	60.5	16.6			4.1	29.3	4.2					
24	00			45.1			4.2	29.4						
	12	56.6	60.6	12.3			4.3							
25	00			15.4			4.4	29.5	4.3					29.6
	12	31.1	41.1	52.6			4.5	29.6						
26	00			53.2			4.6							
	12	31.2	41.2	62.4			29.1	59.1	4.4					
27	00			56.6										
	12	31.3	41.3	33.2			29.2	59.2						
28	00			7.4			29.3	59.3	4.5	46.1				
	12	31.4	41.4	4.6			29.4							
29	00			59.2			29.5	59.4						
	12	31.5	41.5	40.4	1.3	2.3		59.5	4.6					
30	00			64.6			29.6							
	12	31.6	41.6	6.2			59.1	59.6						
31	00			46.3			59.2	40.1	29.1					
	12	33.1	19.1	18.5			59.3							

August 1957

Date	Time	☉	⊕	☾	☊	☋	☿	♀	♂	♃	♄	♅	♆	♇
1	00	33.1	19.1	57.1	1.3	2.3	59.3	40.2	29.1	46.1	9.3	31.6	50.4	29.6
	12	33.2	19.2	32.2	R	R	59.4	40.3	29.2	D	R	D	D	D
2	00			50.4			59.5							
	12	33.3	19.3	28.5			59.6	40.4	29.3	46.2				
3	00			44.6	D	D		40.5						
	12	33.4	19.4	43.1	R	R	40.1							
4	00			14.2			40.2	40.6	29.4					
	12	33.5	19.5	34.3										
5	00			9.4			40.3	64.1						
	12	33.6	19.6	5.5			40.4	64.2	29.5			33.1		
6	00	7.1	13.1	26.6										
	12			11.6			40.5	64.3						
7	00	7.2	13.2	58.1			40.6	64.4	29.6					
	12			38.2										
8	00	7.3	13.3	54.2			64.1	64.5		46.3				
	12			61.3			64.2	64.6	59.1					
9	00	7.4	13.4	60.3										
	12			41.4	1.2	2.2	64.3	47.1						
10	00	7.5	13.5	19.4			64.4	47.2	59.2					
	12			13.5										
11	00	7.6	13.6	49.5			64.5	47.3						
	12			30.5					59.3					
12	00	4.1	49.1	55.6			64.6	47.4			D			
	12			37.6				47.5						
13	00	4.2	49.2	63.6			47.1		59.4	46.4				
	12			36.1				47.6						
14	00	4.3	49.3	25.1	1.1	2.1	47.2	6.1						
	12			17.1					59.5				50.5	
15	00	4.4	49.4	21.2			47.3	6.2						
	12			51.2				6.3						
16	00	4.5	49.5	42.2			47.4		59.6					
	12			3.3				6.4						
17	00	4.6	49.6	27.3			47.5							
	12			24.4				6.5	40.1					
18	00	29.1	30.1	2.4	D	D		6.6		46.5				
	12			23.5			47.6							
19	00	29.2	30.2	8.6	R	R		46.1	40.2					
	12			16.1			6.1	46.2						
20	00	29.3	30.3	35.2										
	12			45.3				46.3	40.3					
21	00	29.4	30.4	12.4				46.4				33.2		
	12			15.6			6.2							
22	00	29.5	30.5	39.1				46.5	40.4					
	12			53.3				46.6						
23	00	29.6	30.6	62.5						46.6				59.1
	12			56.6			6.3	18.1	40.5					
24	00	59.1	55.1	33.2										
	12			7.5				18.2						
25	00	59.2	55.2	29.1				18.3	40.6					
	12	59.3	55.3	59.3										
26	00			40.5	44.6	24.6		18.4						
	12	59.4	55.4	47.1				18.5	64.1					
27	00			6.3										
	12	59.5	55.5	46.5			R	18.6		18.1				
28	00			48.1				48.1	64.2					
	12	59.6	55.6	57.3										
29	00			32.5				48.2						
	12	40.1	37.1	50.6					64.3					
30	00			44.2				48.3						
	12	40.2	37.2	1.3	D	D		48.4						
31	00			43.5					64.4					
	12	40.3	37.3	14.6			6.2	48.5						

September 1957

Date	Time	☉	⊕	☾	☊	☋	☿	♀	♂	♃	♄	♅	♆	♇
1	00	40.3	37.3	9.1	44.6	24.6	6.2	48.6	64.4	18.1	9.3	33.2	50.5	59.1
	12	40.4	37.4	5.2	R	R	R	D	64.5	18.2	D	D	D	D
2	00			26.3				57.1						
	12	40.5	37.5	11.3			6.1	57.2						
3	00			10.4					64.6					
	12	40.6	37.6	58.5				57.3						
4	00			38.5			47.6		47.1					
	12	64.1	63.1	54.6				57.4						
5	00			61.6			47.5	57.5						
	12	64.2	63.2	41.1					47.2					
6	00			19.1			47.4	57.6		18.3				
	12	64.3	63.3	13.1				32.1				33.3		
7	00			49.2			47.3		47.3					
	12	64.4	63.4	30.2	44.5	24.5		32.2						
8	00			55.2			47.2							
	12	64.5	63.5	37.3				32.3	47.4					
9	00			63.3			47.1	32.4						
	12	64.6	63.6	22.3										
10	00	47.1	22.1	36.4			64.6	32.5	47.5					
	12			25.4				32.6		18.4				
11	00	47.2	22.2	17.4			64.5							
	12			21.5				50.1	47.6					
12	00	47.3	22.3	51.5			64.4	50.2						
	12			42.6										
13	00	47.4	22.4	3.6			64.3	50.3	6.1					
	12			27.6										
14	00	47.5	22.5	2.1	D	D	64.2	50.4						
	12			23.2				50.5	6.2		9.4			
15	00	47.6	22.6	8.2						18.5				
	12			20.3			64.1	50.6						
16	00	6.1	36.1	16.4				28.1	6.3					
	12			35.5										
17	00	6.2	36.2	45.6				28.2						
	12			15.1	R	R	40.6		6.4					
18	00	6.3	36.3	52.2				28.3						
	12			39.3				28.4						
19	00	6.4	36.4	53.5					6.5					
	12			62.6			D	28.5		18.6				
20	00	6.5	36.5	31.2				28.6						
	12			33.4					6.6				50.6	
21	00	6.6	36.6	7.6			64.1	44.1						
	12			29.2	44.4	24.4			46.1					59.2
22	00	46.1	25.1	59.4				44.2						
	12	46.2	25.2	40.6				44.3						
23	00			47.2			64.2		46.2					
	12	46.3	25.3	6.4				44.4		48.1				
24	00			46.6				44.5						
	12	46.4	25.4	48.2			64.3		46.3					
25	00			57.4				44.6						
	12	46.5	25.5	32.6			64.4					33.4		
26	00			28.2				1.1	46.4					
	12	46.6	25.6	44.4			64.5	1.2						
27	00			1.5	D	D								
	12	18.1	17.1	14.1			64.6	1.3	46.5					
28	00			34.2			47.1	1.4		48.2				
	12	18.2	17.2	9.3										
29	00			5.4			47.2	1.5	46.6					
	12	18.3	17.3	26.5			47.3				9.5			
30	00			11.6				1.6						
	12	18.4	17.4	58.1			47.4	43.1	18.1					

October 1957

Date	Time	☉	⊕	☾	☊	☋	☿	♀	♂	♃	♄	♅	♆	♇
1	00	18.4	17.4	38.2	R	R	47.5	43.1	18.1	48.2	9.5	33.4	50.6	59.2
	12	18.5	17.5	54.2			47.6	43.2	D	D	D	D	D	D
2	00			61.3			6.1		18.2					
	12	18.6	17.6	60.3				43.3		48.3				
3	00	48.1	21.1	41.4			6.2	43.4						
	12			19.4			6.3		18.3					
4	00	48.2	21.2	13.4			6.4	43.5						
	12			49.5			6.5	43.6	18.4					
5	00	48.3	21.3	30.5			6.6							
	12			55.5			46.1	14.1						
6	00	48.4	21.4	37.6			46.2		18.5					
	12			63.6				14.2		48.4				
7	00	48.5	21.5	22.6			46.3	14.3						
	12			25.1			46.4		18.6					
8	00	48.6	21.6	17.1			46.5	14.4						
	12			21.2			46.6							
9	00	57.1	51.1	51.2			18.1	14.5	48.1					
	12			42.2			18.2	14.6						
10	00	57.2	51.2	3.3			18.3							
	12			27.3			18.4	34.1	48.2					
11	00	57.3	51.3	24.4	D	D	18.5	34.2		48.5				
	12			2.4			18.6				9.6			
12	00	57.4	51.4	23.5			48.1	34.3	48.3					
	12	57.5	51.5	8.6			48.2							
13	00			16.1			48.3	34.4						
	12	57.6	51.6	35.1				34.5	48.4					
14	00			45.2			48.4							
	12	32.1	42.1	12.3			48.5	34.6						
15	00			15.4			48.6		48.5					
	12	32.2	42.2	52.5			57.1	9.1		48.6				
16	00			39.6			57.2	9.2	48.6					
	12	32.3	42.3	62.2			57.3							
17	00			56.3	R	R	57.4	9.3					28.1	
	12	32.4	42.4	31.5			57.5		57.1					
18	00			33.6			57.6	9.4						
	12	32.5	42.5	4.2			32.1	9.5						
19	00			29.4			32.2		57.2					
	12	32.6	42.6	59.5			32.3	9.6		57.1				
20	00			64.1										
	12	50.1	3.1	47.3			32.4	5.1	57.3					
21	00	50.2	3.2	6.5			32.5	5.2						
	12			18.1			32.6				5.1			
22	00	50.3	3.3	48.3			50.1	5.3	57.4					
	12			57.5			50.2							
23	00	50.4	3.4	50.1			50.3	5.4						
	12			28.3			50.4	5.5	57.5			33.5		
24	00	50.5	3.5	44.4	D	D	50.5			57.2				
	12			1.6				5.6						
25	00	50.6	3.6	14.2			50.6		57.6					
	12			34.3			28.1	26.1						
26	00	28.1	27.1	9.5			28.2	26.2	32.1					
	12			5.6			28.3							
27	00	28.2	27.2	11.1			28.4	26.3						
	12			10.2			28.5		32.2					
28	00	28.3	27.3	58.3			28.6	26.4						
	12			38.4				26.5		57.3				
29	00	28.4	27.4	54.4			44.1		32.3					
	12	28.5	27.5	61.5			44.2	26.6						59.3
30	00			60.6			44.3							
	12	28.6	27.6	41.6	R	R	44.4	11.1	32.4					
31	00			13.1			44.5				5.2			
	12	44.1	24.1	49.1			44.6	11.2						

November 1957

Date	Time	☉	⊕	☾	☊	☋	☿	♀	♂	♃	♄	♅	♆	♇
1	00	44.1	24.1	30.1	44.4	24.4	44.6	11.3	32.5	57.3	5.2	33.5	28.1	59.3
	12	44.2	24.2	55.2	R	R	1.1	D	D	D	D	D	D	D
2	00			37.2			1.2	11.4		57.4				
	12	44.3	24.3	63.2			1.3		32.6					
3	00			22.3			1.4	11.5						
	12	44.4	24.4	36.3	D	D	1.5	11.6	50.1					
4	00			25.3			1.6							
	12	44.5	24.5	17.4				10.1						
5	00			21.4			43.1		50.2					
	12	44.6	24.6	51.5			43.2	10.2						
6	00	1.1	2.1	42.5			43.3							
	12			3.6			43.4	10.3	50.3	57.5				
7	00	1.2	2.2	27.6			43.5	10.4						
	12			2.1	R	R								
8	00	1.3	2.3	23.2			43.6	10.5	50.4					
	12			8.2			14.1							
9	00	1.4	2.4	20.3			14.2	10.6			5.3			
	12			16.4			14.3		50.5					
10	00	1.5	2.5	35.5			14.4	58.1						
	12			45.6					50.6					
11	00	1.6	2.6	15.1			14.5	58.2		57.6				
	12			52.2			14.6	58.3					28.2	
12	00	43.1	23.1	39.3			34.1		28.1					
	12	43.2	23.2	53.4			34.2	58.4						
13	00			62.6										
	12	43.3	23.3	31.1			34.3	58.5	28.2					
14	00			33.2			34.4							
	12	43.4	23.4	7.4			34.5	58.6						
15	00			4.5	D	D	34.6		28.3					
	12	43.5	23.5	59.1				38.1		32.1				
16	00			40.3			9.1	38.2						
	12	43.6	23.6	64.4			9.2		28.4					
17	00			47.6			9.3	38.3			5.4			
	12	14.1	8.1	46.1			9.4		28.5			R		
18	00			18.3				38.4						
	12	14.2	8.2	48.5			9.5							
19	00	14.3	8.3	32.1			9.6	38.5	28.6					
	12			50.2			5.1							
20	00	14.4	8.4	28.4			5.2	38.6						
	12			44.6	R	R			44.1	32.2				
21	00	14.5	8.5	43.1			5.3	54.1						
	12			14.3			5.4							
22	00	14.6	8.6	34.4			5.5	54.2	44.2					
	12			9.6			5.6	54.3						
23	00	34.1	20.1	26.1										
	12			11.2			26.1	54.4	44.3					
24	00	34.2	20.2	10.3			26.2							
	12			58.4	44.3	24.3	26.3	54.5	44.4					
25	00	34.3	20.3	38.5										
	12	34.4	20.4	54.6			26.4	54.6		32.3	5.5			
26	00			60.1			26.5		44.5					
	12	34.5	20.5	41.2			26.6	61.1						
27	00			19.2										
	12	34.6	20.6	13.3			11.1	61.2	44.6					
28	00			49.3			11.2							
	12	9.1	16.1	30.4			11.3	61.3						
29	00			55.4					1.1					
	12	9.2	16.2	37.4	D	D	11.4	61.4						
30	00			63.5			11.5		1.2					
	12	9.3	16.3	22.5			11.6	61.5		32.4				

December 1957

Date	Time	☉	⊕	☾	☊	☋	☿	♀	♂	♃	♄	♅	♆	♇
1	00	9.3	16.3	36.5	44.3	24.3	11.6	61.5	1.2	32.4	5.5	33.5	28.2	59.3
	12	9.4	16.4	25.6	D	D	10.1	61.6	1.3	D	D	R	D	D
2	00	9.5	16.5	17.6			10.2							
	12			21.6				60.1						
3	00	9.6	16.6	42.1			10.3		1.4					
	12			3.1			10.4				5.6			
4	00	5.1	35.1	27.2				60.2						
	12			24.2			10.5		1.5					R
5	00	5.2	35.2	2.3	R	R	10.6	60.3						
	12			23.4					1.6	32.5				
6	00	5.3	35.3	8.5			58.1	60.4						
	12			20.6			58.2							
7	00	5.4	35.4	35.1				60.5	43.1					
	12	5.5	35.5	45.2			58.3							
8	00			12.3				60.6						
	12	5.6	35.6	15.4			58.4		43.2					
9	00			52.5										
	12	26.1	45.1	53.1			58.5	41.1					28.3	
10	00			62.2					43.3					
	12	26.2	45.2	56.4			58.6	41.2						
11	00			31.5					43.4	32.6				
	12	26.3	45.3	33.6			38.1	41.3			26.1			
12	00			4.2										
	12	26.4	45.4	29.4					43.5					
13	00			59.5			38.2	41.4				33.4		
	12	26.5	45.5	64.1										
14	00	26.6	45.6	47.2				41.5	43.6					
	12			6.4	D	D								
15	00	11.1	12.1	46.5										
	12			48.1			38.3	41.6	14.1					
16	00	11.2	12.2	57.2										
	12			32.4			R		14.2					
17	00	11.3	12.3	50.5				19.1		50.1				
	12			44.1										
18	00	11.4	12.4	1.2	R	R	38.2	19.2	14.3					
	12			43.3										
19	00	11.5	12.5	14.5										
	12	11.6	12.6	34.6				19.3	14.4		26.2			
20	00			5.1			38.1							
	12	10.1	15.1	26.3										
21	00			11.4					14.5					
	12	10.2	15.2	10.5			58.6	19.4						
22	00			58.6	44.2	24.2			14.6					
	12	10.3	15.3	54.1			58.5							
23	00			61.2			58.4	19.5		50.2				
	12	10.4	15.4	60.3					34.1					
24	00			41.3			58.3							
	12	10.5	15.5	19.4			58.2	19.6						
25	00	10.6	15.6	13.4					34.2					
	12			49.5			58.1							
26	00	58.1	52.1	30.5			10.6		34.3					
	12			55.6			10.5	13.1						
27	00	58.2	52.2	37.6										
	12			22.1			10.4		34.4		26.3			
28	00	58.3	52.3	36.1			10.3							
	12			25.1										
29	00	58.4	52.4	17.2			10.2	13.2	34.5					
	12			21.2	D	D	10.1			50.3				
30	00	58.5	52.5	51.2										
	12			42.3			11.6		34.6					
31	00	58.6	52.6	3.3										
	12	38.1	39.1	27.3			11.5	13.3	9.1					

January 1958

Date	Time	☉	⊕	☾	☊	☋	☿	♀	♂	♃	♄	♅	♆	♇
1	00	38.1	39.1	24.4	R	R	11.5	13.3	9.1	50.3	26.3	33.4	28.3	59.3
	12	38.2	39.2	2.5			R	D	D	D	D	R	D	R
2	00			23.5			11.4		9.2					
	12	38.3	39.3	8.6										
3	00			16.1										
	12	38.4	39.4	35.2	44.1	24.1			9.3					
4	00			45.3			11.3							
	12	38.5	39.5	12.4					9.4		26.4			
5	00			15.6				13.4						
	12	38.6	39.6	39.1			D							
6	00	54.1	53.1	53.3					9.5	50.4				
	12			62.4										
7	00	54.2	53.2	56.6										
	12			33.2			11.4		9.6					
8	00	54.3	53.3	7.4										
	12			4.5				R	5.1					
9	00	54.4	53.4	59.1										
	12			40.3	28.6	27.6	11.5							
10	00	54.5	53.5	64.4					5.2					
	12			47.6										59.2
11	00	54.6	53.6	46.2								33.3		
	12	61.1	62.1	18.3			11.6	13.3	5.3					
12	00			48.5										
	12	61.2	62.2	57.6			10.1		5.4					
13	00			50.2	D	D					26.5			
	12	61.3	62.3	28.3										
14	00			44.5	R	R	10.2		5.5					
	12	61.4	62.4	1.6										
15	00			14.1			10.3			50.5				
	12	61.5	62.5	34.2					5.6					
16	00			9.3			10.4	13.2						
	12	61.6	62.6	5.4			10.5		26.1					
17	00			26.6										
	12	60.1	56.1	10.1			10.6							
18	00	60.2	56.2	58.1					26.2					
	12			38.2			58.1	13.1						
19	00	60.3	56.3	54.3										
	12			61.4			58.2		26.3					
20	00	60.4	56.4	60.5	28.5	27.5	58.3							
	12			41.5				19.6	26.4					
21	00	60.5	56.5	19.6			58.4							
	12			49.1			58.5							
22	00	60.6	56.6	30.1					26.5		26.6			
	12			55.2			58.6	19.5						
23	00	41.1	31.1	37.2			38.1							
	12	41.2	31.2	63.2					26.6					
24	00			22.3			38.2	19.4						
	12	41.3	31.3	36.3			38.3		11.1					
25	00			25.3	28.4	27.4								
	12	41.4	31.4	17.4			38.4							
26	00			21.4			38.5	19.3	11.2					
	12	41.5	31.5	51.4										
27	00			42.5			38.6			50.6				
	12	41.6	31.6	3.5			54.1	19.2	11.3					
28	00			27.5	D	D	54.2							
	12	19.1	33.1	24.6	R	R			11.4					
29	00	19.2	33.2	2.6			54.3	19.1						
	12			8.1			54.4							
30	00	19.3	33.3	20.2					11.5					
	12			16.2			54.5	41.6						
31	00	19.4	33.4	35.3			54.6							
	12			45.4			61.1		11.6					

February 1958

Date	Time	☉	⊕	☾	☊	☋	☿	♀	♂	♃	♄	♅	♆	♇
1	00	19.5	33.5	12.6	28.4	27.4	61.2	41.5	11.6	50.6	11.1	33.3	28.3	59.2
	12			52.1	R	R	D	R	10.1	D	D	R	D	R
2	00	19.6	33.6	39.2			61.3					33.2		
	12			53.4			61.4	41.4						
3	00	13.1	7.1	62.5			61.5		10.2					
	12			31.1										
4	00	13.2	7.2	33.3			61.6	41.3	10.3					
	12	13.3	7.3	7.5			60.1							
5	00			29.1	28.3	27.3	60.2							
	12	13.4	7.4	59.3			60.3		10.4				R	
6	00			40.5				41.2						
	12	13.5	7.5	47.1			60.4							
7	00			6.3			60.5		10.5					
	12	13.6	7.6	46.5			60.6							
8	00			48.1			41.1	41.1	10.6					
	12	49.1	4.1	57.2										
9	00			32.4			41.2							
	12	49.2	4.2	50.6			41.3		58.1					
10	00			44.1	D	D	41.4							
	12	49.3	4.3	1.3			41.5	60.6						
11	00	49.4	4.4	43.4	R	R	41.6		58.2					
	12			14.5										
12	00	49.5	4.5	34.6			19.1		58.3		11.2			
	12			5.1			19.2							
13	00	49.6	4.6	26.2			19.3							
	12			11.3			19.4		58.4					
14	00	30.1	29.1	10.4			19.5	60.5						
	12			58.5			19.6		58.5					
15	00	30.2	29.2	38.6										
	12			54.6			13.1							
16	00	30.3	29.3	60.1			13.2		58.6	R				
	12	30.4	29.4	41.2	28.2	27.2	13.3							
17	00			19.2			13.4							
	12	30.5	29.5	13.3			13.5		38.1					
18	00			49.3			13.6							
	12	30.6	29.6	30.4			49.1	D	38.2					
19	00			55.4										
	12	55.1	59.1	37.5			49.2							
20	00			63.5			49.3		38.3					
	12	55.2	59.2	22.5			49.4							
21	00			36.6			49.5		38.4					59.1
	12	55.3	59.3	25.6	28.1	27.1	49.6							
22	00			17.6			30.1							
	12	55.4	59.4	51.1			30.2		38.5					
23	00			42.1			30.3	60.6						
	12	55.5	59.5	3.1			30.4							
24	00	55.6	59.6	27.1	D	D	30.5		38.6					
	12			24.2			30.6					33.1		
25	00	37.1	40.1	2.2			55.1		54.1					
	12			23.3							11.3			
26	00	37.2	40.2	8.3			55.2							
	12			20.4			55.3		54.2					
27	00	37.3	40.3	16.4	R	R	55.4	41.1						
	12			35.5			55.5		54.3					
28	00	37.4	40.4	45.6			55.6							
	12			15.1			37.1							

March 1958

Date	Time	☉	⊕	☾	☊	☋	☿	♀	♂	♃	♄	♅	♆	♇
1	00	37.5	40.5	52.2	28.1	27.1	37.2	41.1	54.4	50.6	11.3	33.1	28.3	59.1
	12			39.3	R	R	37.3	41.2	D	R	D	R	R	R
2	00	37.6	40.6	53.5			37.4							
	12	63.1	64.1	62.6			37.5		54.5					
3	00			31.2			37.6							
	12	63.2	64.2	33.4			63.1		54.6					
4	00			7.6			63.2	41.3						
	12	63.3	64.3	29.2			63.3							
5	00			59.4			63.4		61.1					
	12	63.4	64.4	40.6			63.5	41.4						
6	00			47.2			63.6		61.2					
	12	63.5	64.5	6.4			22.1							
7	00			46.6			22.2							
	12	63.6	64.6	48.2			22.3	41.5	61.3	50.5				
8	00			57.4			22.4							
	12	22.1	47.1	32.6			22.6		61.4					
9	00			28.2	D	D	36.1	41.6						
	12	22.2	47.2	44.4			36.2							
10	00	22.3	47.3	1.5			36.3		61.5					
	12			14.1			36.4	19.1						
11	00	22.4	47.4	34.2			36.5							
	12			9.4			36.6		61.6					
12	00	22.5	47.5	5.5			25.1	19.2						
	12			26.6	R	R	25.2		60.1					
13	00	22.6	47.6	10.1			25.3							
	12			58.2			25.4	19.3						
14	00	36.1	6.1	38.3			25.5		60.2					
	12			54.3			25.6							
15	00	36.2	6.2	61.4			17.1	19.4	60.3					
	12			60.5	50.6	3.6	17.2							
16	00	36.3	6.3	41.5			17.3							
	12			19.6			17.4	19.5	60.4					
17	00	36.4	6.4	13.6			17.5							
	12	36.5	6.5	30.1			17.6	19.6	60.5					
18	00			55.1			21.1				11.4			
	12	36.6	6.6	37.1			21.2							
19	00			63.2			21.3	13.1	60.6					
	12	25.1	46.1	22.2			21.4			50.4				
20	00			36.2			21.5	13.2						
	12	25.2	46.2	25.3			21.6		41.1					
21	00			17.3			51.1	13.3						
	12	25.3	46.3	21.3			51.2		41.2					
22	00			51.4			51.3							
	12	25.4	46.4	42.4				13.4						
23	00			3.4			51.4		41.3					
	12	25.5	46.5	27.5	D	D	51.5	13.5						
24	00			24.5			51.6		41.4					
	12	25.6	46.6	2.5			42.1	13.6						
25	00			23.6										
	12	17.1	18.1	8.6			42.2	49.1	41.5					
26	00	17.2	18.2	16.1			42.3							
	12			35.1			42.4		41.6					
27	00	17.3	18.3	45.2				49.2						
	12			12.3			42.5							
28	00	17.4	18.4	15.4			42.6	49.3	19.1					
	12			52.5	R	R								
29	00	17.5	18.5	39.6			3.1	49.4	19.2	50.3				
	12			62.1										
30	00	17.6	18.6	56.2			3.2	49.5						
	12			31.3					19.3					
31	00	21.1	48.1	33.5			3.3	49.6						
	12			4.1										

April 1958

Date	Time	☉	⊕	☾	☊	☋	☿	♀	♂	♃	♄	♅	♆	♇
1	00	21.2	48.2	29.2	50.6	3.6	3.3	30.1	19.4	50.3	11.4	31.6	28.3	59.1
	12			59.4	R	R	3.4	D	D	R	D	R	R	R
2	00	21.3	48.3	40.6				30.2	19.5					
	12			47.2										
3	00	21.4	48.4	6.4				30.3						
	12			46.6			3.5		19.6					
4	00	21.5	48.5	48.3				30.4						29.6
	12	21.6	48.6	57.5					13.1					
5	00			50.1				30.5			R			
	12	51.1	57.1	28.3	D	D								
6	00			44.5				30.6	13.2	50.2				
	12	51.2	57.2	43.1										
7	00			14.2			R	55.1	13.3				28.2	
	12	51.3	57.3	34.4										
8	00			9.6				55.2						
	12	51.4	57.4	26.1					13.4					
9	00			11.2				55.3						
	12	51.5	57.5	10.4					13.5					
10	00			58.5				55.4						
	12	51.6	57.6	38.6			3.4							
11	00			54.6				55.5	13.6					
	12	42.1	32.1	60.1	R	R								
12	00			41.2				55.6						
	12	42.2	32.2	19.2			3.3		49.1					
13	00			13.3				37.1						
	12	42.3	32.3	49.3				37.2	49.2	50.1				
14	00			30.4			3.2							
	12	42.4	32.4	55.4				37.3						
15	00	42.5	32.5	37.5					49.3					
	12			63.5			3.1	37.4				D		
16	00	42.6	32.6	22.5					49.4					
	12			36.6				37.5						
17	00	3.1	50.1	25.6			42.6							
	12			17.6				37.6	49.5					
18	00	3.2	50.2	21.6			42.5							
	12			42.1				63.1	49.6					
19	00	3.3	50.3	3.1				63.2						
	12			27.1	D	D	42.4							
20	00	3.4	50.4	24.2				63.3	30.1					
	12			2.2										
21	00	3.5	50.5	23.3			42.3	63.4	30.2	32.6				
	12			8.3										
22	00	3.6	50.6	20.4	R	R		63.5						
	12			16.4			42.2		30.3					
23	00	27.1	28.1	35.5				63.6						
	12			45.5				22.1	30.4		11.3			
24	00	27.2	28.2	12.6			42.1							
	12			52.1				22.2						
25	00	27.3	28.3	39.2					30.5					
	12			53.3				22.3						
26	00	27.4	28.4	62.4			51.6							
	12			56.5				22.4	30.6					
27	00	27.5	28.5	31.6	D	D		22.5						
	12	27.6	28.6	7.2					55.1					
28	00			4.3				22.6		32.5				
	12	24.1	44.1	29.5										
29	00			59.6				36.1	55.2					
	12	24.2	44.2	64.2										
30	00			47.4				36.2	55.3			33.1		
	12	24.3	44.3	6.6			D	36.3						

May 1958

Date	Time	☉	⊕	☾	☊	☋	☿	♀	♂	♃	♄	♅	♆	♇
1	00	24.3	44.3	18.2	50.6	3.6	51.6	36.3	55.3	32.5	11.3	33.1	28.2	29.6
	12	24.4	44.4	48.4	D	D	D	36.4	55.4	R	R	D	R	R
2	00			57.6										
	12	24.5	44.5	50.2				36.5	55.5					
3	00			28.4	R	R								
	12	24.6	44.6	44.6				36.6						
4	00			43.1				25.1	55.6					
	12	2.1	1.1	14.3										
5	00			34.5			42.1	25.2	37.1					
	12	2.2	1.2	5.1										
6	00			26.2				25.3		32.4				
	12	2.3	1.3	11.4				25.4	37.2					
7	00			10.5			42.2							
	12	2.4	1.4	58.6				25.5	37.3					
8	00			54.2										
	12	2.5	1.5	61.3				25.6						
9	00			60.4			42.3		37.4					
	12	2.6	1.6	41.4				17.1						
10	00			19.5			42.4	17.2						
	12	23.1	43.1	13.6					37.5					
11	00			49.6	D	D		17.3						
	12	23.2	43.2	55.1			42.5		37.6					
12	00	23.3	43.3	37.1				17.4						D
	12			63.1			42.6	17.5					28.1	
13	00	23.4	43.4	22.2					63.1					
	12			36.2			3.1	17.6						
14	00	23.5	43.5	25.2					63.2					
	12			17.3			3.2	21.1			11.2			
15	00	23.6	43.6	21.3				21.2		32.3				
	12			51.3			3.3		63.3					
16	00	8.1	14.1	42.4				21.3						
	12			3.4			3.4		63.4					
17	00	8.2	14.2	27.4	R	R		21.4						
	12			24.5			3.5	21.5						
18	00	8.3	14.3	2.5					63.5					
	12			23.6			3.6	21.6						
19	00	8.4	14.4	8.6			27.1		63.6					
	12			16.1				51.1						
20	00	8.5	14.5	35.2			27.2	51.2						
	12			45.2			27.3		22.1					
21	00	8.6	14.6	12.3	50.5	3.5		51.3						
	12			15.4			27.4							
22	00	20.1	34.1	52.5			27.5	51.4	22.2					
	12			39.6				51.5						
23	00	20.2	34.2	62.1			27.6		22.3					
	12			56.2			24.1	51.6						
24	00	20.3	34.3	31.3			24.2							
	12			33.4				42.1	22.4					
25	00	20.4	34.4	7.5			24.3	42.2						
	12			29.1			24.4		22.5					
26	00	20.5	34.5	59.2			24.5	42.3		32.2				
	12			40.4	D	D								
27	00	20.6	34.6	64.5			24.6	42.4	22.6					
	12			6.1			2.1	42.5						
28	00	16.1	9.1	46.2			2.2							
	12			18.4			2.3	42.6	36.1					
29	00	16.2	9.2	48.6			2.4							
	12			32.2				3.1	36.2		11.1			
30	00	16.3	9.3	50.3			2.5	3.2						
	12	16.4	9.4	28.5	R	R	2.6							
31	00			1.1			23.1	3.3	36.3					
	12	16.5	9.5	43.3			23.2	3.4						

June 1958

Date	Time	☉	⊕	☾	☊	☋	☿	♀	♂	♃	♄	♅	♆	♇
1	00	16.5	9.5	14.5	50.5	3.5	23.3	3.4	36.4	32.2	11.1	33.1	28.1	29.6
	12	16.6	9.6	34.6	R	R	23.4	3.5	D	R	R	D	R	D
2	00			5.2			23.5							
	12	35.1	5.1	26.3			23.6	3.6	36.5					
3	00			11.5			8.1	27.1						
	12	35.2	5.2	10.6			8.2					33.2		
4	00			38.2			8.3	27.2	36.6					
	12	35.3	5.3	54.3			8.4							
5	00			61.4			8.5	27.3	25.1					
	12	35.4	5.4	60.5			8.6	27.4						
6	00			41.6			20.1							
	12	35.5	5.5	13.1			20.2	27.5	25.2					
7	00			49.2			20.3	27.6						
	12	35.6	5.6	30.2			20.4		25.3					
8	00			55.3			20.5	24.1						
	12	45.1	26.1	37.3			20.6							
9	00			63.4			16.1	24.2	25.4					
	12	45.2	26.2	22.4	D	D	16.2	24.3						
10	00			36.5			16.3							
	12	45.3	26.3	25.5			16.4	24.4	25.5					
11	00			17.5			16.5							
	12	45.4	26.4	21.5			16.6	24.5	25.6		26.6			
12	00			51.6			35.2	24.6						
	12	45.5	26.5	42.6			35.3							
13	00			3.6	R	R	35.4	2.1	17.1					
	12	45.6	26.6	24.1			35.5	2.2						
14	00			2.1			35.6							
	12	12.1	11.1	23.2			45.1	2.3	17.2					
15	00			8.2			45.2							
	12	12.2	11.2	20.3	50.4	3.4	45.4	2.4	17.3					
16	00			16.4			45.5	2.5						
	12	12.3	11.3	35.4			45.6							
17	00			45.5			12.1	2.6	17.4					
	12	12.4	11.4	12.6			12.2	23.1						
18	00			52.1			12.3							
	12	12.5	11.5	39.2			12.5	23.2	17.5					
19	00			53.3			12.6							59.1
	12	12.6	11.6	62.4			15.1	23.3	17.6	D				
20	00			56.6			15.2	23.4						
	12	15.1	10.1	33.1			15.3							
21	00			7.2			15.4	23.5	21.1					
	12	15.2	10.2	4.4			15.6	23.6						
22	00			29.5			52.1							
	12	15.3	10.3	59.6			52.2	8.1	21.2					
23	00			64.2	50.3	3.3	52.3							
	12	15.4	10.4	47.3			52.4	8.2	21.3			33.3		
24	00			6.5			52.5	8.3			26.5			
	12	15.5	10.5	46.6	D	D	52.6							
25	00	15.6	10.6	48.2			39.2	8.4	21.4					
	12			57.3			39.3	8.5						
26	00	52.1	58.1	32.5			39.4							
	12			28.1	R	R	39.5	8.6	21.5					
27	00	52.2	58.2	44.2			39.6							
	12			1.4			53.1	20.1	21.6					
28	00	52.3	58.3	43.5			53.2	20.2						
	12			34.1			53.3							
29	00	52.4	58.4	9.2			53.4	20.3	51.1					
	12			5.4			53.5	20.4						
30	00	52.5	58.5	26.5			53.6							
	12			10.1			62.1	20.5	51.2					

July 1958

Date	Time	☉	⊕	☾	☊	☋	☿	♀	♂	♃	♄	♅	♆	♇
1	00	52.6	58.6	58.2	50.3	3.3	62.2	20.5	51.2	32.2	26.5	33.3	28.1	59.1
	12			38.3	R	R	62.4	20.6	D	D	R	D	R	D
2	00	39.1	38.1	54.5			62.5	16.1	51.3					
	12			61.6			62.6							
3	00	39.2	38.2	41.1			56.1	16.2	51.4					
	12			19.2				16.3						
4	00	39.3	38.3	13.3	50.2	3.2	56.2							
	12			49.3			56.3	16.4	51.5					
5	00	39.4	38.4	30.4			56.4							
	12			55.5			56.5	16.5						
6	00	39.5	38.5	37.5			56.6	16.6	51.6					
	12			63.6			31.1							
7	00	39.6	38.6	22.6			31.2	35.1						
	12			25.1			31.3	35.2	42.1					
8	00	53.1	54.1	17.1			31.4				26.4			
	12			21.1			31.5	35.3						
9	00	53.2	54.2	51.2			31.6	35.4	42.2					
	12			42.2	D	D	33.1							
10	00	53.3	54.3	3.2	R	R		35.5	42.3					
	12			27.3			33.2					33.4		
11	00	53.4	54.4	24.3			33.3	35.6						
	12			2.3			33.4	45.1	42.4					
12	00	53.5	54.5	23.4			33.5							
	12			8.4			33.6	45.2						
13	00	53.6	54.6	20.5				45.3	42.5					
	12			16.6			7.1			32.3				
14	00	62.1	61.1	35.6			7.2	45.4						
	12			12.1			7.3	45.5	42.6				D	
15	00	62.2	61.2	15.2			7.4							
	12			52.3				45.6						
16	00	62.3	61.3	39.4	50.1	3.1	7.5		3.1					
	12			53.6			7.6	12.1						
17	00	62.4	61.4	56.1			4.1	12.2						
	12			31.2					3.2					
18	00	62.5	61.5	33.4			4.2	12.3						
	12			7.5			4.3	12.4						
19	00	62.6	61.6	29.1					3.3					
	12			59.2			4.4	12.5						
20	00	56.1	60.1	40.4			4.5	12.6						
	12			64.6					3.4					
21	00	56.2	60.2	6.1			4.6	15.1						
	12			46.3			29.1		3.5					
22	00	56.3	60.3	18.4				15.2						
	12			48.6			29.2	15.3						
23	00	56.4	60.4	32.2			29.3		3.6					
	12	56.5	60.5	50.3	D	D		15.4						
24	00			28.5	R	R	29.4	15.5						
	12	56.6	60.6	44.6					27.1					
25	00			43.2			29.5	15.6		32.4	26.3			
	12	31.1	41.1	14.3				52.1						
26	00			34.4			29.6		27.2					
	12	31.2	41.2	9.6	32.6	42.6		52.2				33.5		
27	00			26.1			59.1							59.2
	12	31.3	41.3	11.2				52.3						
28	00			10.4			59.2	52.4	27.3					
	12	31.4	41.4	58.5										
29	00			38.6			59.3	52.5						
	12	31.5	41.5	61.1				52.6	27.4					
30	00			60.2			59.4							
	12	31.6	41.6	41.3				39.1						
31	00			19.4			59.5	39.2	27.5					
	12	33.1	19.1	13.5										

August 1958

Date	Time	☉	⊕	☾	☊	☋	☿	♀	♂	♃	♄	♅	♆	♇
1	00	33.1	19.2	49.6	32.5	42.5	59.5	39.3	27.5	32.4	26.3	33.5	28.1	59.2
	12	33.2	19.2	30.6	R	R	59.6	39.4	27.6	D	R	D	D	D
2	00			37.1										
	12	33.3	19.3	63.1				39.5		32.5				
3	00			22.2			40.1		24.1					
	12	33.4	19.4	36.2				39.6						
4	00			25.3				53.1						
	12	33.5	19.5	17.3					24.2					
5	00			21.3			40.2	53.2						
	12	33.6	19.6	51.4				53.3						
6	00			42.4					24.3					
	12	7.1	13.1	3.4	D	D		53.4						
7	00			27.5				53.5						
	12	7.2	13.2	24.5										
8	00			2.5	R	R		53.6	24.4					
	12	7.3	13.3	23.6				62.1						
9	00			8.6			40.3							
	12	7.4	13.4	16.1				62.2	24.5					
10	00			35.1			R	62.3		32.6				
	12	7.5	13.5	45.2								33.6		
11	00			12.3				62.4	24.6					
	12	7.6	13.6	15.4			40.2							
12	00			52.5				62.5						
	12	4.1	49.1	39.6				62.6						
13	00			62.1					2.1					
	12	4.2	49.2	56.3	32.4	42.4		56.1						
14	00			31.4				56.2						
	12	4.3	49.3	33.6			40.1		2.2					
15	00			4.1				56.3						
	12	4.4	49.4	29.3				56.4						
16	00	4.5	49.5	59.5										
	12			64.1			59.6	56.5	2.3	50.1				
17	00	4.6	49.6	47.2				56.6						
	12			6.4										
18	00	29.1	30.1	46.6			59.5	31.1	2.4					
	12			48.2				31.2						
19	00	29.2	30.2	57.4										
	12			32.5	D	D	59.4	31.3						
20	00	29.3	30.3	28.1					2.5					
	12			44.3			59.3	31.4						
21	00	29.4	30.4	1.4				31.5						
	12			43.6			59.2		2.6					
22	00	29.5	30.5	34.1	R	R		31.6						
	12			9.2			59.1	33.1						
23	00	29.6	30.6	5.4						50.2				
	12			26.5			29.6	33.2	23.1					
24	00	59.1	55.1	11.6				33.3						
	12			58.1							D			
25	00	59.2	55.2	38.2			29.5	33.4						59.3
	12			54.3				33.5	23.2					
26	00	59.3	55.3	61.4			29.4					7.1		
	12			60.5				33.6						
27	00	59.4	55.4	41.6	32.3	42.3	29.3	7.1						
	12			13.1					23.3					
28	00	59.5	55.5	49.2				7.2						
	12			30.2			29.2	7.3		50.3				
29	00	59.6	55.6	55.3										
	12			37.3				7.4	23.4					
30	00	40.1	37.1	63.4			29.1	7.5						
	12			22.4										
31	00	40.2	37.2	36.5				7.6						
	12			25.5				4.1	23.5					

September 1958

Date	Time	☉	⊕	☾	☊	☋	☿	♀	♂	♃	♄	♅	♆	♇
1	00	40.3	37.3	17.6	32.3	42.3	29.1	4.1	23.5	50.3	26.3	7.1	28.1	59.3
	12			21.6	R	R	R	4.2	D	D	D	D	D	D
2	00	40.4	37.4	51.6										
	12	40.5	37.5	42.6	D	D	D	4.3						
3	00			27.1				4.4	23.6	50.4				
	12	40.6	37.6	24.1										
4	00			2.1				4.5						
	12	64.1	63.1	23.2				4.6						
5	00			8.2					8.1					
	12	64.2	63.2	20.2				29.1						
6	00			16.3			29.2	29.2						
	12	64.3	63.3	35.3	R	R								
7	00			45.4				29.3						
	12	64.4	63.4	12.5			29.3	29.4	8.2					
8	00			15.6										
	12	64.5	63.5	52.6			29.4	29.5		50.5				
9	00			53.2				29.6						
	12	64.6	63.6	62.3			29.5							
10	00			56.4				59.1	8.3					
	12	47.1	22.1	31.5			29.6	59.2						
11	00			7.1										
	12	47.2	22.2	4.2			59.1	59.3				7.2		
12	00			29.4			59.2	59.4						
	12	47.3	22.3	59.6					8.4					
13	00			64.2	32.2	42.2	59.3	59.5					28.2	
	12	47.4	22.4	47.4			59.4	59.6		50.6				
14	00			6.6			59.5							
	12	47.5	22.5	18.2				40.1						
15	00			48.4			59.6	40.2						
	12	47.6	22.6	57.6			40.1		8.5					
16	00	6.1	36.1	50.2	D	D	40.2	40.3						
	12			28.4			40.3	40.4						
17	00	6.2	36.2	44.6										
	12			43.1			40.4	40.5						
18	00	6.3	36.3	14.3			40.5	40.6						
	12			34.5			40.6		8.6	28.1				
19	00	6.4	36.4	9.6			64.1	64.1						
	12			26.2			64.2	64.2						
20	00	6.5	36.5	11.3			64.3							
	12			10.4	R	R	64.4	64.3						
21	00	6.6	36.6	58.5			64.5	64.4						
	12			38.6			64.6							
22	00	46.1	25.1	61.1			47.1	64.5	20.1					
	12			60.2			47.2	64.6						
23	00	46.2	25.2	41.3			47.3			28.2	26.4			59.4
	12			19.4			47.4	47.1						
24	00	46.3	25.3	13.4			47.5							
	12			49.5			47.6	47.2						
25	00	46.4	25.4	30.6			6.1	47.3						
	12			55.6			6.2							
26	00	46.5	25.5	63.1			6.3	47.4	20.2					
	12			22.1			6.4	47.5						
27	00	46.6	25.6	36.1			6.5							
	12			25.2			6.6	47.6		28.3				
28	00	18.1	17.1	17.2			46.1	6.1						
	12	18.2	17.2	21.2										
29	00			51.3			46.2	6.2						
	12	18.3	17.3	42.3	D	D	46.3	6.3						
30	00			3.3			46.4							
	12	18.4	17.4	27.4			46.5	6.4				7.3		

October 1958

Date	Time	☉	⊕	☾	☊	☋	☿	♀	♂	♃	♄	♅	♆	♇
1	00	18.4	17.4	24.4	32.2	42.2	46.6	6.5	20.2	28.3	26.4	7.3	28.2	59.4
	12	18.5	17.5	2.4	D	D	18.1	D	D	D	D	D	D	D
2	00			23.5			18.2	6.6	20.3					
	12	18.6	17.6	8.5			18.3	46.1		28.4				
3	00			20.5			18.4							
	12	48.1	21.1	16.6			18.5	46.2						
4	00			35.6			18.6	46.3						
	12	48.2	21.2	12.1			48.1							
5	00			15.1			48.2	46.4						
	12	48.3	21.3	52.2			48.3	46.5						
6	00			39.3			48.4							
	12	48.4	21.4	53.4	R	R	48.5	46.6						
7	00			62.5			48.6	18.1		28.5				
	12	48.5	21.5	56.6			57.1							
8	00	48.6	21.6	33.1				18.2						
	12			7.2			57.2	18.3						
9	00	57.1	51.1	4.4			57.3				26.5			
	12			29.5			57.4	18.4						
10	00	57.2	51.2	40.1			57.5	18.5						
	12			64.3			57.6		R					
11	00	57.3	51.3	47.5			32.1	18.6						
	12			46.1			32.2	48.1		28.6			28.3	
12	00	57.4	51.4	18.3			32.3							
	12			48.5			32.4	48.2						
13	00	57.5	51.5	32.1				48.3						
	12			50.3	D	D	32.5							
14	00	57.6	51.6	28.5			32.6	48.4						
	12			1.1			50.1	48.5						
15	00	32.1	42.1	43.3			50.2							
	12			14.5			50.3	48.6		44.1				
16	00	32.2	42.2	9.1			50.4	57.1						
	12			5.3	R	R	50.5							
17	00	32.3	42.3	26.4				57.2						
	12	32.4	42.4	11.6			50.6	57.3						
18	00			58.1			28.1							
	12	32.5	42.5	38.2			28.2	57.4						
19	00			54.3			28.3	57.5	20.2					
	12	32.6	42.6	61.5			28.4							
20	00			60.5	D	D	28.5	57.6		44.2				
	12	50.1	3.1	41.6				32.1						
21	00			13.1			28.6							
	12	50.2	3.2	49.2			44.1	32.2			26.6			
22	00			30.2			44.2	32.3						
	12	50.3	3.3	55.3			44.3							
23	00			37.3			44.4	32.4						
	12	50.4	3.4	63.4				32.5						
24	00			22.4			44.5							
	12	50.5	3.5	36.5			44.6	32.6	20.1	44.3				
25	00	50.6	3.6	25.5			1.1	50.1						
	12			17.5			1.2							
26	00	28.1	27.1	21.6				50.2						
	12			51.6			1.3	50.3						
27	00	28.2	27.2	42.6	R	R	1.4							
	12			3.6			1.5	50.4						
28	00	28.3	27.3	24.1			1.6	50.5				7.4		
	12			2.1						44.4				
29	00	28.4	27.4	23.1			43.1	50.6	8.6					
	12			8.2			43.2	28.1						
30	00	28.5	27.5	20.2			43.3							
	12			16.2			43.4	28.2						59.5
31	00	28.6	27.6	35.3				28.3						
	12			45.3			43.5							

November 1958

Date	Time	☉	⊕	☾	☊	☋	☿	♀	♂	♃	♄	♅	♆	♇
1	00	44.1	24.1	12.4	32.2	42.2	43.6	28.4	8.5	44.4	11.1	7.4	28.3	59.5
	12			15.4	R	R	14.1	28.5	R	D	D	D	D	D
2	00	44.2	24.2	52.5			14.2			44.5				
	12	44.3	24.3	39.6				28.6						
3	00			62.1			14.3	44.1						
	12	44.4	24.4	56.1			14.4							
4	00			31.2			14.5	44.2	8.4					
	12	44.5	24.5	33.3				44.3						
5	00			7.5	D	D	14.6							
	12	44.6	24.6	4.6			34.1	44.4					28.4	
6	00			59.1			34.2	44.5		44.6				
	12	1.1	2.1	40.3										
7	00			64.4			34.3	44.6	8.3					
	12	1.2	2.2	47.6			34.4	1.1						
8	00			46.2			34.5	1.2						
	12	1.3	2.3	18.3										
9	00	1.4	2.4	48.5			34.6	1.3						
	12			32.1			9.1	1.4	8.2					
10	00	1.5	2.5	50.3	R	R	9.2							
	12			28.5				1.5		1.1	11.2			
11	00	1.6	2.6	1.2			9.3	1.6						
	12			43.4			9.4							
12	00	43.1	23.1	14.6			9.5	43.1	8.1					
	12			9.2				43.2						
13	00	43.2	23.2	5.4			9.6							
	12			26.5			5.1	43.3						
14	00	43.3	23.3	10.1				43.4						
	12			58.3			5.2			1.2				
15	00	43.4	23.4	38.4			5.3	43.5	23.6					
	12			54.6				43.6						
16	00	43.5	23.5	60.1			5.4							
	12	43.6	23.6	41.2			5.5	14.1						
17	00			19.3				14.2						
	12	14.1	8.1	13.4			5.6		23.5					
18	00			49.5				14.3						
	12	14.2	8.2	30.5	D	D	26.1	14.4						
19	00			55.6			26.2			1.3				
	12	14.3	8.3	37.6				14.5			11.3			
20	00			22.1			26.3	14.6	23.4					
	12	14.4	8.4	36.1										
21	00			25.2			26.4	34.1						
	12	14.5	8.5	17.2				34.2						
22	00			21.2			26.5							
	12	14.6	8.6	51.2				34.3	23.3			R		
23	00	34.1	20.1	42.3	R	R	26.6	34.4						
	12			3.3						1.4				
24	00	34.2	20.2	27.3			11.1	34.5						
	12			24.4				34.6						
25	00	34.3	20.3	2.4			11.2							
	12			23.4				9.1	23.2					
26	00	34.4	20.4	8.5				9.2						
	12			20.5			11.3							
27	00	34.5	20.5	16.6	32.1	42.1		9.3						
	12			35.6				9.4		1.5	11.4			
28	00	34.6	20.6	12.1										
	12	9.1	16.1	15.1			11.4	9.5	23.1					
29	00			52.2				9.6						
	12	9.2	16.2	39.3										
30	00			53.3				5.1						
	12	9.3	16.3	62.4			R	5.2						

December 1958

Date	Time	☉	⊕	☾	☊	☋	☿	♀	♂	♃	♄	♅	♆	♇
1	00	9.3	16.3	56.5	32.1	42.1	11.4	5.2	23.1	1.5	11.4	7.4	28.4	59.5
	12	9.4	16.4	31.6	R	R	R	5.3	R	D	D	R	D	D
2	00			7.1				5.4	2.6	1.6			28.5	
	12	9.5	16.5	4.2			11.3							
3	00			29.3				5.5						
	12	9.6	16.6	59.4				5.6						
4	00			40.6			11.2							
	12	5.1	35.1	47.1	D	D		26.1						
5	00	5.2	35.2	6.2				26.2						
	12			46.4			11.1							
6	00	5.3	35.3	18.6				26.3			11.5			
	12			57.1			26.6	26.4	2.5	43.1				
7	00	5.4	35.4	32.3	R	R								R
	12			50.5			26.5	26.5						
8	00	5.5	35.5	44.1			26.4	26.6						
	12			1.2										
9	00	5.6	35.6	43.4			26.3	11.1						
	12			14.6			26.2	11.2						
10	00	26.1	45.1	9.2			26.1							
	12			5.4	57.6	51.6		11.3						
11	00	26.2	45.2	26.6			5.6	11.4		43.2				
	12	26.3	45.3	10.2			5.5							
12	00			58.4			5.4	11.5						
	12	26.4	45.4	38.5				11.6	2.4					
13	00			61.1			5.3							
	12	26.5	45.5	60.2			5.2	10.1						
14	00			41.3				10.2			11.6			
	12	26.6	45.6	19.5			5.1							
15	00			13.6				10.3						
	12	11.1	12.1	30.1			9.6	10.4		43.3				
16	00			55.1										
	12	11.2	12.2	37.2				10.5						
17	00	11.3	12.3	63.3			9.5	10.6						
	12			22.3										
18	00	11.4	12.4	36.4	D	D		58.1						
	12			25.4				58.2				7.3		
19	00	11.5	12.5	17.4										
	12			21.5			9.4	58.3						
20	00	11.6	12.6	51.5				58.4						
	12			42.5	R	R	D		D	43.4				
21	00	10.1	15.1	3.6				58.5						
	12			27.6			9.5	58.6						
22	00	10.2	15.2	24.6							10.1			
	12	10.3	15.3	23.1				38.1						
23	00			8.1	57.5	51.5		38.2						
	12	10.4	15.4	20.1										
24	00			16.2			9.6	38.3						
	12	10.5	15.5	35.2				38.4						
25	00			45.3						43.5				
	12	10.6	15.6	12.4			5.1	38.5						
26	00			15.4				38.6						
	12	58.1	52.1	52.5				54.1						
27	00			39.6			5.2							
	12	58.2	52.2	62.1				54.2						
28	00			56.2	57.4	51.4	5.3	54.3						
	12	58.3	52.3	31.3					2.5					
29	00	58.4	52.4	33.4			5.4	54.4						
	12			7.5				54.5						
30	00	58.5	52.5	4.6			5.5			43.6	10.2			
	12			59.1				54.6						
31	00	58.6	52.6	40.2			5.6	61.1						
	12			64.4			26.1							

January 1959

Date	Time	☉	⊕	☾	☊	☋	☿	♀	♂	♃	♄	♅	♆	♇
1	00	38.1	39.1	47.5	57.4	51.4	26.1	61.2	2.5	43.6	10.2	7.3	28.5	59.5
	12			6.6	R	R	26.2	61.3	D	D	D	R	D	R
2	00	38.2	39.2	18.2										
	12			48.3	D	D	26.3	61.4						
3	00	38.3	39.3	57.5	R	R	26.4	61.5						
	12	38.4	39.4	32.6										
4	00			28.2			26.5	61.6		14.1				
	12	38.5	39.5	44.3			26.6	60.1	2.6					
5	00			1.5										
	12	38.6	39.6	14.1			11.1	60.2						
6	00			34.2			11.2	60.3						
	12	54.1	53.1	9.4										
7	00			5.6			11.3	60.4			10.3			
	12	54.2	53.2	11.1			11.4	60.5						
8	00			10.3	57.3	51.3							28.6	
	12	54.3	53.3	58.5			11.5	60.6						
9	00	54.4	53.4	38.6			11.6	41.1	23.1					
	12			61.2			10.1			14.2				
10	00	54.5	53.5	60.3				41.2						
	12			41.5			10.2	41.3						
11	00	54.6	53.6	19.6			10.3							
	12			49.1			10.4	41.4						
12	00	61.1	62.1	30.2				41.5						
	12			55.3			10.5							
13	00	61.2	62.2	37.4	57.2	51.2	10.6	41.6	23.2					
	12			63.4			58.1	19.1						
14	00	61.3	62.3	22.5										59.4
	12	61.4	62.4	36.6			58.2	19.2						
15	00			25.6			58.3	19.3		14.3	10.4			
	12	61.5	62.5	17.6			58.4							
16	00			51.1				19.4				7.2		
	12	61.6	62.6	42.1	D	D	58.5	19.5	23.3					
17	00			3.1	R	R	58.6							
	12	60.1	56.1	27.2			38.1	19.6						
18	00			24.2			38.2	13.1						
	12	60.2	56.2	2.2										
19	00			23.3			38.3	13.2						
	12	60.3	56.3	8.3			38.4	13.3	23.4					
20	00			20.3			38.5							
	12	60.4	56.4	16.4			38.6	13.4						
21	00	60.5	56.5	35.4				13.5		14.4				
	12			45.5			54.1							
22	00	60.6	56.6	12.6			54.2	13.6						
	12			15.6			54.3	49.1	23.5					
23	00	41.1	31.1	39.1			54.4							
	12			53.2				49.2			10.5			
24	00	41.2	31.2	62.3	57.1	51.1	54.5	49.3						
	12			56.4			54.6							
25	00	41.3	31.3	31.5			61.1	49.4						
	12			7.1			61.2	49.5	23.6					
26	00	41.4	31.4	4.2										
	12	41.5	31.5	29.3			61.3	49.6						
27	00			59.5			61.4	30.1						
	12	41.6	31.6	40.6			61.5			14.5				
28	00			47.1			61.6	30.2	8.1					
	12	19.1	33.1	6.3			60.1	30.3						
29	00			46.4			60.2							
	12	19.2	33.2	18.6				30.4						
30	00			57.1	D	D	60.3	30.5						
	12	19.3	33.3	32.3			60.4		8.2					
31	00			50.4			60.5	30.6						
	12	19.4	33.4	28.6			60.6	55.1						

February 1959

Date	Time	☉	⊕	☾	☊	☋	☿	♀	♂	♃	♄	♅	♆	♇
1	00	19.5	33.5	1.1	R	R	41.1	55.1	8.2	14.5	10.5	7.2	28.6	59.4
	12			43.3			41.2	55.2	D	D	10.6	R	D	R
2	00	19.6	33.6	14.4				55.3	8.3					
	12			34.6			41.3							
3	00	13.1	7.1	5.1			41.4	55.4						
	12			26.3			41.5	55.5		14.6				
4	00	13.2	7.2	11.4			41.6							
	12			10.6	48.6	21.6	19.1	55.6	8.4					
5	00	13.3	7.3	38.1			19.2	37.1						
	12			54.3			19.3							
6	00	13.4	7.4	61.4			19.4	37.2						
	12			60.5				37.3	8.5					
7	00	13.5	7.5	41.6			19.5					7.1		
	12	13.6	7.6	13.2			19.6	37.4						
8	00			49.3			13.1	37.5					R	
	12	49.1	4.1	30.4			13.2							
9	00			55.4			13.3	37.6	8.6					
	12	49.2	4.2	37.5			13.4	63.1						
10	00			63.6			13.5							
	12	49.3	4.3	36.1			13.6	63.2						
11	00			25.1			49.1	63.3	20.1					
	12	49.4	4.4	17.2	48.5	21.5	49.2				58.1			
12	00			21.2			49.3	63.4		34.1				
	12	49.5	4.5	51.3	D	D	49.4	63.5						
13	00			42.3										
	12	49.6	4.6	3.3	48.6	21.6	49.5	63.6	20.2					
14	00	30.1	29.1	27.4			49.6	22.1						
	12			24.4			30.1							
15	00	30.2	29.2	2.4			30.2	22.2						
	12			23.5			30.3	22.3	20.3					
16	00	30.3	29.3	8.5	R	R	30.4							
	12			20.5			30.5	22.4						
17	00	30.4	29.4	16.6			30.6	22.5						
	12			35.6	48.5	21.5	55.1		20.4					
18	00	30.5	29.5	12.1			55.2	22.6						
	12			15.1			55.3	36.1						
19	00	30.6	29.6	52.2			55.4							
	12			39.3			55.5	36.2	20.5					
20	00	55.1	59.1	53.4			55.6							
	12	55.2	59.2	62.5			37.1	36.3						
21	00			56.6			37.2	36.4						
	12	55.3	59.3	33.1			37.3		20.6					
22	00			7.2			37.4	36.5						
	12	55.4	59.4	4.4			37.5	36.6		34.2	58.2			
23	00			29.5			37.6							
	12	55.5	59.5	40.1			63.1	25.1	16.1					
24	00			64.2			63.2	25.2						59.3
	12	55.6	59.6	47.4			63.3							
25	00			6.5			63.4	25.3						
	12	37.1	40.1	18.1			63.5	25.4	16.2					
26	00			48.3			63.6							
	12	37.2	40.2	57.5	D	D	22.1	25.5						
27	00	37.3	40.3	32.6			22.2	25.6						
	12			28.2			22.3		16.3					
28	00	37.4	40.4	44.4			22.4	17.1						
	12			1.5			22.5	17.2						

March 1959

Date	Time	☉	⊕	☾	☊	☋	☿	♀	♂	♃	♄	♅	♆	♇
1	00	37.5	40.5	14.1	48.5	21.5	22.6	17.2	16.3	34.2	59.2	7.1	28.6	59.3
	12			34.3	D	D	36.1	17.3	16.4	D	D	33.6	R	R
2	00	37.6	40.6	9.4			36.2	17.4						
	12			5.6	R	R	36.3							
3	00	63.1	64.1	11.1			36.4	17.5	16.5					
	12			10.2			36.5	17.6						
4	00	63.2	64.2	58.4			36.6							
	12			38.5			25.1	21.1						
5	00	63.3	64.3	54.6				21.2	16.6					
	12			60.1			25.2							
6	00	63.4	64.4	41.2			25.3	21.3						
	12	63.5	64.5	19.3			25.4	21.4						
7	00			13.4			25.5		35.1					
	12	63.6	64.6	49.5	48.4	21.4	25.6	21.5			58.3			
8	00			30.6				21.6						
	12	22.1	47.1	37.1			17.1							
9	00			63.2			17.2	51.1	35.2					
	12	22.2	47.2	22.2			17.3							
10	00			36.3				51.2						
	12	22.3	47.3	25.4			17.4	51.3	35.3					
11	00			17.4			17.5							
	12	22.4	47.4	21.4	D	D		51.4					28.5	
12	00			51.5			17.6	51.5						
	12	22.5	47.5	42.5					35.4					
13	00			3.6			21.1	51.6						
	12	22.6	47.6	27.6				42.1						
14	00	36.1	6.1	24.6			21.2		35.5					
	12			23.1				42.2						
15	00	36.2	6.2	8.1			21.3	42.3						
	12			20.1										
16	00	36.3	6.3	16.1				42.4	35.6					
	12			35.2				42.5						
17	00	36.4	6.4	45.2			21.4							
	12			12.3				42.6						
18	00	36.5	6.5	15.3	R	R		3.1	45.1					
	12			52.4										
19	00	36.6	6.6	39.4				3.2		R				
	12			53.5				3.3	45.2					
20	00	25.1	46.1	62.6			R							
	12			31.1				3.4						
21	00	25.2	46.2	33.2										
	12	25.3	46.3	7.3				3.5	45.3					
22	00			4.5				3.6						
	12	25.4	46.4	29.6										
23	00			40.2				27.1	45.4					
	12	25.5	46.5	64.3			21.3	27.2						
24	00			47.5										
	12	25.6	46.6	46.1				27.3						
25	00			18.3			21.2	27.4	45.5					
	12	17.1	18.1	48.5	D	D								
26	00			57.6				27.5						
	12	17.2	18.2	50.2			21.1	27.6	45.6		58.4			
27	00			28.4										
	12	17.3	18.3	44.6				24.1						
28	00			43.2			17.6	24.2						
	12	17.4	18.4	14.4					12.1					
29	00			34.6			17.5	24.3						
	12	17.5	18.5	5.2										
30	00			26.3			17.4	24.4	12.2					
	12	17.6	18.6	11.5				24.5						
31	00	21.1	48.1	10.6			17.3							
	12			38.2				24.6	12.3					

April 1959

Date	Time	☉	⊕	☾	☊	☋	☿	♀	♂	♃	♄	♅	♆	♇
1	00	21.2	48.2	54.3	R	R	17.3	2.1	12.3	34.2	58.4	33.6	28.5	59.3
	12			61.4			17.2	D	D	R	D	R	R	R
2	00	21.3	48.3	60.5				2.2						
	12			41.6			17.1	2.3	12.4					
3	00	21.4	48.4	13.1										
	12			49.2			25.6	2.4						
4	00	21.5	48.5	30.3	D	D		2.5	12.5					
	12			55.4										
5	00	21.6	48.6	37.4			25.5	2.6						
	12			63.5										
6	00	51.1	57.1	22.5				23.1	12.6					
	12			36.6				23.2				33.5		
7	00	51.2	57.2	25.6			25.4							59.2
	12			21.1				23.3	15.1					
8	00	51.3	57.3	51.1	R	R		23.4						
	12			42.2										
9	00	51.4	57.4	3.2				23.5	15.2					
	12	51.5	57.5	27.2			25.3	23.6						
10	00			24.3										
	12	51.6	57.6	2.3				8.1						
11	00			23.3					15.3					
	12	42.1	32.1	8.4				8.2						
12	00			20.4				8.3						
	12	42.2	32.2	16.4			D		15.4					
13	00			35.4				8.4		34.1				
	12	42.3	32.3	45.5				8.5						
14	00			12.5					15.5					
	12	42.4	32.4	15.6				8.6						
15	00			52.6				20.1						
	12	42.5	32.5	53.1			25.4							
16	00			62.1				20.2	15.6					
	12	42.6	32.6	56.2	D	D								
17	00			31.3				20.3			R			
	12	3.1	50.1	33.4				20.4	52.1					
18	00			7.5			25.5							
	12	3.2	50.2	4.6				20.5						
19	00			59.1				20.6	52.2					
	12	3.3	50.3	40.3										
20	00			64.4			25.6	16.1						
	12	3.4	50.4	47.6								D		
21	00	3.5	50.5	46.2				16.2	52.3				28.4	
	12			18.3			17.1	16.3						
22	00	3.6	50.6	48.5	R	R								
	12			32.1			17.2	16.4	52.4					
23	00	27.1	28.1	50.3				16.5						
	12			28.5						14.6				
24	00	27.2	28.2	1.2			17.3	16.6	52.5					
	12			43.4										
25	00	27.3	28.3	14.6			17.4	35.1						
	12			9.2				35.2						
26	00	27.4	28.4	5.4			17.5		52.6					
	12			26.6				35.3						
27	00	27.5	28.5	10.1			17.6	35.4						
	12			58.3					39.1					
28	00	27.6	28.6	38.5			21.1	35.5						
	12			54.6			21.2							
29	00	24.1	44.1	60.1				35.6	39.2					
	12			41.3			21.3	45.1						
30	00	24.2	44.2	19.4	D	D								
	12			13.5			21.4	45.2	39.3					

May 1959

Date	Time	☉	⊕	☾	☊	☋	☿	♀	♂	♃	♄	♅	♆	♇
1	00	24.3	44.3	49.6	48.4	21.4	21.5	45.3	39.3	14.6	58.4	33.5	28.4	59.2
	12			30.6	D	D	D	D	D	R	R	D	R	R
2	00	24.4	44.4	37.1			21.6	45.4						
	12			63.2			51.1		39.4	14.5				
3	00	24.5	44.5	22.2				45.5						
	12			36.3			51.2	45.6						
4	00	24.6	44.6	25.3			51.3		39.5					
	12	2.1	1.1	17.4				12.1				33.6		
5	00			21.4			51.4							
	12	2.2	1.2	51.4	R	R	51.5	12.2	39.6					
6	00			42.5				12.3						
	12	2.3	1.3	3.5			51.6							
7	00			27.5			42.1	12.4	53.1					
	12	2.4	1.4	24.6			42.2	12.5						
8	00			2.6										
	12	2.5	1.5	23.6			42.3	12.6	53.2		58.3			
9	00			20.1			42.4							
	12	2.6	1.6	16.1			42.5	15.1						
10	00			35.1			42.6	15.2		14.4				
	12	23.1	43.1	45.2					53.3					
11	00			12.2			3.1	15.3						
	12	23.2	43.2	15.2			3.2							
12	00			52.3			3.3	15.4	53.4					
	12	23.3	43.3	39.3			3.4	15.5						
13	00			53.4	48.3	21.3	3.5							
	12	23.4	43.4	62.4			3.6	15.6	53.5					
14	00			56.5										D
	12	23.5	43.5	31.6			27.1	52.1						
15	00			7.1			27.2	52.2	53.6					
	12	23.6	43.6	4.2			27.3							
16	00			29.2	D	D	27.4	52.3						
	12	8.1	14.1	59.4			27.5		62.1					
17	00			40.5			27.6	52.4						
	12	8.2	14.2	64.6			24.1	52.5		14.3				
18	00			6.1			24.2							
	12	8.3	14.3	46.3			24.3	52.6	62.2					
19	00			18.5			24.4							
	12	8.4	14.4	48.6	R	R	24.5	39.1						
20	00			32.2			24.6	39.2	62.3					
	12	8.5	14.5	50.4			2.1							
21	00	8.6	14.6	28.6			2.2	39.3						
	12			1.2			2.3		62.4					
22	00	20.1	34.1	43.4			2.4	39.4						
	12			14.6			2.5	39.5						
23	00	20.2	34.2	9.3			2.6		62.5					
	12			5.5			23.1	39.6						
24	00	20.3	34.3	11.1			23.2							
	12			10.3			23.3	53.1	62.6					
25	00	20.4	34.4	58.5			23.4	53.2		14.2				
	12			38.6			23.5							
26	00	20.5	34.5	61.2			23.6	53.3						
	12			60.4			8.1		56.1					
27	00	20.6	34.6	41.5			8.2	53.4						
	12			19.6			8.4						28.3	
28	00	16.1	9.1	49.1			8.5	53.5	56.2					
	12			30.2			8.6	53.6			58.2			
29	00	16.2	9.2	55.3			20.1							
	12			37.4	D	D	20.2	62.1	56.3					
30	00	16.3	9.3	63.5			20.3							
	12			22.6			20.4	62.2						
31	00	16.4	9.4	36.6			20.6		56.4					
	12			17.1			16.1	62.3						

June 1959

Date	Time	☉	⊕	☾	☊	☋	☿	♀	♂	♃	♄	♅	♆	♇
1	00	16.5	9.5	21.1	48.3	21.3	16.2	62.4	56.4	14.2	58.2	33.6	28.3	59.2
	12			51.1	R	R	16.3	D	56.5	14.1	R	D	R	D
2	00	16.6	9.6	42.2			16.4	62.5						
	12			3.2			16.5							
3	00	35.1	5.1	27.2			35.1	62.6	56.6					
	12			24.3			35.2							
4	00	35.2	5.2	2.3			35.3	56.1						
	12			23.3	48.2	21.2	35.4	56.2	31.1					
5	00	35.3	5.3	8.3			35.5							
	12			20.4			35.6	56.3						
6	00	35.4	5.4	16.4			45.2							
	12			35.4			45.3	56.4	31.2					
7	00	35.5	5.5	45.5			45.4							
	12			12.5			45.5	56.5						
8	00	35.6	5.6	15.6			45.6	56.6	31.3					
	12			52.6			12.1					7.1		
9	00	45.1	26.1	53.1			12.3	31.1						
	12			62.1			12.4		31.4					
10	00	45.2	26.2	56.2	48.1	21.1	12.5	31.2		43.6				
	12			31.3			12.6							
11	00	45.3	26.3	33.3			15.1	31.3	31.5					
	12	45.4	26.4	7.4			15.2							
12	00			4.5			15.3	31.4			58.1			
	12	45.5	26.5	29.6			15.4	31.5	31.6					
13	00			40.1			15.5							
	12	45.6	26.6	64.2			52.1	31.6						
14	00			47.3			52.2		33.1					
	12	12.1	11.1	6.4	D	D	52.3	33.1						
15	00			46.6			52.4							
	12	12.2	11.2	48.1			52.5	33.2	33.2					
16	00			57.3	R	R	52.6							
	12	12.3	11.3	32.4			39.1	33.3						
17	00			50.6			39.2		33.3					
	12	12.4	11.4	44.2			39.3	33.4						
18	00			1.4			39.4							
	12	12.5	11.5	43.6			39.5	33.5	33.4					
19	00			34.2			39.6							
	12	12.6	11.6	9.4			53.1	33.6		43.5				
20	00			5.6			53.2	7.1						59.3
	12	15.1	10.1	11.2			53.3		33.5					
21	00			10.4				7.2						
	12	15.2	10.2	58.6	18.6	17.6	53.4							
22	00			54.2			53.5	7.3	33.6					
	12	15.3	10.3	61.3			53.6							
23	00			60.5			62.1	7.4						
	12	15.4	10.4	19.1			62.2		7.1					
24	00			13.2			62.3	7.5						
	12	15.5	10.5	49.3			62.4							
25	00			30.5				7.6	7.2		10.6			
	12	15.6	10.6	55.6			62.5							
26	00			37.6			62.6	4.1						
	12	52.1	58.1	22.1			56.1		7.3					
27	00			36.2			56.2	4.2						
	12	52.2	58.2	25.3			56.3							
28	00			17.3	D	D		4.3	7.4					
	12	52.3	58.3	21.4	R	R	56.4					7.2		
29	00			51.4			56.5	4.4						
	12	52.4	58.4	42.4			56.6		7.5					
30	00			3.5				4.5						
	12	52.5	58.5	27.5			31.1							

July 1959

Date	Time	☉	⊕	☾	☊	☋	☿	♀	♂	♃	♄	♅	♆	♇
1	00	52.5	58.5	24.5	18.6	17.6	31.2	4.6	7.6	43.5	10.6	7.2	28.3	59.3
	12	52.6	58.6	2.6	R	R	D	D	D	R	R	D	R	D
2	00			23.6			31.3							
	12	39.1	38.1	8.6			31.4	29.1	4.1	43.4				
3	00			16.1										
	12	39.2	38.2	35.1	18.5	17.5	31.5	29.2						
4	00			45.1			31.6		4.2					
	12	39.3	38.3	12.2				29.3						
5	00			15.2			33.1							
	12	39.4	38.4	52.3			33.2	29.4	4.3					
6	00			39.3										
	12	39.5	38.5	53.4			33.3	29.5						
7	00			62.5					4.4					
	12	39.6	38.6	56.5			33.4							
8	00			31.6	18.4	17.4		29.6			10.5			
	12	53.1	54.1	7.1			33.5		4.5					
9	00			4.2				59.1						
	12	53.2	54.2	29.3			33.6							
10	00	53.3	54.3	59.4				59.2						
	12			40.5			7.1		4.6					
11	00	53.4	54.4	64.6										
	12			6.1			7.2	59.3						
12	00	53.5	54.5	46.2					29.1					
	12			18.3			7.3	59.4						
13	00	53.6	54.6	48.5	D	D								
	12			57.6	R	R		59.5	29.2					
14	00	62.1	61.1	50.2			7.4							
	12			28.3										
15	00	62.2	61.2	44.5				59.6	29.3					
	12			1.6			7.5					7.3		
16	00	62.3	61.3	14.2										
	12			34.4				40.1	29.4					
17	00	62.4	61.4	9.6			7.6						D	
	12			26.1				40.2						
18	00	62.5	61.5	11.3					29.5					
	12			10.5										
19	00	62.6	61.6	38.1				40.3						
	12			54.3	18.3	17.3	4.1		29.6					
20	00	56.1	60.1	61.5										
	12			60.6				40.4		D				
21	00	56.2	60.2	19.2					59.1					
	12			13.3										
22	00	56.3	60.3	49.5				40.5			10.4			
	12			30.6					59.2					
23	00	56.4	60.4	37.1			R							
	12			63.2				40.6						
24	00	56.5	60.5	22.3					59.3					
	12			36.4										
25	00	56.6	60.6	25.5										
	12			17.5	D	D		64.1	59.4					
26	00	31.1	41.1	21.6										
	12			51.6			7.6							
27	00	31.2	41.2	3.1					59.5					
	12			27.1				64.2						
28	00	31.3	41.3	24.2	R	R								
	12			2.2					59.6					59.4
29	00	31.4	41.4	23.2			7.5							
	12			8.2				64.3						
30	00	31.5	41.5	20.3					40.1					
	12			16.3										
31	00	31.6	41.6	35.4			7.4					7.4		
	12			45.4					40.2					

August 1959

Date	Time	☉	⊕	☾	☊	☋	☿	♀	♂	♃	♄	♅	♆	♇
1	00	33.1	19.1	12.4	18.3	17.3	7.4	64.4	40.2	43.4	10.4	7.4	28.3	59.4
	12			15.5	R	R	7.3	D	D	D	R	D	D	D
2	00	33.2	19.2	52.5	18.2	17.2			40.3					
	12			39.6			7.2							
3	00	33.3	19.3	62.1										
	12			56.1					40.4					
4	00	33.4	19.4	31.2			7.1	64.5						
	12			33.3										
5	00	33.5	19.5	7.4			33.6		40.5					
	12	33.6	19.6	4.5										
6	00			29.6										
	12	7.1	13.1	40.1			33.5		40.6					
7	00			64.2										
	12	7.2	13.2	47.4			33.4							
8	00			6.5					64.1	43.5				
	12	7.3	13.3	46.6							10.3			
9	00			48.1	D	D	33.3							
	12	7.4	13.4	57.3				64.6	64.2					
10	00			32.4										
	12	7.5	13.5	50.6			33.2							
11	00			44.1				R	64.3					
	12	7.6	13.6	1.3										
12	00			43.4	R	R	33.1							
	12	4.1	49.1	14.6					64.4					
13	00			9.1				64.5						
	12	4.2	49.2	5.3										
14	00			26.5					64.5					
	12	4.3	49.3	11.6										
15	00			58.2										
	12	4.4	49.4	38.4					64.6			7.5		
16	00			54.5	18.1	17.1	D							
	12	4.5	49.5	60.1										
17	00			41.2					47.1					
	12	4.6	49.6	19.4										
18	00			13.5										
	12	29.1	30.1	49.6				64.4	47.2					
19	00			55.2										
	12	29.2	30.2	37.3										
20	00			63.4			33.2		47.3					
	12	29.3	30.3	22.5										
21	00			36.6				64.3		43.6				
	12	29.4	30.4	25.6			33.3		47.4					
22	00			21.1	D	D								
	12	29.5	30.5	51.2										
23	00			42.2			33.4		47.5					
	12	29.6	30.6	3.3				64.2						
24	00			27.3			33.5		47.6					
	12	59.1	55.1	24.4										
25	00			2.4			33.6	64.1						
	12	59.2	55.2	23.4			7.1		6.1					
26	00	59.3	55.3	8.5										
	12			20.5	R	R	7.2							59.5
27	00	59.4	55.4	16.5				40.6	6.2					
	12			35.6			7.3							
28	00	59.5	55.5	45.6			7.4							
	12			12.6			7.5	40.5	6.3					
29	00	59.6	55.6	52.1										
	12			39.1			7.6							
30	00	40.1	37.1	53.2			4.1	40.4	6.4	14.1				
	12			62.3			4.2					7.6		
31	00	40.2	37.2	56.3			4.3							
	12			31.4			4.4	40.3	6.5					

September 1959

Date	Time	☉	⊕	☾	☊	☋	☿	♀	♂	♃	♄	♅	♆	♇
1	00	40.3	37.3	33.5	18.1	17.1	4.5	40.3	6.5	14.1	10.3	7.6	28.3	59.5
	12			7.6	R	R	D	R	D	D	R	D	D	D
2	00	40.4	37.4	29.1			4.6	40.2	6.6					
	12			59.2			29.1							
3	00	40.5	37.5	40.4			29.2							
	12			64.5			29.3		46.1					
4	00	40.6	37.6	47.6			29.4	40.1					28.4	
	12			46.2			29.5							
5	00	64.1	63.1	18.3	D	D	29.6		46.2					
	12			48.5			59.1	59.6			D			
6	00	64.2	63.2	57.6			59.2							
	12			50.2			59.3		46.3					
7	00	64.3	63.3	28.4			59.4	59.5		14.2				
	12			44.5			59.5							
8	00	64.4	63.4	43.1			59.6		46.4					
	12			14.2			40.1	59.4						
9	00	64.5	63.5	34.4			40.2							
	12			9.6			40.3		46.5					
10	00	64.6	63.6	26.1	R	R	40.4							
	12	47.1	22.1	11.3			40.5	59.3	46.6					
11	00			10.4			40.6							
	12	47.2	22.2	58.6			64.1							
12	00			54.1			64.2		18.1					
	12	47.3	22.3	61.3			64.3	59.2						
13	00			60.4			64.4							
	12	47.4	22.4	41.5			64.5		18.2	14.3				
14	00			13.1			64.6							
	12	47.5	22.5	49.2			47.1							
15	00			30.3			47.2		18.3					
	12	47.6	22.6	55.4			47.3	59.1						
16	00			37.5			47.4					4.1		
	12	6.1	36.1	63.6			47.5		18.4					
17	00			36.1			47.6							
	12	6.2	36.2	25.2			6.1							
18	00			17.2	D	D	6.2		18.5					
	12	6.3	36.3	21.3			6.3							
19	00			51.4			6.4							
	12	6.4	36.4	42.4			6.5	29.6	18.6					
20	00			3.5			6.6			14.4				
	12	6.5	36.5	27.5			46.1							
21	00			24.6			46.2		48.1					
	12	6.6	36.6	2.6			46.3							
22	00			23.6			46.4							
	12	46.1	25.1	20.1			46.5		48.2					
23	00	46.2	25.2	16.1			46.6	D						
	12			35.1			18.1		48.3					
24	00	46.3	25.3	45.2			18.2							59.6
	12			12.2			18.3							
25	00	46.4	25.4	15.2			18.4		48.4					
	12			52.3	R	R	18.5							
26	00	46.5	25.5	39.3			18.6			14.5				
	12			53.4			48.1	59.1	48.5					
27	00	46.6	25.6	62.4										
	12			56.5			48.2							
28	00	18.1	17.1	31.6	D	D	48.3		48.6					
	12			7.1			48.4							
29	00	18.2	17.2	4.2			48.5							
	12			29.3			48.6		57.1					
30	00	18.3	17.3	59.4			57.1							
	12			40.5			57.2							

October 1959

Date	Time	☉	⊕	☾	☊	☋	☿	♀	♂	♃	♄	♅	♆	♇
1	00	18.4	17.4	47.1	18.1	17.1	57.3	59.2	57.2	14.5	10.3	4.1	28.4	59.6
	12			6.2	D	D	D	D	D	14.6	D	D	D	D
2	00	18.5	17.5	46.4			57.4		57.3					
	12			18.5	R	R	57.5				10.4			
3	00	18.6	17.6	57.1			57.6							
	12	48.1	21.1	32.3			32.1	59.3	57.4					
4	00			50.4			32.2							
	12	48.2	21.2	28.6			32.3							
5	00			1.2					57.5			4.2	28.5	
	12	48.3	21.3	43.4			32.4							
6	00			14.6			32.5	59.4						
	12	48.4	21.4	9.2			32.6		57.6	34.1				
7	00			5.3			50.1							
	12	48.5	21.5	26.5			50.2							
8	00			10.1				59.5	32.1					
	12	48.6	21.6	58.2			50.3							
9	00			38.4			50.4							
	12	57.1	51.1	54.5	D	D	50.5		32.2					
10	00			60.1			50.6	59.6						
	12	57.2	51.2	41.2			28.1		32.3					
11	00			19.3										
	12	57.3	51.3	13.4			28.2	40.1		34.2				
12	00			49.5			28.3		32.4					
	12	57.4	51.4	30.6			28.4							
13	00	57.5	51.5	37.1			28.5	40.2						
	12			63.2					32.5					
14	00	57.6	51.6	22.3			28.6							
	12			36.4			44.1	40.3						
15	00	32.1	42.1	25.4			44.2		32.6					
	12			17.5	R	R								
16	00	32.2	42.2	21.6			44.3	40.4						
	12			51.6			44.4		50.1	34.3				
17	00	32.3	42.3	3.1			44.5							
	12			27.1				40.5	50.2					
18	00	32.4	42.4	24.2			44.6							
	12			2.2			1.1	40.6						
19	00	32.5	42.5	23.2			1.2		50.3					
	12			8.3			1.3				10.5			
20	00	32.6	42.6	20.3	46.6	25.6		64.1						
	12			16.4			1.4		50.4					
21	00	50.1	3.1	35.4			1.5	64.2		34.4				
	12	50.2	3.2	45.4										
22	00			12.4			1.6		50.5					
	12	50.3	3.3	15.5			43.1	64.3						
23	00			52.5			43.2		50.6					
	12	50.4	3.4	39.6				64.4						
24	00			53.6			43.3							
	12	50.5	3.5	56.1			43.4	64.5	28.1					
25	00			31.1	D	D								
	12	50.6	3.6	33.2			43.5							
26	00			7.2			43.6	64.6	28.2	34.5				
	12	28.1	27.1	4.3										
27	00			29.4			14.1	47.1						
	12	28.2	27.2	59.5			14.2		28.3					
28	00			40.6				47.2						
	12	28.3	27.3	47.2			14.3		28.4					
29	00	28.4	27.4	6.3			14.4	47.3						
	12			46.4										40.1
30	00	28.5	27.5	18.6	R	R	14.5	47.4	28.5					
	12			57.2			14.6			34.6				
31	00	28.6	27.6	32.4				47.5					28.6	
	12			50.6			34.1		28.6					

November 1959

Date	Time	☉	⊕	☾	☊	☋	☿	♀	♂	♃	♄	♅	♆	♇
1	00	44.1	24.1	44.2	46.6	25.6	34.2	47.5	28.6	34.6	10.6	4.3	28.6	40.1
	12			1.4	R	R	D	47.6	D	D	D	D	D	D
2	00	44.2	24.2	43.6			34.3		44.1					
	12			34.2				6.1						
3	00	44.3	24.3	9.4			34.4		44.2					
	12			5.6				6.2						
4	00	44.4	24.4	11.2			34.5			9.1				
	12			10.4				6.3	44.3					
5	00	44.5	24.5	58.5			34.6							
	12	44.6	24.6	54.1				6.4						
6	00			61.3			9.1		44.4					
	12	1.1	2.1	60.4				6.5						
7	00			41.6			9.2							
	12	1.2	2.2	13.1				6.6	44.5					
8	00			49.2	D	D		46.1		9.2				
	12	1.3	2.3	30.3			9.3		44.6					
9	00			55.4				46.2						
	12	1.4	2.4	37.5										
10	00			63.6			9.4	46.3	1.1					
	12	1.5	2.5	36.1										
11	00			25.1				46.4						
	12	1.6	2.6	17.2	R	R			1.2		58.1			
12	00			21.2			9.5	46.5						
	12	43.1	23.1	51.3						9.3				
13	00	43.2	23.2	42.3				46.6	1.3					
	12			3.4										
14	00	43.3	23.3	27.4				18.1	1.4					
	12			24.5			R							
15	00	43.4	23.4	2.5				18.2						
	12			23.5				18.3	1.5					
16	00	43.5	23.5	8.6	46.5	25.5								
	12			20.6			9.4	18.4		9.4				
17	00	43.6	23.6	16.6					1.6					
	12			45.1				18.5						
18	00	14.1	8.1	12.1					43.1					
	12			15.1			9.3	18.6						
19	00	14.2	8.2	52.2										
	12	14.3	8.3	39.2			9.2	48.1	43.2					
20	00			53.2				48.2						
	12	14.4	8.4	62.3			9.1							
21	00			56.3				48.3	43.3	9.5	58.2			
	12	14.5	8.5	31.4			34.6							
22	00			33.4			34.5	48.4	43.4					
	12	14.6	8.6	7.5										
23	00			4.6			34.4	48.5						
	12	34.1	20.1	29.6			34.3	48.6	43.5					
24	00			40.1	D	D								
	12	34.2	20.2	64.2			34.2	57.1						
25	00			47.3			34.1		43.6	9.6				
	12	34.3	20.3	6.4			14.6	57.2					44.1	
26	00	34.4	20.4	46.6	R	R			14.1					
	12			48.1			14.5	57.3						
27	00	34.5	20.5	57.3			14.4	57.4						
	12			32.4					14.2			R		
28	00	34.6	20.6	50.6			14.3	57.5						
	12			44.2	46.4	25.4								
29	00	9.1	16.1	1.4			14.2	57.6	14.3					
	12			43.6				32.1		5.1				
30	00	9.2	16.2	34.2			14.1		14.4		58.3			
	12			9.4				32.2						

December 1959

Date	Time	☉	⊕	☾	☊	☋	☿	♀	♂	♃	♄	♅	♆	♇
1	00	9.3	16.3	26.1	46.4	25.4	43.6	32.2	14.4	5.1	58.3	4.3	44.1	40.1
	12			11.3	R	R	R	32.3	14.5	D	D	R	D	D
2	00	9.4	16.4	10.5				32.4						
	12	9.5	16.5	38.1										
3	00			54.3				32.5	14.6					
	12	9.6	16.6	61.5						5.2				
4	00			41.1			D	32.6	34.1					
	12	5.1	35.1	19.2				50.1						
5	00			13.4										
	12	5.2	35.2	49.5	46.3	25.3		50.2	34.2					
6	00			30.6										
	12	5.3	35.3	37.1				50.3						
7	00			63.2				50.4	34.3					
	12	5.4	35.4	22.3	D	D	14.1			5.3				
8	00	5.5	35.5	36.4				50.5	34.4					
	12			25.5	R	R					58.4			
9	00	5.6	35.6	17.5			14.2	50.6						R
	12			21.6				28.1	34.5					
10	00	26.1	45.1	51.6			14.3							
	12			3.1				28.2						
11	00	26.2	45.2	27.1			14.4		34.6					
	12			24.1				28.3						
12	00	26.3	45.3	2.2			14.5	28.4	9.1	5.4				
	12			23.2										
13	00	26.4	45.4	8.2			14.6	28.5						
	12			20.3					9.2					
14	00	26.5	45.5	16.3			34.1	28.6						
	12	26.6	45.6	35.3				44.1	9.3					
15	00			45.4			34.2							
	12	11.1	12.1	12.4	46.2	25.2	34.3	44.2						
16	00			15.4				44.3	9.4	5.5				
	12	11.2	12.2	52.5			34.4				58.5			
17	00			39.5			34.5	44.4						
	12	11.3	12.3	53.6					9.5					
18	00			62.6			34.6	44.5						
	12	11.4	12.4	31.1			9.1	44.6	9.6					
19	00			33.1										
	12	11.5	12.5	7.2			9.2	1.1						
20	00	11.6	12.6	4.2			9.3	1.2	5.1	5.6				
	12			29.3	46.1	25.1								
21	00	10.1	15.1	59.3			9.4	1.3	5.2					
	12			40.4			9.5							
22	00	10.2	15.2	64.5			9.6	1.4						
	12			47.6				1.5	5.3					
23	00	10.3	15.3	46.1			5.1							
	12			18.2			5.2	1.6						
24	00	10.4	15.4	48.3			5.3	43.1	5.4					
	12			57.5						26.1	58.6	4.2		
25	00	10.5	15.5	32.6			5.4	43.2	5.5					
	12	10.6	15.6	28.2			5.5							
26	00			44.3			5.6	43.3						
	12	58.1	52.1	1.5				43.4	5.6				44.2	
27	00			14.1			26.1							
	12	58.2	52.2	34.3			26.2	43.5	26.1					
28	00			9.5			26.3	43.6						
	12	58.3	52.3	26.1						26.2				
29	00			11.3			26.4	14.1	26.2					
	12	58.4	52.4	10.5			26.5							
30	00			38.1			26.6	14.2						
	12	58.5	52.5	54.4			11.1	14.3	26.3					
31	00			61.6	6.6	36.6								
	12	58.6	52.6	41.1			11.2	14.4	26.4					

January 1960

Date	Time	☉	⊕	☾	☊	☋	☿	♀	♂	♃	♄	♅	♆	♇
1	00	38.1	39.1	19.3	6.6	36.6	11.3	14.5	26.4	26.2	58.6	4.2	44.2	40.1
	12			13.5	R	R	11.4	D	D	D	38.1	R	D	R
2	00	38.2	39.2	30.1			11.5	14.6	26.5	26.3				
	12			55.2				34.1						
3	00	38.3	39.3	37.3			11.6		26.6					
	12			63.4			10.1	34.2						
4	00	38.4	39.4	22.6			10.2							
	12			36.6	D	D	10.3	34.3	11.1					
5	00	38.5	39.5	17.1				34.4						
	12			21.2			10.4		11.2					
6	00	38.6	39.6	51.3	R	R	10.5	34.5		26.4				
	12	54.1	53.1	42.3			10.6	34.6						
7	00			3.4			58.1		11.3					
	12	54.2	53.2	27.4				9.1						
8	00			24.4			58.2	9.2						
	12	54.3	53.3	2.5			58.3		11.4					
9	00			23.5			58.4	9.3						
	12	54.4	53.4	8.5			58.5		11.5		38.2			
10	00			20.6			58.6	9.4						
	12	54.5	53.5	16.6				9.5		26.5				
11	00			35.6			38.1		11.6					
	12	54.6	53.6	12.1	6.5	36.5	38.2	9.6						
12	00	61.1	62.1	15.1			38.3	5.1	10.1					
	12			52.1			38.4							
13	00	61.2	62.2	39.2			38.5	5.2						
	12			53.2				5.3	10.2					
14	00	61.3	62.3	62.3			38.6							
	12			56.3			54.1	5.4	10.3					
15	00	61.4	62.4	31.4			54.2	5.5		26.6				
	12			33.4			54.3							
16	00	61.5	62.5	7.5			54.4	5.6	10.4					
	12			4.6	6.4	36.4	54.5	26.1						
17	00	61.6	62.6	29.6					10.5					
	12	60.1	56.1	40.1			54.6	26.2			38.3			
18	00			64.2			61.1							
	12	60.2	56.2	47.3			61.2	26.3	10.6					
19	00			6.4			61.3	26.4						
	12	60.3	56.3	46.5	D	D	61.4		58.1	11.1				59.6
20	00			18.6			61.5	26.5						
	12	60.4	56.4	57.1				26.6						
21	00			32.2			61.6		58.2					
	12	60.5	56.5	50.3			60.1	11.1				4.1		
22	00			28.5	R	R	60.2	11.2	58.3					
	12	60.6	56.6	44.6			60.3							
23	00			43.2			60.4	11.3						
	12	41.1	31.1	14.3			60.5	11.4	58.4					
24	00	41.2	31.2	34.5			60.6			11.2				
	12			5.1			41.1	11.5	58.5					
25	00	41.3	31.3	26.2				11.6						
	12			11.4			41.2							
26	00	41.4	31.4	10.6			41.3	10.1	58.6		38.4			
	12			38.2			41.4							
27	00	41.5	31.5	54.4			41.5	10.2	38.1					
	12			61.6			41.6	10.3						
28	00	41.6	31.6	41.2			19.1							
	12			19.4			19.2	10.4	38.2					
29	00	19.1	33.1	13.6			19.3	10.5		11.3				
	12	19.2	33.2	30.1			19.4							
30	00			55.3			19.5	10.6	38.3					
	12	19.3	33.3	37.4			19.6	58.1						
31	00			63.6	6.3	36.3			38.4					
	12	19.4	33.4	36.1			13.1	58.2						

February 1960

Date	Time	☉	⊕	☾	☊	☋	☿	♀	♂	♃	♄	♅	♆	♇
1	00	19.4	33.4	25.2	D	D	13.2	58.3	38.4	11.3	38.4	4.1	44.2	59.6
	12	19.5	33.5	17.3			13.3	D	38.5	D	D	R	D	R
2	00			21.4	6.4	36.4	13.4	58.4						
	12	19.6	33.6	51.5			13.5	58.5	38.6					
3	00			42.5			13.6			11.4				
	12	13.1	7.1	3.6			49.1	58.6			38.5			
4	00			27.6			49.2	38.1	54.1					
	12	13.2	7.2	2.1			49.3							
5	00	13.3	7.3	23.1	R	R	49.4	38.2	54.2					
	12			8.2			49.5							
6	00	13.4	7.4	20.2			49.6	38.3						
	12			16.2			30.1	38.4	54.3					
7	00	13.5	7.5	35.3	6.3	36.3	30.2							
	12			45.3			30.3	38.5	54.4					
8	00	13.6	7.6	12.3			30.4	38.6		11.5				
	12			15.4			30.5		54.5					
9	00	49.1	4.1	52.4			30.6	54.1						
	12			39.4			55.1	54.2						
10	00	49.2	4.2	53.5					54.6					
	12	49.3	4.3	62.5			55.2	54.3					R	
11	00			56.6			55.3	54.4	61.1					
	12	49.4	4.4	33.1			55.4							
12	00			7.1			55.5	54.5						
	12	49.5	4.5	4.2			55.6	54.6	61.2		38.6	7.6		
13	00			29.3			37.1							
	12	49.6	4.6	59.3			37.2	61.1	61.3	11.6				
14	00			40.4			37.3	61.2						
	12	30.1	29.1	64.5			37.4							
15	00			47.6			37.5	61.3	61.4					
	12	30.2	29.2	46.1	D	D	37.6	61.4						
16	00			18.2			63.1		61.5					
	12	30.3	29.3	48.3				61.5						
17	00	30.4	29.4	57.5			63.2	61.6						
	12			32.6			63.3		61.6					
18	00	30.5	29.5	28.1			63.4	60.1						
	12			44.3			63.5		60.1					
19	00	30.6	29.6	1.4			63.6	60.2		10.1				
	12			43.5				60.3						
20	00	55.1	59.1	34.1			22.1		60.2					
	12			9.2	R	R	22.2	60.4						
21	00	55.2	59.2	5.4			22.3	60.5	60.3					
	12			26.6										
22	00	55.3	59.3	10.1			22.4	60.6			54.1			
	12			58.3			22.5	41.1	60.4					
23	00	55.4	59.4	38.5										
	12	55.5	59.5	54.6			22.6	41.2	60.5					
24	00			60.2				41.3						
	12	55.6	59.6	41.4			36.1							
25	00			19.5				41.4	60.6	10.2				
	12	37.1	40.1	49.1			36.2	41.5						
26	00			30.3					41.1					
	12	37.2	40.2	55.4			36.3	41.6						
27	00			37.5				19.1						
	12	37.3	40.3	22.1					41.2					
28	00			36.2				19.2						59.5
	12	37.4	40.4	25.3	D	D	36.4	19.3	41.3					
29	00			17.4										
	12	37.5	40.5	21.5				19.4	41.4					

March 1960

Date	Time	☉	⊕	☾	☊	☋	☿	♀	♂	♃	♄	♅	♆	♇
1	00	37.5	40.5	51.6	6.3	36.3	36.4	19.5	41.4	10.2	54.1	7.6	44.2	59.5
	12	37.6	40.6	3.1	D	D	D	D	D	D	D	R	R	R
2	00	63.1	64.1	27.2			R	19.6	41.5					
	12			24.2				13.1		10.3				
3	00	63.2	64.2	2.3					41.6					
	12			23.3				13.2			54.2			
4	00	63.3	64.3	8.4			36.3	13.3						
	12			20.4					19.1					
5	00	63.4	64.4	16.4				13.4						
	12			35.5	R	R			19.2					
6	00	63.5	64.5	45.5			36.2	13.5				7.5		
	12			12.5				13.6						
7	00	63.6	64.6	15.6					19.3					
	12			52.6			36.1	49.1						
8	00	22.1	47.1	53.1				49.2	19.4					
	12			62.1			22.6							
9	00	22.2	47.2	56.1				49.3						
	12	22.3	47.3	31.2			22.5	49.4	19.5					
10	00			33.3						10.4				
	12	22.4	47.4	7.3			22.4	49.5	19.6					
11	00			4.4				49.6						
	12	22.5	47.5	29.5			22.3							
12	00			59.6				30.1	13.1					
	12	22.6	47.6	64.1			22.2	30.2						
13	00			47.2					13.2					
	12	36.1	6.1	6.3	D	D	22.1	30.3						
14	00			46.4				30.4	13.3					
	12	36.2	6.2	18.5			63.6							
15	00			57.1				30.5						
	12	36.3	6.3	32.2	R	R	63.5	30.6	13.4					
16	00			50.3										
	12	36.4	6.4	28.5				55.1	13.5		54.3			
17	00	36.5	6.5	44.6			63.4	55.2						
	12			43.2										
18	00	36.6	6.6	14.3			63.3	55.3	13.6					
	12			34.5				55.4						
19	00	25.1	46.1	5.1					49.1	10.5				
	12			26.2				55.5						
20	00	25.2	46.2	11.4			63.2	55.6						
	12			10.5	D	D			49.2					
21	00	25.3	46.3	38.1				37.1						
	12			54.2					49.3					
22	00	25.4	46.4	61.4				37.2						
	12			60.6			63.1	37.3	49.4					
23	00	25.5	46.5	19.1										
	12			13.2				37.4						
24	00	25.6	46.6	49.4				37.5	49.5					
	12			30.5			D							
25	00	17.1	18.1	55.6				37.6	49.6					
	12	17.2	18.2	63.2				63.1						
26	00			22.3										
	12	17.3	18.3	36.4	R	R	63.2	63.2	30.1					
27	00			25.5				63.3						
	12	17.4	18.4	17.6					30.2					
28	00			51.1				63.4						
	12	17.5	18.5	42.2				63.5					44.1	
29	00			3.3					30.3					
	12	17.6	18.6	27.3			63.3	63.6						
30	00			24.4				22.1	30.4					
	12	21.1	48.1	2.5						10.6				
31	00			23.5				22.2	30.5					
	12	21.2	48.2	8.6			63.4	22.3						

April 1960

Date	Time	☉	⊕	☾	☊	☋	☿	♀	♂	♃	♄	♅	♆	♇
1	00	21.2	48.2	20.6	6.3	36.3	63.4	22.3	30.5	10.6	54.3	7.5	44.1	59.5
	12	21.3	48.3	16.6	R	R	D	22.4	30.6	D	D	R	R	R
2	00			45.1			63.5	22.5						
	12	21.4	48.4	12.1	6.2	36.2			55.1					
3	00			15.1				22.6						
	12	21.5	48.5	52.2			63.6	36.1			54.4			
4	00	21.6	48.6	39.2					55.2					
	12			53.2	D	D	22.1	36.2						
5	00	51.1	57.1	62.3				36.3	55.3					
	12			56.3			22.2							
6	00	51.2	57.2	31.4				36.4						
	12			33.4			22.3	36.5	55.4					
7	00	51.3	57.3	7.5	6.3	36.3								
	12			4.6			22.4	36.6	55.5					
8	00	51.4	57.4	29.6										
	12			40.1			22.5	25.1						
9	00	51.5	57.5	64.2				25.2	55.6					
	12			47.3			22.6							
10	00	51.6	57.6	6.4	R	R		25.3	37.1					
	12			46.6			36.1	25.4						59.4
11	00	42.1	32.1	48.1			36.2		37.2					
	12			57.2				25.5						
12	00	42.2	32.2	32.4			36.3	25.6				7.4		
	12			50.6	6.2	36.2	36.4		37.3					
13	00	42.3	32.3	44.1				17.1						
	12			1.3			36.5	17.2	37.4					
14	00	42.4	32.4	43.5										
	12	42.5	32.5	34.1			36.6	17.3						
15	00			9.2			25.1	17.4	37.5					
	12	42.6	32.6	5.4			25.2							
16	00			26.6				17.5	37.6					
	12	3.1	50.1	10.2			25.3	17.6						
17	00			58.3			25.4							
	12	3.2	50.2	38.5				21.1	63.1					
18	00			61.1			25.5	21.2						
	12	3.3	50.3	60.2			25.6		63.2					
19	00			41.4	D	D	17.1	21.3						
	12	3.4	50.4	19.5				21.4	63.3					
20	00			13.6			17.2							
	12	3.5	50.5	30.2			17.3	21.5		R				
21	00			55.3			17.4	21.6	63.4					
	12	3.6	50.6	37.4			17.5							
22	00			63.5				51.1	63.5					
	12	27.1	28.1	22.6			17.6	51.2						
23	00			25.1	R	R	21.1							
	12	27.2	28.2	17.2			21.2	51.3	63.6					
24	00			21.3			21.3							
	12	27.3	28.3	51.4				51.4	22.1			D		
25	00			42.4			21.4	51.5						
	12	27.4	28.4	3.5			21.5							
26	00	27.5	28.5	27.6			21.6	51.6	22.2					
	12			24.6			51.1	42.1						
27	00	27.6	28.6	23.1			51.2		22.3					
	12			8.1			51.3	42.2						
28	00	24.1	44.1	20.2			51.4	42.3	22.4		R			
	12			16.2										
29	00	24.2	44.2	35.3			51.5	42.4						
	12			45.3			51.6	42.5	22.5					
30	00	24.3	44.3	12.3	6.1	36.1	42.1							
	12			15.4			42.2	42.6	22.6					

May 1960

Date	Time	☉	⊕	☾	☊	☋	☿	♀	♂	♃	♄	♅	♆	♇
1	00	24.4	44.4	52.4	6.1	36.1	42.3	3.1	22.6	10.6	54.4	7.4	44.1	59.4
	12			39.4	R	R	42.4	D	D	R	R	D	R	R
2	00	24.5	44.5	53.5			42.5	3.2	36.1					
	12			62.5			42.6	3.3						
3	00	24.6	44.6	56.5			3.1		36.2					
	12			31.6			3.2	3.4						
4	00	2.1	1.1	33.6			3.3	3.5					28.6	
	12			4.1	D	D	3.4		36.3					
5	00	2.2	1.2	29.1			3.5	3.6						
	12			59.2			3.6	27.1	36.4					
6	00	2.3	1.3	40.3			27.1							
	12			64.4			27.2	27.2						
7	00	2.4	1.4	47.5			27.3	27.3	36.5			7.5		
	12			6.6	R	R	27.4							
8	00	2.5	1.5	18.1			27.5	27.4	36.6					
	12			48.2			27.6							
9	00	2.6	1.6	57.4			24.1	27.5						
	12			32.5			24.2	27.6	25.1					
10	00	23.1	43.1	28.1			24.4							
	12	23.2	43.2	44.3			24.5	24.1	25.2					
11	00			1.5			24.6	24.2						
	12	23.3	43.3	43.6			2.1		25.3	10.5				
12	00			34.2			2.2	24.3						
	12	23.4	43.4	9.4			2.3	24.4						
13	00			5.6			2.4		25.4					
	12	23.5	43.5	11.2			2.5	24.5						
14	00			10.4			2.6	24.6	25.5					
	12	23.6	43.6	58.6			23.2							
15	00			54.2	47.6	22.6	23.3	2.1						
	12	8.1	14.1	61.4			23.4	2.2	25.6					D
16	00			60.6			23.5							
	12	8.2	14.2	19.1			23.6	2.3	17.1					
17	00			13.3			8.1	2.4						
	12	8.3	14.3	49.4			8.3							
18	00			30.6	D	D	8.4	2.5	17.2					
	12	8.4	14.4	37.1			8.5	2.6						
19	00			63.2			8.6		17.3					
	12	8.5	14.5	22.3			20.1	23.1						
20	00			36.4	R	R	20.2	23.2						
	12	8.6	14.6	25.5			20.4		17.4					
21	00			17.6			20.5	23.3						
	12	20.1	34.1	21.6			20.6	23.4	17.5					
22	00			42.1			16.1							
	12	20.2	34.2	3.2			16.2	23.5						
23	00			27.2			16.3		17.6	10.4	54.3			
	12	20.3	34.3	24.3			16.4	23.6						
24	00			2.3			16.6	8.1	21.1					
	12	20.4	34.4	23.4			35.1							
25	00			8.4			35.2	8.2						
	12	20.5	34.5	20.5			35.3	8.3	21.2					
26	00			16.5			35.4							
	12	20.6	34.6	35.5	47.5	22.5	35.5	8.4	21.3					
27	00			45.6			35.6	8.5						
	12	16.1	9.1	12.6			45.1							
28	00			52.1			45.2	8.6	21.4					
	12	16.2	9.2	39.1			45.4	20.1						
29	00			53.1			45.5		21.5					
	12	16.3	9.3	62.1			45.6	20.2						
30	00	16.4	9.4	56.2			12.1	20.3						
	12			31.2			12.2		21.6					
31	00	16.5	9.5	33.3			12.3	20.4						
	12			7.3			12.4	20.5	51.1					

June 1960

Date	Time	☉	⊕	☾	☊	☋	☿	♀	♂	♃	♄	♅	♆	♇
1	00	16.6	9.6	4.3	47.5	22.5	12.5	20.5	51.1	10.4	54.3	7.5	28.6	59.4
	12			29.4	R	R	12.6	20.6	D	10.3	R	D	R	D
2	00	35.1	5.1	59.4			15.1	16.1	51.2					
	12			40.5			15.2							
3	00	35.2	5.2	64.6	D	D	15.3	16.2	51.3					
	12			6.1	R	R	15.4	16.3						
4	00	35.3	5.3	46.1			15.5							
	12			18.3				16.4	51.4					
5	00	35.4	5.4	48.4			15.6	16.5						
	12			57.5			52.1		51.5					
6	00	35.5	5.5	32.6	47.4	22.4	52.2	16.6						
	12			28.2			52.3							
7	00	35.6	5.6	44.4			52.4	35.1	51.6					
	12			1.5			52.5	35.2						
8	00	45.1	26.1	14.1					42.1					
	12			34.3			52.6	35.3						
9	00	45.2	26.2	9.5			39.1	35.4						
	12			26.2			39.2		42.2	10.2				
10	00	45.3	26.3	11.4			39.3	35.5						
	12			10.6				35.6	42.3		54.2			
11	00	45.4	26.4	38.2			39.4							
	12			54.4			39.5	45.1						
12	00	45.5	26.5	61.6			39.6	45.2	42.4			7.6		
	12			41.2	47.3	22.3								
13	00	45.6	26.6	19.4			53.1	45.3	42.5				28.5	
	12			13.6			53.2	45.4						
14	00	12.1	11.1	30.1										
	12			55.3			53.3	45.5	42.6					
15	00	12.2	11.2	37.4			53.4	45.6						
	12			63.5					3.1					
16	00	12.3	11.3	22.6	D	D	53.5	12.1						
	12			25.1	R	R	53.6	12.2						
17	00	12.4	11.4	17.2					3.2	10.1				
	12			21.3			62.1	12.3						
18	00	12.5	11.5	51.4				12.4	3.3					
	12			42.5			62.2							59.5
19	00	12.6	11.6	3.5				12.5						
	12			27.6			62.3		3.4					
20	00	15.1	10.1	24.6				12.6						
	12			23.1			62.4	15.1						
21	00	15.2	10.2	8.1					3.5					
	12			20.2			62.5	15.2						
22	00	15.3	10.3	16.2				15.3	3.6					
	12			35.2			62.6							
23	00	15.4	10.4	45.3				15.4						
	12			12.3	47.2	22.2	56.1	15.5	27.1					
24	00	15.5	10.5	15.3						11.6				
	12	15.6	10.6	52.4				15.6	27.2		54.1			
25	00			39.4			56.2	52.1						
	12	52.1	58.1	53.4										
26	00			62.5				52.2	27.3					
	12	52.2	58.2	56.5			56.3	52.3						
27	00			31.5										
	12	52.3	58.3	33.6				52.4	27.4					
28	00			7.6				52.5						
	12	52.4	58.4	29.1			56.4		27.5					
29	00			59.1				52.6						
	12	52.5	58.5	40.1				39.1						
30	00			64.2					27.6					
	12	52.6	58.6	47.3	D	D		39.2						

July 1960

Date	Time	☉	⊕	☾	☊	☋	☿	♀	♂	♃	♄	♅	♆	♇
1	00	52.6	58.6	6.3	47.2	22.2	56.4	39.3	24.1	11.6	54.1	7.6	28.5	59.5
	12	39.1	38.1	46.4	D	D	D	D	D	11.5	R	D	R	D
2	00			18.5			56.5	39.4				4.1		
	12	39.2	38.2	48.6	R	R		39.5	24.2					
3	00			32.1										
	12	39.3	38.3	50.2				39.6						
4	00			28.4	47.1	22.1	R	53.1	24.3					
	12	39.4	38.4	44.5										
5	00			43.1				53.2	24.4					
	12	39.5	38.5	14.3			56.4							
6	00			34.4				53.3						
	12	39.6	38.6	9.6				53.4	24.5					
7	00			26.2										
	12	53.1	54.1	11.5				53.5	24.6		38.6			
8	00			58.1				53.6						
	12	53.2	54.2	38.3										
9	00			54.5			56.3	62.1	2.1					
	12	53.3	54.3	60.1				62.2		11.4				
10	00			41.3										
	12	53.4	54.4	19.5				62.3	2.2					
11	00			49.1			56.2	62.4						
	12	53.5	54.5	30.3					2.3					
12	00			55.5				62.5						
	12	53.6	54.6	37.6				62.6						
13	00			22.2	D	D	56.1		2.4					
	12	62.1	61.1	36.3				56.1						
14	00			25.4				56.2						
	12	62.2	61.2	17.5			62.6		2.5					
15	00			21.6				56.3						
	12	62.3	61.3	42.1				56.4	2.6					
16	00			3.2	R	R	62.5							
	12	62.4	61.4	27.2				56.5						
17	00			24.3			62.4	56.6	23.1					
	12	62.5	61.5	2.3										
18	00			23.4				31.1						
	12	62.6	61.6	8.4	64.6	63.6	62.3	31.2	23.2	11.3			D	
19	00			20.5								4.2		
	12	56.1	60.1	16.5				31.3						
20	00			35.6			62.2		23.3					
	12	56.2	60.2	45.6				31.4			38.5			
21	00			12.6				31.5	23.4					
	12	56.3	60.3	52.1										
22	00			39.1			62.1	31.6						
	12	56.4	60.4	53.1				33.1	23.5					
23	00	56.5	60.5	62.1										
	12			56.2				33.2						
24	00	56.6	60.6	31.2			53.6	33.3	23.6					
	12			33.3										
25	00	31.1	41.1	7.3				33.4						
	12			4.3				33.5	8.1					
26	00	31.2	41.2	29.4										
	12			59.4	64.5	63.5		33.6	8.2					
27	00	31.3	41.3	40.5				7.1						
	12			64.6	D	D								59.6
28	00	31.4	41.4	47.6			D	7.2	8.3					
	12			46.1				7.3						
29	00	31.5	41.5	18.2										
	12			48.3	64.6	63.6		7.4	8.4					
30	00	31.6	41.6	57.3				7.5		11.2				
	12			32.5										
31	00	33.1	19.1	50.6				7.6	8.5					
	12			44.1				4.1						

August 1960

Date	Time	☉	⊕	☾	☊	☋	☿	♀	♂	♃	♄	♅	♆	♇
1	00	33.2	19.2	1.2	R	R	62.1	4.1	8.6	11.2	38.5	4.2	28.5	59.6
	12			43.4			D	4.2	D	R	R	D	D	D
2	00	33.3	19.3	14.5				4.3						
	12			9.1	64.5	63.5			20.1					
3	00	33.4	19.4	5.2			62.2	4.4						
	12			26.4				4.5			38.4			
4	00	33.5	19.5	11.6			62.3		20.2			4.3		
	12			58.2				4.6						
5	00	33.6	19.6	38.4				29.1						
	12			54.6			62.4		20.3					
6	00	7.1	13.1	60.2				29.2						
	12			41.4			62.5							
7	00	7.2	13.2	19.6				29.3	20.4					
	12			49.2			62.6	29.4						
8	00	7.3	13.3	30.4			56.1							
	12			55.6				29.5	20.5					
9	00	7.4	13.4	63.1			56.2	29.6						
	12			22.3	D	D	56.3							
10	00	7.5	13.5	36.4				59.1	20.6					
	12			25.6			56.4	59.2						
11	00	7.6	13.6	21.1			56.5		16.1					
	12			51.2			56.6	59.3						
12	00	4.1	49.1	42.3				59.4						
	12			3.4			31.1		16.2					
13	00	4.2	49.2	27.5			31.2	59.5						
	12			24.6			31.3	59.6						
14	00	4.3	49.3	2.6			31.4		16.3					
	12			8.1	R	R	31.5	40.1						
15	00	4.4	49.4	20.1				40.2						
	12	4.5	49.5	16.2			31.6		16.4					
16	00			35.2			33.1	40.3						
	12	4.6	49.6	45.2			33.2	40.4						
17	00			12.3			33.3		16.5					
	12	29.1	30.1	15.3			33.4	40.5						
18	00			52.3			33.5	40.6						
	12	29.2	30.2	39.4			33.6		16.6					
19	00			53.4			7.1	64.1				4.4		
	12	29.3	30.3	62.4			7.2	64.2						
20	00			56.5			7.3		35.1					
	12	29.4	30.4	31.5			7.4	64.3						
21	00			33.6			7.5	64.4		D				
	12	29.5	30.5	7.6			7.6		35.2					
22	00			29.1			4.1	64.5						
	12	29.6	30.6	59.1			4.3	64.6			38.3		28.6	
23	00			40.2			4.4		35.3					
	12	59.1	55.1	64.2			4.5	47.1						
24	00			47.3	D	D	4.6							
	12	59.2	55.2	6.4			29.1	47.2	35.4					
25	00			46.5			29.2	47.3						
	12	59.3	55.3	18.5			29.3							40.1
26	00			48.6			29.4	47.4	35.5					
	12	59.4	55.4	32.1			29.5	47.5						
27	00			50.2			29.6							
	12	59.5	55.5	28.3			59.1	47.6	35.6					
28	00			44.5			59.2	6.1						
	12	59.6	55.6	1.6			59.3							
29	00			14.1			59.4	6.2	45.1					
	12	40.1	37.1	34.3			59.5	6.3						
30	00			9.4	R	R	59.6							
	12	40.2	37.2	5.6			40.1	6.4						
31	00			11.1			40.2	6.5	45.2					
	12	40.3	37.3	10.3			40.4							

September 1960

Date	Time	☉	⊕	☾	☊	☋	☿	♀	♂	♃	♄	♅	♆	♇
1	00	40.3	37.3	58.5	64.5	63.5	40.5	6.6	45.2	11.2	38.3	4.4	28.6	40.1
	12	40.4	37.4	38.6	R	R	40.6	46.1	45.3	D	R	D	D	D
2	00	40.5	37.5	61.2			64.1							
	12			60.4			64.2	46.2						
3	00	40.6	37.6	41.6			64.3	46.3	45.4			4.5		
	12			13.2			64.4							
4	00	64.1	63.1	49.3			64.5	46.4						
	12			30.5			64.6	46.5	45.5					
5	00	64.2	63.2	37.1			47.1							
	12			63.3			47.2	46.6						
6	00	64.3	63.3	22.4	D	D	47.3	18.1	45.6					
	12			36.6			47.4							
7	00	64.4	63.4	17.1				18.2						
	12			21.2			47.5	18.3						
8	00	64.5	63.5	51.4			47.6		12.1					
	12			42.5	R	R	6.1	18.4						
9	00	64.6	63.6	3.6			6.2							
	12			24.1			6.3	18.5	12.2					
10	00	47.1	22.1	2.1			6.4	18.6						
	12			23.2			6.5							
11	00	47.2	22.2	8.3			6.6	48.1	12.3					
	12			20.3			46.1	48.2		11.3				
12	00	47.3	22.3	16.4			46.2							
	12			35.4			46.3	48.3						
13	00	47.4	22.4	45.5	D	D	46.4	48.4	12.4					
	12			12.5			46.5							
14	00	47.5	22.5	15.5				48.5						
	12			52.6			46.6	48.6	12.5					
15	00	47.6	22.6	39.6			18.1							
	12	6.1	36.1	53.6			18.2	57.1						
16	00			56.1			18.3	57.2			D			
	12	6.2	36.2	31.1			18.4		12.6					
17	00			33.2			18.5	57.3						
	12	6.3	36.3	7.2			18.6	57.4						
18	00			4.2					15.1					
	12	6.4	36.4	29.3			48.1	57.5						
19	00			59.4			48.2	57.6						
	12	6.5	36.5	40.4			48.3					4.6		
20	00			64.5	R	R	48.4	32.1	15.2					
	12	6.6	36.6	47.6			48.5	32.2						
21	00			46.1			48.6							
	12	46.1	25.1	18.2				32.3	15.3					
22	00			48.3			57.1	32.4						
	12	46.2	25.2	57.4			57.2							40.2
23	00			32.5			57.3	32.5		11.4				
	12	46.3	25.3	50.6			57.4		15.4					
24	00			44.1				32.6						
	12	46.4	25.4	1.3			57.5	50.1						
25	00			43.4			57.6							
	12	46.5	25.5	14.5			32.1	50.2	15.5					
26	00			9.1			32.2	50.3						
	12	46.6	25.6	5.2										
27	00	18.1	17.1	26.4			32.3	50.4						
	12			11.5			32.4	50.5	15.6				44.1	
28	00	18.2	17.2	58.1			32.5							
	12			38.2	D	D	32.6	50.6						
29	00	18.3	17.3	54.4				28.1	52.1					
	12			61.6			50.1							
30	00	18.4	17.4	41.1			50.2	28.2						
	12			19.3			50.3	28.3						

October 1960

Date	Time	☉	⊕	☾	☊	☋	☿	♀	♂	♃	♄	♅	♆	♇
1	00	18.5	17.5	13.4	64.5	63.5	50.3	28.3	52.2	11.4	38.3	4.6	44.1	40.2
	12			49.6	D	D	50.4	28.4	D	11.5	D	D	D	D
2	00	18.6	17.6	55.1			50.5	28.5						
	12			37.3			50.6							
3	00	48.1	21.1	63.4				28.6	52.3					
	12			22.6	R	R	28.1	44.1						
4	00	48.2	21.2	25.1			28.2							
	12			17.3				44.2						
5	00	48.3	21.3	21.4			28.3	44.3						
	12			51.5			28.4		52.4					
6	00	48.4	21.4	42.6				44.4						
	12			27.1			28.5	44.5						
7	00	48.5	21.5	24.2			28.6							
	12	48.6	21.6	2.3			44.1	44.6	52.5					
8	00			23.4								29.1		
	12	57.1	51.1	8.5			44.2	1.1						
9	00			20.5	64.4	63.4	44.3	1.2		11.6				
	12	57.2	51.2	16.6					52.6					
10	00			35.6			44.4	1.3						
	12	57.3	51.3	12.1				1.4			38.4			
11	00			15.1			44.5							
	12	57.4	51.4	52.2			44.6	1.5						
12	00			39.2				1.6	39.1					
	12	57.5	51.5	53.2			1.1							
13	00			62.3	D	D		43.1						
	12	57.6	51.6	56.3			1.2	43.2						
14	00			31.3			1.3		39.2					
	12	32.1	42.1	33.4				43.3						
15	00			7.4			1.4	43.4						
	12	32.2	42.2	4.4						10.1				
16	00			29.5			1.5	43.5						
	12	32.3	42.3	59.5				43.6	39.3					
17	00	32.4	42.4	40.6			1.6							
	12			47.1	R	R		14.1						
18	00	32.5	42.5	6.2			43.1	14.2						
	12			46.3										
19	00	32.6	42.6	18.4			43.2	14.3						
	12			48.5					39.4					
20	00	50.1	3.1	57.6			43.3	14.4						
	12			50.1				14.5						
21	00	50.2	3.2	28.3										
	12			44.4			43.4	14.6		10.2				
22	00	50.3	3.3	1.6				34.1	39.5					
	12			14.1										
23	00	50.4	3.4	34.3			43.5	34.2						
	12			9.4				34.3						
24	00	50.5	3.5	5.6									44.2	
	12	50.6	3.6	11.2				34.4						
25	00			10.3			43.6	34.5	39.6					
	12	28.1	27.1	58.5										
26	00			54.1				34.6						
	12	28.2	27.2	61.2				9.1						
27	00			60.4						10.3				40.3
	12	28.3	27.3	41.5	D	D		9.2						
28	00			13.1			R	9.3	53.1					
	12	28.4	27.4	49.2							38.5			
29	00			30.4				9.4						
	12	28.5	27.5	55.5										
30	00			37.6				9.5						
	12	28.6	27.6	22.2	R	R	43.5	9.6						
31	00			36.3										
	12	44.1	24.1	25.4				5.1						

November 1960

Date	Time	☉	⊕	☾	☊	☋	☿	♀	♂	♃	♄	♅	♆	♇
1	00	44.2	24.2	17.5	64.4	63.4	43.4	5.2	53.2	10.3	38.5	29.1	44.2	40.3
	12			21.6	R	R	R	D	D	10.4	D	D	D	D
2	00	44.3	24.3	42.1				5.3						
	12			3.2	64.3	63.3	43.3	5.4						
3	00	44.4	24.4	27.3								29.2		
	12			24.4			43.2	5.5						
4	00	44.5	24.5	2.5				5.6						
	12			23.6			43.1							
5	00	44.6	24.6	20.1			1.6	26.1	53.3					
	12			16.1				26.2						
6	00	1.1	2.1	35.2			1.5							
	12			45.2			1.4	26.3		10.5				
7	00	1.2	2.2	12.3				26.4						
	12			15.3			1.3							
8	00	1.3	2.3	52.4	64.2	63.2	1.2	26.5						
	12	1.4	2.4	39.4										
9	00			53.4			1.1	26.6						
	12	1.5	2.5	62.5			44.6	11.1						
10	00			56.5							38.6			
	12	1.6	2.6	31.5			44.5	11.2	53.4					
11	00			33.6			44.4	11.3						
	12	43.1	23.1	7.6						10.6				
12	00			4.6	D	D	44.3	11.4						
	12	43.2	23.2	59.1				11.5						
13	00			40.1			44.2							
	12	43.3	23.3	64.2				11.6						
14	00			47.2	R	R		10.1						
	12	43.4	23.4	6.3			44.1							
15	00	43.5	23.5	46.4				10.2						
	12			18.5				10.3						
16	00	43.6	23.6	48.6						58.1				
	12			32.1				10.4						
17	00	14.1	8.1	50.3			D							
	12			28.4				10.5						
18	00	14.2	8.2	44.6				10.6						
	12			43.1									44.3	
19	00	14.3	8.3	14.3				58.1						
	12			34.5			44.2	58.2						
20	00	14.4	8.4	5.1	64.1	63.1								
	12			26.2				58.3		58.2				
21	00	14.5	8.5	11.4				58.4	R		54.1			
	12			10.6			44.3							
22	00	14.6	8.6	38.2				58.5						
	12	34.1	20.1	54.4			44.4	58.6						
23	00			61.6										
	12	34.2	20.2	41.2			44.5	38.1						
24	00			19.3										
	12	34.3	20.3	13.5			44.6	38.2						
25	00			49.6				38.3		58.3				
	12	34.4	20.4	55.2			1.1							
26	00			37.3	D	D		38.4						
	12	34.5	20.5	63.4	R	R	1.2	38.5						
27	00			22.6			1.3							
	12	34.6	20.6	25.1				38.6						
28	00	9.1	16.1	17.2			1.4	54.1						
	12			21.3			1.5							
29	00	9.2	16.2	51.4				54.2						
	12			42.5			1.6	54.3		58.4				
30	00	9.3	16.3	3.6			43.1							
	12			27.6				54.4			54.2			

December 1960

Date	Time	☉	⊕	☾	☊	☋	☿	♀	♂	♃	♄	♅	♆	♇
1	00	9.4	16.4	2.1	64.1	63.1	43.2	54.4	53.3	58.4	54.2	29.2	44.3	40.3
	12			23.2	40.6	37.6	43.3	54.5	R	D	D	R	D	D
2	00	9.5	16.5	8.2			43.4	54.6						
	12			20.3										
3	00	9.6	16.6	16.4			43.5	61.1						
	12			35.4			43.6	61.2						
4	00	5.1	35.1	45.5			14.1			58.5				
	12	5.2	35.2	12.5				61.3						
5	00			15.6			14.2	61.4						
	12	5.3	35.3	52.6	40.5	37.5	14.3							
6	00			39.6			14.4	61.5						
	12	5.4	35.4	62.1					53.2					
7	00			56.1			14.5	61.6						
	12	5.5	35.5	31.1			14.6	60.1						
8	00			33.2			34.1			58.6				
	12	5.6	35.6	7.2			34.2	60.2						
9	00			4.2				60.3						
	12	26.1	45.1	29.3			34.3				54.3			
10	00			59.3			34.4	60.4	53.1					
	12	26.2	45.2	40.3			34.5	60.5						R
11	00	26.3	45.3	64.4	D	D	34.6							
	12			47.4	R	R		60.6						
12	00	26.4	45.4	6.5			9.1							
	12			46.6			9.2	41.1		38.1				
13	00	26.5	45.5	18.6			9.3	41.2						
	12			57.1			9.4		39.6					
14	00	26.6	45.6	32.2				41.3						
	12			50.4			9.5	41.4						
15	00	11.1	12.1	28.5			9.6							
	12			44.6			5.1	41.5						
16	00	11.2	12.2	43.2			5.2							
	12	11.3	12.3	14.4				41.6	39.5	38.2				
17	00			34.6	40.4	37.4	5.3	19.1					44.4	
	12	11.4	12.4	5.1			5.4							
18	00			26.3			5.5	19.2			54.4			
	12	11.5	12.5	11.5			5.6	19.3						
19	00			58.2			26.1		39.4					
	12	11.6	12.6	38.4				19.4						
20	00			54.6			26.2	19.5						
	12	10.1	15.1	60.2			26.3			38.3				
21	00			41.4			26.4	19.6						
	12	10.2	15.2	19.6			26.5		39.3					
22	00	10.3	15.3	49.2			26.6	13.1						
	12			30.3				13.2						
23	00	10.4	15.4	55.5			11.1							
	12			37.6	D	D	11.2	13.3						
24	00	10.5	15.5	22.2			11.3		39.2					
	12			36.3			11.4	13.4		38.4				
25	00	10.6	15.6	25.4			11.5	13.5						
	12			17.6	R	R								
26	00	58.1	52.1	51.1			11.6	13.6			54.5			
	12			42.2			10.1	49.1	39.1					
27	00	58.2	52.2	3.2			10.2							
	12	58.3	52.3	27.3			10.3	49.2						
28	00			24.4			10.4							
	12	58.4	52.4	2.5	40.3	37.3		49.3		38.5				
29	00			23.5			10.5	49.4	52.6					
	12	58.5	52.5	8.6			10.6							
30	00			20.6			58.1	49.5				29.1		
	12	58.6	52.6	35.1			58.2	49.6						
31	00			45.1			58.3		52.5					
	12	38.1	39.1	12.2				30.1						

January 1961

Date	Time	☉	⊕	☾	☊	☋	☿	♀	♂	♃	♄	♅	♆	♇
1	00	38.1	39.1	15.2	40.3	37.3	58.4	30.1	52.5	38.5	54.5	29.1	44.4	40.3
	12	38.2	39.2	52.3	R	R	58.5	30.2	R	38.6	D	R	D	R
2	00			39.3			58.6	30.3						
	12	38.3	39.3	53.3	40.2	37.2	38.1		52.4					
3	00	38.4	39.4	62.4			38.2	30.4			54.6			
	12			56.4			38.3							
4	00	38.5	39.5	31.4				30.5						
	12			33.4			38.4	30.6						
5	00	38.6	39.6	7.5			38.5		52.3					
	12			4.5			38.6	55.1		54.1				
6	00	54.1	53.1	29.5			54.1							
	12			59.6			54.2	55.2						
7	00	54.2	53.2	40.6	D	D	54.3	55.3						
	12			47.1					52.2					
8	00	54.3	53.3	6.1			54.4	55.4						
	12	54.4	53.4	46.2			54.5							
9	00			18.2			54.6	55.5						
	12	54.5	53.5	48.3			61.1	55.6		54.2				
10	00			57.4			61.2		52.1					
	12	54.6	53.6	32.4	R	R	61.3	37.1						
11	00			50.5			61.4				61.1			
	12	61.1	62.1	44.1				37.2						
12	00			1.2			61.5	37.3						
	12	61.2	62.2	43.3			61.6							
13	00			14.5			60.1	37.4	15.6					
	12	61.3	62.3	34.6			60.2							
14	00	61.4	62.4	5.2			60.3	37.5		54.3				
	12			26.4			60.4							
15	00	61.5	62.5	11.6			60.5	37.6						
	12			58.2			60.6	63.1						
16	00	61.6	62.6	38.4			41.1		15.5					
	12			54.6				63.2						
17	00	60.1	56.1	60.2			41.2							
	12			41.5			41.3	63.3						
18	00	60.2	56.2	13.1			41.4	63.4		54.4				
	12			49.3			41.5							
19	00	60.3	56.3	30.5			41.6	63.5			61.2			
	12	60.4	56.4	37.1			19.1							
20	00			63.2	D	D	19.2	63.6	15.4					
	12	60.5	56.5	22.4			19.3							
21	00			36.6			19.4	22.1						
	12	60.6	56.6	17.1			19.5	22.2						
22	00			21.2						54.5				
	12	41.1	31.1	51.4			19.6	22.3						
23	00			42.5			13.1							
	12	41.2	31.2	3.6			13.2	22.4						
24	00			27.6	R	R	13.3							
	12	41.3	31.3	2.1			13.4	22.5	15.3					
25	00			23.2			13.5							40.2
	12	41.4	31.4	8.3			13.6	22.6						
26	00	41.5	31.5	20.3			49.1	36.1		54.6				
	12			16.4	40.1	37.1	49.2					4.6		
27	00	41.6	31.6	35.4				36.2			61.3			
	12			45.5			49.3							
28	00	19.1	33.1	12.5			49.4	36.3						
	12			15.5			49.5							
29	00	19.2	33.2	52.6			49.6	36.4						
	12			39.6			30.1							
30	00	19.3	33.3	53.6			30.2	36.5		61.1				
	12			56.1			30.3	36.6						
31	00	19.4	33.4	31.1										
	12	19.5	33.5	33.1			30.4	25.1						

February 1961

Date	Time	☉	⊕	☾	☊	☋	☿	♀	♂	♃	♄	♅	♆	♇
1	00	19.5	33.5	7.2	40.1	37.1	30.5	25.1	15.3	61.1	61.3	4.6	44.4	40.2
	12	19.6	33.6	4.2	R	R	30.6	25.2	R	D	D	R	D	R
2	00			29.2			55.1		15.2					
	12	13.1	7.1	59.3				25.3						
3	00			40.3	D	D	55.2			61.2				
	12	13.2	7.2	64.3			55.3	25.4						
4	00			47.4							61.4			
	12	13.3	7.3	6.4			55.4	25.5						
5	00			46.5			55.5							
	12	13.4	7.4	18.5				25.6						
6	00			48.6			55.6							
	12	13.5	7.5	32.1				17.1	D					
7	00	13.6	7.6	50.2			37.1							
	12			28.2				17.2		61.3				
8	00	49.1	4.1	44.3			37.2							
	12			1.5				17.3						
9	00	49.2	4.2	43.6	R	R	37.3							
	12			34.1				17.4						
10	00	49.3	4.3	9.2										
	12			5.4			37.4	17.5						
11	00	49.4	4.4	26.5					15.3					
	12			10.1				17.6		61.4			R	
12	00	49.5	4.5	58.3										
	12			38.5				21.1			61.5			
13	00	49.6	4.6	61.1			R							
	12	30.1	29.1	60.3				21.2						
14	00			41.5										
	12	30.2	29.2	13.1				21.3						
15	00			49.3										
	12	30.3	29.3	30.5										
16	00			37.1	D	D	37.3	21.4		61.5				
	12	30.4	29.4	63.3										
17	00			22.5				21.5						
	12	30.5	29.5	25.1			37.2					4.5		
18	00			17.2				21.6						
	12	30.6	29.6	21.4			37.1							
19	00			51.5				51.1						
	12	55.1	59.1	3.1			55.6							
20	00	55.2	59.2	27.2					15.4					
	12			24.3			55.5	51.2		61.6				
21	00	55.3	59.3	2.4										
	12			23.5			55.4	51.3			61.6			
22	00	55.4	59.4	8.5										
	12			20.6	R	R	55.3							
23	00	55.5	59.5	35.1			55.2	51.4						
	12			45.1										
24	00	55.6	59.6	12.2			55.1	51.5						
	12			15.2										
25	00	37.1	40.1	52.2			30.6		15.5	60.1				
	12			39.3	D	D		51.6						
26	00	37.2	40.2	53.3			30.5							
	12	37.3	40.3	62.3										
27	00			56.4			30.4	42.1						
	12	37.4	40.4	31.4										
28	00			33.4			30.3							
	12	37.5	40.5	7.4				42.2						

March 1961

Date	Time	☉	⊕	☾	☊	☋	☿	♀	♂	♃	♄	♅	♆	♇
1	00	37.5	40.5	4.5	40.1	37.1	30.2	42.2	15.5	60.1	61.6	4.5	44.4	40.2
	12	37.6	40.6	29.5	D	D	R	D	15.6	60.2	D	R	R	R
2	00			59.6				42.3						
	12	63.1	64.1	40.6	R	R								
3	00			47.1			30.1				60.1			
	12	63.2	64.2	6.1				42.4						
4	00			46.2										
	12	63.3	64.3	18.2										40.1
5	00			48.3				42.5	52.1					
	12	63.4	64.4	57.4			49.6							
6	00	63.5	64.5	32.4						60.3				
	12			50.5										
7	00	63.6	64.6	28.6			D	42.6						
	12			1.1										
8	00	22.1	47.1	43.2										
	12			14.3					52.2					
9	00	22.2	47.2	34.5			30.1	3.1						
	12			9.6										
10	00	22.3	47.3	26.1										
	12			11.3	D	D								
11	00	22.4	47.4	10.4						60.4				
	12			58.6				3.2	52.3					
12	00	22.5	47.5	54.1			30.2					4.4		
	12			61.3										
13	00	22.6	47.6	60.5										
	12	36.1	6.1	19.1							60.2			
14	00			13.2			30.3							
	12	36.2	6.2	49.4				3.3	52.4					
15	00			30.6										
	12	36.3	6.3	37.2	R	R	30.4							
16	00			63.4										
	12	36.4	6.4	22.6			30.5			60.5				
17	00			25.1					52.5					
	12	36.5	6.5	17.3			30.6							
18	00			21.5										
	12	36.6	6.6	51.6										
19	00			3.2			55.1							
	12	25.1	46.1	27.3										
20	00			24.4			55.2		52.6					
	12	25.2	46.2	2.5										
21	00	25.3	46.3	23.6			55.3	R						
	12			20.1			55.4			60.6				
22	00	25.4	46.4	16.2										
	12			35.3			55.5		39.1					
23	00	25.5	46.5	45.3										
	12			12.4			55.6							
24	00	25.6	46.6	15.4										
	12			52.5	D	D	37.1							
25	00	17.1	18.1	39.5			37.2		39.2					
	12			53.5										
26	00	17.2	18.2	62.6			37.3				60.3			
	12			56.6			37.4							
27	00	17.3	18.3	31.6					39.3					
	12			7.1			37.5	3.2		41.1				
28	00	17.4	18.4	4.1			37.6							
	12			29.1										
29	00	17.5	18.5	59.2			63.1							
	12	17.6	18.6	40.2	R	R	63.2		39.4					
30	00			64.3										
	12	21.1	48.1	47.3			63.3	3.1						
31	00			6.4			63.4							
	12	21.2	48.2	46.4										

April 1961

Date	Time	☉	⊕	☾	☊	☋	☿	♀	♂	♃	♄	♅	♆	♇
1	00	21.2	48.2	18.5	40.1	37.1	63.5	3.1	39.5	41.1	60.3	4.4	44.4	40.1
	12	21.3	48.3	48.6	R	R	63.6	42.6	D	D	D	R	R	R
2	00			32.1			22.1							
	12	21.4	48.4	50.2						41.2				
3	00			28.3	59.6	55.6	22.2		39.6					
	12	21.5	48.5	44.4			22.3	42.5						
4	00			1.5			22.4							
	12	21.6	48.6	43.6			22.5							
5	00			34.1					53.1					
	12	51.1	57.1	9.3			22.6	42.4						
6	00			5.4			36.1							
	12	51.2	57.2	26.5			36.2							
7	00			10.1			36.3	42.3						
	12	51.3	57.3	58.2					53.2					
8	00			38.4			36.4							
	12	51.4	57.4	54.5	D	D	36.5	42.2						
9	00	51.5	57.5	60.1			36.6			41.3				
	12			41.2			25.1		53.3					
10	00	51.6	57.6	19.4			25.2	42.1						
	12			13.5			25.3							
11	00	42.1	32.1	30.1							60.4			
	12			55.3			25.4	51.6	53.4					
12	00	42.2	32.2	37.4	R	R	25.5							
	12			63.6			25.6						44.3	
13	00	42.3	32.3	36.1			17.1	51.5						
	12			25.3			17.2		53.5					
14	00	42.4	32.4	17.5			17.3							
	12			21.6			17.4	51.4						
15	00	42.5	32.5	42.2			17.5							
	12			3.3			17.6		53.6					
16	00	42.6	32.6	27.4			21.1	51.3						
	12			24.6			21.2			41.4				
17	00	3.1	50.1	23.1			21.3							
	12			8.2				51.2	62.1					
18	00	3.2	50.2	20.3	59.5	55.5	21.4							59.6
	12			16.4			21.5							
19	00	3.3	50.3	35.4			21.6							
	12	3.4	50.4	45.5			51.1	51.1	62.2					
20	00			12.6			51.2							
	12	3.5	50.5	15.6			51.3							
21	00			39.1			51.4					4.3		
	12	3.6	50.6	53.1			51.5	21.6	62.3					
22	00			62.2			42.1							
	12	27.1	28.1	56.2			42.2							
23	00			31.2	D	D	42.3							
	12	27.2	28.2	33.2			42.4		62.4					
24	00			7.3			42.5	21.5						
	12	27.3	28.3	4.3			42.6							
25	00			29.3			3.1							
	12	27.4	28.4	59.4			3.2		62.5					
26	00			40.4	R	R	3.3			41.5				
	12	27.5	28.5	64.5			3.4							
27	00			47.5			3.5							
	12	27.6	28.6	6.6			3.6	21.4	62.6					
28	00			18.1			27.1							
	12	24.1	44.1	48.1			27.3							
29	00			57.2			27.4		56.1					
	12	24.2	44.2	32.3			27.5					D		
30	00			50.4			27.6							
	12	24.3	44.3	28.5			24.1							

May 1961

Date	Time	☉	⊕	☾	☊	☋	☿	♀	♂	♃	♄	♅	♆	♇
1	00	24.3	44.3	44.6	59.5	55.5	24.2	21.4	56.2	41.5	60.4	4.3	44.3	59.6
	12	24.4	44.4	43.2	59.4	55.4	24.3	R	D	D	D	D	R	R
2	00			14.3			24.5							
	12	24.5	44.5	34.4			24.6	D						
3	00	24.6	44.6	9.6			2.1		56.3					
	12			26.1			2.2							
4	00	2.1	1.1	11.3			2.3							
	12			10.4			2.4		56.4					
5	00	2.2	1.2	58.6			2.5							
	12			54.2			23.1							
6	00	2.3	1.3	61.3			23.2							
	12			60.5			23.3		56.5					
7	00	2.4	1.4	41.6			23.4							
	12			13.2			23.5	21.5						
8	00	2.5	1.5	49.3	D	D	23.6					4.4		
	12			30.5			8.1		56.6					
9	00	2.6	1.6	55.6	R	R	8.3			41.6				
	12			63.2			8.4							
10	00	23.1	43.1	22.3			8.5		31.1		R			
	12			36.5			8.6							
11	00	23.2	43.2	25.6			20.1							
	12			21.1			20.2	21.6						
12	00	23.3	43.3	51.3			20.3		31.2					
	12			42.4			20.4							
13	00	23.4	43.4	3.5			20.5							
	12			24.1	59.3	55.3	20.6		31.3					
14	00	23.5	43.5	2.2			16.1	51.1						
	12			23.3			16.3							
15	00	23.6	43.6	8.4			16.4							
	12			20.5			16.5		31.4					
16	00	8.1	14.1	16.6			16.6	51.2						
	12			35.6			35.1							
17	00	8.2	14.2	12.1			35.2		31.5					
	12			15.2									44.2	D
18	00	8.3	14.3	52.2	59.2	55.2	35.3	51.3						
	12			39.3			35.4							
19	00	8.4	14.4	53.3			35.5		31.6					
	12	8.5	14.5	62.4			35.6							
20	00			56.4			45.1	51.4						
	12	8.6	14.6	31.4			45.2		33.1					
21	00			33.5			45.3							
	12	20.1	34.1	7.5			45.4	51.5						
22	00			4.5			45.5							
	12	20.2	34.2	29.6					33.2					
23	00			59.6			45.6	51.6						
	12	20.3	34.3	40.6			12.1							
24	00			47.1			12.2		33.3					
	12	20.4	34.4	6.1			12.3	42.1						
25	00			46.2										
	12	20.5	34.5	18.2			12.4							
26	00			48.3			12.5	42.2	33.4	R				
	12	20.6	34.6	57.4										
27	00			32.5			12.6							
	12	16.1	9.1	50.6			15.1	42.3	33.5					
28	00			44.1										
	12	16.2	9.2	1.2			15.2	42.4						
29	00			43.4			15.3							
	12	16.3	9.3	14.5					33.6					
30	00			9.1	59.1	55.1	15.4	42.5						
	12	16.4	9.4	5.2										
31	00			26.4			15.5		7.1					
	12	16.5	9.5	11.6			15.6	42.6						

June 1961

Date	Time	☉	⊕	☾	☊	☋	☿	♀	♂	♃	♄	♅	♆	♇
1	00	16.5	9.5	58.1	59.6	55.1	15.6	42.6	7.1	41.6	60.4	4.4	44.2	59.6
	12	16.6	9.6	38.3	R	R	52.1	3.1	7.2	R	R	D	R	D
2	00			54.5										
	12	35.1	5.1	60.1			52.2	3.2						
3	00			41.2										
	12	35.2	5.2	19.4			52.3		7.3					
4	00			13.6				3.3						
	12	35.3	5.3	30.1										
5	00			55.3	D	D	52.4	3.4	7.4					
	12	35.4	5.4	37.5										
6	00			63.6	R	R		3.5						
	12	35.5	5.5	36.1			52.5		7.5					
7	00			25.3										
	12	35.6	5.6	17.4				3.6						
8	00			21.5			52.6				60.3			
	12	45.1	26.1	51.6				27.1	7.6					
9	00			3.2										
	12	45.2	26.2	27.3				27.2						
10	00	45.3	26.3	24.4			39.1		4.1					
	12			2.5	29.6	30.6		27.3						
11	00	45.4	26.4	23.6										
	12			20.1				27.4	4.2					
12	00	45.5	26.5	16.1										
	12			35.2				27.5		41.5				
13	00	45.6	26.6	45.3										
	12			12.4					4.3					
14	00	12.1	11.1	15.4				27.6						
	12			52.5			39.2							
15	00	12.2	11.2	39.5			R	24.1	4.4					
	12			53.6	29.5	30.5	39.1							40.1
16	00	12.3	11.3	62.6				24.2				4.5		
	12			56.6					4.5					
17	00	12.4	11.4	33.1				24.3						
	12			7.1										
18	00	12.5	11.5	4.1				24.4	4.6					
	12			29.2										
19	00	12.6	11.6	59.2	D	D		24.5						
	12			40.2										
20	00	15.1	10.1	64.2			52.6	24.6	29.1					
	12			47.3										
21	00	15.2	10.2	6.3				2.1						
	12			46.4	R	R			29.2					
22	00	15.3	10.3	18.4				2.2						
	12			48.5			52.5	2.3						
23	00	15.4	10.4	57.6					29.3					
	12			32.6				2.4						
24	00	15.5	10.5	28.1			52.4							
	12			44.2				2.5	29.4					
25	00	15.6	10.6	1.4										
	12			43.5				2.6		41.4	60.2			
26	00	52.1	58.1	14.6			52.3							
	12			9.2				23.1	29.5					
27	00	52.2	58.2	5.3										
	12			26.5			52.2	23.2						
28	00	52.3	58.3	10.1					29.6					
	12			58.3				23.3						
29	00	52.4	58.4	38.5			52.1							
	12			61.1				23.4	59.1					
30	00	52.5	58.5	60.3	29.4	30.4								
	12			41.5			15.6	23.5						

July 1961

Date	Time	☉	⊕	☾	☊	☋	☿	♀	♂	♃	♄	♅	♆	♇
1	00	52.6	58.6	13.1	29.4	30.4	15.6	23.6	59.2	41.4	60.2	4.5	44.2	40.1
	12			49.3	R	R	R	D	D	R	R	D	R	D
2	00	39.1	38.1	30.4	D	D		8.1						
	12			55.6			15.5		59.3					
3	00	39.2	38.2	63.2				8.2						
	12			22.4										
4	00	39.3	38.3	36.5				8.3	59.4					
	12			17.1						41.3				
5	00	39.4	38.4	21.2			15.4	8.4						
	12			51.3	R	R								
6	00	39.5	38.5	42.4				8.5	59.5					
	12			3.6				8.6				4.6		
7	00	39.6	38.6	24.1										
	12			2.2				20.1	59.6					
8	00	53.1	54.1	23.2										
	12	53.2	54.2	8.3				20.2						
9	00			20.4			D		40.1		60.1			
	12	53.3	54.3	16.5				20.3						
10	00			35.5				20.4						
	12	53.4	54.4	45.6					40.2					
11	00			15.1				20.5						
	12	53.5	54.5	52.1										
12	00			39.2				20.6	40.3				44.1	
	12	53.6	54.6	53.2										
13	00			62.2			15.5	16.1		41.2				
	12	62.1	61.1	56.3				16.2	40.4					
14	00			31.3										
	12	62.2	61.2	33.3				16.3						
15	00			7.4			15.6		40.5					
	12	62.3	61.3	4.4				16.4						
16	00			29.4	D	D								
	12	62.4	61.4	59.5			52.1	16.5	40.6					
17	00			40.5				16.6						
	12	62.5	61.5	64.5										
18	00			47.6			52.2	35.1						
	12	62.6	61.6	6.6					64.1					
19	00			46.6			52.3	35.2						
	12	56.1	60.1	48.1										
20	00			57.1			52.4	35.3	64.2					
	12	56.2	60.2	32.2				35.4		41.1				
21	00			50.3	R	R	52.5						D	
	12	56.3	60.3	28.3				35.5	64.3					
22	00			44.4			52.6				61.6			
	12	56.4	60.4	1.5			39.1	35.6						
23	00			14.1				45.1	64.4					
	12	56.5	60.5	34.2			39.2					29.1		
24	00			9.3			39.3	45.2						
	12	56.6	60.6	5.5					64.5					
25	00			26.6			39.4	45.3						
	12	31.1	41.1	10.2			39.5							
26	00			58.4				45.4	64.6					
	12	31.2	41.2	38.6			39.6	45.5						
27	00			61.2	29.3	30.3	53.1							40.2
	12	31.3	41.3	60.4			53.2	45.6	47.1	60.6				
28	00			41.6			53.3							
	12	31.4	41.4	13.2			53.4	12.1						
29	00			49.4			53.5	12.2	47.2					
	12	31.5	41.5	30.6	D	D								
30	00			37.2			53.6	12.3					44.2	
	12	31.6	41.6	63.4			62.1		47.3					
31	00			22.6			62.2	12.4						
	12	33.1	19.1	25.2			62.3	12.5						

August 1961

Date	Time	☉	⊕	☾	☊	☋	☿	♀	♂	♃	♄	♅	♆	♇
1	00	33.1	19.1	17.3	29.3	30.3	62.4	12.5	47.4	60.6	61.6	29.1	44.2	40.2
	12	33.2	19.2	21.5	D	D	62.5	12.6	D	R	R	D	D	D
2	00			51.6			62.6							
	12	33.3	19.3	3.2	29.4	30.4	56.1	15.1	47.5					
3	00			27.3			56.2	15.2						
	12	33.4	19.4	24.4			56.3							
4	00			2.5	R	R	56.4	15.3	47.6	60.5	61.5			
	12	33.5	19.5	23.6			56.5							
5	00	33.6	19.6	20.1	29.3	30.3	56.6	15.4						
	12			16.2			31.1	15.5	6.1					
6	00	7.1	13.1	35.2			31.3							
	12			45.3			31.4	15.6						
7	00	7.2	13.2	12.4			31.5		6.2					
	12			15.4			31.6	52.1						
8	00	7.3	13.3	52.4			33.1	52.2				29.2		
	12			39.5			33.2		6.3					
9	00	7.4	13.4	53.5			33.3	52.3						
	12			62.6			33.4							
10	00	7.5	13.5	56.6			33.5	52.4	6.4					
	12			31.6			33.6	52.5						
11	00	7.6	13.6	7.1			7.1							
	12			4.1			7.3	52.6	6.5	60.4				
12	00	4.1	49.1	29.1			7.4	39.1						
	12			59.1	D	D	7.5							
13	00	4.2	49.2	40.2			7.6	39.2	6.6					
	12			64.2			4.1							
14	00	4.3	49.3	47.2			4.2	39.3						
	12			6.3			4.3	39.4	46.1					
15	00	4.4	49.4	46.3			4.4							
	12			18.3			4.5	39.5						
16	00	4.5	49.5	48.4			4.6		46.2					
	12			57.4			29.1	39.6						
17	00	4.6	49.6	32.5			29.2	53.1						
	12			50.6			29.4		46.3					
18	00	29.1	30.1	28.6			29.5	53.2						
	12			1.1			29.6	53.3			61.4			
19	00	29.2	30.2	43.2			59.1		46.4					
	12			14.3			59.2	53.4						
20	00	29.3	30.3	34.4	R	R	59.3			60.3				
	12			9.5	D	D	59.4	53.5	46.5					
21	00	29.4	30.4	26.1			59.5	53.6						
	12			11.2			59.6							
22	00	29.5	30.5	10.4			40.1	62.1	46.6					
	12			58.5			40.2							
23	00	29.6	30.6	54.1			40.3	62.2				29.3		
	12			61.3			40.4	62.3	18.1					
24	00	59.1	55.1	60.5			40.5							
	12	59.2	55.2	19.1			40.6	62.4						
25	00			13.3			64.1	62.5	18.2					40.3
	12	59.3	55.3	49.5			64.2							
26	00			55.1	R	R	64.3	62.6						
	12	59.4	55.4	37.3			64.4		18.3					
27	00			63.5				56.1						
	12	59.5	55.5	36.1			64.5	56.2	18.4					
28	00			25.3			64.6							
	12	59.6	55.6	17.5			47.1	56.3						
29	00			51.1			47.2	56.4	18.5					
	12	40.1	37.1	42.2			47.3							
30	00			3.4			47.4	56.5						
	12	40.2	37.2	27.5			47.5	56.6	18.6	60.2				
31	00			2.1			47.6							
	12	40.3	37.3	23.2			6.1	31.1						

September 1961

Date	Time	☉	⊕	☾	☊	☋	☿	♀	♂	♃	♄	♅	♆	♇
1	00	40.3	37.3	8.3	29.3	30.3	6.2	31.1	48.1	60.2	61.4	29.3	44.2	40.3
	12	40.4	37.4	20.4	R	R	D	31.2	D	R	R	D	D	D
2	00			16.5	D	D	6.3	31.3						
	12	40.5	37.5	35.5			6.4		48.2					
3	00			45.6			6.5	31.4						
	12	40.6	37.6	15.1			6.6	31.5						
4	00			52.1			46.1		48.3					
	12	64.1	63.1	39.2			46.2	31.6						
5	00			53.2										
	12	64.2	63.2	62.2			46.3	33.1	48.4					
6	00			56.3			46.4	33.2						
	12	64.3	63.3	31.3			46.5							
7	00			33.3			46.6	33.3	48.5					
	12	64.4	63.4	7.4			18.1	33.4				29.4		
8	00			4.4							61.3			
	12	64.5	63.5	29.4	R	R	18.2	33.5	48.6					
9	00	64.6	63.6	59.5			18.3	33.6						
	12			40.5			18.4		57.1					
10	00	47.1	22.1	64.5			18.5	7.1						
	12			47.6										
11	00	47.2	22.2	6.6			18.6	7.2	57.2					
	12			46.6			48.1	7.3						
12	00	47.3	22.3	48.1			48.2							
	12			57.1				7.4	57.3					
13	00	47.4	22.4	32.2			48.3	7.5						
	12			50.2			48.4							
14	00	47.5	22.5	28.3			48.5	7.6	57.4					
	12			44.4				4.1						
15	00	47.6	22.6	1.5			48.6							
	12			43.6			57.1	4.2	57.5					
16	00	6.1	36.1	14.6			57.2							
	12			9.1				4.3						
17	00	6.2	36.2	5.2			57.3	4.4	57.6					
	12			26.4			57.4							
18	00	6.3	36.3	11.5	D	D		4.5						
	12			10.6			57.5	4.6	32.1					
19	00	6.4	36.4	38.2			57.6							
	12			54.3			32.1	29.1	32.2					
20	00	6.5	36.5	61.5				29.2						
	12			60.6			32.2						44.3	
21	00	6.6	36.6	19.2			32.3	29.3	32.3					
	12	46.1	25.1	13.4				29.4						40.4
22	00			49.6			32.4							
	12	46.2	25.2	55.2	R	R		29.5	32.4					
23	00			37.4			32.5	29.6						
	12	46.3	25.3	63.6			32.6					29.5		
24	00			36.2				59.1	32.5	D				
	12	46.4	25.4	25.4			50.1							
25	00			17.6			50.2	59.2						
	12	46.5	25.5	51.2				59.3	32.6					
26	00			42.4			50.3							
	12	46.6	25.6	3.5				59.4	50.1					
27	00			24.1			50.4	59.5						
	12	18.1	17.1	2.2										
28	00			23.4			50.5	59.6	50.2		D			
	12	18.2	17.2	8.5				40.1						
29	00			20.6			50.6							
	12	18.3	17.3	35.1				40.2	50.3					
30	00			45.2			28.1	40.3						
	12	18.4	17.4	12.3										

October 1961

Date	Time	☉	⊕	☾	☊	☋	☿	♀	♂	♃	♄	♅	♆	♇
1	00	18.4	17.4	15.3	29.3	30.3	28.2	40.4	50.4	60.2	61.3	29.5	44.3	40.4
	12	18.5	17.5	52.4	R	R	D	40.5	D	D	D	D	D	D
2	00			39.4	D	D	28.3							
	12	18.6	17.6	53.5				40.6	50.5					
3	00	48.1	21.1	62.5			28.4	64.1						
	12			56.6					50.6					
4	00	48.2	21.2	31.6				64.2						
	12			33.6			28.5							
5	00	48.3	21.3	7.6				64.3	28.1					
	12			29.1				64.4						
6	00	48.4	21.4	59.1	R	R	28.6							
	12			40.1				64.5	28.2					
7	00	48.5	21.5	64.2				64.6						
	12			47.2										
8	00	48.6	21.6	6.2				47.1	28.3					
	12			46.3	29.2	30.2	44.1	47.2						
9	00	57.1	51.1	18.3					28.4					
	12			48.4				47.3						
10	00	57.2	51.2	57.5				47.4						
	12			32.5					28.5					
11	00	57.3	51.3	50.6			R	47.5						
	12			44.1				47.6						
12	00	57.4	51.4	1.1					28.6			29.6		
	12	57.5	51.5	43.2				6.1						
13	00			14.3				6.2						
	12	57.6	51.6	34.4			28.6		44.1					
14	00			9.5				6.3						
	12	32.1	42.1	5.6				6.4	44.2					
15	00			11.2										
	12	32.2	42.2	10.3	29.1	30.1	28.5	6.5						
16	00			58.4				6.6	44.3					
	12	32.3	42.3	38.5										
17	00			61.1			28.4	46.1						
	12	32.4	42.4	60.2	D	D		46.2	44.4					
18	00			41.4			28.3			60.3	61.4			
	12	32.5	42.5	19.5				46.3	44.5				44.4	
19	00			49.1			28.2	46.4						
	12	32.6	42.6	30.2	R	R								
20	00			55.4			28.1	46.5	44.6					
	12	50.1	3.1	37.6			50.6	46.6						
21	00	50.2	3.2	22.2										
	12			36.3			50.5	18.1	1.1					
22	00	50.3	3.3	25.5										
	12			21.1			50.4	18.2						
23	00	50.4	3.4	51.3			50.3	18.3	1.2					
	12			42.5										
24	00	50.5	3.5	3.6			50.2	18.4	1.3					40.5
	12			24.2			50.1	18.5						
25	00	50.6	3.6	2.3										
	12			23.5			32.6	18.6	1.4					
26	00	28.1	27.1	8.6			32.5	48.1						
	12			16.1										
27	00	28.2	27.2	35.2	4.6	49.6	32.4	48.2	1.5					
	12			45.3				48.3						
28	00	28.3	27.3	12.4					1.6					
	12	28.4	27.4	15.5			32.3	48.4		60.4				
29	00			52.6				48.5						
	12	28.5	27.5	39.6					43.1					
30	00			62.1			32.2	48.6						
	12	28.6	27.6	56.1				57.1						
31	00			31.2					43.2					
	12	44.1	24.1	33.2	D	D		57.2						

November 1961

Date	Time	☉	⊕	☾	☊	☋	☿	♀	♂	♃	♄	♅	♆	♇
1	00	44.1	24.1	7.2	4.6	49.6	D	57.3	43.3	60.4	61.4	29.6	44.4	40.5
	12	44.2	24.2	4.3	D	D		D	D	D	D	D	D	D
2	00			29.3	R	R		57.4						
	12	44.3	24.3	59.3				57.5	43.4					
3	00			40.4			32.3							
	12	44.4	24.4	64.4				57.6						
4	00			47.4				32.1	43.5					
	12	44.5	24.5	6.5										
5	00	44.6	24.6	46.5			32.4	32.2	43.6					
	12			18.6				32.3		60.5				
6	00	1.1	2.1	48.6			32.5					59.1		
	12			32.1				32.4	14.1		61.5			
7	00	1.2	2.2	50.2			32.6	32.5						
	12			28.3										
8	00	1.3	2.3	44.3	4.5	49.5	50.1	32.6	14.2					
	12			1.4				50.1						
9	00	1.4	2.4	43.5			50.2		14.3					
	12			14.6				50.2						
10	00	1.5	2.5	9.2			50.3	50.3						
	12			5.3			50.4		14.4					
11	00	1.6	2.6	26.4				50.4						
	12			11.5			50.5	50.5	14.5					
12	00	43.1	23.1	58.1			50.6							
	12	43.2	23.2	38.2				50.6		60.6			44.5	
13	00			54.3			28.1	28.1	14.6					
	12	43.3	23.3	61.5	4.4	49.4	28.2							
14	00			60.6			28.3	28.2						
	12	43.4	23.4	19.2				28.3	34.1					
15	00			13.3			28.4							
	12	43.5	23.5	49.5	D	D	28.5	28.4	34.2					
16	00			30.6	R	R	28.6	28.5						
	12	43.6	23.6	37.2			44.1							
17	00			63.3				28.6	34.3					
	12	14.1	8.1	22.5			44.2	44.1						
18	00			36.6			44.3		34.4					
	12	14.2	8.2	17.2			44.4	44.2		41.1				
19	00	14.3	8.3	21.3			44.5	44.3						
	12			51.5					34.5		61.6			
20	00	14.4	8.4	3.1			44.6	44.4						
	12			27.2			1.1	44.5						
21	00	14.5	8.5	24.4			1.2		34.6					
	12			2.5			1.3	44.6						
22	00	14.6	8.6	23.6				1.1	9.1					
	12			20.2			1.4							
23	00	34.1	20.1	16.3	4.3	49.3	1.5	1.2						
	12			35.4			1.6	1.3	9.2					
24	00	34.2	20.2	45.5			43.1							
	12			12.6			43.2	1.4	9.3	41.2				
25	00	34.3	20.3	52.1				1.5						
	12	34.4	20.4	39.1			43.3							
26	00			53.2			43.4	1.6	9.4					
	12	34.5	20.5	62.3			43.5	43.1						
27	00			56.3			43.6							
	12	34.6	20.6	31.4			14.1	43.2	9.5					
28	00			33.4				43.3						
	12	9.1	16.1	7.4			14.2		9.6					
29	00			4.5	D	D	14.3	43.4						
	12	9.2	16.2	29.5			14.4	43.5		41.3				
30	00			59.5			14.5		5.1					
	12	9.3	16.3	40.6	R	R	14.6	43.6			60.1			

December 1961

Date	Time	☉	⊕	☾	☊	☋	☿	♀	♂	♃	♄	♅	♆	♇
1	00	9.3	16.3	64.6	4.3	49.3	14.6	14.1	5.2	41.3	60.1	59.1	44.5	40.5
	12	9.4	16.4	47.6	R	R	34.1	D	D	D	D	D	D	R
2	00	9.5	16.5	46.1			34.2	14.2						
	12			18.1			34.3	14.3	5.3					
3	00	9.6	16.6	48.2			34.4							
	12			57.2			34.5	14.4	5.4					
4	00	5.1	35.1	32.3				14.5						
	12			50.4			34.6							
5	00	5.2	35.2	28.4	4.2	49.2	9.1	14.6	5.5	41.4				
	12			44.5			9.2	34.1						
6	00	5.3	35.3	1.6			9.3	34.2						
	12			14.1			9.4		5.6			R		
7	00	5.4	35.4	34.3				34.3						
	12	5.5	35.5	9.4			9.5	34.4	26.1					
8	00			5.5			9.6							
	12	5.6	35.6	11.1			5.1	34.5						
9	00			10.2			5.2	34.6	26.2					
	12	26.1	45.1	58.4			5.3						44.6	
10	00			38.5				9.1	26.3	41.5				
	12	26.2	45.2	61.1			5.4	9.2			60.2			
11	00			60.2	4.1	49.1	5.5							
	12	26.3	45.3	41.4			5.6	9.3	26.4					
12	00			19.6			26.1	9.4						
	12	26.4	45.4	49.1			26.2		26.5					
13	00			30.3	D	D	26.3	9.5						R
	12	26.5	45.5	55.4				9.6						
14	00	26.6	45.6	37.6			26.4		26.6					
	12			22.1			26.5	5.1		41.6				
15	00	11.1	12.1	36.3	R	R	26.6	5.2	11.1					
	12			25.4			11.1							
16	00	11.2	12.2	17.6			11.2	5.3						
	12			51.1				5.4	11.2					
17	00	11.3	12.3	42.3			11.3							
	12			3.4			11.4	5.5	11.3					
18	00	11.4	12.4	27.5			11.5	5.6						
	12			2.1			11.6							
19	00	11.5	12.5	23.2			10.1	26.1	11.4	19.1				
	12	11.6	12.6	8.3				26.2			60.3			
20	00			20.4			10.2		11.5					
	12	10.1	15.1	16.5			10.3	26.3						
21	00			35.6			10.4	26.4						
	12	10.2	15.2	12.1			10.5		11.6					
22	00			15.2			10.6	26.5						
	12	10.3	15.3	52.3			58.1	26.6	10.1					
23	00			39.3										
	12	10.4	15.4	53.4	7.6	13.6	58.2	11.1		19.2				
24	00			62.5			58.3	11.2	10.2					
	12	10.5	15.5	56.5			58.4							
25	00	10.6	15.6	31.6			58.5	11.3	10.3					
	12			33.6			58.6	11.4						
26	00	58.1	52.1	4.1	D	D	38.1							
	12			29.1				11.5	10.4					
27	00	58.2	52.2	59.1			38.2	11.6						
	12			40.1			38.3		10.5					
28	00	58.3	52.3	64.2			38.4	10.1		19.3	60.4			
	12			47.2			38.5	10.2						
29	00	58.4	52.4	6.2			38.6		10.6					
	12			46.3			54.1	10.3						
30	00	58.5	52.5	18.3				10.4	58.1					
	12			48.3	R	R	54.2							
31	00	58.6	52.6	57.4			54.3	10.5						
	12	38.1	39.1	32.4			54.4	10.6	58.2					

January 1962

Date	Time	☉	⊕	☾	☊	☋	☿	♀	♂	♃	♄	♅	♆	♇
1	00	38.1	39.1	50.5	7.6	13.6	54.5	10.6	58.2	19.4	60.4	59.1	44.6	40.5
	12	38.2	39.2	28.6	R	R	54.6	58.1	58.3	D	D	R	D	R
2	00			1.1			61.1	58.2						
	12	38.3	39.3	43.2										
3	00			14.3			61.2	58.3	58.4					
	12	38.4	39.4	34.4			61.3	58.4						
4	00			9.5			61.4		58.5					
	12	38.5	39.5	5.6			61.5	58.5						
5	00			11.2			61.6	58.6			60.5			
	12	38.6	39.6	10.3			60.1		58.6	19.5				
6	00	54.1	53.1	58.5			60.2	38.1				29.6		
	12			54.1				38.2	38.1					
7	00	54.2	53.2	61.3			60.3							
	12			60.4			60.4	38.3						
8	00	54.3	53.3	41.6			60.5	38.4	38.2					
	12			13.2			60.6							
9	00	54.4	53.4	49.4	D	D	41.1	38.5	38.3					
	12			30.6			41.2	38.6		19.6				
10	00	54.5	53.5	37.2					38.4					
	12			63.3			41.3	54.1						
11	00	54.6	53.6	22.5			41.4	54.2						
	12	61.1	62.1	25.1			41.5		38.5					
12	00			17.2			41.6	54.3						
	12	61.2	62.2	21.4			19.1	54.4	38.6					
13	00			51.5							60.6			
	12	61.3	62.3	3.1	R	R	19.2	54.5		13.1				
14	00			27.2			19.3	54.6	54.1					
	12	61.4	62.4	24.3			19.4	61.1						
15	00			2.4			19.5		54.2					
	12	61.5	62.5	23.6				61.2						
16	00			20.1			19.6	61.3					1.1	
	12	61.6	62.6	16.2			13.1		54.3					
17	00	60.1	56.1	35.2			13.2	61.4						
	12			45.3				61.5	54.4	13.2				
18	00	60.2	56.2	12.4			13.3							
	12			15.5			13.4	61.6						
19	00	60.3	56.3	52.5				60.1	54.5					
	12			39.6			13.5							
20	00	60.4	56.4	62.1			13.6	60.2	54.6					
	12			56.1				60.3						
21	00	60.5	56.5	31.2			49.1		61.1		41.1			
	12			33.2				60.4		13.3				
22	00	60.6	56.6	7.3			49.2	60.5						
	12			4.3	D	D			61.2					
23	00	41.1	31.1	29.3			49.3	60.6						
	12	41.2	31.2	59.4				41.1	61.3					
24	00			40.4										
	12	41.3	31.3	64.4			49.4	41.2						
25	00			47.4				41.3	61.4					
	12	41.4	31.4	6.5						13.4				
26	00			46.5				41.4	61.5					
	12	41.5	31.5	18.5			49.5	41.5						
27	00			48.6										
	12	41.6	31.6	57.6				41.6	61.6					
28	00			50.1			R	19.1						
	12	19.1	33.1	28.1					60.1					
29	00	19.2	33.2	44.2	R	R		19.2			41.2			
	12			1.2			49.4	19.3	60.2	13.5				
30	00	19.3	33.3	43.3										
	12			14.4				19.4						
31	00	19.4	33.4	34.5				19.5	60.3					
	12			9.6			49.3							

February 1962

Date	Time	☉	⊕	☾	☊	☋	☿	♀	♂	♃	♄	♅	♆	♇
1	00	19.5	33.5	26.1	7.6	13.6	49.3	19.6	60.4	13.5	41.2	29.6	1.1	40.5
	12			11.3	R	R	49.2	13.1	D	D	D	R	D	R
2	00	19.6	33.6	10.4								29.5		40.4
	12			58.6			49.1	13.2	60.5	13.6				
3	00	13.1	7.1	54.1				13.3						
	12			61.3			13.6		60.6					
4	00	13.2	7.2	60.5				13.4						
	12	13.3	7.3	19.1			13.5	13.5						
5	00			13.3			13.4		41.1					
	12	13.4	7.4	49.5	D	D		13.6						
6	00			55.1			13.3	49.1	41.2		41.3			
	12	13.5	7.5	37.3			13.2			49.1				
7	00			63.5				49.2	41.3					
	12	13.6	7.6	36.1	R	R	13.1	49.3						
8	00			25.3										
	12	49.1	4.1	17.5			19.6	49.4	41.4					
9	00			51.1			19.5	49.5						
	12	49.2	4.2	42.2					41.5					
10	00	49.3	4.3	3.4			19.4	49.6						
	12			27.5				30.1		49.2				
11	00	49.4	4.4	2.1			19.3		41.6					
	12			23.2				30.2						
12	00	49.5	4.5	8.3	D	D	19.2	30.3	19.1					
	12			20.4										
13	00	49.6	4.6	16.5				30.4	19.2					
	12			35.6			19.1	30.5						
14	00	30.1	29.1	12.1						49.3	41.4		R	
	12			15.2				30.6	19.3					
15	00	30.2	29.2	52.2				55.1						
	12			39.3			41.6		19.4					
16	00	30.3	29.3	53.3				55.2						
	12	30.4	29.4	62.4				55.3						
17	00			56.4					19.5					
	12	30.5	29.5	31.5				55.4						
18	00			33.5			D	55.5	19.6	49.4				
	12	30.6	29.6	7.5										
19	00			4.6	R	R		55.6	13.1					
	12	55.1	59.1	29.6				37.1						
20	00			59.6										
	12	55.2	59.2	64.1				37.2	13.2					
21	00			47.1			19.1	37.3						
	12	55.3	59.3	6.1					13.3					
22	00			46.2				37.4		49.5				
	12	55.4	59.4	18.2				37.5			41.5			
23	00	55.5	59.5	48.2			19.2		13.4					
	12			57.3				37.6				29.4		
24	00	55.6	59.6	32.3	7.5	13.5		63.1	13.5					
	12			50.4										
25	00	37.1	40.1	28.4			19.3	63.2	13.6					
	12			44.5				63.3						
26	00	37.2	40.2	1.5			19.4			49.6				
	12			43.6				63.4	49.1					
27	00	37.3	40.3	14.6				63.5						
	12			9.1			19.5		49.2					
28	00	37.4	40.4	5.2	D	D		63.6						
	12			26.3			19.6	22.1						

March 1962

Date	Time	☉	⊕	☾	☊	☋	☿	♀	♂	♃	♄	♅	♆	♇
1	00	37.5	40.5	11.4	7.5	13.5	19.6	22.1	49.3	49.6	41.5	29.4	1.1	40.4
	12			10.6	D	D	13.1	22.2	D	D	D	R	R	R
2	00	37.6	40.6	38.1				22.3	49.4	30.1				
	12	63.1	64.1	54.2			13.2							
3	00			61.4				22.4	49.5		41.6			
	12	63.2	64.2	60.6			13.3	22.5						
4	00			19.2										
	12	63.3	64.3	13.3			13.4	22.6	49.6					
5	00			49.5	R	R		36.1						
	12	63.4	64.4	55.2			13.5		30.1					
6	00			37.4			13.6	36.2		30.2				
	12	63.5	64.5	63.6				36.3						
7	00			36.2			49.1		30.2					
	12	63.6	64.6	25.4				36.4						
8	00			17.6			49.2	36.5	30.3					
	12	22.1	47.1	51.2			49.3							
9	00	22.2	47.2	42.4				36.6	30.4					
	12			3.6			49.4	25.1						
10	00	22.3	47.3	24.2			49.5			30.3				
	12			2.3				25.2	30.5					
11	00	22.4	47.4	23.5			49.6	25.3						
	12			8.6			30.1		30.6					40.3
12	00	22.5	47.5	16.1				25.4			19.1			
	12			35.2			30.2	25.5	55.1					
13	00	22.6	47.6	45.3			30.3							
	12			12.4	D	D		25.6						
14	00	36.1	6.1	15.5			30.4	17.1	55.2	30.4				
	12			52.6			30.5							
15	00	36.2	6.2	39.6			30.6	17.2	55.3					
	12			62.1				17.3						
16	00	36.3	6.3	56.1			55.1						44.6	
	12			31.2			55.2	17.4	55.4					
17	00	36.4	6.4	33.2			55.3	17.5						
	12	36.5	6.5	7.2					55.5					
18	00			4.3	R	R	55.4	17.6						
	12	36.6	6.6	29.3			55.5	21.1	55.6	30.5		29.3		
19	00			59.3			55.6							
	12	25.1	46.1	40.4			37.1	21.2						
20	00			64.4				21.3	37.1					
	12	25.2	46.2	47.4			37.2							
21	00			6.4			37.3	21.4	37.2					
	12	25.3	46.3	46.5			37.4	21.5						
22	00			18.5			37.5							
	12	25.4	46.4	48.5				21.6	37.3	30.6	19.2			
23	00			57.6			37.6	51.1						
	12	25.5	46.5	32.6			63.1		37.4					
24	00			28.1			63.2	51.2						
	12	25.6	46.6	44.1	7.4	13.4	63.3	51.3	37.5					
25	00			1.2			63.4							
	12	17.1	18.1	43.2			63.5	51.4						
26	00	17.2	18.2	14.3				51.5	37.6					
	12			34.4			63.6			55.1				
27	00	17.3	18.3	9.5			22.1	51.6	63.1					
	12			5.5			22.2	42.1						
28	00	17.4	18.4	26.6			22.3							
	12			10.1			22.4	42.2	63.2					
29	00	17.5	18.5	58.2			22.5	42.3						
	12			38.4	D	D	22.6		63.3					
30	00	17.6	18.6	54.5			36.1	42.4						
	12			61.6			36.2		63.4					
31	00	21.1	48.1	41.2				42.5		55.2				
	12			19.3			36.3	42.6						

April 1962

Date	Time	☉	⊕	☾	☊	☋	☿	♀	♂	♃	♄	♅	♆	♇
1	00	21.2	48.2	13.5	R	R	36.4	42.6	63.5	55.2	19.2	29.3	44.6	40.3
	12			30.1			36.5	3.1	D	D	D	R	R	R
2	00	21.3	48.3	55.3			36.6	3.2	63.6					
	12			37.4			25.1							
3	00	21.4	48.4	63.6			25.2	3.3			19.3			
	12	21.5	48.5	36.3			25.3	3.4	22.1					
4	00			25.5			25.4							
	12	21.6	48.6	21.1			25.5	3.5	22.2	55.3				
5	00			51.3			25.6	3.6						
	12	51.1	57.1	42.5			17.1		22.3					
6	00			27.1			17.2	27.1						
	12	51.2	57.2	24.3			17.3	27.2						
7	00			2.4	7.3	13.3	17.4		22.4					
	12	51.3	57.3	23.6			17.5	27.3						
8	00			20.2			17.6	27.4	22.5					
	12	51.4	57.4	16.3			21.1							
9	00			35.4			21.2	27.5		55.4				
	12	51.5	57.5	45.5			21.3	27.6	22.6					
10	00			15.1			21.4							
	12	51.6	57.6	52.1			21.5	24.1	36.1					
11	00			39.2			51.1	24.2						
	12	42.1	32.1	53.3			51.2		36.2					
12	00			62.4	D	D	51.3	24.3						
	12	42.2	32.2	56.4			51.4	24.4						
13	00			31.4			51.5		36.3					
	12	42.3	32.3	33.5			51.6	24.5						
14	00	42.4	32.4	7.5	R	R	42.1	24.6	36.4	55.5				
	12			4.6			42.2							
15	00	42.5	32.5	29.6			42.3	2.1						
	12			59.6			42.4	2.2	36.5					
16	00	42.6	32.6	40.6			42.5							
	12			47.1			3.1	2.3	36.6					
17	00	3.1	50.1	6.1			3.2							
	12			46.1			3.3	2.4	25.1		19.4			
18	00	3.2	50.2	18.2			3.4	2.5						
	12			48.2			3.5							
19	00	3.3	50.3	57.3			3.6	2.6	25.2	55.6				
	12			32.3	7.2	13.2	27.1	23.1						
20	00	3.4	50.4	50.3			27.3		25.3					
	12			28.4			27.4	23.2						
21	00	3.5	50.5	44.5			27.5	23.3						
	12			1.5			27.6		25.4					
22	00	3.6	50.6	43.6			24.1	23.4						
	12			34.1			24.2	23.5	25.5					
23	00	27.1	28.1	9.1			24.3							
	12			5.2			24.4	23.6	25.6					
24	00	27.2	28.2	26.3			24.6	8.1		37.1				
	12			11.4			2.1							
25	00	27.3	28.3	10.5	7.1	13.1	2.2	8.2	17.1					
	12			58.6			2.3	8.3						
26	00	27.4	28.4	54.1			2.4		17.2					
	12	27.5	28.5	61.2			2.5	8.4					44.5	
27	00			60.4			2.6	8.5						
	12	27.6	28.6	41.5			23.1		17.3					
28	00			19.6	D	D	23.2	8.6						
	12	24.1	44.1	49.2	R	R	23.3	20.1	17.4					
29	00			30.3			23.4			37.2				40.2
	12	24.2	44.2	55.5			23.5	20.2						
30	00			63.1			23.6		17.5					
	12	24.3	44.3	22.2			8.1	20.3						

May 1962

Date	Time	☉	⊕	☾	☊	☋	☿	♀	♂	♃	♄	♅	♆	♇
1	00	24.3	44.3	36.4	7.1	13.1	8.2	20.4	17.6	37.2	19.4	29.3	44.5	40.2
	12	24.4	44.4	25.6	R	R	8.3	D	D	D	D	R	R	R
2	00			21.2			8.4	20.5						
	12	24.5	44.5	51.4			8.5	20.6	21.1					
3	00			42.6			8.6							
	12	24.6	44.6	27.2			20.1	16.1	21.2					
4	00			24.4			20.2	16.2						
	12	2.1	1.1	2.5			20.3		21.3			D		
5	00			8.1				16.3		37.3				
	12	2.2	1.2	20.3	33.6	19.6	20.4	16.4						
6	00			16.4			20.5		21.4					
	12	2.3	1.3	35.6			20.6	16.5						
7	00			12.1			16.1	16.6	21.5					
	12	2.4	1.4	15.2										
8	00			52.3			16.2	35.1						
	12	2.5	1.5	39.4			16.3	35.2	21.6					
9	00			53.5			16.4							
	12	2.6	1.6	62.6				35.3	51.1					
10	00			56.6			16.5							
	12	23.1	43.1	33.1			16.6	35.4						
11	00	23.2	43.2	7.1	D	D		35.5	51.2	37.4				
	12			4.2			35.1							
12	00	23.3	43.3	29.2	R	R		35.6	51.3					
	12			59.2			35.2	45.1						
13	00	23.4	43.4	40.3			35.3							
	12			64.3				45.2	51.4					
14	00	23.5	43.5	47.3			35.4	45.3						
	12			6.4					51.5					
15	00	23.6	43.6	46.4			35.5	45.4						
	12			18.4				45.5	51.6					
16	00	8.1	14.1	48.5			35.6							
	12			57.5				45.6						
17	00	8.2	14.2	32.6					42.1		19.5			
	12			50.6	33.5	19.5	45.1	12.1						
18	00	8.3	14.3	44.1				12.2	42.2	37.5				
	12			1.1			45.2							
19	00	8.4	14.4	43.2				12.3						
	12			14.3				12.4	42.3					D
20	00	8.5	14.5	34.4										
	12			9.5			45.3	12.5	42.4					
21	00	8.6	14.6	5.6				12.6						
	12			11.1										
22	00	20.1	34.1	10.2				15.1	42.5		R			
	12			58.3	33.4	19.4		15.2						
23	00	20.2	34.2	38.4			45.4		42.6					
	12			54.5				15.3						
24	00	20.3	34.3	61.6				15.4						
	12			41.2					3.1					
25	00	20.4	34.4	19.3				15.5						
	12			13.4	D	D			3.2	37.6				
26	00	20.5	34.5	49.6				15.6						
	12			55.1			R	52.1						
27	00	20.6	34.6	37.3	R	R			3.3					
	12			63.4				52.2			19.4			
28	00	16.1	9.1	22.6				52.3	3.4					
	12			25.2										
29	00	16.2	9.2	17.3				52.4						
	12	16.3	9.3	21.5				52.5	3.5					
30	00			42.1										
	12	16.4	9.4	3.2			45.3	52.6	3.6					
31	00			27.4										
	12	16.5	9.5	24.6				39.1						

June 1962

Date	Time	☉	⊕	☾	☊	☋	☿	♀	♂	♃	♄	♅	♆	♇
1	00	16.5	9.5	23.1	33.4	19.4	45.3	39.2	27.1	37.6	19.4	29.3	44.5	40.2
	12	16.6	9.6	8.3	R	R	R	D	D	D	R	D	44.4	D
2	00			20.4			45.2	39.3	27.2					
	12	35.1	5.1	16.6				39.4						
3	00			45.1										
	12	35.2	5.2	12.2				39.5	27.3	63.1				
4	00			15.4	33.3	19.3	45.1	39.6						
	12	35.3	5.3	52.5					27.4					
5	00			39.6				53.1						
	12	35.4	5.4	62.1										
6	00			56.1			35.6	53.2	27.5					
	12	35.5	5.5	31.2				53.3						
7	00			33.3					27.6					
	12	35.6	5.6	7.3	D	D	35.5	53.4						
8	00			4.4				53.5						
	12	45.1	26.1	29.4					24.1					
9	00			59.5				53.6						40.3
	12	45.2	26.2	40.5			35.4	62.1						
10	00			64.5					24.2					
	12	45.3	26.3	47.5	R	R		62.2						
11	00			6.6			35.3		24.3					
	12	45.4	26.4	46.6				62.3						
12	00			18.6				62.4						
	12	45.5	26.5	57.1					24.4					
13	00			32.1			35.2	62.5						
	12	45.6	26.6	50.2				62.6	24.5					
14	00			28.2										
	12	12.1	11.1	44.3				56.1						
15	00			1.4				56.2	24.6					
	12	12.2	11.2	43.4										
16	00			14.5			35.1	56.3	2.1					
	12	12.3	11.3	34.6										
17	00			5.1				56.4						
	12	12.4	11.4	26.2				56.5	2.2	63.2				
18	00			11.3										
	12	12.5	11.5	10.4				56.6	2.3					
19	00			58.6				31.1						
	12	12.6	11.6	54.1	33.2	19.2	D					29.4		
20	00			61.2				31.2	2.4					
	12	15.1	10.1	60.4										
21	00			41.5				31.3						
	12	15.2	10.2	13.1	D	D		31.4	2.5					
22	00			49.2										
	12	15.3	10.3	30.4				31.5	2.6					
23	00			55.5			35.2	31.6						
	12	15.4	10.4	63.1										
24	00	15.5	10.5	22.3				33.1	23.1					
	12			36.4	33.3	19.3		33.2						
25	00	15.6	10.6	25.6	R	R			23.2					
	12			21.1			35.3	33.3						
26	00	52.1	58.1	51.3	33.2	19.2								
	12			42.4				33.4	23.3		19.3			
27	00	52.2	58.2	3.6				33.5						
	12			24.1			35.4							
28	00	52.3	58.3	2.3				33.6	23.4					
	12			23.4				7.1						
29	00	52.4	58.4	8.6			35.5		23.5					
	12			16.1				7.2						
30	00	52.5	58.5	35.2			35.6							
	12			45.3				7.3	23.6					

July 1962

Date	Time	☉	⊕	☾	☊	☋	☿	♀	♂	♃	♄	♅	♆	♇
1	00	52.6	58.6	12.5	33.2	19.2	45.1	7.4	23.6	63.2	19.3	29.4	44.4	40.3
	12			15.6	R	R	D	D	8.1	D	R	D	R	D
2	00	39.1	38.1	39.1			45.2	7.5						
	12			53.2						R				
3	00	39.2	38.2	62.3			45.3	7.6	8.2					
	12			56.3				4.1						
4	00	39.3	38.3	31.4			45.4							
	12			33.5	D	D		4.2	8.3					
5	00	39.4	38.4	7.5			45.5	4.3						
	12			4.6			45.6		8.4					
6	00	39.5	38.5	29.6				4.4						
	12			40.1			12.1							
7	00	39.6	38.6	64.1			12.2	4.5	8.5					
	12			47.1				4.6						
8	00	53.1	54.1	6.2			12.3							
	12			46.2			12.4	29.1	8.6					
9	00	53.2	54.2	18.2			12.5	29.2						
	12			48.3					20.1					
10	00	53.3	54.3	57.3	R	R	12.6	29.3						
	12			32.3			15.1					29.5		
11	00	53.4	54.4	50.4			15.2	29.4	20.2					
	12			28.4			15.3	29.5						
12	00	53.5	54.5	44.5			15.4		20.3		19.2			
	12			1.5				29.6						
13	00	53.6	54.6	43.6			15.5							
	12			34.1			15.6	59.1	20.4					
14	00	62.1	61.1	9.2			52.1	59.2						
	12			5.3			52.2							
15	00	62.2	61.2	26.4			52.3	59.3	20.5					
	12			11.5			52.4							
16	00	62.3	61.3	10.6			52.5	59.4						
	12			38.2			52.6	59.5	20.6					
17	00	62.4	61.4	54.3			39.1							
	12			61.5			39.2	59.6	16.1					
18	00	62.5	61.5	60.6			39.3	40.1		63.1				
	12			19.2	D	D	39.4							
19	00	62.6	61.6	13.4			39.5	40.2	16.2					
	12			49.5			39.6							
20	00	56.1	60.1	55.1			53.1	40.3						
	12			37.3			53.2	40.4	16.3					
21	00	56.2	60.2	63.5			53.3							
	12			22.6			53.5	40.5	16.4					
22	00	56.3	60.3	25.2			53.6							
	12	56.4	60.4	17.4			62.1	40.6						
23	00			21.5			62.2	64.1	16.5					
	12	56.5	60.5	42.1			62.3						D	
24	00			3.3			62.4	64.2						
	12	56.6	60.6	27.4	R	R	62.5		16.6					
25	00			24.5			62.6	64.3						40.4
	12	31.1	41.1	23.1			56.1	64.4			19.1			
26	00			8.2			56.3		35.1					
	12	31.2	41.2	20.3			56.4	64.5						
27	00			16.5			56.5		35.2					
	12	31.3	41.3	35.6			56.6	64.6				29.6		
28	00			12.1			31.1	47.1						
	12	31.4	41.4	15.2			31.2		35.3					
29	00			52.3			31.3	47.2						
	12	31.5	41.5	39.4			31.4							
30	00			53.4			31.6	47.3	35.4					
	12	31.6	41.6	62.5			33.1	47.4						
31	00			56.6			33.2							
	12	33.1	19.1	31.6			33.3	47.5	35.5	37.6				

August 1962

Date	Time	☉	⊕	☾	☊	☋	☿	♀	♂	♃	♄	♅	♆	♇
1	00	33.1	19.1	7.1	D	D	33.4	47.5	35.5	37.6	19.1	29.6	44.4	40.4
	12	33.2	19.2	4.2			33.5	47.6	35.6	R	R	D	D	D
2	00			29.2	R	R	33.6	6.1						
	12	33.3	19.3	59.3			7.1							
3	00			40.3			7.2	6.2	45.1					
	12	33.4	19.4	64.3			7.3							
4	00			47.4			7.4	6.3						
	12	33.5	19.5	6.4			7.6		45.2					
5	00			46.4			4.1	6.4						
	12	33.6	19.6	18.5			4.2	6.5						
6	00			48.5			4.3		45.3					
	12	7.1	13.1	57.5			4.4	6.6						
7	00			32.6			4.5		45.4		41.6			
	12	7.2	13.2	50.6			4.6	46.1						
8	00			28.6			29.1	46.2						
	12	7.3	13.3	1.1			29.2		45.5					
9	00			43.1	D	D	29.3	46.3						
	12	7.4	13.4	14.2			29.4							
10	00			34.3			29.5	46.4	45.6	37.5				
	12	7.5	13.5	9.3			29.6							
11	00			5.4			59.1	46.5						
	12	7.6	13.6	26.5			59.2	46.6	12.1					
12	00			11.6			59.3							
	12	4.1	49.1	58.2			59.4	18.1				59.1		
13	00			38.3			59.5		12.2					
	12	4.2	49.2	54.4				18.2						
14	00			61.6			59.6							
	12	4.3	49.3	41.1			40.1	18.3	12.3					
15	00	4.4	49.4	19.3	R	R	40.2	18.4						
	12			13.5			40.3		12.4					
16	00	4.5	49.5	30.1			40.4	18.5						
	12			55.3			40.5							
17	00	4.6	49.6	37.5			40.6	18.6	12.5					
	12			22.1			64.1							
18	00	29.1	30.1	36.3			64.2	48.1		37.4				
	12			25.5			64.3	48.2	12.6					
19	00	29.2	30.2	21.1										
	12			51.3			64.4	48.3						
20	00	29.3	30.3	42.4			64.5		15.1		41.5			
	12			3.6			64.6	48.4						
21	00	29.4	30.4	24.2			47.1							
	12			2.3			47.2	48.5	15.2					
22	00	29.5	30.5	23.5										
	12			8.6	D	D	47.3	48.6						
23	00	29.6	30.6	16.1			47.4	57.1	15.3					
	12			35.3			47.5							40.5
24	00	59.1	55.1	45.4			47.6	57.2						
	12			12.5			6.1		15.4					
25	00	59.2	55.2	15.5				57.3						
	12			52.6			6.2			37.3				
26	00	59.3	55.3	53.1			6.3	57.4	15.5					
	12			62.2			6.4							
27	00	59.4	55.4	56.2				57.5						
	12			31.3			6.5		15.6			59.2		
28	00	59.5	55.5	33.4	R	R	6.6	57.6						
	12			7.4			46.1							
29	00	59.6	55.6	4.5				32.1	52.1					
	12			29.5			46.2	32.2						
30	00	40.1	37.1	59.5			46.3							
	12			40.6			46.4	32.3	52.2					
31	00	40.2	37.2	64.6										
	12			47.6			46.5	32.4						

September 1962

Date	Time	☉	⊕	☾	☊	☋	☿	♀	♂	♃	♄	♅	♆	♇
1	00	40.3	37.3	46.1	33.2	19.2	46.6	32.4	52.3	37.3	41.5	59.2	44.4	40.5
	12	40.4	37.4	18.1	R	R	D	32.5	D	37.2	R	D	D	D
2	00			48.1			18.1							
	12	40.5	37.5	57.2			18.2	32.6	52.4					
3	00			32.2	33.1	19.1								
	12	40.6	37.6	50.2			18.3	50.1						
4	00			28.3			18.4		52.5					
	12	64.1	63.1	44.3				50.2			41.4			
5	00			1.4			18.5							
	12	64.2	63.2	43.4			18.6	50.3	52.6					
6	00			14.4										
	12	64.3	63.3	34.5			48.1	50.4						
7	00			9.6					39.1					
	12	64.4	63.4	5.6	D	D	48.2	50.5						
8	00			11.1			48.3							
	12	64.5	63.5	10.2				50.6	39.2	37.1				
9	00			58.3			48.4							
	12	64.6	63.6	38.4				28.1						
10	00			54.6			48.5		39.3					
	12	47.1	22.1	60.1				28.2						
11	00			41.2			48.6							
	12	47.2	22.2	19.4	R	R		28.3	39.4			59.3		
12	00			13.6			57.1						44.5	
	12	47.3	22.3	30.2				28.4						
13	00			55.4			57.2		39.5					
	12	47.4	22.4	37.6				28.5						
14	00			22.2			57.3							
	12	47.5	22.5	36.4				28.6	39.6					
15	00			25.6			57.4							
	12	47.6	22.6	21.2				44.1						
16	00	6.1	36.1	51.4					53.1	55.6				
	12			42.6			57.5							
17	00	6.2	36.2	27.2				44.2						
	12			24.4					53.2					
18	00	6.3	36.3	2.6			57.6	44.3						
	12			8.2										
19	00	6.4	36.4	20.3				44.4	53.3					
	12			16.5										
20	00	6.5	36.5	35.6			32.1	44.5						40.6
	12			12.1										
21	00	6.6	36.6	15.2	D	D			53.4					
	12			52.3				44.6						
22	00	46.1	25.1	39.4										
	12			53.5				1.1	53.5					
23	00	46.2	25.2	62.5			32.2							
	12			56.6				1.2						
24	00	46.3	25.3	31.6					53.6					
	12			7.1	R	R	R			55.5				
25	00	46.4	25.4	4.1				1.3						
	12			29.2			32.1		62.1					
26	00	46.5	25.5	59.2				1.4						
	12			40.3										
27	00	46.6	25.6	64.3					62.2					
	12	18.1	17.1	47.3	31.6	41.6		1.5				59.4		
28	00			6.4										
	12	18.2	17.2	46.4			57.6							
29	00			18.4				1.6	62.3					
	12	18.3	17.3	48.5										
30	00			57.5			57.5	43.1						
	12	18.4	17.4	32.5					62.4					

October 1962

Date	Time	☉	⊕	☾	☊	☋	☿	♀	♂	♃	♄	♅	♆	♇
1	00	18.4	17.4	50.6	31.6	41.6	57.5	43.1	62.4	55.5	41.4	59.4	44.5	40.6
	12	18.5	17.5	28.6	R	R	57.4	43.2	D	R	R	D	D	D
2	00			44.6					62.5		41.3			
	12	18.6	17.6	43.1			57.3							
3	00			14.1	31.5	41.5		43.3						
	12	48.1	21.1	34.2			57.2							
4	00			9.2			57.1		62.6					
	12	48.2	21.2	5.3				43.4		55.4				
5	00			26.3			48.6							
	12	48.3	21.3	11.4					56.1					
6	00			10.5			48.5							
	12	48.4	21.4	58.6			48.4	43.5						
7	00			54.1	D	D								
	12	48.5	21.5	61.2			48.3		56.2					
8	00	48.6	21.6	60.3				43.6						
	12			41.4			48.2							
9	00	57.1	51.1	19.6	R	R	48.1		56.3					
	12			49.1										
10	00	57.2	51.2	30.3			18.6	14.1			D			
	12			55.5					56.4					
11	00	57.3	51.3	37.6			18.5							
	12			22.2										
12	00	57.4	51.4	36.5										
	12			17.1			18.4	14.2	56.5				44.6	
13	00	57.5	51.5	21.3										
	12			51.5										
14	00	57.6	51.6	3.1										
	12			27.3			18.3		56.6					
15	00	32.1	42.1	24.5	31.4	41.4		14.3						
	12			23.1								59.5		
16	00	32.2	42.2	8.3			D		31.1					
	12	32.3	42.3	20.5										
17	00			35.1										
	12	32.4	42.4	45.2			18.4							
18	00			12.3					31.2		41.4			
	12	32.5	42.5	15.5										
19	00			52.6										
	12	32.6	42.6	53.1			18.5	14.4	31.3					
20	00			62.2										
	12	50.1	3.1	56.2	D	D								64.1
21	00			31.3			18.6							
	12	50.2	3.2	33.4	R	R			31.4	55.3				
22	00			7.4			48.1							
	12	50.3	3.3	4.5										
23	00			29.5			48.2							
	12	50.4	3.4	59.5			48.3	R	31.5					
24	00			40.6										
	12	50.5	3.5	64.6			48.4							
25	00	50.6	3.6	47.6			48.5							
	12			46.1					31.6					
26	00	28.1	27.1	18.1			48.6							
	12			48.1	31.3	41.3	57.1							
27	00	28.2	27.2	57.2										
	12			32.2			57.2	14.3	33.1					
28	00	28.3	27.3	50.2			57.3							
	12			28.3			57.4							
29	00	28.4	27.4	44.3										
	12			1.4			57.5		33.2	D				
30	00	28.5	27.5	43.4			57.6							
	12			14.5	31.2	41.2	32.1							
31	00	28.6	27.6	34.5			32.2							
	12			9.6			32.3	14.2	33.3					

November 1962

Date	Time	☉	⊕	☾	☊	☋	☿	♀	♂	♃	♄	♅	♆	♇
1	00	44.1	24.1	5.6	31.2	41.2	32.3	14.2	33.3	55.3	41.4	59.5	44.6	64.1
	12	44.2	24.2	11.1	R	R	32.4	R	D	D	D	D	D	D
2	00			10.2			32.5							
	12	44.3	24.3	58.2			32.6		33.4					
3	00			38.3			50.1	14.1						
	12	44.4	24.4	54.4			50.2							
4	00			61.5										
	12	44.5	24.5	60.6			50.3		33.5					
5	00			19.1	D	D	50.4	43.6						
	12	44.6	24.6	13.2	R	R	50.5							
6	00			49.4			50.6							
	12	1.1	2.1	30.5			28.1		33.6					
7	00			37.1			28.2	43.5		55.4			1.1	
	12	1.2	2.2	63.2			28.3							
8	00			22.4										
	12	1.3	2.3	36.6			28.4	43.4						
9	00	1.4	2.4	17.2			28.5		7.1			59.6		
	12			21.4			28.6							
10	00	1.5	2.5	51.6			44.1	43.3						
	12			3.2	31.1	41.1	44.2							
11	00	1.6	2.6	27.4			44.3		7.2					
	12			24.6										
12	00	43.1	23.1	23.2			44.4	43.2						
	12			8.4			44.5							
13	00	43.2	23.2	20.6			44.6							
	12			35.2			1.1	43.1	7.3		41.5			
14	00	43.3	23.3	45.3			1.2							
	12			12.5			1.3							
15	00	43.4	23.4	15.6			1.4	1.6						
	12	43.5	23.5	39.1										
16	00			53.3			1.5		7.4					
	12	43.6	23.6	62.4			1.6	1.5						
17	00			56.5			43.1							
	12	14.1	8.1	31.5	D	D	43.2							
18	00			33.6			43.3	1.4						
	12	14.2	8.2	4.1			43.4		7.5					
19	00			29.1										
	12	14.3	8.3	59.2	R	R	43.5							
20	00			40.2			43.6	1.3						
	12	14.4	8.4	64.2			14.1							
21	00			47.3			14.2		7.6					
	12	14.5	8.5	6.3			14.3	1.2						
22	00	14.6	8.6	46.3										
	12			18.4	56.6	60.6	14.4							
23	00	34.1	20.1	48.4			14.5							
	12			57.4			14.6							
24	00	34.2	20.2	32.5			34.1	1.1	4.1	55.5				
	12			50.5			34.2							
25	00	34.3	20.3	28.6			34.3							
	12			44.6										
26	00	34.4	20.4	43.1			34.4							
	12			14.1			34.5	44.6	4.2					
27	00	34.5	20.5	34.2			34.6							
	12			9.2			9.1				41.6			
28	00	34.6	20.6	5.3	56.5	60.5	9.2							
	12	9.1	16.1	26.4										
29	00			11.4			9.3							
	12	9.2	16.2	10.5			9.4							
30	00			58.6			9.5		4.3					
	12	9.3	16.3	54.1			9.6							

December 1962

Date	Time	☉	⊕	☾	☊	☋	☿	♀	♂	♃	♄	♅	♆	♇
1	00	9.3	16.3	61.2	56.5	60.5	5.1	44.6	4.3	55.5	41.6	59.6	1.1	64.1
	12	9.4	16.4	60.3	R	R	D	44.5	D	D	D	D	D	D
2	00			41.4	D	D	5.2							
	12	9.5	16.5	19.5			5.3							
3	00			13.6			5.4						1.2	
	12	9.6	16.6	30.2			5.5	D	4.4	55.6				
4	00			55.3			5.6							
	12	5.1	35.1	37.4										
5	00	5.2	35.2	63.6	R	R	26.1							
	12			36.1			26.2							
6	00	5.3	35.3	25.3			26.3	44.6						
	12			17.4			26.4							
7	00	5.4	35.4	21.6			26.5							
	12			42.2					4.5					
8	00	5.5	35.5	3.4			26.6							
	12			27.6			11.1							
9	00	5.6	35.6	2.1			11.2				19.1			
	12			23.3			11.3							
10	00	26.1	45.1	8.5			11.4							
	12	26.2	45.2	16.1										
11	00			35.2			11.5	1.1						
	12	26.3	45.3	45.4			11.6			37.1		R		
12	00			12.6			10.1							
	12	26.4	45.4	52.1			10.2		4.6					
13	00			39.2			10.3							
	12	26.5	45.5	53.4										
14	00			62.5	56.4	60.4	10.4	1.2						
	12	26.6	45.6	56.6	D	D	10.5							
15	00			33.1			10.6							R
	12	11.1	12.1	7.2	56.5	60.5	58.1							
16	00			4.2			58.2	1.3						
	12	11.2	12.2	29.3										
17	00	11.3	12.3	59.4			58.3							
	12			40.4			58.4							
18	00	11.4	12.4	64.5			58.5	1.4		37.2				
	12			47.5			58.6							
19	00	11.5	12.5	6.5	R	R	38.1				19.2			
	12			46.6					29.1					
20	00	11.6	12.6	18.6			38.2	1.5						
	12			48.6			38.3							
21	00	10.1	15.1	32.1			38.4							
	12			50.1			38.5	1.6						
22	00	10.2	15.2	28.1	56.4	60.4	38.6							
	12	10.3	15.3	44.2										
23	00			1.2			54.1	43.1						
	12	10.4	15.4	43.3			54.2							
24	00			14.3			54.3			37.3				
	12	10.5	15.5	34.4			54.4	43.2						
25	00			9.5										
	12	10.6	15.6	5.5			54.5							
26	00			26.6			54.6	43.3						
	12	58.1	52.1	10.1			61.1		R					
27	00			58.2			61.2							
	12	58.2	52.2	38.3				43.4						
28	00	58.3	52.3	54.4			61.3				19.3			
	12			61.5			61.4							
29	00	58.4	52.4	60.6	D	D	61.5	43.5						
	12			19.2						37.4				
30	00	58.5	52.5	13.3			61.6	43.6						
	12			49.4			60.1							
31	00	58.6	52.6	30.6			60.2							
	12			37.1				14.1						

January 1963

Date	Time	☉	⊕	☾	☊	☋	☿	♀	♂	♃	♄	♅	♆	♇
1	00	38.1	39.1	63.2	56.4	60.4	60.3	14.1	29.1	37.4	19.3	59.6	1.2	64.1
	12			22.4	D	D	60.4	14.2	R	D	D	R	D	R
2	00	38.2	39.2	36.5					4.6					
	12			17.1			60.5	14.3						
3	00	38.3	39.3	21.2			60.6							
	12	38.4	39.4	51.4	R	R							1.3	
4	00			42.6			41.1	14.4		37.5				
	12	38.5	39.5	27.1										
5	00			24.3			41.2	14.5						
	12	38.6	39.6	2.4										
6	00			23.6			41.3	14.6			19.4			
	12	54.1	53.1	20.1										
7	00			16.3			41.4	34.1						
	12	54.2	53.2	35.4										
8	00			45.6				34.2						
	12	54.3	53.3	15.1			41.5							
9	00	54.4	53.4	52.3					4.5	37.6				
	12			39.4				34.3						
10	00	54.5	53.5	53.5										
	12			62.6				34.4						
11	00	54.6	53.6	31.1	D	D								
	12			33.2			41.6	34.5						
12	00	61.1	62.1	7.3			41.5							
	12			4.4			R	34.6						
13	00	61.2	62.2	29.5										
	12			59.5				9.1	4.4			59.5		
14	00	61.3	62.3	40.6						63.1	19.5			
	12	61.4	62.4	64.6				9.2						
15	00			6.1			41.4							
	12	61.5	62.5	46.1				9.3						
16	00			18.2			41.3							
	12	61.6	62.6	48.2				9.4						
17	00			57.2			41.2		4.3					
	12	60.1	56.1	32.3				9.5						
18	00			50.3	R	R	41.1							
	12	60.2	56.2	28.3				9.6		63.2				
19	00			44.4			60.6	5.1						
	12	60.3	56.3	1.4			60.5							
20	00	60.4	56.4	43.5				5.2	4.2					
	12			14.5	D	D	60.4							
21	00	60.5	56.5	34.6			60.3	5.3						
	12			9.6										
22	00	60.6	56.6	26.1			60.2	5.4			19.6			
	12			11.2			60.1							
23	00	41.1	31.1	10.3				5.5	4.1	63.3				
	12			58.4			61.6							
24	00	41.2	31.2	38.5			61.5	5.6						
	12			54.6										
25	00	41.3	31.3	60.1			61.4	26.1						
	12			41.3	R	R		26.2	7.6					
26	00	41.4	31.4	19.4			61.3							
	12	41.5	31.5	13.5				26.3						
27	00			30.1			61.2							
	12	41.6	31.6	55.3				26.4		63.4				
28	00			37.4					7.5					
	12	19.1	33.1	63.6			61.1	26.5						
29	00			36.1										
	12	19.2	33.2	25.3				26.6						
30	00			17.5				11.1			13.1			
	12	19.3	33.3	51.1					7.4					
31	00			42.2				11.2						
	12	19.4	33.4	3.4			54.6			63.5				

February 1963

Date	Time	☉	⊕	☾	☊	☋	☿	♀	♂	♃	♄	♅	♆	♇
1	00	19.5	33.5	27.5	56.4	60.4	54.6	11.3	7.4	63.5	13.1	59.5	1.3	64.1
	12			2.1	D	D	D	D	R	D	D	R	D	R
2	00	19.6	33.6	23.2				11.4	7.3					
	12			8.4			61.1	11.5						
3	00	13.1	7.1	20.5										
	12			35.1				11.6						
4	00	13.2	7.2	45.2										
	12			12.3				10.1	7.2					
5	00	13.3	7.3	15.4						63.6				
	12			52.5			61.2	10.2						
6	00	13.4	7.4	53.1				10.3						
	12			62.2					7.1		13.2			
7	00	13.5	7.5	56.3			61.3	10.4						
	12	13.6	7.6	31.3	R	R								
8	00			33.4				10.5						
	12	49.1	4.1	7.5			61.4					59.4		
9	00			4.6				10.6	33.6	22.1				
	12	49.2	4.2	59.1				58.1						
10	00			40.1			61.5							
	12	49.3	4.3	64.2				58.2						
11	00			47.2			61.6							40.6
	12	49.4	4.4	6.3				58.3	33.5					
12	00			46.3			60.1	58.4						
	12	49.5	4.5	18.4										
13	00			48.4			60.2	58.5		22.2				
	12	49.6	4.6	57.4										
14	00	30.1	29.1	32.5			60.3	58.6	33.4					
	12			50.5				38.1			13.3			
15	00	30.2	29.2	28.5			60.4							
	12			44.6				38.2						
16	00	30.3	29.3	1.6			60.5							
	12			14.1			60.6	38.3	33.3				R	
17	00	30.4	29.4	34.1	D	D		38.4		22.3				
	12			9.1			41.1							
18	00	30.5	29.5	5.2				38.5						
	12			26.3			41.2							
19	00	30.6	29.6	11.3			41.3	38.6						
	12			10.4				54.1	33.2					
20	00	55.1	59.1	58.5			41.4							
	12	55.2	59.2	38.6			41.5	54.2						
21	00			61.1						22.4				
	12	55.3	59.3	60.2			41.6	54.3						
22	00			41.4	R	R	19.1	54.4						
	12	55.4	59.4	19.5					33.1		13.4			
23	00			49.1			19.2	54.5						
	12	55.5	59.5	30.2			19.3							
24	00			55.4			19.4	54.6						
	12	55.6	59.6	37.6				61.1						
25	00			22.2			19.5			22.5				
	12	37.1	40.1	36.4	56.3	60.3	19.6	61.2						
26	00			25.6					31.6					
	12	37.2	40.2	21.2			13.1	61.3						
27	00	37.3	40.3	51.3			13.2	61.4						
	12			42.5			13.3							
28	00	37.4	40.4	27.1				61.5						
	12			24.3			13.4							

March 1963

Date	Time	☉	⊕	☾	☊	☋	☿	♀	♂	♃	♄	♅	♆	♇
1	00	37.5	40.5	2.5	56.3	60.3	13.5	61.6	31.6	22.6	13.4	59.4	1.3	40.6
	12			23.6	R	R	13.6	60.1	R	D	D	R	R	R
2	00	37.6	40.6	20.2			49.1					59.3		
	12			16.3				60.2	31.5		13.5			
3	00	63.1	64.1	35.5	D	D	49.2	60.3						
	12			45.6			49.3							
4	00	63.2	64.2	15.1			49.4	60.4						
	12			52.2			49.5							
5	00	63.3	64.3	39.3				60.5		36.1				
	12	63.4	64.4	53.4			49.6	60.6						
6	00			62.5			30.1							
	12	63.5	64.5	56.6	R	R	30.2	41.1						
7	00			33.1			30.3							
	12	63.6	64.6	7.1				41.2						
8	00			4.2			30.4	41.3						
	12	22.1	47.1	29.3			30.5			36.2				
9	00			59.3			30.6	41.4	31.4					
	12	22.2	47.2	40.4			55.1	41.5						
10	00			64.4			55.2							
	12	22.3	47.3	47.5			55.3	41.6						
11	00			6.5							13.6			
	12	22.4	47.4	46.6			55.4	19.1						
12	00			18.6			55.5	19.2						
	12	22.5	47.5	57.1	56.2	60.2	55.6			36.3				
13	00	22.6	47.6	32.1			37.1	19.3						
	12			50.1			37.2	19.4						
14	00	36.1	6.1	28.2			37.3							
	12			44.2			37.4	19.5						
15	00	36.2	6.2	1.2			37.5							
	12			43.3			37.6	19.6						
16	00	36.3	6.3	14.3				13.1						
	12			34.3			63.1			36.4				
17	00	36.4	6.4	9.4			63.2	13.2	D					
	12			5.4			63.3	13.3						
18	00	36.5	6.5	26.5			63.4							
	12			11.5			63.5	13.4						
19	00	36.6	6.6	10.6	D	D	63.6							
	12			38.1			22.1	13.5						40.5
20	00	25.1	46.1	54.2			22.2	13.6			49.1			
	12			61.2			22.3			36.5				
21	00	25.2	46.2	60.4	R	R	22.4	49.1						
	12	25.3	46.3	41.5			22.5	49.2						
22	00			19.6			22.6							
	12	25.4	46.4	49.2			36.1	49.3						
23	00			30.3			36.2							
	12	25.5	46.5	55.5			36.3	49.4						
24	00			63.1			36.4	49.5		36.6				
	12	25.6	46.6	22.3			36.5							
25	00			36.5			36.6	49.6						
	12	17.1	18.1	17.1	56.1	60.1	25.1	30.1	31.5			59.2		
26	00			21.3			25.2							
	12	17.2	18.2	51.5			25.3	30.2						
27	00			3.1			25.4	30.3						
	12	17.3	18.3	27.3			25.5							
28	00			24.5			25.6	30.4		25.1				
	12	17.4	18.4	23.1			17.1							
29	00			8.3			17.2	30.5						
	12	17.5	18.5	20.5			17.3	30.6						
30	00	17.6	18.6	16.6			17.4				49.2			
	12			45.2			17.6	55.1						
31	00	21.1	48.1	12.3			21.1	55.2						
	12			15.5			21.2							

April 1963

Date	Time	☉	⊕	☾	☊	☋	☿	♀	♂	♃	♄	♅	♆	♇
1	00	21.2	48.2	52.6	56.1	60.1	21.3	55.3	31.5	25.2	49.2	59.2	1.3	40.5
	12			53.1	D	D	21.4	D	31.6	D	D	R	R	R
2	00	21.3	48.3	62.2			21.5	55.4						
	12			56.3	R	R	21.6	55.5						
3	00	21.4	48.4	31.4			51.1						1.2	
	12			33.4			51.2	55.6						
4	00	21.5	48.5	7.5			51.3	37.1						
	12			4.6			51.5							
5	00	21.6	48.6	29.6			51.6	37.2		25.3				
	12			40.1			42.1	37.3						
6	00	51.1	57.1	64.1			42.2							
	12			47.2	62.6	61.6	42.3	37.4	33.1					
7	00	51.2	57.2	6.2			42.4							
	12			46.2			42.5	37.5						
8	00	51.3	57.3	18.3			42.6	37.6						
	12			48.3			3.1							
9	00	51.4	57.4	57.4			3.2	63.1		25.4				
	12	51.5	57.5	32.4			3.3	63.2			49.3			
10	00			50.4			3.5							
	12	51.6	57.6	28.5			3.6	63.3	33.2					
11	00			44.5	62.5	61.5	27.1	63.4						
	12	42.1	32.1	1.5			27.2							
12	00			43.6			27.3	63.5						
	12	42.2	32.2	14.6			27.4							
13	00			34.6			27.5	63.6		25.5				
	12	42.3	32.3	5.1			27.6	22.1						
14	00			26.1			24.1		33.3					
	12	42.4	32.4	11.2			24.2	22.2						
15	00			10.2			24.3	22.3						
	12	42.5	32.5	58.3			24.4							
16	00			38.3			24.5	22.4						
	12	42.6	32.6	54.4			24.6	22.5						
17	00			61.5	D	D			33.4	25.6				
	12	3.1	50.1	60.6	R	R	2.1	22.6						
18	00			19.1			2.2							
	12	3.2	50.2	13.2			2.3	36.1						
19	00			49.3			2.4	36.2						
	12	3.3	50.3	30.5			2.5							
20	00	3.4	50.4	55.6				36.3						
	12			63.2			2.6	36.4	33.5					
21	00	3.5	50.5	22.4			23.1			17.1				
	12			36.5			23.2	36.5						
22	00	3.6	50.6	17.1	62.4	61.4		36.6						
	12			21.3			23.3				49.4			
23	00	27.1	28.1	51.6			23.4	25.1	33.6					
	12			3.2				25.2						
24	00	27.2	28.2	27.4			23.5							
	12			24.6			23.6	25.3						
25	00	27.3	28.3	23.2						17.2				
	12			8.4			8.1	25.4						
26	00	27.4	28.4	20.6				25.5	7.1					
	12			35.2			8.2							
27	00	27.5	28.5	45.4				25.6						
	12			12.6			8.3	17.1						
28	00	27.6	28.6	52.1										
	12			39.2			8.4	17.2	7.2					
29	00	24.1	44.1	53.4				17.3		17.3				
	12			62.5	D	D								
30	00	24.2	44.2	56.6			8.5	17.4						
	12			33.1				17.5						

May 1963

Date	Time	☉	⊕	☾	☊	☋	☿	♀	♂	♃	♄	♅	♆	♇
1	00	24.3	44.3	7.2	R	R	8.5	17.5	7.3	17.3	49.4	59.2	1.2	40.5
	12			4.2			8.6	17.6	D	D	D	R	R	R
2	00	24.4	44.4	29.3										
	12			59.4				21.1						
3	00	24.5	44.5	40.4	62.3	61.3		21.2						
	12	24.6	44.6	64.5					7.4	17.4				
4	00			47.5			20.1	21.3						
	12	2.1	1.1	6.5				21.4						
5	00			46.6										
	12	2.2	1.2	18.6				21.5						
6	00			48.6				21.6	7.5					
	12	2.3	1.3	32.1										
7	00			50.1			R	51.1						
	12	2.4	1.4	28.1										
8	00			44.2				51.2	7.6	17.5				
	12	2.5	1.5	1.2	62.2	61.2		51.3						
9	00			43.2										
	12	2.6	1.6	14.3				51.4				D		
10	00			34.3				51.5			49.5		1.1	
	12	23.1	43.1	9.4			8.6		4.1					
11	00			5.4				51.6						
	12	23.2	43.2	26.4				42.1						
12	00			11.5						17.6				
	12	23.3	43.3	10.6				42.2	4.2					
13	00			58.6				42.3						
	12	23.4	43.4	54.1			8.5							
14	00			61.1				42.4						
	12	23.5	43.5	60.2	D	D								
15	00			41.3			8.4	42.5	4.3					
	12	23.6	43.6	19.4				42.6						
16	00			13.5										
	12	8.1	14.1	49.6				3.1		21.1				
17	00			55.1	R	R	8.3	3.2	4.4					
	12	8.2	14.2	37.3										
18	00			63.4				3.3						
	12	8.3	14.3	22.6			8.2	3.4						
19	00	8.4	14.4	25.1					4.5					
	12			17.3				3.5						
20	00	8.5	14.5	21.5			8.1	3.6						
	12			42.1										
21	00	8.6	14.6	3.3				27.1	4.6					
	12			27.5				27.2		21.2				
22	00	20.1	34.1	2.1	62.1	61.1	23.6							D
	12			23.3				27.3						
23	00	20.2	34.2	8.5					29.1					
	12			16.1			23.5	27.4						
24	00	20.3	34.3	35.3				27.5						
	12			45.5										
25	00	20.4	34.4	15.1				27.6	29.2					
	12			52.2				24.1						
26	00	20.5	34.5	39.4			23.4			21.3				
	12			53.5				24.2						
27	00	20.6	34.6	56.1	D	D		24.3	29.3					
	12			31.2										
28	00	16.1	9.1	33.3				24.4						
	12			7.4				24.5						
29	00	16.2	9.2	4.5					29.4					
	12			29.6				24.6						
30	00	16.3	9.3	59.6										
	12			64.1	R	R		2.1						
31	00	16.4	9.4	47.1			D	2.2	29.5					
	12			6.2						21.4				

June 1963

Date	Time	☉	⊕	☾	☊	☋	☿	♀	♂	♃	♄	♅	♆	♇
1	00	16.5	9.5	46.2	62.1	61.1	23.4	2.3	29.5	21.4	49.5	59.2	1.1	40.5
	12			18.3	R	R	D	2.4	D	D	D	D	R	D
2	00	16.6	9.6	48.3					29.6					
	12			57.3				2.5						
3	00	35.1	5.1	32.4				2.6						
	12			50.4							R			
4	00	35.2	5.2	28.4				23.1	59.1					
	12			44.5				23.2						
5	00	35.3	5.3	1.5			23.5							
	12			43.5				23.3	59.2	21.5				
6	00	35.4	5.4	14.6				23.4						
	12			34.6										
7	00	35.5	5.5	5.1			23.6	23.5						
	12			26.1	53.6	54.6			59.3					
8	00	35.6	5.6	11.2				23.6						
	12			10.2			8.1	8.1						
9	00	45.1	26.1	58.3										
	12	45.2	26.2	38.4				8.2	59.4					
10	00			54.4			8.2	8.3						
	12	45.3	26.3	61.5	D	D								
11	00			60.6				8.4	59.5	21.6				
	12	45.4	26.4	19.1			8.3	8.5						
12	00			13.2										
	12	45.5	26.5	49.3			8.4	8.6						
13	00			30.4				20.1	59.6					
	12	45.6	26.6	55.5			8.5							
14	00			37.6				20.2						
	12	12.1	11.1	22.2			8.6	20.3	40.1					
15	00			36.3	R	R								
	12	12.2	11.2	25.4			20.1	20.4						
16	00			17.6			20.2							
	12	12.3	11.3	51.2				20.5	40.2					
17	00			42.3			20.3	20.6		51.1				
	12	12.4	11.4	3.5										
18	00			24.1			20.4	16.1					44.6	
	12	12.5	11.5	2.3			20.5	16.2	40.3					
19	00			23.5										
	12	12.6	11.6	20.1			20.6	16.3						
20	00			16.2			16.1	16.4	40.4					
	12	15.1	10.1	35.4										
21	00			45.6			16.2	16.5						
	12	15.2	10.2	15.2			16.3	16.6	40.5					
22	00			52.4			16.4							
	12	15.3	10.3	39.5				35.1						
23	00			62.1	D	D	16.5	35.2				59.3		
	12	15.4	10.4	56.2			16.6		40.6	51.2				
24	00			31.3			35.1	35.3						
	12	15.5	10.5	33.5			35.2							
25	00			7.6			35.3	35.4	64.1					
	12	15.6	10.6	29.1				35.5						
26	00			59.2			35.4							
	12	52.1	58.1	40.2			35.5	35.6						
27	00			64.3			35.6	45.1	64.2					
	12	52.2	58.2	47.4			45.1							
28	00			6.4			45.2	45.2						
	12	52.3	58.3	46.5			45.3	45.3	64.3		49.4			
29	00			18.5	R	R	45.4							
	12	52.4	58.4	48.6			45.5	45.4						
30	00			57.6			45.6	45.5	64.4					
	12	52.5	58.5	32.6			12.1							

July 1963

Date	Time	☉	⊕	☾	☊	☋	☿	♀	♂	♃	♄	♅	♆	♇
1	00	52.5	58.5	28.1	53.6	54.6	12.2	45.6	64.4	51.3	49.4	59.3	44.6	40.5
	12	52.6	58.6	44.1	R	R	12.3	12.1	D	D	R	D	R	D
2	00			1.1			12.4		64.5					
	12	39.1	38.1	43.2			12.5	12.2						
3	00			14.2			12.6	12.3						
	12	39.2	38.2	34.2			15.1		64.6					
4	00			9.3			15.2	12.4						
	12	39.3	38.3	5.3			15.3							
5	00			26.4			15.4	12.5	47.1					
	12	39.4	38.4	11.4			15.5	12.6						
6	00			10.5			15.6							
	12	39.5	38.5	58.6			52.2	15.1						
7	00			54.1			52.3	15.2	47.2					
	12	39.6	38.6	61.1	D	D	52.4							
8	00	53.1	54.1	60.2			52.5	15.3						
	12			41.3			52.6	15.4	47.3					
9	00	53.2	54.2	19.4			39.1							
	12			13.5			39.2	15.5		51.4				
10	00	53.3	54.3	49.6			39.4	15.6	47.4					
	12			55.2			39.5							
11	00	53.4	54.4	37.3			39.6	52.1						
	12			63.4			53.1	52.2						
12	00	53.5	54.5	22.6			53.2		47.5					
	12			25.1			53.3	52.3						
13	00	53.6	54.6	17.2			53.4	52.4						
	12			21.4			53.6		47.6					
14	00	62.1	61.1	51.5	R	R	62.1	52.5						
	12			3.1	D	D	62.2	52.6				59.4		
15	00	62.2	61.2	27.3			62.3		6.1					
	12			24.4			62.4	39.1						
16	00	62.3	61.3	2.6			62.5							
	12			8.2			62.6	39.2	6.2					
17	00	62.4	61.4	20.3			56.2	39.3			49.3			
	12			16.5			56.3							
18	00	62.5	61.5	45.1			56.4	39.4	6.3					
	12			12.2			56.5	39.5						
19	00	62.6	61.6	15.4			56.6							
	12			52.5			31.1	39.6						
20	00	56.1	60.1	53.1			31.2	53.1	6.4					
	12			62.2	R	R	31.3							
21	00	56.2	60.2	56.4			31.4	53.2						
	12			31.5			31.5	53.3	6.5	51.5				
22	00	56.3	60.3	33.6			31.6							40.6
	12			4.1			33.2	53.4						
23	00	56.4	60.4	29.2			33.3	53.5	6.6					
	12			59.3			33.4							
24	00	56.5	60.5	40.4			33.5	53.6						
	12			64.5			33.6	62.1	46.1					
25	00	56.6	60.6	47.6			7.1							
	12			6.6			7.2	62.2						
26	00	31.1	41.1	18.1			7.3	62.3	46.2				D	
	12			48.1			7.4							
27	00	31.2	41.2	57.2			7.5	62.4						
	12			32.2			7.6	62.5	46.3					
28	00	31.3	41.3	50.2			4.1							
	12			28.3			4.2	62.6						
29	00	31.4	41.4	44.3	D	D	4.3	56.1	46.4					
	12			1.3										
30	00	31.5	41.5	43.4			4.4	56.2						
	12			14.4			4.5		46.5					
31	00	31.6	41.6	34.5			4.6	56.3			49.2			
	12			9.5			29.1	56.4				59.5		

August 1963

Date	Time	☉	⊕	☾	☊	☋	☿	♀	♂	♃	♄	♅	♆	♇
1	00	33.1	19.1	5.5	53.6	54.6	29.2	56.4	46.5	51.5	49.2	59.5	44.6	40.6
	12			26.6	D	D	29.3	56.5	46.6	D	R	D	D	D
2	00	33.2	19.2	10.1			29.4	56.6						
	12			58.1			29.5							
3	00	33.3	19.3	38.2			29.6	31.1	18.1					
	12			54.3			59.1	31.2						
4	00	33.4	19.4	61.4	R	R								
	12	33.5	19.5	60.5			59.2	31.3	18.2					
5	00			41.6			59.3	31.4						
	12	33.6	19.6	13.1			59.4							
6	00			49.2			59.5	31.5	18.3					
	12	7.1	13.1	30.3			59.6	31.6						
7	00			55.5										
	12	7.2	13.2	37.6			40.1	33.1	18.4					
8	00			22.2			40.2	33.2						
	12	7.3	13.3	36.3			40.3							
9	00			25.5			40.4	33.3	18.5					
	12	7.4	13.4	17.6				33.4						
10	00			51.2			40.5			R				
	12	7.5	13.5	42.4			40.6	33.5	18.6					
11	00			3.5			64.1	33.6						
	12	7.6	13.6	24.1			64.2							
12	00			2.2				7.1	48.1					
	12	4.1	49.1	23.4	D	D	64.3	7.2						
13	00			8.6			64.4				49.1			
	12	4.2	49.2	16.1				7.3	48.2					
14	00			35.3			64.5	7.4						
	12	4.3	49.3	45.4			64.6							
15	00			12.5			47.1	7.5	48.3					
	12	4.4	49.4	52.1				7.6						
16	00			39.2			47.2							
	12	4.5	49.5	53.4			47.3	4.1	48.4			59.6		
17	00			62.5	R	R								
	12	4.6	49.6	56.6			47.4	4.2						
18	00			33.1			47.5	4.3	48.5					
	12	29.1	30.1	7.2										
19	00			4.3			47.6	4.4						
	12	29.2	30.2	29.4				4.5	48.6					
20	00			59.5			6.1							
	12	29.3	30.3	40.6			6.2	4.6						
21	00			47.1				29.1	57.1					64.1
	12	29.4	30.4	6.1			6.3							
22	00			46.2				29.2						
	12	29.5	30.5	18.3	53.5	54.5	6.4	29.3	57.2					
23	00			48.3			6.5							
	12	29.6	30.6	57.4				29.4	57.3					
24	00			32.4			6.6	29.5						
	12	59.1	55.1	50.5										
25	00	59.2	55.2	28.5			46.1	29.6	57.4					
	12			44.5				59.1			13.6			
26	00	59.3	55.3	1.6			46.2							
	12			43.6				59.2	57.5					
27	00	59.4	55.4	14.6				59.3						
	12			9.1	D	D	46.3							
28	00	59.5	55.5	5.1				59.4	57.6					
	12			26.1			46.4	59.5						
29	00	59.6	55.6	11.2						51.4				
	12			10.2			46.5	59.6	32.1					
30	00	40.1	37.1	58.3				40.1						
	12			38.4										
31	00	40.2	37.2	54.4			46.6	40.2	32.2					
	12			61.5	R	R		40.3				40.1		

September 1963

Date	Time	☉	⊕	☾	☊	☋	☿	♀	♂	♃	♄	♅	♆	♇
1	00	40.3	37.3	60.6	53.5	54.5	46.6	40.3	32.2	51.4	13.6	40.1	1.1	64.1
	12			19.1	R	R	D	40.4	32.3	R	R	D	D	D
2	00	40.4	37.4	13.3			18.1	40.5						
	12			49.4										
3	00	40.5	37.5	30.5				40.6	32.4					
	12			37.1				64.1						
4	00	40.6	37.6	63.2										
	12			22.4			18.2	64.2	32.5					
5	00	64.1	63.1	36.6				64.3						
	12			17.2					32.6					
6	00	64.2	63.2	21.3				64.4						
	12			51.5				64.5						
7	00	64.3	63.3	3.1			R		50.1					
	12			27.3	53.4	54.4		64.6						
8	00	64.4	63.4	24.5				47.1			13.5			
	12			2.6					50.2					
9	00	64.5	63.5	8.2				47.2						
	12	64.6	63.6	20.4			18.1	47.3						
10	00			16.5					50.3	51.3				
	12	47.1	22.1	45.1	D	D		47.4						
11	00			12.2				47.5						
	12	47.2	22.2	15.4					50.4					
12	00			52.5			46.6	47.6						
	12	47.3	22.3	39.6				6.1						
13	00			62.1	R	R			50.5					
	12	47.4	22.4	56.2			46.5	6.2						
14	00			31.3				6.3	50.6					
	12	47.5	22.5	33.4										
15	00			7.5			46.4	6.4						
	12	47.6	22.6	4.6				6.5	28.1			40.2		
16	00			59.1			46.3							
	12	6.1	36.1	40.2				6.6						
17	00			64.3			46.2	46.1	28.2					64.2
	12	6.2	36.2	47.3										
18	00			6.4			46.1	46.2						
	12	6.3	36.3	46.5					28.3	51.2				
19	00			18.5			6.6	46.3						
	12	6.4	36.4	48.6	53.3	54.3	6.5	46.4						
20	00			57.6					28.4					
	12	6.5	36.5	50.1			6.4	46.5						
21	00			28.1				46.6	28.5					
	12	6.6	36.6	44.1			6.3							
22	00	46.1	25.1	1.2				18.1						
	12			43.2			6.2	18.2	28.6					
23	00	46.2	25.2	14.2										
	12			34.3			6.1	18.3						
24	00	46.3	25.3	9.3				18.4	44.1					
	12			5.3			47.6							
25	00	46.4	25.4	26.4				18.5						
	12			11.4				18.6	44.2					
26	00	46.5	25.5	10.4			47.5				13.4			
	12			58.5	D	D		48.1	44.3	51.1				
27	00	46.6	25.6	38.5				48.2						
	12			54.6	R	R								
28	00	18.1	17.1	60.1			47.4	48.3	44.4					
	12			41.2				48.4						
29	00	18.2	17.2	19.3										
	12			13.4			D	48.5	44.5					
30	00	18.3	17.3	49.5				48.6						
	12			55.1										

October 1963

Date	Time	☉	⊕	☾	☊	☋	☿	♀	♂	♃	♄	♅	♆	♇
1	00	18.4	17.4	37.2	53.2	54.2	47.5	57.1	44.6	51.1	13.4	40.3	1.1	64.2
	12			63.4	R	R	D	57.2	D	R	R	D	D	D
2	00	18.5	17.5	22.5					1.1					
	12	18.6	17.6	25.1				57.3						
3	00			17.3				57.4						
	12	48.1	21.1	21.5			47.6		1.2	21.6				
4	00			42.1				57.5						
	12	48.2	21.2	3.3			6.1	57.6						
5	00			27.5					1.3					
	12	48.3	21.3	2.1			6.2	32.1						
6	00			23.3				32.2	1.4				1.2	
	12	48.4	21.4	8.5			6.3							
7	00			16.1	53.1	54.1		32.3						
	12	48.5	21.5	35.3			6.4	32.4	1.5					
8	00			45.4			6.5							
	12	48.6	21.6	12.6				32.5						
9	00			52.1			6.6	32.6	1.6					
	12	57.1	51.1	39.3			46.1							
10	00			53.4				50.1						
	12	57.2	51.2	62.5			46.2	50.2	43.1	21.5				
11	00			56.6			46.3							
	12	57.3	51.3	33.1			46.4	50.3	43.2					
12	00	57.4	51.4	7.2				50.4						
	12			4.3			46.5							
13	00	57.5	51.5	29.4			46.6	50.5	43.3					
	12			59.5			18.1	50.6						
14	00	57.6	51.6	40.5			18.2							
	12			64.6			18.3	28.1	43.4					
15	00	32.1	42.1	47.6				28.2						
	12			46.1			18.4		43.5					
16	00	32.2	42.2	18.2			18.5	28.3						64.3
	12			48.2			18.6	28.4						
17	00	32.3	42.3	57.3	39.6	38.6	48.1		43.6					
	12			32.3			48.2	28.5		21.4				
18	00	32.4	42.4	50.3			48.3	28.6						
	12			28.4			48.4		14.1					
19	00	32.5	42.5	44.4			48.5	44.1				40.4		
	12			1.4				44.2	14.2					
20	00	32.6	42.6	43.5			48.6							
	12			14.5			57.1	44.3						
21	00	50.1	3.1	34.5			57.2	44.4	14.3					
	12	50.2	3.2	9.6			57.3							
22	00			5.6			57.4	44.5	14.4		D			
	12	50.3	3.3	26.6	39.5	38.5	57.5	44.6						
23	00			10.1			57.6							
	12	50.4	3.4	58.1			32.1	1.1	14.5					
24	00			38.1			32.2	1.2						
	12	50.5	3.5	54.2	D	D	32.3							
25	00			61.2				1.3	14.6	21.3				
	12	50.6	3.6	60.3			32.4	1.4						
26	00			41.4	R	R	32.5		34.1					
	12	28.1	27.1	19.5			32.6	1.5						
27	00			13.6			50.1	1.6						
	12	28.2	27.2	30.1			50.2		34.2					
28	00			55.2			50.3	43.1						
	12	28.3	27.3	37.3			50.4	43.2						
29	00	28.4	27.4	63.5			50.5		34.3					
	12			22.6			50.6	43.3						
30	00	28.5	27.5	25.2				43.4	34.4					
	12			17.4			28.1							
31	00	28.6	27.6	21.6			28.2	43.5						
	12			42.2			28.3	43.6	34.5					

November 1963

Date	Time	☉	⊕	☾	☊	☋	☿	♀	♂	♃	♄	♅	♆	♇
1	00	44.1	24.1	3.4	39.5	38.5	28.4	43.6	34.5	21.3	13.4	40.4	1.2	64.3
	12			27.6	R	R	28.5	14.1	34.6	R	D	D	1.3	D
2	00	44.2	24.2	2.2			28.6	14.2						
	12			23.4			44.1			21.2				
3	00	44.3	24.3	20.1	39.4	38.4		14.3	9.1					
	12			16.3			44.2	14.4						
4	00	44.4	24.4	35.5			44.3		9.2					
	12			45.6			44.4	14.5						
5	00	44.5	24.5	15.2			44.5	14.6						
	12	44.6	24.6	52.4			44.6		9.3					
6	00			39.6	D	D	1.1	34.1						
	12	1.1	2.1	62.1			1.2	34.2						
7	00			56.2					9.4					
	12	1.2	2.2	31.4			1.3	34.3						
8	00			33.5			1.4	34.4	9.5					
	12	1.3	2.3	7.6	R	R	1.5							
9	00			29.1			1.6	34.5						
	12	1.4	2.4	59.1			43.1	34.6	9.6					
10	00			40.2			43.2							
	12	1.5	2.5	64.3				9.1	5.1					
11	00			47.3			43.3	9.2						
	12	1.6	2.6	6.4			43.4					40.5		
12	00			46.4			43.5	9.3	5.2					
	12	43.1	23.1	18.5			43.6	9.4		21.1				
13	00	43.2	23.2	48.5			14.1		5.3					
	12			57.6				9.5						
14	00	43.3	23.3	32.6			14.2	9.6						
	12			28.1			14.3		5.4					
15	00	43.4	23.4	44.1			14.4	5.1						
	12			1.1	39.3	38.3	14.5	5.2						
16	00	43.5	23.5	43.2			14.6		5.5					
	12			14.2				5.3			13.5			
17	00	43.6	23.6	34.2			34.1	5.4	5.6					
	12			9.2			34.2							
18	00	14.1	8.1	5.3			34.3	5.5						
	12			26.3			34.4	5.6	26.1					
19	00	14.2	8.2	11.3			34.5							
	12	14.3	8.3	10.4				26.1	26.2					
20	00			58.4			34.6	26.2						
	12	14.4	8.4	38.5	D	D	9.1							
21	00			54.5			9.2	26.3	26.3					
	12	14.5	8.5	61.6			9.3	26.4						
22	00			60.6			9.4		26.4					
	12	14.6	8.6	19.1				26.5						
23	00			13.1			9.5	26.6						
	12	34.1	20.1	49.2			9.6		26.5					
24	00			30.3			5.1	11.1						
	12	34.2	20.2	55.4	R	R	5.2	11.2	26.6					
25	00			37.5										
	12	34.3	20.3	22.1			5.3	11.3						
26	00	34.4	20.4	36.2			5.4	11.4	11.1					
	12			25.3			5.5							
27	00	34.5	20.5	17.5			5.6	11.5	11.2				1.4	
	12			51.1				11.6						
28	00	34.6	20.6	42.3			26.1							
	12			3.4			26.2	10.1	11.3					
29	00	9.1	16.1	24.1			26.3	10.2						
	12			2.3			26.4		11.4					
30	00	9.2	16.2	23.5				10.3						
	12			20.1			26.5	10.4						

December 1963

Date	Time	☉	⊕	☾	☊	☋	☿	♀	♂	♃	♄	♅	♆	♇
1	00	9.3	16.3	16.3	39.3	38.3	26.6	10.4	11.5	21.1	13.5	40.5	1.4	64.3
	12	9.4	16.4	35.5	R	R	11.1	10.5	D	R	D	D	D	D
2	00			12.1			11.2		11.6					
	12	9.5	16.5	15.3				10.6						
3	00			52.5			11.3	58.1						
	12	9.6	16.6	53.1	D	D	11.4		10.1		13.6			
4	00			62.3			11.5	58.2						
	12	5.1	35.1	56.4			11.6	58.3	10.2					
5	00			31.6										64.4
	12	5.2	35.2	7.1			10.1	58.4		D				
6	00			4.2			10.2	58.5	10.3					
	12	5.3	35.3	29.3			10.3							
7	00			59.4			10.4	58.6	10.4					
	12	5.4	35.4	40.5				38.1						
8	00	5.5	35.5	64.6	R	R	10.5							
	12			47.6			10.6	38.2	10.5					
9	00	5.6	35.6	46.1			58.1	38.3						
	12			18.2					10.6					
10	00	26.1	45.1	48.2			58.2	38.4						
	12			57.3			58.3	38.5	58.1					
11	00	26.2	45.2	32.3			58.4							
	12			50.3				38.6						
12	00	26.3	45.3	28.4			58.5	54.1	58.2					
	12			44.4	39.2	38.2	58.6							
13	00	26.4	45.4	1.4			38.1	54.2	58.3					
	12	26.5	45.5	43.5				54.3						
14	00			14.5			38.2							
	12	26.6	45.6	34.5			38.3	54.4	58.4					
15	00			9.5				54.5						
	12	11.1	12.1	5.6			38.4		58.5		49.1			
16	00			26.6			38.5	54.6						
	12	11.2	12.2	10.1				61.1				R		
17	00			58.1			38.6		58.6					
	12	11.3	12.3	38.1				61.2						R
18	00			54.2	D	D	54.1	61.3	38.1					
	12	11.4	12.4	61.2			54.2							
19	00			60.3				61.4						
	12	11.5	12.5	41.4			54.3	61.5	38.2					
20	00	11.6	12.6	19.4										
	12			13.5			54.4	61.6	38.3					
21	00	10.1	15.1	49.6				60.1						
	12			55.1					38.4					
22	00	10.2	15.2	37.2			54.5	60.2						
	12			63.3				60.3						
23	00	10.3	15.3	22.4					38.5					
	12			36.5			54.6	60.4						
24	00	10.4	15.4	25.6	R	R		60.5	38.6					
	12			21.2										
25	00	10.5	15.5	51.3				60.6						
	12	10.6	15.6	42.5				41.1	54.1				1.5	
26	00			3.6							49.2			
	12	58.1	52.1	24.2			R	41.2	54.2					
27	00			2.4				41.3						
	12	58.2	52.2	23.6										
28	00			20.2				41.4	54.3					
	12	58.3	52.3	16.4				41.5		21.2				
29	00			35.6					54.4					
	12	58.4	52.4	12.2				41.6						
30	00			15.4			54.5	19.1	54.5					64.3
	12	58.5	52.5	52.6										
31	00	58.6	52.6	53.1	D	D	54.4	19.2						
	12			62.3				19.3	54.6					

January 1964

Date	Time	☉	⊕	☾	☊	☋	☿	♀	♂	♃	♄	♅	♆	♇
1	00	38.1	39.1	56.5	39.2	38.2	54.3	19.3	54.6	21.2	49.2	40.5	1.5	64.3
	12			33.1	D	D	R	19.4	61.1	D	D	R	D	R
2	00	38.2	39.2	7.2			54.2	19.5						
	12			4.3			54.1							
3	00	38.3	39.3	29.5	R	R		19.6	61.2					
	12			59.6			38.6							
4	00	38.4	39.4	64.1			38.5	13.1	61.3					
	12			47.2				13.2			49.3			
5	00	38.5	39.5	6.3			38.4							
	12			46.3			38.3	13.3	61.4					
6	00	38.6	39.6	18.4			38.2	13.4						
	12	54.1	53.1	48.5					61.5					
7	00			57.5	D	D	38.1	13.5						
	12	54.2	53.2	32.6			58.6	13.6	61.6					
8	00			50.6						21.3				
	12	54.3	53.3	28.6			58.5	49.1						
9	00			1.1				49.2	60.1					
	12	54.4	53.4	43.1			58.4							
10	00			14.1				49.3	60.2					
	12	54.5	53.5	34.2			58.3	49.4						
11	00			9.2										
	12	54.6	53.6	5.2			58.2	49.5	60.3					
12	00	61.1	62.1	26.3				49.6						
	12			11.3					60.4					
13	00	61.2	62.2	10.3				30.1						
	12			58.4			58.1	30.2	60.5		49.4			
14	00	61.3	62.3	38.4	R	R								
	12			54.5				30.3						
15	00	61.4	62.4	61.5				30.4	60.6					
	12			60.6			D			21.4				
16	00	61.5	62.5	19.1				30.5	41.1					
	12			13.2				30.6						
17	00	61.6	62.6	49.3										
	12	60.1	56.1	30.3				55.1	41.2					
18	00			55.4			58.2	55.2						
	12	60.2	56.2	37.5					41.3					
19	00			22.1				55.3						
	12	60.3	56.3	36.2					41.4					
20	00			25.3			58.3	55.4						
	12	60.4	56.4	17.4				55.5						
21	00			21.5					41.5			40.4		
	12	60.5	56.5	42.1				55.6			49.5			
22	00			3.2			58.4	37.1	41.6					
	12	60.6	56.6	27.4	D	D				21.5				
23	00	41.1	31.1	24.5			58.5	37.2	19.1					
	12			23.1				37.3						
24	00	41.2	31.2	8.2			58.6							
	12			20.4				37.4	19.2					
25	00	41.3	31.3	16.6				37.5						
	12			45.2			38.1		19.3					
26	00	41.4	31.4	12.3				37.6						
	12			15.5			38.2	63.1						
27	00	41.5	31.5	39.1					19.4					
	12			53.2	R	R	38.3	63.2						
28	00	41.6	31.6	62.4			38.4	63.3	19.5					
	12			56.6						21.6				
29	00	19.1	33.1	33.1			38.5	63.4	19.6					
	12	19.2	33.2	7.3							49.6			
30	00			4.4			38.6	63.5						
	12	19.3	33.3	29.6			54.1	63.6	13.1					
31	00			40.1										
	12	19.4	33.4	64.2			54.2	22.1	13.2					

February 1964

Date	Time	☉	⊕	☾	☊	☋	☿	♀	♂	♃	♄	♅	♆	♇
1	00	19.4	33.4	47.3	39.2	38.2	54.2	22.2	13.2	21.6	49.6	40.4	1.5	64.3
	12	19.5	33.5	6.4	R	R	54.3	D	13.3	D	D	R	D	R
2	00			46.5			54.4	22.3						
	12	19.6	33.6	18.6				22.4						
3	00			48.6			54.5		13.4					
	12	13.1	7.1	32.1			54.6	22.5		51.1				
4	00	13.2	7.2	50.2				22.6	13.5					
	12			28.2			61.1							
5	00	13.3	7.3	44.2			61.2	36.1						
	12			1.3					13.6					
6	00	13.4	7.4	43.3	D	D	61.3	36.2						
	12			14.3			61.4	36.3	49.1		30.1			
7	00	13.5	7.5	34.4			61.5							
	12			9.4				36.4	49.2					
8	00	13.6	7.6	5.4			61.6	36.5						
	12			26.5			60.1			51.2				
9	00	49.1	4.1	11.5			60.2	36.6	49.3					
	12			10.5				25.1						
10	00	49.2	4.2	58.6			60.3		49.4					
	12	49.3	4.3	38.6	R	R	60.4	25.2						
11	00			61.1			60.5	25.3	49.5					
	12	49.4	4.4	60.2										
12	00			41.3			60.6	25.4						
	12	49.5	4.5	19.3			41.1		49.6					
13	00			13.4			41.2	25.5						
	12	49.6	4.6	49.5				25.6	30.1					
14	00			30.6			41.3			51.3				
	12	30.1	29.1	37.1	39.1	38.1	41.4	17.1			30.2			
15	00			63.3			41.5	17.2	30.2					
	12	30.2	29.2	22.4			41.6					40.3		
16	00			36.5				17.3	30.3					
	12	30.3	29.3	17.1			19.1	17.4						
17	00	30.4	29.4	21.2			19.2		30.4					
	12			51.3			19.3	17.5						
18	00	30.5	29.5	42.5			19.4							
	12			3.6				17.6	30.5	51.4				
19	00	30.6	29.6	24.2			19.5	21.1					R	
	12			2.3			19.6		30.6					
20	00	55.1	59.1	23.5			13.1	21.2						
	12			8.6			13.2	21.3	55.1					64.2
21	00	55.2	59.2	16.2	D	D	13.3							
	12			35.4				21.4						
22	00	55.3	59.3	45.5			13.4		55.2		30.3			
	12			15.1			13.5	21.5						
23	00	55.4	59.4	52.2			13.6	21.6	55.3					
	12	55.5	59.5	39.4	R	R	49.1			51.5				
24	00			53.5			49.2	51.1						
	12	55.6	59.6	56.1			49.3	51.2	55.4					
25	00			31.2										
	12	37.1	40.1	33.3			49.4	51.3	55.5					
26	00			7.5			49.5							
	12	37.2	40.2	4.6			49.6	51.4	55.6					
27	00			59.1			30.1	51.5						
	12	37.3	40.3	40.2			30.2							
28	00			64.4			30.3	51.6	37.1	51.6				
	12	37.4	40.4	47.5	52.6	58.6	30.4	42.1						
29	00			6.6			30.5		37.2					
	12	37.5	40.5	18.1			30.6	42.2						

March 1964

Date	Time	☉	⊕	☾	☊	☋	☿	♀	♂	♃	♄	♅	♆	♇
1	00	37.5	40.5	48.1	52.6	58.6	30.6	42.2	37.3	51.6	30.4	40.3	1.5	64.2
	12	37.6	40.6	57.2	R	R	55.1	42.3	D	D	D	R	R	R
2	00	63.1	64.1	32.3			55.2	42.4						
	12			50.3			55.3		37.4					
3	00	63.2	64.2	28.4			55.4	42.5						
	12			44.4			55.5		37.5	42.1				
4	00	63.3	64.3	1.5			55.6	42.6						
	12			43.5			37.1	3.1						
5	00	63.4	64.4	14.5			37.2		37.6					
	12			34.6			37.3	3.2						
6	00	63.5	64.5	9.6			37.4	3.3	63.1					
	12			5.6	D	D	37.5							
7	00	63.6	64.6	11.1			37.6	3.4	63.2					
	12			10.1			63.1			42.2				
8	00	22.1	47.1	58.1			63.2	3.5				40.2		
	12	22.2	47.2	38.2	R	R	63.3	3.6	63.3					
9	00			54.2			63.4				30.5			
	12	22.3	47.3	61.3			63.5	27.1	63.4					
10	00			60.3			63.6							
	12	22.4	47.4	41.4			22.1	27.2	63.5					
11	00			19.5			22.2	27.3						
	12	22.5	47.5	13.6	52.5	58.5	22.3							
12	00			30.1			22.4	27.4	63.6	42.3				
	12	22.6	47.6	55.2			22.5							
13	00			37.3			22.6	27.5	22.1					
	12	36.1	6.1	63.5			36.1	27.6						
14	00			22.6			36.2							
	12	36.2	6.2	25.2			36.3	24.1	22.2					
15	00			17.3			36.4							
	12	36.3	6.3	21.5			36.5	24.2	22.3					
16	00			51.6			36.6	24.3		42.4				
	12	36.4	6.4	3.2			25.1		22.4					
17	00	36.5	6.5	27.4	52.4	58.4	25.2	24.4			30.6			
	12			24.6			25.3							
18	00	36.6	6.6	23.1			25.5	24.5	22.5					
	12			8.3			25.6							
19	00	25.1	46.1	20.5			17.1	24.6	22.6					
	12			16.6			17.2	2.1						
20	00	25.2	46.2	45.2			17.3			42.5				
	12			12.3			17.4	2.2	36.1					
21	00	25.3	46.3	15.5	D	D	17.5							
	12			52.6	R	R	17.6	2.3	36.2					
22	00	25.4	46.4	53.2			21.1	2.4						
	12			62.3			21.2		36.3					
23	00	25.5	46.5	56.4			21.3	2.5						
	12			31.5			21.4							
24	00	25.6	46.6	7.1			21.5	2.6	36.4	42.6				
	12	17.1	18.1	4.2			21.6							
25	00			29.3			51.1	23.1	36.5					
	12	17.2	18.2	59.4			51.2	23.2			55.1			
26	00			40.5			51.3							
	12	17.3	18.3	64.6			51.4	23.3	36.6					
27	00			6.1			51.5							
	12	17.4	18.4	46.2	52.3	58.3	51.6	23.4	25.1					
28	00			18.3			42.1							
	12	17.5	18.5	48.3			42.2	23.5	25.2	3.1				64.1
29	00			57.4			42.3	23.6						
	12	17.6	18.6	32.5			42.4							
30	00			50.5			42.5	8.1	25.3					
	12	21.1	48.1	28.6			42.6							
31	00			44.6			3.1	8.2	25.4					
	12	21.2	48.2	43.1			3.2							

April 1964

Date	Time	☉	⊕	☾	☊	☋	☿	♀	♂	♃	♄	♅	♆	♇
1	00	21.2	48.2	14.1	52.3	58.3	3.3	8.3	25.4	3.2	55.1	40.1	1.5	64.1
	12	21.3	48.3	34.2	R	R	D	D	25.5	D	D	R	R	R
2	00			9.2	52.2	58.2	3.4	8.4						
	12	21.4	48.4	5.2			3.5	8.5	25.6					
3	00	21.5	48.5	26.3			3.6							
	12			11.3			27.1	8.6	17.1		55.2			
4	00	21.6	48.6	10.3										
	12			58.3	D	D	27.2	20.1						
5	00	51.1	57.1	38.4			27.3		17.2	3.3				
	12			54.4	R	R		20.2						
6	00	51.2	57.2	61.5			27.4		17.3					
	12			60.5			27.5	20.3						
7	00	51.3	57.3	41.6										
	12			13.1			27.6	20.4	17.4					
8	00	51.4	57.4	49.1				20.5						
	12			30.2			24.1		17.5					
9	00	51.5	57.5	55.3				20.6		3.4				
	12			37.5			24.2							
10	00	51.6	57.6	63.6				16.1	17.6					
	12			36.1										
11	00	42.1	32.1	25.3			24.3	16.2	21.1					
	12			17.5										
12	00	42.2	32.2	21.6				16.3	21.2					
	12			42.2			24.4							
13	00	42.3	32.3	3.4	52.1	58.1		16.4		3.5				
	12	42.4	32.4	27.6					21.3		55.3			
14	00			2.2				16.5						
	12	42.5	32.5	23.4					21.4					
15	00			8.6				16.6						
	12	42.6	32.6	16.2			24.5							
16	00			35.3				35.1	21.5					
	12	3.1	50.1	45.5										
17	00			15.1			R	35.2	21.6	3.6				
	12	3.2	50.2	52.2	D	D							1.4	
18	00			39.4				35.3						
	12	3.3	50.3	53.6					51.1					
19	00			56.1			24.4	35.4						
	12	3.4	50.4	31.2	R	R			51.2					
20	00			33.3				35.5						
	12	3.5	50.5	7.5					51.3					
21	00			4.6				35.6		27.1				
	12	3.6	50.6	59.1										
22	00			40.2			24.3	45.1	51.4					
	12	27.1	28.1	64.3										
23	00			47.4					51.5					
	12	27.2	28.2	6.4				45.2						
24	00			46.5			24.2							
	12	27.3	28.3	18.6				45.3	51.6		55.4			
25	00	27.4	28.4	48.6	15.6	10.6				27.2				
	12			32.1			24.1	45.4	42.1					
26	00	27.5	28.5	50.2										
	12			28.2				45.5						
27	00	27.6	28.6	44.3			27.6		42.2					
	12			1.3										
28	00	24.1	44.1	43.3				45.6	42.3					
	12			14.4			27.5			27.3				
29	00	24.2	44.2	34.4				12.1						
	12			9.5					42.4					
30	00	24.3	44.3	5.5			27.4	12.2						
	12			26.5					42.5					

May 1964

Date	Time	☉	⊕	☾	☊	☋	☿	♀	♂	♃	♄	♅	♆	♇
1	00	24.4	44.4	11.5	15.6	10.6	27.4	12.2	42.5	27.3	55.4	40.1	1.4	64.1
	12			10.6	R	R	27.3	12.3	D	D	D	R	R	R
2	00	24.5	44.5	58.6	D	D			42.6					
	12			38.6				12.4		27.4				
3	00	24.6	44.6	61.1			27.2		3.1					
	12			60.1										
4	00	2.1	1.1	41.2				12.5						
	12			19.2					3.2					
5	00	2.2	1.2	13.3	R	R	27.1							
	12			49.3				12.6	3.3					
6	00	2.3	1.3	30.4										
	12			55.5				15.1		27.5				
7	00	2.4	1.4	37.6					3.4					
	12			22.1			3.6							
8	00	2.5	1.5	36.3				15.2	3.5					
	12			25.4							55.5			
9	00	2.6	1.6	17.6										
	12	23.1	43.1	51.1	15.5	10.5		15.3	3.6					
10	00			42.3										
	12	23.2	43.2	3.5					27.1	27.6				
11	00			24.1			D	15.4						
	12	23.3	43.3	2.3										
12	00			23.5					27.2					
	12	23.4	43.4	20.1										
13	00			16.3				15.5	27.3					
	12	23.5	43.5	35.5								D		
14	00			12.1										
	12	23.6	43.6	15.3			27.1	15.6	27.4	24.1				
15	00			52.5	D	D								
	12	8.1	14.1	53.1					27.5					
16	00			62.2										
	12	8.2	14.2	56.4				52.1						
17	00			31.6			27.2		27.6					
	12	8.3	14.3	7.1										
18	00			4.2					24.1					
	12	8.4	14.4	29.3						24.2				
19	00			59.4	R	R	27.3	52.2						
	12	8.5	14.5	40.5					24.2					
20	00			64.6										
	12	8.6	14.6	6.1			27.4		24.3					
21	00			46.2										
	12	20.1	34.1	18.3			27.5							
22	00			48.3				52.3	24.4					
	12	20.2	34.2	57.4						24.3			1.3	
23	00			32.4			27.6		24.5					D
	12	20.3	34.3	50.5										
24	00			28.5			24.1							
	12	20.4	34.4	44.6					24.6					
25	00			1.6			24.2							
	12	20.5	34.5	14.1					2.1					
26	00			34.1			24.3							
	12	20.6	34.6	9.1				52.4		24.4				
27	00			5.1			24.4		2.2					
	12	16.1	9.1	26.2			24.5							
28	00	16.2	9.2	11.2					2.3					
	12			10.2			24.6							
29	00	16.3	9.3	58.3	D	D								
	12			38.3			2.1	R	2.4					
30	00	16.4	9.4	54.3			2.2				55.6			
	12			61.4										
31	00	16.5	9.5	60.4			2.3		2.5	24.5				
	12			41.5			2.4							

June 1964

Date	Time	☉	⊕	☾	☊	☋	☿	♀	♂	♃	♄	♅	♆	♇
1	00	16.6	9.6	19.5	15.5	10.5	2.4	52.4	2.6	24.5	55.6	40.1	1.3	64.1
	12			13.6	D	D	2.5	R	D	D	D	D	R	D
2	00	35.1	5.1	49.6			2.6	52.3						
	12			55.1			23.1		23.1					
3	00	35.2	5.2	37.2										
	12			63.3	R	R	23.2		23.2					
4	00	35.3	5.3	22.4			23.3			24.6				
	12			36.5			23.4							
5	00	35.4	5.4	25.6					23.3					
	12			21.1			23.5							
6	00	35.5	5.5	51.3			23.6	52.2	23.4					
	12			42.4			8.1							
7	00	35.6	5.6	3.6			8.2							
	12			24.2			8.3		23.5					
8	00	45.1	26.1	2.4						2.1				
	12			23.6			8.4							
9	00	45.2	26.2	20.2			8.5	52.1	23.6					
	12			16.4			8.6							
10	00	45.3	26.3	35.6			20.1		8.1					
	12			12.2			20.2							
11	00	45.4	26.4	15.4			20.3	15.6						
	12			52.6	D	D	20.4		8.2					
12	00	45.5	26.5	53.2			20.5							
	12			62.4			20.6		8.3	2.2				
13	00	45.6	26.6	56.6			16.1	15.5						
	12			33.2			16.2							
14	00	12.1	11.1	7.3			16.3		8.4					
	12			4.5			16.4	15.4						
15	00	12.2	11.2	29.6			16.5							
	12			40.1			16.6		8.5		R			
16	00	12.3	11.3	64.2			35.1							
	12			47.4			35.2	15.3	8.6					
17	00	12.4	11.4	6.4	R	R	35.3			2.3				
	12			46.5			35.4							
18	00	12.5	11.5	18.6			35.5	15.2	20.1					
	12			57.1			35.6							
19	00	12.6	11.6	32.1			45.1		20.2					
	12			50.2			45.2	15.1						
20	00	15.1	10.1	28.2			45.4							
	12			44.3			45.5		20.3					
21	00	15.2	10.2	1.3			45.6	12.6						
	12			43.3			12.1			2.4				
22	00	15.3	10.3	14.4			12.2		20.4					
	12	15.4	10.4	34.4			12.3	12.5						
23	00			9.4			12.4		20.5					
	12	15.5	10.5	5.5	D	D	12.6							
24	00			26.5			15.1	12.4						
	12	15.6	10.6	11.5			15.2		20.6					
25	00			10.6	R	R	15.3					40.2		
	12	52.1	58.1	58.6			15.4	12.3						
26	00			38.6			15.5		16.1					
	12	52.2	58.2	61.1			52.1			2.5				
27	00			60.1			52.2	12.2	16.2					
	12	52.3	58.3	41.1			52.3							
28	00			19.2			52.4							
	12	52.4	58.4	13.2			52.5		16.3					
29	00			49.3			52.6	12.1						
	12	52.5	58.5	30.4			39.1							
30	00			55.4			39.3		16.4					
	12	52.6	58.6	37.5			39.4							

July 1964

Date	Time	☉	⊕	☾	☊	☋	☿	♀	♂	♃	♄	♅	♆	♇
1	00	52.6	58.6	63.6	15.5	10.5	39.5	45.6	16.5	2.6	55.6	40.2	1.3	64.1
	12	39.1	38.1	36.1	R	R	39.6	R	D	D	R	D	R	D
2	00			25.2			53.1				55.5			
	12	39.2	38.2	17.3			53.2		16.6					
3	00			21.4	D	D	53.3							
	12	39.3	38.3	51.5			53.5	45.5						
4	00			3.1			53.6		35.1					
	12	39.4	38.4	27.2			62.1							
5	00			24.4			62.2		35.2					
	12	39.5	38.5	2.6			62.3							
6	00			8.1			62.4			23.1				
	12	39.6	38.6	20.3			62.5		35.3					
7	00			16.5			62.6							
	12	53.1	54.1	45.1			56.1	45.4						
8	00			12.3			56.2		35.4					
	12	53.2	54.2	15.5	R	R	56.3							
9	00			39.1			56.4		35.5					
	12	53.3	54.3	53.3			56.5							
10	00			62.5			56.6							
	12	53.4	54.4	31.1			31.1		35.6					
11	00			33.3			31.2							
	12	53.5	54.5	7.5			31.3			23.2				
12	00			4.6			31.4	D	45.1				1.2	
	12	53.6	54.6	59.2	15.4	10.4	31.5							
13	00			40.3			31.6							
	12	62.1	61.1	64.5			33.1		45.2					
14	00			47.6			33.2							
	12	62.2	61.2	46.1			33.3		45.3					
15	00			18.2			33.4							
	12	62.3	61.3	48.3			33.5							
16	00			57.3			33.6		45.4					
	12	62.4	61.4	32.4	D	D	7.1	45.5						64.2
17	00			50.5			7.2			23.3		40.3		
	12	62.5	61.5	28.5			7.3		45.5					
18	00			44.6										
	12	62.6	61.6	1.6			7.4		45.6					
19	00			43.6			7.5							
	12	56.1	60.1	34.1			7.6							
20	00			9.1			4.1		12.1					
	12	56.2	60.2	5.1			4.2	45.6						
21	00	56.3	60.3	26.2										
	12			11.2			4.3		12.2					
22	00	56.4	60.4	10.2			4.4							
	12			58.2	R	R	4.5							
23	00	56.5	60.5	38.3			4.6	12.1	12.3	23.4				
	12			54.3										
24	00	56.6	60.6	61.4			29.1				55.4			
	12			60.4			29.2		12.4					
25	00	31.1	41.1	41.5			29.3							
	12			19.5				12.2	12.5					
26	00	31.2	41.2	13.6			29.4							
	12			49.6			29.5							
27	00	31.3	41.3	55.1			29.6		12.6					
	12			37.2				12.3					D	
28	00	31.4	41.4	63.3			59.1							
	12			22.4			59.2		15.1					
29	00	31.5	41.5	36.5				12.4						
	12			25.6			59.3			23.5				
30	00	31.6	41.6	21.1			59.4		15.2					
	12			51.2										
31	00	33.1	19.1	42.3			59.5	12.5	15.3					
	12			3.4			59.6							

August 1964

Date	Time	☉	⊕	☾	☊	☋	☿	♀	♂	♃	♄	♅	♆	♇
1	00	33.2	19.2	27.6	15.4	10.4	59.6	12.5	15.3	23.5	55.4	40.3	1.2	64.2
	12			2.1	D	D	40.1	12.6	15.4	D	R	D	D	D
2	00	33.3	19.3	23.3			40.2							
	12			8.4										
3	00	33.4	19.4	20.6			40.3	15.1	15.5					
	12			35.1								40.4		
4	00	33.5	19.5	45.3			40.4							
	12			12.5				15.2	15.6					
5	00	33.6	19.6	52.1	R	R	40.5							
	12			39.3						23.6				
6	00	7.1	13.1	53.4			40.6	15.3	52.1					
	12			62.6										
7	00	7.2	13.2	31.2			64.1	15.4	52.2					
	12			33.4										
8	00	7.3	13.3	7.6			64.2				55.3			
	12			29.1				15.5	52.3					
9	00	7.4	13.4	59.3			64.3							
	12			40.5				15.6						
10	00	7.5	13.5	64.6			64.4		52.4					
	12			6.1	15.3	10.3								
11	00	7.6	13.6	46.2				52.1						
	12			18.4			64.5		52.5					
12	00	4.1	49.1	48.5				52.2					1.3	
	12			57.5										
13	00	4.2	49.2	32.6			64.6		52.6					
	12			28.1				52.3						
14	00	4.3	49.3	44.1						8.1				
	12	4.4	49.4	1.2				52.4	39.1					
15	00			43.2			47.1							
	12	4.5	49.5	14.3	D	D		52.5						
16	00			34.3					39.2					
	12	4.6	49.6	9.3										64.3
17	00			5.4				52.6	39.3					
	12	29.1	30.1	26.4										
18	00			11.4				39.1						
	12	29.2	30.2	10.5	R	R			39.4					
19	00			58.5			47.2	39.2				40.5		
	12	29.3	30.3	38.5										
20	00			54.6			R	39.3	39.5					
	12	29.4	30.4	61.6			47.1				55.2			
21	00			41.1				39.4						
	12	29.5	30.5	19.1					39.6					
22	00			13.2				39.5						
	12	29.6	30.6	49.3										
23	00			30.3				39.6	53.1					
	12	59.1	55.1	55.4										
24	00			37.5				53.1						
	12	59.2	55.2	63.6			64.6		53.2					
25	00			36.1	15.2	10.2		53.2						
	12	59.3	55.3	25.2						8.2				
26	00			17.3			64.5	53.3	53.3					
	12	59.4	55.4	21.5										
27	00			51.6				53.4						
	12	59.5	55.5	3.1			64.4		53.4					
28	00			27.2				53.5						
	12	59.6	55.6	24.4										
29	00			2.5			64.3	53.6	53.5					
	12	40.1	37.1	8.1										
30	00			20.2			64.2	62.1						
	12	40.2	37.2	16.4	D	D			53.6					
31	00			35.5			64.1	62.2						
	12	40.3	37.3	12.1					62.1					

September 1964

Date	Time	☉	⊕	☾	☊	☋	☿	♀	♂	♃	♄	♅	♆	♇
1	00	40.4	37.4	15.2	R	R	40.6	62.3	62.1	8.2	55.2	40.5	1.3	64.3
	12			52.4			R	D	D	D	R	D	D	D
2	00	40.5	37.5	39.5			40.5	62.4	62.2		55.1			
	12			62.1										
3	00	40.6	37.6	56.3			40.4	62.5				40.6		
	12			31.4					62.3					
4	00	64.1	63.1	33.6			40.3	62.6						
	12			4.2										
5	00	64.2	63.2	29.3			40.2	56.1	62.4					
	12			59.5										
6	00	64.3	63.3	40.6	15.1	10.1	40.1	56.2						
	12			47.1				56.3	62.5					
7	00	64.4	63.4	6.3										
	12			46.4			59.6	56.4						
8	00	64.5	63.5	18.5					62.6					
	12			48.6				56.5						
9	00	64.6	63.6	32.1										
	12			50.2			59.5	56.6	56.1					
10	00	47.1	22.1	28.3										
	12			44.3				31.1						
11	00	47.2	22.2	1.4					56.2					
	12			43.4				31.2						
12	00	47.3	22.3	14.5			D	31.3						
	12			34.5	12.6	11.6			56.3					64.4
13	00	47.4	22.4	9.6				31.4						
	12			5.6										
14	00	47.5	22.5	26.6	D	D		31.5	56.4					
	12	47.6	22.6	10.1			59.6							
15	00			58.1	R	R		31.6		R	30.6			
	12	6.1	36.1	38.1				33.1	56.5					
16	00			54.1										
	12	6.2	36.2	61.2			40.1	33.2						
17	00			60.2					56.6					
	12	6.3	36.3	41.3			40.2	33.3						
18	00			19.3								64.1		
	12	6.4	36.4	13.4			40.3	33.4	31.1					
19	00			49.5				33.5						
	12	6.5	36.5	30.6			40.4							
20	00			55.6				33.6	31.2					
	12	6.6	36.6	63.1			40.5							
21	00			22.3			40.6	7.1						
	12	46.1	25.1	36.4										
22	00			25.5			64.1	7.2	31.3					
	12	46.2	25.2	17.6	12.5	11.5	64.2	7.3						
23	00			51.2			64.3							
	12	46.3	25.3	42.3				7.4	31.4					
24	00			3.5			64.4							
	12	46.4	25.4	27.6			64.5	7.5						
25	00			2.2			64.6		31.5					
	12	46.5	25.5	23.3			47.1	7.6						
26	00			8.5				4.1						
	12	46.6	25.6	20.6			47.2		31.6					
27	00	18.1	17.1	35.2			47.3	4.2						
	12			45.3			47.4							
28	00	18.2	17.2	12.5	D	D	47.5	4.3	33.1				1.4	
	12			15.6			47.6	4.4						
29	00	18.3	17.3	39.2	R	R	6.1							
	12			53.3			6.2	4.5	33.2					
30	00	18.4	17.4	62.5			6.3							
	12			56.6			6.4	4.6						

October 1964

Date	Time	☉	⊕	☾	☊	☋	☿	♀	♂	♃	♄	♅	♆	♇
1	00	18.5	17.5	33.2	12.5	11.5	6.5	29.1	33.3	8.2	30.5	64.1	1.4	64.4
	12			7.3	R	R	6.6	D	D	R	R	D	D	D
2	00	18.6	17.6	4.5				29.2						
	12			29.6			46.1		33.4					
3	00	48.1	21.1	40.1			46.2	29.3						
	12			64.3	12.4	11.4	46.3	29.4						
4	00	48.2	21.2	47.4			46.4					64.2		
	12			6.5			46.5	29.5	33.5					
5	00	48.3	21.3	46.6			46.6							
	12			48.1			18.1	29.6		8.1				
6	00	48.4	21.4	57.2			18.2	59.1	33.6					
	12	48.5	21.5	32.3			18.3							
7	00			50.4			18.4	59.2						
	12	48.6	21.6	28.5			18.5		7.1					
8	00			44.5			18.6	59.3						
	12	57.1	51.1	1.6			48.1	59.4						
9	00			43.6	12.3	11.3	48.2		7.2					
	12	57.2	51.2	34.1			48.3	59.5						
10	00			9.1			48.4	59.6						
	12	57.3	51.3	5.2			48.5		7.3					64.5
11	00			26.2			48.6	40.1						
	12	57.4	51.4	11.2										
12	00			10.3	D	D	57.1	40.2						
	12	57.5	51.5	58.3			57.2	40.3	7.4					
13	00			38.3			57.3							
	12	57.6	51.6	54.4			57.4	40.4						
14	00			61.4	R	R	57.5		7.5					
	12	32.1	42.1	60.4			57.6	40.5						
15	00			41.5			32.1	40.6						
	12	32.2	42.2	19.5			32.2		7.6					
16	00	32.3	42.3	13.6			32.3	64.1						
	12			49.6			32.4	64.2		23.6				
17	00	32.4	42.4	55.1			32.5		4.1					
	12			37.2				64.3						
18	00	32.5	42.5	63.3			32.6							
	12			22.4			50.1	64.4						
19	00	32.6	42.6	36.5			50.2	64.5	4.2					
	12			17.1			50.3							
20	00	50.1	3.1	21.2			50.4	64.6						
	12			51.3			50.5	47.1	4.3					
21	00	50.2	3.2	42.5			50.6							
	12			27.1	12.2	11.2		47.2				64.3		
22	00	50.3	3.3	24.2			28.1		4.4					
	12			2.4			28.2	47.3						
23	00	50.4	3.4	23.6			28.3	47.4						
	12			20.2			28.4							
24	00	50.5	3.5	16.3			28.5	47.5	4.5					
	12	50.6	3.6	35.5			28.6	47.6						
25	00			12.1			44.1							
	12	28.1	27.1	15.3	D	D		6.1	4.6	23.5				
26	00			52.4			44.2	6.2					1.5	
	12	28.2	27.2	39.6			44.3							
27	00			62.1			44.4	6.3	29.1					
	12	28.3	27.3	56.3			44.5							
28	00			31.4	R	R	44.6	6.4						
	12	28.4	27.4	33.6				6.5						
29	00			4.1			1.1		29.2					
	12	28.5	27.5	29.2			1.2	6.6						
30	00			59.4			1.3	46.1						
	12	28.6	27.6	40.5			1.4		29.3					
31	00			64.6			1.5	46.2						
	12	44.1	24.1	6.1				46.3						

November 1964

Date	Time	☉	⊕	☾	☊	☋	☿	♀	♂	♃	♄	♅	♆	♇
1	00	44.2	24.2	46.2	12.2	11.2	1.6	46.3	29.3	23.5	30.5	64.3	1.5	64.5
	12			18.3	R	R	43.1	46.4	29.4	R	R	D	D	D
2	00	44.3	24.3	48.4			43.2			23.4	D			
	12			57.5			43.3	46.5						
3	00	44.4	24.4	32.6			43.4	46.6	29.5					
	12			50.6										
4	00	44.5	24.5	44.1			43.5	18.1						
	12			1.2	12.1	11.1	43.6	18.2						
5	00	44.6	24.6	43.2			14.1		29.6					
	12			14.3			14.2	18.3						
6	00	1.1	2.1	34.3				18.4						
	12			9.4			14.3		59.1					
7	00	1.2	2.2	5.4			14.4	18.5						
	12			26.4			14.5	18.6						
8	00	1.3	2.3	11.5	D	D	14.6							
	12	1.4	2.4	10.5				48.1	59.2					
9	00			58.5			34.1			23.3				
	12	1.5	2.5	38.5			34.2	48.2						
10	00			54.6			34.3	48.3	59.3					
	12	1.6	2.6	61.6			34.4							
11	00			60.6				48.4						
	12	43.1	23.1	19.1			34.5	48.5						
12	00			13.1			34.6		59.4					
	12	43.2	23.2	49.2			9.1	48.6				64.4		
13	00			30.2	R	R	9.2	57.1						
	12	43.3	23.3	55.3										
14	00			37.4			9.3	57.2	59.5					
	12	43.4	23.4	63.4			9.4	57.3						
15	00	43.5	23.5	22.5			9.5							
	12			36.6				57.4	59.6					
16	00	43.6	23.6	17.2			9.6	57.5		23.2				
	12			21.3			5.1							
17	00	14.1	8.1	51.4			5.2	57.6						
	12			42.6					40.1					64.6
18	00	14.2	8.2	27.2			5.3	32.1						
	12			24.3			5.4	32.2						
19	00	14.3	8.3	2.5			5.5							
	12			8.1				32.3	40.2					
20	00	14.4	8.4	20.3			5.6	32.4					1.6	
	12			16.5			26.1							
21	00	14.5	8.5	45.1			26.2	32.5						
	12	14.6	8.6	12.3	D	D		32.6	40.3					
22	00			15.5			26.3							
	12	34.1	20.1	39.1			26.4	50.1						
23	00			53.3				50.2		23.1				
	12	34.2	20.2	62.5			26.5		40.4					
24	00			56.6			26.6	50.3						
	12	34.3	20.3	33.2			11.1	50.4						
25	00			7.4										
	12	34.4	20.4	4.5			11.2	50.5	40.5					
26	00			29.6			11.3	50.6						
	12	34.5	20.5	40.2	R	R								
27	00			64.3			11.4	28.1						
	12	34.6	20.6	47.4			11.5	28.2	40.6					
28	00	9.1	16.1	6.5										
	12			46.6			11.6	28.3						
29	00	9.2	16.2	48.1				28.4						
	12			57.2			10.1		64.1					
30	00	9.3	16.3	32.2				28.5		2.6				
	12			50.3			10.2	28.6						

December 1964

Date	Time	☉	⊕	☾	☊	☋	☿	♀	♂	♃	♄	♅	♆	♇
1	00	9.4	16.4	28.4	12.1	11.1	10.3	28.6	64.1	2.6	30.5	64.4	1.6	64.6
	12			44.4	R	R	D	44.1	64.2	R	D	D	D	D
2	00	9.5	16.5	1.5			10.4							
	12			43.5				44.2						
3	00	9.6	16.6	14.6			10.5	44.3						
	12			34.6					64.3		30.6			
4	00	5.1	35.1	9.6				44.4						
	12	5.2	35.2	26.1			10.6	44.5						
5	00			11.1	D	D								
	12	5.3	35.3	10.1				44.6	64.4					
6	00			58.2			58.1	1.1						
	12	5.4	35.4	38.2										
7	00			54.2				1.2						
	12	5.5	35.5	61.3				1.3						
8	00			60.3					64.5					
	12	5.6	35.6	41.3			58.2	1.4		2.5				
9	00			19.3				1.5						
	12	26.1	45.1	13.4			R							
10	00	26.2	45.2	49.4				1.6	64.6					
	12			30.5			58.1	43.1						
11	00	26.3	45.3	55.5										
	12			37.6				43.2						
12	00	26.4	45.4	22.1				43.3						
	12			36.1	R	R			47.1					
13	00	26.5	45.5	25.2			10.6	43.4						
	12			17.3				43.5						
14	00	26.6	45.6	21.4			10.5							
	12			51.6				43.6						
15	00	11.1	12.1	3.1	D	D	10.4	14.1	47.2					
	12			27.2										
16	00	11.2	12.2	24.4			10.3	14.2						
	12	11.3	12.3	2.6				14.3						
17	00			8.2			10.2						43.1	
	12	11.4	12.4	20.3			10.1	14.4	47.3					
18	00			16.5			11.6	14.5			55.1			
	12	11.5	12.5	45.1										
19	00			12.4	R	R	11.5	14.6		2.4				R
	12	11.6	12.6	15.6			11.4	34.1						
20	00			39.2			11.3		47.4					
	12	10.1	15.1	53.4				34.2				R		
21	00			62.6			11.2	34.3						
	12	10.2	15.2	31.2			11.1							
22	00	10.3	15.3	33.4				34.4						
	12			7.6			26.6	34.5	47.5					
23	00	10.4	15.4	29.1										
	12			59.3			26.5	34.6						
24	00	10.5	15.5	40.5				9.1						
	12			64.6			26.4							
25	00	10.6	15.6	6.1				9.2						
	12			46.2			26.3	9.3	47.6					
26	00	58.1	52.1	18.3	D	D								
	12			48.4				9.4						
27	00	58.2	52.2	57.5				9.5						
	12	58.3	52.3	32.6			26.2							
28	00			50.6				9.6	6.1					
	12	58.4	52.4	44.1				5.1						
29	00			1.2										
	12	58.5	52.5	43.2			D	5.2			55.2			
30	00			14.2				5.3						
	12	58.6	52.6	34.3										
31	00			9.3				5.4						
	12	38.1	39.1	5.4			26.3	5.5	6.2					

January 1965

Date	Time	☉	⊕	☾	☊	☋	☿	♀	♂	♃	♄	♅	♆	♇
1	00	38.1	39.1	26.4	12.1	11.1	26.3	5.5	6.2	2.4	55.2	64.4	43.1	64.6
	12	38.2	39.2	11.4	R	R	D	5.6	D	R	D	R	D	R
2	00	38.3	39.3	10.4				26.1						
	12			58.5			26.4							
3	00	38.4	39.4	38.5				26.2						
	12			54.5				26.3						
4	00	38.5	39.5	61.6			26.5		6.3					
	12			60.6				26.4						
5	00	38.6	39.6	41.6				26.5						
	12			13.1			26.6							
6	00	54.1	53.1	49.1				26.6						
	12			30.1			11.1	11.1						
7	00	54.2	53.2	55.2										
	12			37.2			11.2	11.2	6.4					
8	00	54.3	53.3	63.3				11.3						
	12	54.4	53.4	22.4			11.3				55.3			
9	00			36.4				11.4						
	12	54.5	53.5	25.5			11.4	11.5						
10	00			17.6			11.5							
	12	54.6	53.6	51.1				11.6		D				
11	00			42.2	D	D	11.6	10.1						
	12	61.1	62.1	3.3										
12	00			27.4			10.1	10.2	6.5					
	12	61.2	62.2	24.6			10.2	10.3						
13	00			23.1										
	12	61.3	62.3	8.3			10.3	10.4						
14	00	61.4	62.4	20.4				10.5						
	12			16.6			10.4							
15	00	61.5	62.5	45.2			10.5	10.6						
	12			12.4	R	R		58.1						
16	00	61.6	62.6	15.6			10.6							
	12			39.2			58.1	58.2						
17	00	60.1	56.1	53.4			58.2	58.3						
	12			62.6										
18	00	60.2	56.2	31.2	45.6	26.6	58.3	58.4	6.6		55.4			
	12			33.5			58.4	58.5						
19	00	60.3	56.3	4.1										
	12	60.4	56.4	29.2			58.5	58.6						
20	00			59.4			58.6	38.1						64.5
	12	60.5	56.5	40.6			38.1							
21	00			47.2				38.2						
	12	60.6	56.6	6.3			38.2	38.3						
22	00			46.5			38.3							
	12	41.1	31.1	18.6			38.4	38.4						
23	00			57.1				38.5						
	12	41.2	31.2	32.2			38.5							
24	00			50.3			38.6	38.6						
	12	41.3	31.3	28.3	D	D	54.1	54.1						
25	00			44.4									43.2	
	12	41.4	31.4	1.5			54.2	54.2						
26	00	41.5	31.5	43.5			54.3	54.3						
	12			14.6			54.4				55.5			
27	00	41.6	31.6	34.6				54.4						
	12			9.6			54.5	54.5						
28	00	19.1	33.1	26.1			54.6					64.3		
	12			11.1	R	R	61.1	54.6						
29	00	19.2	33.2	10.1			61.2	61.1	R					
	12			58.1										
30	00	19.3	33.3	38.2			61.3	61.2						
	12			54.2			61.4	61.3						
31	00	19.4	33.4	61.2			61.5							
	12	19.5	33.5	60.3			61.6	61.4						

February 1965

Date	Time	☉	⊕	☾	☊	☋	☿	♀	♂	♃	♄	♅	♆	♇
1	00	19.5	33.5	41.3	45.6	26.6	61.6	61.5	6.6	2.4	55.5	64.3	43.2	64.5
	12	19.6	33.6	19.3	R	R	60.1	D	R	D	D	R	D	R
2	00			13.4			60.2	61.6						
	12	13.1	7.1	49.4			60.3	60.1		2.5				
3	00			30.5			60.4							
	12	13.2	7.2	55.5	45.5	26.5	60.5	60.2			55.6			
4	00			37.6				60.3						
	12	13.3	7.3	22.1			60.6							
5	00			36.1			41.1	60.4						
	12	13.4	7.4	25.2			41.2	60.5						
6	00			17.3			41.3							
	12	13.5	7.5	21.4			41.4	60.6						
7	00	13.6	7.6	51.4				41.1						
	12			42.5			41.5							
8	00	49.1	4.1	3.6			41.6	41.2						
	12			24.2			19.1	41.3						
9	00	49.2	4.2	2.3			19.2		6.5					
	12			23.4	D	D	19.3	41.4						
10	00	49.3	4.3	8.5			19.4	41.5						
	12			16.1			19.5							
11	00	49.4	4.4	35.2				41.6						
	12			45.4			19.6	19.1			37.1			
12	00	49.5	4.5	12.6	R	R	13.1							
	12	49.6	4.6	52.1			13.2	19.2						
13	00			39.3			13.3	19.3		2.6				
	12	30.1	29.1	53.5			13.4							
14	00			56.1			13.5	19.4						
	12	30.2	29.2	31.3			13.6	19.5	6.4					
15	00			33.5			49.1							
	12	30.3	29.3	4.1			49.2	19.6						
16	00			29.3	45.4	26.4		13.1						
	12	30.4	29.4	59.5			49.3							
17	00			64.1			49.4	13.2						
	12	30.5	29.5	47.2			49.5	13.3						
18	00			6.4			49.6							
	12	30.6	29.6	46.6			30.1	13.4	6.3					
19	00	55.1	59.1	48.1			30.2	13.5			37.2			
	12			57.2			30.3							
20	00	55.2	59.2	32.3			30.4	13.6						
	12			50.5			30.5	49.1					R	
21	00	55.3	59.3	28.5			30.6			23.1				
	12			44.6			55.1	49.2	6.2			64.2		
22	00	55.4	59.4	43.1			55.2	49.3						
	12			14.2			55.3							
23	00	55.5	59.5	34.2			55.4	49.4						
	12			9.2	D	D	55.5	49.5						
24	00	55.6	59.6	5.3			55.6							
	12			26.3			37.1	49.6	6.1					
25	00	37.1	40.1	11.4	R	R	37.2	30.1						
	12			10.4			37.3							
26	00	37.2	40.2	58.4			37.4	30.2						
	12	37.3	40.3	38.4			37.5	30.3						
27	00			54.5	45.3	26.3	37.6				37.3			
	12	37.4	40.4	61.5			63.1	30.4	47.6					
28	00			60.5			63.2	30.5		23.2				
	12	37.5	40.5	41.6			63.3							

March 1965

Date	Time	☉	⊕	☾	☊	☋	☿	♀	♂	♃	♄	♅	♆	♇
1	00	37.5	40.5	19.6	45.3	26.3	63.4	30.6	47.6	23.2	37.3	64.2	43.2	64.5
	12	37.6	40.6	49.1	R	R	63.5	55.1	R	D	D	R	R	R
2	00			30.1			63.6		47.5					
	12	63.1	64.1	55.2			22.1	55.2						64.4
3	00			37.2			22.2	55.3						
	12	63.2	64.2	63.3			22.3							
4	00			22.4			22.4	55.4						
	12	63.3	64.3	36.5	45.2	26.2	22.5	55.5	47.4					
5	00	63.4	64.4	25.5			22.6							
	12			17.6			36.1	55.6						
6	00	63.5	64.5	51.1			36.2	37.1		23.3				
	12			42.2			36.3				37.4			
7	00	63.6	64.6	3.3			36.4	37.2	47.3					
	12			27.4			36.5	37.3						
8	00	22.1	47.1	24.6			36.6							
	12			23.1			25.1	37.4						
9	00	22.2	47.2	8.2			25.2	37.5						
	12			20.3			25.3		47.2					
10	00	22.3	47.3	16.5			25.4	37.6						
	12			35.6			25.5	63.1						
11	00	22.4	47.4	12.1			25.6							
	12			15.3			17.1	63.2						
12	00	22.5	47.5	52.5			17.2	63.3	47.1	23.4				
	12	22.6	47.6	39.6			17.3							
13	00			62.2			17.4	63.4						
	12	36.1	6.1	56.3			17.5	63.5						
14	00			31.5			17.6		64.6					
	12	36.2	6.2	7.1			21.1	63.6			37.5			
15	00			4.3	45.1	26.1	21.2	22.1				64.1		
	12	36.3	6.3	29.4										
16	00			59.6			21.3	22.2						
	12	36.4	6.4	64.2			21.4	22.3	64.5					
17	00			47.4			21.5							
	12	36.5	6.5	6.5			21.6	22.4		23.5				
18	00			18.1				22.5						
	12	36.6	6.6	48.2			51.1							
19	00			57.3			51.2	22.6	64.4				43.1	
	12	25.1	46.1	32.5				36.1						
20	00			50.6	35.6	5.6	51.3							
	12	25.2	46.2	44.1			51.4	36.2						
21	00	25.3	46.3	1.2				36.3						
	12			43.3			51.5		64.3					
22	00	25.4	46.4	14.3				36.4						
	12			34.4			51.6	36.5		23.6	37.6			
23	00	25.5	46.5	9.4										
	12			5.5			42.1	36.6						
24	00	25.6	46.6	26.5	D	D								
	12			11.6				25.1	64.2					
25	00	17.1	18.1	10.6			42.2	25.2						
	12			58.6	R	R								
26	00	17.2	18.2	54.1				25.3						
	12			61.1			42.3	25.4						
27	00	17.3	18.3	60.1										
	12			41.2				25.5	64.1	8.1				
28	00	17.4	18.4	19.2				25.6						
	12			13.2										
29	00	17.5	18.5	49.3				17.1						
	12	17.6	18.6	30.3				17.2						
30	00			55.4			R							
	12	21.1	48.1	37.5				17.3			63.1			
31	00			63.5				17.4	40.6					
	12	21.2	48.2	22.6										

April 1965

Date	Time	☉	⊕	☾	☊	☋	☿	♀	♂	♃	♄	♅	♆	♇
1	00	21.2	48.2	25.1	35.5	5.5	42.3	17.5	40.6	8.1	63.1	64.1	43.1	64.4
	12	21.3	48.3	17.2	R	R	R	17.6	R	8.2	D	R	R	R
2	00			21.3			42.2							
	12	21.4	48.4	51.4				21.1						
3	00			42.5				21.2						
	12	21.5	48.5	3.6										
4	00			24.2			42.1	21.3	40.5					
	12	21.6	48.6	2.3				21.4						
5	00			23.4										
	12	51.1	57.1	8.6			51.6	21.5						
6	00			16.1				21.6		8.3				
	12	51.2	57.2	35.3										
7	00			45.4	D	D	51.5	51.1						
	12	51.3	57.3	12.6				51.2						
8	00	51.4	57.4	52.1							63.2			
	12			39.3			51.4	51.3				40.6		
9	00	51.5	57.5	53.4				51.4	40.4					
	12			62.6	R	R	51.3							64.3
10	00	51.6	57.6	31.1				51.5						
	12			33.3			51.2	51.6		8.4				
11	00	42.1	32.1	7.4										
	12			4.6				42.1						
12	00	42.2	32.2	59.1			51.1	42.2						
	12			40.3										
13	00	42.3	32.3	64.4				42.3						
	12			47.6	35.4	5.4	21.6	42.4						
14	00	42.4	32.4	46.1										
	12			18.3			21.5	42.5						
15	00	42.5	32.5	48.4				42.6		8.5				
	12			57.5										
16	00	42.6	32.6	32.6				3.1						
	12			28.1			21.4	3.2						
17	00	3.1	50.1	44.2							63.3			
	12			1.3				3.3						
18	00	3.2	50.2	43.4				3.4						
	12			14.5										
19	00	3.3	50.3	34.6			21.3	3.5		8.6				
	12	3.4	50.4	9.6				3.6						
20	00			26.1	D	D			D					
	12	3.5	50.5	11.1				27.1						
21	00			10.2				27.2						
	12	3.6	50.6	58.2										
22	00			38.2				27.3						
	12	27.1	28.1	54.3			D	27.4						
23	00			61.3										
	12	27.2	28.2	60.3				27.5		20.1				
24	00			41.4	R	R								
	12	27.3	28.3	19.4				27.6						
25	00			13.4				24.1						
	12	27.4	28.4	49.5										
26	00			30.5			21.4	24.2						
	12	27.5	28.5	55.6				24.3						
27	00			37.6							63.4			
	12	27.6	28.6	22.1				24.4		20.2				
28	00			36.2				24.5						
	12	24.1	44.1	25.3			21.5							
29	00			17.4				24.6						
	12	24.2	44.2	21.5				2.1						
30	00			51.6										
	12	24.3	44.3	3.1	35.3	5.3	21.6	2.2						

May 1965

Date	Time	☉	⊕	☾	☊	☋	☿	♀	♂	♃	♄	♅	♆	♇
1	00	24.3	44.3	27.3	35.3	5.3	21.6	2.3	40.4	20.2	63.4	40.6	1.6	64.3
	12	24.4	44.4	24.4	R	R	51.1	D	40.5	D	D	R	R	R
2	00	24.5	44.5	2.6				2.4		20.3				
	12			8.1				2.5						
3	00	24.6	44.6	20.3			51.2							
	12			16.4				2.6						
4	00	2.1	1.1	35.6	D	D	51.3	23.1						
	12			12.2										
5	00	2.2	1.2	15.3				23.2						
	12			52.5			51.4	23.3						
6	00	2.3	1.3	53.1						20.4				
	12			62.2			51.5	23.4						
7	00	2.4	1.4	56.4			51.6	23.5						
	12			31.5					40.6					
8	00	2.5	1.5	7.1			42.1	23.6			63.5			
	12			4.3	R	R		8.1						
9	00	2.6	1.6	29.4			42.2							
	12			59.5				8.2						
10	00	23.1	43.1	64.1			42.3	8.3		20.5				
	12			47.2			42.4							
11	00	23.2	43.2	6.3				8.4						
	12			46.5			42.5	8.5						
12	00	23.3	43.3	18.6					64.1					
	12			57.1			42.6	8.6						
13	00	23.4	43.4	32.2			3.1							
	12			50.3				20.1						
14	00	23.5	43.5	28.4			3.2	20.2		20.6				
	12			44.5			3.3							
15	00	23.6	43.6	1.6			3.4	20.3						
	12			43.6				20.4	64.2					
16	00	8.1	14.1	34.1			3.5							
	12			9.2			3.6	20.5						
17	00	8.2	14.2	5.2			27.1	20.6						
	12			26.3	D	D								
18	00	8.3	14.3	11.3			27.2	16.1		16.1				
	12	8.4	14.4	10.4			27.3	16.2						
19	00			58.4			27.4		64.3			D		
	12	8.5	14.5	38.5				16.3						
20	00			54.5			27.5	16.4						
	12	8.6	14.6	61.5			27.6							
21	00			60.6			24.1	16.5						
	12	20.1	34.1	41.6			24.2	16.6			63.6			
22	00			19.6			24.3			16.2				
	12	20.2	34.2	13.6			24.4	35.1	64.4					
23	00			30.1				35.2						
	12	20.3	34.3	55.1			24.5							
24	00			37.2	R	R	24.6	35.3						
	12	20.4	34.4	63.2			2.1	35.4						
25	00			22.3			2.2		64.5					
	12	20.5	34.5	36.4			2.3	35.5						D
26	00			25.4			2.4	35.6		16.3				
	12	20.6	34.6	17.5			2.5							
27	00			21.6			2.6	45.1						
	12	16.1	9.1	42.1			23.1							
28	00			3.3			23.2	45.2	64.6					
	12	16.2	9.2	27.4			23.3	45.3						
29	00			24.5			23.4							
	12	16.3	9.3	23.1			23.5	45.4						
30	00			8.3			23.6	45.5		16.4				
	12	16.4	9.4	20.4			8.1		47.1					
31	00			16.6			8.2	45.6						
	12	16.5	9.5	45.2	D	D	8.3	12.1						

June 1965

Date	Time	☉	⊕	☾	☊	☋	☿	♀	♂	♃	♄	♅	♆	♇
1	00	16.5	9.5	12.4	35.3	5.3	8.4	12.1	47.1	16.4	63.6	40.6	1.6	64.3
	12	16.6	9.6	15.6	D	D	8.5	12.2	D	D	D	D	R	D
2	00			39.2			8.6	12.3	47.2					
	12	35.1	5.1	53.3			20.1							
3	00			62.5			20.2	12.4		16.5				
	12	35.2	5.2	31.1			20.3	12.5						
4	00			33.3			20.4							
	12	35.3	5.3	7.5			20.6	12.6	47.3					
5	00			4.6	R	R	16.1	15.1						
	12	35.4	5.4	59.2			16.2							
6	00			40.3			16.3	15.2					1.5	
	12	35.5	5.5	64.5			16.4	15.3						
7	00			47.6	D	D	16.5		47.4	16.6				
	12	35.6	5.6	46.1			16.6	15.4						
8	00			18.3			35.1	15.5						
	12	45.1	26.1	48.4			35.3							
9	00	45.2	26.2	57.5			35.4	15.6	47.5					
	12			32.6			35.5							
10	00	45.3	26.3	28.1			35.6	52.1						
	12			44.1			45.1	52.2						
11	00	45.4	26.4	1.2			45.2			35.1				
	12			43.3			45.4	52.3	47.6					
12	00	45.5	26.5	14.4			45.5	52.4			22.1			
	12			34.4			45.6							
13	00	45.6	26.6	9.5			12.1	52.5						
	12			5.5	R	R	12.2	52.6	6.1					
14	00	12.1	11.1	26.6			12.4							
	12			11.6			12.5	39.1						
15	00	12.2	11.2	10.6			12.6	39.2						
	12			38.1			15.1		6.2	35.2				
16	00	12.3	11.3	54.1			15.2	39.3						
	12			61.1			15.3	39.4						
17	00	12.4	11.4	60.2			15.4							
	12			41.2			15.6	39.5						
18	00	12.5	11.5	19.2			52.1	39.6	6.3					
	12			13.3			52.2							
19	00	12.6	11.6	49.3			52.3	53.1						
	12			30.3			52.4	53.2		35.3				
20	00	15.1	10.1	55.4			52.5		6.4					
	12			37.4			52.6	53.3						
21	00	15.2	10.2	63.5			39.1							
	12			22.5			39.2	53.4						
22	00	15.3	10.3	36.6			39.4	53.5	6.5					
	12			17.1	D	D	39.5							
23	00	15.4	10.4	21.1			39.6	53.6						
	12			51.2			53.1	62.1		35.4				
24	00	15.5	10.5	42.3			53.2		6.6					
	12			3.4			53.3	62.2						
25	00	15.6	10.6	27.5			53.4	62.3						
	12			2.1			53.5		46.1					
26	00	52.1	58.1	23.2			53.6	62.4						
	12			8.4			62.1	62.5						
27	00	52.2	58.2	20.5			62.2							
	12			35.1			62.3	62.6	46.2	35.5		64.1		
28	00	52.3	58.3	45.3	R	R	62.4	56.1						
	12			12.5			62.5				R			
29	00	52.4	58.4	52.1			62.6	56.2						
	12			39.3				56.3	46.3					
30	00	52.5	58.5	53.5			56.1							
	12			56.1			56.2	56.4						

July 1965

Date	Time	☉	⊕	☾	☊	☋	☿	♀	♂	♃	♄	♅	♆	♇
1	00	52.6	58.6	31.3	35.3	5.3	56.3	56.4	46.3	35.5	22.1	64.1	1.5	64.3
	12			33.5	R	R	56.4	56.5	46.4	D	R	D	R	D
2	00	39.1	38.1	4.1			56.5	56.6		35.6				
	12			29.3			56.6							
3	00	39.2	38.2	59.5			31.1	31.1						
	12			64.1			31.2	31.2	46.5					
4	00	39.3	38.3	47.2										
	12			6.4			31.3	31.3						
5	00	39.4	38.4	46.5			31.4	31.4	46.6					
	12			18.6			31.5							
6	00	39.5	38.5	57.1	D	D	31.6	31.5		45.1				
	12	39.6	38.6	32.2				31.6						
7	00			50.3			33.1		18.1					
	12	53.1	54.1	28.4			33.2	33.1						
8	00			44.5			33.3	33.2						
	12	53.2	54.2	1.6			33.4		18.2					
9	00			43.6				33.3						
	12	53.3	54.3	34.1			33.5	33.4						64.4
10	00			9.1			33.6							
	12	53.4	54.4	5.2				33.5	18.3	45.2				
11	00			26.2	R	R	7.1							
	12	53.5	54.5	11.3			7.2	33.6						
12	00			10.3				7.1	18.4					
	12	53.6	54.6	58.4			7.3							
13	00			38.4			7.4	7.2						
	12	62.1	61.1	54.4				7.3						
14	00			61.5			7.5		18.5					
	12	62.2	61.2	60.5			7.6	7.4		45.3				
15	00			41.5				7.5			63.6			
	12	62.3	61.3	19.5	35.2	5.2	4.1		18.6					
16	00			13.6			4.2	7.6						
	12	62.4	61.4	49.6				4.1						
17	00			55.1			4.3							
	12	62.5	61.5	37.1				4.2	48.1					
18	00			63.1			4.4	4.3						
	12	62.6	61.6	22.2										
19	00			36.2			4.5	4.4	48.2	45.4				
	12	56.1	60.1	25.3										
20	00			17.3			4.6	4.5				64.2		
	12	56.2	60.2	21.4				4.6	48.3					
21	00			51.5			29.1							
	12	56.3	60.3	42.6				29.1						
22	00			27.1	D	D	29.2	29.2						
	12	56.4	60.4	24.2					48.4					
23	00			2.3				29.3						
	12	56.5	60.5	23.4			29.3	29.4		45.5				
24	00			8.5					48.5					
	12	56.6	60.6	16.1				29.5						
25	00			35.2	R	R	29.4	29.6						
	12	31.1	41.1	45.4					48.6					
26	00			12.6				59.1						
	12	31.2	41.2	52.2			29.5	59.2						
27	00			39.4					57.1					
	12	31.3	41.3	53.6				59.3						
28	00			56.2										
	12	31.4	41.4	31.4			29.6	59.4		45.6				
29	00			33.6				59.5	57.2					
	12	31.5	41.5	4.2										
30	00			29.4				59.6					D	
	12	31.6	41.6	59.6				40.1	57.3					
31	00			64.2	35.1	5.1								
	12	33.1	19.1	47.4				40.2						

August 1965

Date	Time	☉	⊕	☾	☊	☋	☿	♀	♂	♃	♄	♅	♆	♇
1	00	33.1	19.1	6.6	35.1	5.1	29.6	40.3	57.4	45.6	63.6	64.2	1.5	64.4
	12	33.2	19.2	18.1	R	R	D	D	D	D	R	D	D	D
2	00			48.3			R	40.4		12.1				
	12	33.3	19.3	57.4				40.5	57.5					
3	00	33.4	19.4	32.5										
	12			28.1				40.6						
4	00	33.5	19.5	44.1					57.6					
	12			1.2	D	D		64.1						
5	00	33.6	19.6	43.3				64.2						
	12			14.4										
6	00	7.1	13.1	34.4				64.3	32.1		63.5			
	12			9.5			29.5	64.4						
7	00	7.2	13.2	5.5	R	R				12.2		64.3		
	12			26.6				64.5	32.2					
8	00	7.3	13.3	11.6				64.6						
	12			10.6			29.4							
9	00	7.4	13.4	38.1				47.1	32.3					
	12			54.1				47.2						
10	00	7.5	13.5	61.1			29.3							
	12			60.2				47.3	32.4					
11	00	7.6	13.6	41.2										
	12			19.2			29.2	47.4						
12	00	4.1	49.1	13.3				47.5	32.5					64.5
	12			49.3						12.3				
13	00	4.2	49.2	30.3	16.6	9.6	29.1	47.6						
	12			55.4				6.1	32.6					
14	00	4.3	49.3	37.4			4.6							
	12			63.5				6.2						
15	00	4.4	49.4	22.5			4.5	6.3	50.1					
	12			36.6										
16	00	4.5	49.5	25.6			4.4	6.4						
	12			21.1					50.2					
17	00	4.6	49.6	51.1				6.5						
	12			42.2			4.3	6.6		12.4				
18	00	29.1	30.1	3.3					50.3					
	12			27.4			4.2	46.1						
19	00	29.2	30.2	24.5				46.2						
	12			2.6					50.4					
20	00	29.3	30.3	8.1			4.1	46.3						
	12			20.2	D	D		46.4			63.4			
21	00	29.4	30.4	16.3					50.5					
	12			35.5	R	R	7.6	46.5						
22	00	29.5	30.5	45.6										
	12			15.2	16.5	9.5		46.6	50.6			64.4		
23	00	29.6	30.6	52.3				18.1						
	12	59.1	55.1	39.5			7.5			12.5				
24	00			62.1				18.2	28.1					
	12	59.2	55.2	56.3				18.3						
25	00			31.5										
	12	59.3	55.3	7.1				18.4	28.2					
26	00			4.3			D	18.5						
	12	59.4	55.4	29.5										
27	00			40.1				18.6	28.3					
	12	59.5	55.5	64.3										
28	00			47.5			7.6	48.1						
	12	59.6	55.6	46.1				48.2	28.4					
29	00			18.3										
	12	40.1	37.1	48.5	16.4	9.4		48.3	28.5	12.6				
30	00			57.6				48.4						
	12	40.2	37.2	50.1			4.1							
31	00			28.3				48.5	28.6					
	12	40.3	37.3	44.4			4.2	48.6						

September 1965

Date	Time	☉	⊕	☾	☊	☋	☿	♀	♂	♃	♄	♅	♆	♇
1	00	40.3	37.3	1.5	16.4	9.4	4.2	48.6	28.6	12.6	63.4	64.4	1.5	64.5
	12	40.4	37.4	43.6	R	R	D	57.1	44.1	D	R	D	D	D
2	00			14.6			4.3				63.3			
	12	40.5	37.5	9.1			4.4	57.2						
3	00			5.2				57.3	44.2					
	12	40.6	37.6	26.2			4.5							
4	00			11.3				57.4						
	12	64.1	63.1	10.3			4.6	57.5	44.3					
5	00			58.3			29.1							
	12	64.2	63.2	38.4				57.6		15.1				
6	00			54.4			29.2	32.1	44.4					
	12	64.3	63.3	61.4			29.3					64.5		
7	00			60.5			29.4	32.2						
	12	64.4	63.4	41.5					44.5					
8	00	64.5	63.5	19.5			29.5	32.3						64.6
	12			13.6			29.6	32.4	44.6					
9	00	64.6	63.6	49.6			59.1							
	12			30.6			59.2	32.5						
10	00	47.1	22.1	37.1	16.3	9.3	59.3	32.6	1.1					
	12			63.1			59.4							
11	00	47.2	22.2	22.2				50.1						
	12			36.2			59.5		1.2					
12	00	47.3	22.3	25.3			59.6	50.2						
	12			17.4			40.1	50.3						
13	00	47.4	22.4	21.4			40.2		1.3					
	12			51.5			40.3	50.4		15.2				
14	00	47.5	22.5	42.6			40.4	50.5						
	12			27.1			40.5		1.4		63.2			
15	00	47.6	22.6	24.2	16.2	9.2	40.6	50.6						
	12			2.2			64.1		1.5					
16	00	6.1	36.1	23.3			64.2	28.1						
	12			8.5			64.3	28.2						
17	00	6.2	36.2	20.6			64.4		1.6					
	12			35.1	D	D	64.5	28.3						
18	00	6.3	36.3	45.2			64.6	28.4						
	12			12.3			47.1		43.1					
19	00	6.4	36.4	15.5	R	R	47.2	28.5						
	12			52.6			47.3							
20	00	6.5	36.5	53.2			47.4	28.6	43.2				1.6	
	12			62.4			47.5	44.1						
21	00	6.6	36.6	56.5			47.6		43.3					
	12	46.1	25.1	33.1			6.1	44.2				64.6		
22	00			7.3			6.2	44.3						
	12	46.2	25.2	4.5			6.3		43.4					
23	00			59.1			6.4	44.4		15.3				
	12	46.3	25.3	40.3			6.5							
24	00			64.5			6.6	44.5	43.5					
	12	46.4	25.4	47.6			46.1	44.6						
25	00			46.2			46.2							
	12	46.5	25.5	18.4			46.3	1.1	43.6					
26	00			48.6			46.4	1.2						
	12	46.6	25.6	32.1	16.1	9.1	46.5		14.1					
27	00			50.3			46.6	1.3						
	12	18.1	17.1	28.4			18.1				63.1			
28	00			44.5			18.2	1.4	14.2					
	12	18.2	17.2	1.6			18.3	1.5						
29	00			14.1			18.4							
	12	18.3	17.3	34.2			18.5	1.6	14.3					
30	00			9.3	D	D								
	12	18.4	17.4	5.4			18.6	43.1	14.4					

October 1965

Date	Time	☉	⊕	☾	☊	☋	☿	♀	♂	♃	♄	♅	♆	♇
1	00	18.4	17.4	26.4	16.1	9.1	48.1	43.2	14.4	15.3	63.1	64.6	1.6	64.6
	12	18.5	17.5	11.5	D	D	48.2	D	D	D	R	D	D	D
2	00	18.6	17.6	10.5			48.3	43.3	14.5					
	12			58.6			48.4	43.4						
3	00	48.1	21.1	38.6	R	R	48.5							
	12			54.6			48.6	43.5	14.6					
4	00	48.2	21.2	60.1			57.1							
	12			41.1			57.2	43.6	34.1					
5	00	48.3	21.3	19.1			57.3	14.1						47.1
	12			13.2			57.4							
6	00	48.4	21.4	49.2				14.2	34.2					
	12			30.3			57.5							
7	00	48.5	21.5	55.3			57.6	14.3				47.1		
	12			37.3			32.1	14.4	34.3	15.4				
8	00	48.6	21.6	63.4			32.2							
	12			22.4			32.3	14.5	34.4					
9	00	57.1	51.1	36.5			32.4	14.6						
	12			25.6			32.5							
10	00	57.2	51.2	21.1	20.6	34.6		34.1	34.5					
	12			51.1			32.6							
11	00	57.3	51.3	42.2			50.1	34.2						
	12	57.4	51.4	3.3			50.2	34.3	34.6					
12	00			27.4			50.3							
	12	57.5	51.5	24.5			50.4	34.4	9.1					
13	00			2.6			50.5				37.6			
	12	57.6	51.6	8.1				34.5						
14	00			20.2			50.6	34.6	9.2					
	12	32.1	42.1	16.4	D	D	28.1							
15	00			35.5			28.2	9.1	9.3					
	12	32.2	42.2	45.6			28.3							
16	00			15.1			28.4	9.2						
	12	32.3	42.3	52.3				9.3	9.4					
17	00			39.4			28.5							
	12	32.4	42.4	53.6			28.6	9.4						
18	00			56.1	R	R	44.1		9.5					
	12	32.5	42.5	31.3			44.2	9.5						
19	00			33.4				9.6	9.6					
	12	32.6	42.6	7.6			44.3							
20	00	50.1	3.1	29.2			44.4	5.1		R			43.1	
	12			59.3			44.5		5.1					
21	00	50.2	3.2	40.5			44.6	5.2						
	12			47.1				5.3	5.2					
22	00	50.3	3.3	6.2			1.1							
	12			46.4			1.2	5.4						
23	00	50.4	3.4	18.6			1.3		5.3					
	12			57.1			1.4	5.5						
24	00	50.5	3.5	32.3				5.6						
	12			50.4			1.5		5.4			47.2		
25	00	50.6	3.6	28.5			1.6	26.1						
	12			1.1			43.1		5.5					
26	00	28.1	27.1	43.2			43.2	26.2						
	12			14.3										
27	00	28.2	27.2	34.4			43.3	26.3	5.6					
	12			9.5	D	D	43.4	26.4						
28	00	28.3	27.3	5.5			43.5		26.1					
	12	28.4	27.4	26.6				26.5						
29	00			10.1			43.6							
	12	28.5	27.5	58.1			14.1	26.6	26.2					
30	00			38.2			14.2	11.1						
	12	28.6	27.6	54.2					26.3					
31	00			61.3			14.3	11.2						
	12	44.1	24.1	60.3			14.4							

November 1965

Date	Time	☉	⊕	☾	☊	☋	☿	♀	♂	♃	♄	♅	♆	♇
1	00	44.1	24.1	41.3	20.6	34.6	14.5	11.3	26.4	15.4	37.6	47.2	43.1	47.1
	12	44.2	24.2	19.4	R	R	D	D	D	15.3	R	D	D	D
2	00			13.4			14.6	11.4	26.5					
	12	44.3	24.3	49.4			34.1	11.5						
3	00			30.5										
	12	44.4	24.4	55.5			34.2	11.6	26.6					
4	00			37.5			34.3							
	12	44.5	24.5	63.6			34.4	10.1	11.1					
5	00	44.6	24.6	22.6										
	12			25.1			34.5	10.2						
6	00	1.1	2.1	17.2			34.6	10.3	11.2					
	12			21.3	20.5	34.5								47.2
7	00	1.2	2.2	51.3			9.1	10.4	11.3					
	12			42.4			9.2							
8	00	1.3	2.3	3.5				10.5						
	12			27.6			9.3		11.4					
9	00	1.4	2.4	2.1			9.4	10.6						
	12			23.3				58.1	11.5					
10	00	1.5	2.5	8.4			9.5							
	12			20.5	D	D		58.2						
11	00	1.6	2.6	35.1			9.6		11.6					
	12	43.1	23.1	45.2			5.1	58.3						
12	00			12.4					10.1					
	12	43.2	23.2	15.5			5.2	58.4						
13	00			39.1										
	12	43.3	23.3	53.2			5.3	58.5	10.2					
14	00			62.4										
	12	43.4	23.4	56.5			5.4	58.6	10.3		D		43.2	
15	00			33.1				38.1				47.3		
	12	43.5	23.5	7.3			5.5							
16	00			4.4				38.2	10.4	15.2				
	12	43.6	23.6	29.6	R	R	5.6							
17	00			40.1				38.3	10.5					
	12	14.1	8.1	64.3										
18	00			47.4			26.1	38.4						
	12	14.2	8.2	6.6					10.6					
19	00	14.3	8.3	18.1				38.5						
	12			48.3			26.2		58.1					
20	00	14.4	8.4	57.4				38.6						
	12			32.5										
21	00	14.5	8.5	50.6				54.1	58.2					
	12			44.2										
22	00	14.6	8.6	1.3			26.3	54.2	58.3					
	12			43.4										
23	00	34.1	20.1	14.5				54.3						
	12			34.6	D	D	R		58.4					
24	00	34.2	20.2	9.6				54.4						
	12	34.3	20.3	26.1					58.5					
25	00			11.2			26.2	54.5						
	12	34.4	20.4	10.3						15.1				
26	00			58.3				54.6	58.6					
	12	34.5	20.5	38.4										
27	00			54.4			26.1	61.1	38.1					
	12	34.6	20.6	61.4	R	R								
28	00			60.5			5.6	61.2						
	12	9.1	16.1	41.5					38.2					
29	00			19.6			5.5	61.3						
	12	9.2	16.2	13.6					38.3					
30	00			49.6			5.4	61.4						
	12	9.3	16.3	55.1					38.4					

December 1965

Date	Time	☉	⊕	☾	☊	☋	☿	♀	♂	♃	♄	♅	♆	♇
1	00	9.4	16.4	37.1	20.5	34.5	5.3	61.5	38.4	15.1	37.6	47.3	43.2	47.2
	12			63.1	D	D	5.2	D	D	R	D	D	D	D
2	00	9.5	16.5	22.2				61.6	38.5					
	12			36.2			5.1							
3	00	9.6	16.6	25.3			9.6	60.1	38.6					
	12			17.3			9.5			12.6				
4	00	5.1	35.1	21.4				60.2						
	12			51.5			9.4		54.1					
5	00	5.2	35.2	42.6			9.3							
	12			27.1				60.3	54.2					
6	00	5.3	35.3	24.2			9.2							
	12			2.3			9.1	60.4						
7	00	5.4	35.4	23.4					54.3					
	12	5.5	35.5	8.5			34.6	60.5						
8	00			16.1	R	R			54.4					
	12	5.6	35.6	35.2			34.5							
9	00			45.4				60.6	54.5					
	12	26.1	45.1	12.6			34.4							
10	00			52.2				41.1						
	12	26.2	45.2	39.3					54.6	12.5			43.3	
11	00			53.5										
	12	26.3	45.3	56.1				41.2	61.1					
12	00			31.3			34.3							
	12	26.4	45.4	33.5				41.3						
13	00	26.5	45.5	7.6			D		61.2					
	12			29.2										
14	00	26.6	45.6	59.4				41.4	61.3					
	12			40.5			34.4							
15	00	11.1	12.1	47.1					61.4					
	12			6.2	D	D		41.5						
16	00	11.2	12.2	46.4										
	12			18.5				41.6	61.5		63.1			
17	00	11.3	12.3	48.6			34.5							
	12			32.2					61.6	12.4				
18	00	11.4	12.4	50.3				19.1						
	12			28.4			34.6							
19	00	11.5	12.5	44.5					60.1					
	12	11.6	12.6	1.6			9.1							
20	00			14.1				19.2	60.2					
	12	10.1	15.1	34.1			9.2							
21	00			9.2	R	R			60.3					
	12	10.2	15.2	5.3			9.3	19.3						R
22	00			26.4										
	12	10.3	15.3	11.4			9.4		60.4					
23	00			10.5										
	12	10.4	15.4	58.5			9.5	19.4	60.5					
24	00			38.6										
	12	10.5	15.5	54.6			9.6			12.3				
25	00	10.6	15.6	60.1			5.1		60.6					
	12			41.1				19.5				R		
26	00	58.1	52.1	19.2			5.2		41.1					
	12			13.2			5.3							
27	00	58.2	52.2	49.2					41.2					
	12			30.3			5.4							
28	00	58.3	52.3	55.3			5.5	19.6						
	12			37.3					41.3					
29	00	58.4	52.4	63.4			5.6							
	12			22.4			26.1		41.4					
30	00	58.5	52.5	36.4										
	12	58.6	52.6	25.5			26.2				63.2			
31	00			17.5			26.3		41.5					
	12	38.1	39.1	21.6	D	D		13.1		12.2				

January 1966

Date	Time	☉	⊕	☾	☊	☋	☿	♀	♂	♃	♄	♅	♆	♇
1	00	38.1	39.1	51.6	20.5	34.5	26.4	13.1	41.6	12.2	63.2	47.3	43.3	47.2
	12	38.2	39.2	3.1	D	D	26.5	D	D	R	D	R	D	R
2	00			27.2			26.6		19.1					
	12	38.3	39.3	24.3										
3	00			2.4			11.1							
	12	38.4	39.4	23.5			11.2		19.2					
4	00			8.6			11.3							
	12	38.5	39.5	16.2	R	R			19.3					
5	00	38.6	39.6	35.3			11.4							
	12			45.5			11.5							
6	00	54.1	53.1	15.1			11.6	R	19.4					
	12			52.2										
7	00	54.2	53.2	39.4			10.1		19.5					
	12			53.6			10.2							
8	00	54.3	53.3	56.2			10.3		19.6					
	12			31.5	20.4	34.4	10.4			12.1				
9	00	54.4	53.4	7.1										
	12			4.3			10.5		13.1					
10	00	54.5	53.5	29.5			10.6							
	12			40.1			58.1		13.2					
11	00	54.6	53.6	64.2				19.6			63.3			
	12	61.1	62.1	47.4			58.2		13.3				43.4	
12	00			6.6			58.3							
	12	61.2	62.2	18.1			58.4							
13	00			48.3			58.5		13.4					
	12	61.3	62.3	57.4										
14	00			32.6	D	D	58.6		13.5					
	12	61.4	62.4	28.1			38.1	19.5						
15	00			44.2			38.2							
	12	61.5	62.5	1.3			38.3		13.6					
16	00			43.4										
	12	61.6	62.6	14.4			38.4		49.1					
17	00	60.1	56.1	34.5	R	R	38.5	19.4						
	12			9.6			38.6		49.2	45.6				
18	00	60.2	56.2	5.6			54.1							
	12			11.1			54.2							
19	00	60.3	56.3	10.1				19.3	49.3					
	12			58.2			54.3							
20	00	60.4	56.4	38.2			54.4		49.4					
	12			54.3			54.5	19.2						
21	00	60.5	56.5	61.3			54.6		49.5		63.4			
	12			60.4			61.1							
22	00	60.6	56.6	41.4										
	12	41.1	31.1	19.4	20.3	34.3	61.2	19.1	49.6					
23	00			13.5			61.3							
	12	41.2	31.2	49.5			61.4		30.1					
24	00			30.5			61.5	41.6						
	12	41.3	31.3	55.6			61.6							
25	00			37.6			60.1		30.2					
	12	41.4	31.4	63.6				41.5						
26	00			36.1			60.2		30.3					
	12	41.5	31.5	25.1			60.3							
27	00			17.1			60.4	41.4	30.4					
	12	41.6	31.6	21.2			60.5							
28	00			51.2			60.6							
	12	19.1	33.1	42.3			41.1	41.3	30.5					
29	00	19.2	33.2	3.3	20.2	34.2	41.2							
	12			27.4					30.6					
30	00	19.3	33.3	24.5	D	D	41.3	41.2			63.5			
	12			2.6			41.4		55.1	45.5				
31	00	19.4	33.4	8.1			41.5							
	12			20.2			41.6	41.1						

February 1966

Date	Time	☉	⊕	☾	☊	☋	☿	♀	♂	♃	♄	♅	♆	♇
1	00	19.5	33.5	16.3	R	R	19.1	41.1	55.2	45.5	63.5	47.3	43.4	47.2
	12			35.4			19.2	R	D	R	D	R	D	R
2	00	19.6	33.6	45.6			19.3		55.3					
	12			15.1			19.4	60.6						
3	00	13.1	7.1	52.3			19.5							
	12	13.2	7.2	39.5					55.4					
4	00			62.1			19.6							
	12	13.3	7.3	56.3			13.1	60.5	55.5					
5	00			31.5			13.2					47.2		
	12	13.4	7.4	7.1			13.3		55.6					47.1
6	00			4.3			13.4							
	12	13.5	7.5	29.6			13.5	60.4						
7	00			40.2			13.6		37.1					
	12	13.6	7.6	64.4			49.1				63.6			
8	00			47.6			49.2		37.2					
	12	49.1	4.1	46.2	20.1	34.1	49.3							
9	00			18.4			49.4	60.3	37.3					
	12	49.2	4.2	48.5			49.5							
10	00	49.3	4.3	32.1			49.6							
	12			50.2			30.1		37.4					
11	00	49.4	4.4	28.4			30.2							
	12			44.5			30.3		37.5					
12	00	49.5	4.5	1.6			30.4							
	12			14.1	D	D	30.5							
13	00	49.6	4.6	34.2	R	R	30.6		37.6					
	12			9.3			55.1							
14	00	30.1	29.1	5.3					63.1					
	12			26.4			55.2							
15	00	30.2	29.2	11.4			55.3		63.2					
	12			10.5			55.4	60.2		D	22.1			
16	00	30.3	29.3	58.5			55.5	D						
	12	30.4	29.4	38.6			55.6		63.3					
17	00			54.6			37.1	60.3						
	12	30.5	29.5	61.6			37.2		63.4					
18	00			41.1			37.3							
	12	30.6	29.6	19.1			37.4		63.5					
19	00			13.1			37.5							
	12	55.1	59.1	49.2	8.6	14.6	37.6							
20	00			30.2			63.1		63.6					
	12	55.2	59.2	55.2			63.2							
21	00			37.3			63.3		22.1					
	12	55.3	59.3	63.3			63.4							
22	00			22.3			63.5							
	12	55.4	59.4	36.4			63.6		22.2				R	
23	00	55.5	59.5	25.4			22.1	60.4						
	12			17.5	8.5	14.5	22.2		22.3		22.2			
24	00	55.6	59.6	21.5			22.3							
	12			51.6			22.4		22.4					
25	00	37.1	40.1	42.6			22.5							
	12			27.1			22.6							
26	00	37.2	40.2	24.1				60.5	22.5					
	12			2.2			36.1							
27	00	37.3	40.3	23.3			36.2		22.6					
	12			8.3			36.3							
28	00	37.4	40.4	20.4	D	D	36.4							
	12			16.5	R	R	36.5	60.6	36.1					

March 1966

Date	Time	☉	⊕	☾	☊	☋	☿	♀	♂	♃	♄	♅	♆	♇
1	00	37.5	40.5	45.1	8.5	14.5	36.5	60.6	36.1	45.5	22.2	47.1	43.4	47.1
	12	37.6	40.6	12.2	R	R	36.6	D	36.2	D	D	R	R	R
2	00			15.3			25.1							
	12	63.1	64.1	52.5			25.2	41.1	36.3					
3	00			39.6							22.3			
	12	63.2	64.2	62.2			25.3							
4	00			56.4					36.4	45.6				
	12	63.3	64.3	31.6			25.4	41.2						
5	00			7.2			25.5		36.5					
	12	63.4	64.4	4.4										
6	00			29.6			25.6	41.3						
	12	63.5	64.5	40.2					36.6					
7	00			64.4	8.4	14.4								
	12	63.6	64.6	47.6			17.1	41.4	25.1					
8	00			46.2										
	12	22.1	47.1	18.4					25.2					
9	00	22.2	47.2	48.6			17.2	41.5						
	12			32.2										
10	00	22.3	47.3	50.4					25.3					
	12			28.5				41.6			22.4			
11	00	22.4	47.4	1.1					25.4					
	12			43.2										
12	00	22.5	47.5	14.3				19.1						
	12			34.4	D	D	R		25.5					
13	00	22.6	47.6	9.5										
	12			5.6				19.2	25.6					
14	00	36.1	6.1	11.1										
	12			10.1	R	R		19.3						64.6
15	00	36.2	6.2	58.2					17.1					
	12			38.2										
16	00	36.3	6.3	54.3			17.1	19.4	17.2					
	12	36.4	6.4	61.3						12.1				
17	00			60.4				19.5	17.3					
	12	36.5	6.5	41.4			25.6							
18	00			19.4				19.6						
	12	36.6	6.6	13.5					17.4		22.5			
19	00			49.5			25.5							
	12	25.1	46.1	30.5	8.3	14.3		13.1	17.5					
20	00			55.5			25.4							
	12	25.2	46.2	37.6				13.2						
21	00			63.6			25.3		17.6					
	12	25.3	46.3	36.1				13.3						
22	00			25.1			25.2		21.1					
	12	25.4	46.4	17.1								64.6		
23	00			21.2				13.4						
	12	25.5	46.5	51.2			25.1		21.2					
24	00			42.3				13.5						
	12	25.6	46.6	3.4			36.6		21.3					
25	00	17.1	18.1	27.4				13.6						
	12			24.5	8.2	14.2	36.5							
26	00	17.2	18.2	2.6				49.1	21.4	12.2	22.6			
	12			23.6			36.4							
27	00	17.3	18.3	20.1	D	D		49.2	21.5					
	12			16.2										
28	00	17.4	18.4	35.3			36.3	49.3	21.6					
	12			45.4	8.3	14.3								
29	00	17.5	18.5	12.5				49.4						
	12			15.6			36.2		51.1					
30	00	17.6	18.6	39.2	R	R		49.5						
	12			53.3					51.2					
31	00	21.1	48.1	62.5			36.1	49.6						
	12			56.6	8.2	14.2								

April 1966

Date	Time	☉	⊕	☾	☊	☋	☿	♀	♂	♃	♄	♅	♆	♇
1	00	21.2	48.2	33.2	8.2	14.2	36.1	30.1	51.3	12.2	22.6	64.6	43.4	64.6
	12			7.4	R	R	R	D	D	D	D	R	R	R
2	00	21.3	48.3	4.5				30.2	51.4					
	12			59.1						12.3				
3	00	21.4	48.4	40.3				30.3			36.1			
	12	21.5	48.5	64.5					51.5					
4	00			6.1				30.4						
	12	21.6	48.6	46.3			D		51.6					
5	00			18.5				30.5						
	12	51.1	57.1	57.1										
6	00			32.3				30.6	42.1					
	12	51.2	57.2	50.5										
7	00			28.6				55.1	42.2					
	12	51.3	57.3	1.2									43.3	
8	00			43.3				55.2						
	12	51.4	57.4	14.5	D	D			42.3					
9	00			34.6			36.2	55.3		12.4				
	12	51.5	57.5	5.1					42.4					
10	00			26.2				55.4						
	12	51.6	57.6	11.3										
11	00			10.3			36.3	55.5	42.5		36.2			
	12	42.1	32.1	58.4				55.6						
12	00			38.5					42.6					
	12	42.2	32.2	54.5			36.4	37.1						
13	00			61.6	R	R								
	12	42.3	32.3	60.6				37.2	3.1					
14	00	42.4	32.4	19.1			36.5							
	12			13.1				37.3	3.2					
15	00	42.5	32.5	49.1			36.6			12.5				
	12			30.2				37.4						
16	00	42.6	32.6	55.2			25.1		3.3					
	12			37.2				37.5						
17	00	3.1	50.1	63.3				37.6	3.4			64.5		
	12			22.3			25.2							
18	00	3.2	50.2	36.3				63.1						
	12			25.4			25.3		3.5					
19	00	3.3	50.3	17.4			25.4	63.2			36.3			
	12			21.5					3.6					
20	00	3.4	50.4	51.5	8.1	14.1	25.5	63.3						
	12			42.6										
21	00	3.5	50.5	27.1			25.6	63.4	27.1	12.6				
	12			24.1				63.5						
22	00	3.6	50.6	2.2			17.1		27.2					
	12			23.3			17.2	63.6						
23	00	27.1	28.1	8.4	D	D								
	12			20.5			17.3	22.1	27.3					
24	00	27.2	28.2	16.6										
	12			45.1			17.4	22.2	27.4					
25	00	27.3	28.3	12.2			17.5	22.3						
	12	27.4	28.4	15.3										
26	00			52.4			17.6	22.4	27.5					64.5
	12	27.5	28.5	39.6			21.1			15.1				
27	00			62.1			21.2	22.5	27.6					
	12	27.6	28.6	56.2										
28	00			31.4			21.3	22.6			36.4			
	12	24.1	44.1	33.5	R	R	21.4	36.1	24.1					
29	00			4.1			21.5							
	12	24.2	44.2	29.3				36.2	24.2					
30	00			59.4			21.6							
	12	24.3	44.3	40.6			51.1	36.3						

May 1966

Date	Time	☉	⊕	☾	☊	☋	☿	♀	♂	♃	♄	♅	♆	♇
1	00	24.3	44.3	47.2	8.1	14.1	51.2	36.3	24.3	15.1	36.4	64.5	43.3	64.5
	12	24.4	44.4	6.4	R	R	D	36.4	D	15.2	D	R	R	R
2	00			46.5			51.3	36.5	24.4					
	12	24.5	44.5	48.1			51.4							
3	00			57.3			51.5	36.6						
	12	24.6	44.6	32.4			51.6		24.5					
4	00			50.6				25.1						
	12	2.1	1.1	44.2			42.1	25.2	24.6					
5	00			1.3			42.2							
	12	2.2	1.2	43.5			42.3	25.3						
6	00			14.6	D	D	42.4		2.1					
	12	2.3	1.3	9.1			42.5	25.4		15.3				
7	00			5.2			42.6							
	12	2.4	1.4	26.3				25.5	2.2		36.5			
8	00			11.4			3.1	25.6						
	12	2.5	1.5	10.5			3.2		2.3					
9	00			58.6			3.3	17.1						
	12	2.6	1.6	54.1			3.4							
10	00	23.1	43.1	61.1			3.5	17.2	2.4					
	12			60.2			3.6	17.3						
11	00	23.2	43.2	41.2			27.1		2.5					
	12			19.3			27.2	17.4		15.4				
12	00	23.3	43.3	13.3			27.3							
	12			49.3	R	R	27.4	17.5	2.6					
13	00	23.4	43.4	30.4			27.5	17.6						
	12			55.4			27.6		23.1					
14	00	23.5	43.5	37.4			24.1	21.1						
	12			63.5			24.2						43.2	
15	00	23.6	43.6	22.5			24.3	21.2	23.2					
	12			36.6			24.4	21.3						
16	00	8.1	14.1	25.6			24.5			15.5				
	12			17.6			24.6	21.4	23.3					
17	00	8.2	14.2	51.1	D	D	2.1							
	12			42.2			2.2	21.5	23.4					
18	00	8.3	14.3	3.2			2.3	21.6			36.6			
	12			27.3			2.4							
19	00	8.4	14.4	24.4			2.5	51.1	23.5					
	12			2.5			2.6							
20	00	8.5	14.5	23.6			23.2	51.2	23.6					
	12			20.1	R	R	23.3	51.3		15.6				
21	00	8.6	14.6	16.2			23.4							
	12			35.3			23.5	51.4	8.1					
22	00	20.1	34.1	45.4			23.6							
	12			12.5			8.1	51.5						
23	00	20.2	34.2	52.1			8.2	51.6	8.2					
	12			39.2			8.3							
24	00	20.3	34.3	53.3			8.5	42.1	8.3			D		
	12			62.5			8.6	42.2						
25	00	20.4	34.4	56.6			20.1			52.1				
	12			33.2			20.2	42.3	8.4					
26	00	20.5	34.5	7.4			20.3							
	12			4.5			20.4	42.4	8.5					
27	00	20.6	34.6	59.1			20.6	42.5						
	12			40.2	D	D	16.1							D
28	00	16.1	9.1	64.4			16.2	42.6	8.6					
	12	16.2	9.2	47.6			16.3							
29	00			46.1			16.4	3.1						
	12	16.3	9.3	18.3			16.5	3.2	20.1	52.2				
30	00			48.4			35.1							
	12	16.4	9.4	57.6			35.2	3.3	20.2					
31	00			50.1			35.3				25.1			
	12	16.5	9.5	28.3			35.4	3.4						

June 1966

Date	Time	☉	⊕	☾	☊	☋	☿	♀	♂	♃	♄	♅	♆	♇
1	00	16.5	9.5	44.4	8.1	14.1	35.5	3.5	20.3	52.2	25.1	64.5	43.2	64.5
	12	16.6	9.6	1.5	D	D	35.6	D	D	D	D	D	R	D
2	00			14.1			45.2	3.6						
	12	35.1	5.1	34.2	R	R	45.3	27.1	20.4					
3	00			9.3			45.4			52.3				
	12	35.2	5.2	5.4			45.5	27.2	20.5					
4	00			26.5			45.6							
	12	35.3	5.3	11.6			12.1	27.3						
5	00			58.1			12.2	27.4	20.6					
	12	35.4	5.4	38.2			12.3							
6	00			54.2			12.5	27.5						
	12	35.5	5.5	61.3			12.6		16.1					
7	00			60.4			15.1	27.6		52.4				
	12	35.6	5.6	41.4			15.2	24.1	16.2					
8	00			19.5			15.3							
	12	45.1	26.1	13.5			15.4	24.2						
9	00			49.5			15.5	24.3	16.3					
	12	45.2	26.2	30.6			15.6							
10	00			55.6			52.1	24.4						
	12	45.3	26.3	63.1			52.2		16.4					
11	00			22.1			52.3	24.5						
	12	45.4	26.4	36.1	D	D	52.4	24.6	16.5	52.5				
12	00			25.2			52.5							
	12	45.5	26.5	17.2			52.6	2.1						
13	00			21.2			39.1	2.2	16.6					
	12	45.6	26.6	51.3			39.2							
14	00			42.3			39.3	2.3						
	12	12.1	11.1	3.4			39.4		35.1					
15	00			27.5				2.4						
	12	12.2	11.2	24.6			39.5	2.5	35.2	52.6				
16	00			2.6			39.6							
	12	12.3	11.3	8.1	R	R	53.1	2.6						
17	00			20.2			53.2		35.3					
	12	12.4	11.4	16.4			53.3	23.1			25.2			
18	00			35.5			53.4	23.2						
	12	12.5	11.5	45.6					35.4					
19	00			15.2			53.5	23.3						
	12	12.6	11.6	52.3			53.6	23.4	35.5					
20	00			39.5			62.1			39.1				
	12	15.1	10.1	53.6			62.2	23.5						
21	00			56.2					35.6					
	12	15.2	10.2	31.4			62.3	23.6						
22	00	15.3	10.3	33.6			62.4	8.1					43.1	
	12			4.1			62.5		45.1					
23	00	15.4	10.4	29.3				8.2						
	12			59.5			62.6	8.3	45.2					
24	00	15.5	10.5	40.6			56.1			39.2				
	12			47.2				8.4						
25	00	15.6	10.6	6.4			56.2	8.5	45.3					
	12			46.5			56.3							
26	00	52.1	58.1	48.1	D	D		8.6						
	12			57.2			56.4		45.4					
27	00	52.2	58.2	32.4			56.5	20.1						
	12			50.5				20.2						
28	00	52.3	58.3	28.6			56.6		45.5	39.3				64.6
	12			1.1				20.3						
29	00	52.4	58.4	43.3			31.1	20.4	45.6					
	12			14.4	R	R	31.2					64.6		
30	00	52.5	58.5	34.5				20.5						
	12			9.6			31.3		12.1					

July 1966

Date	Time	☉	⊕	☾	☊	☋	☿	♀	♂	♃	♄	♅	♆	♇
1	00	52.6	58.6	26.1	8.1	14.1	31.3	20.6	12.1	39.3	25.2	64.6	43.1	64.6
	12			11.2	R	R	31.4	16.1	D	D	D	D	R	D
2	00	39.1	38.1	10.2					12.2					
	12			58.3			31.5	16.2		39.4				
3	00	39.2	38.2	38.4				16.3						
	12			54.5	23.6	43.6			12.3					
4	00	39.3	38.3	61.5			31.6	16.4						
	12			60.6					12.4					
5	00	39.4	38.4	41.6			33.1	16.5						
	12			13.1				16.6						
6	00	39.5	38.5	49.1					12.5					
	12			30.2			33.2	35.1		39.5				
7	00	39.6	38.6	55.2				35.2						
	12			37.2					12.6					
8	00	53.1	54.1	63.3			33.3	35.3						
	12			22.3				35.4						
9	00	53.2	54.2	36.3					15.1					
	12			25.4				35.5						
10	00	53.3	54.3	17.4			33.4		15.2					
	12			21.5				35.6		39.6				
11	00	53.4	54.4	51.5	D	D		45.1						
	12			42.5					15.3					
12	00	53.5	54.5	3.6				45.2			R			
	12			24.1				45.3						
13	00	53.6	54.6	2.1					15.4					
	12			23.2				45.4						
14	00	62.1	61.1	8.3	R	R	33.5	45.5						
	12			20.4					15.5					
15	00	62.2	61.2	16.5			R	45.6		53.1				
	12			35.6					15.6					
16	00	62.3	61.3	12.2			33.4	12.1						
	12			15.3				12.2						
17	00	62.4	61.4	52.5					52.1					
	12			39.6	23.5	43.5		12.3						
18	00	62.5	61.5	62.2				12.4						
	12			56.4					52.2					
19	00	62.6	61.6	31.6				12.5		53.2				
	12			7.2				12.6						
20	00	56.1	60.1	4.4			33.3		52.3					
	12	56.2	60.2	29.6				15.1						
21	00			40.2										
	12	56.3	60.3	64.4				15.2	52.4					
22	00			47.6			33.2	15.3						
	12	56.4	60.4	46.1					52.5					
23	00			18.3				15.4		53.3		47.1		
	12	56.5	60.5	48.5			33.1	15.5						
24	00			57.6					52.6					
	12	56.6	60.6	50.2				15.6						
25	00			28.3	D	D	31.6	52.1						
	12	31.1	41.1	44.4					39.1					
26	00			1.5				52.2						
	12	31.2	41.2	43.6	R	R	31.5							
27	00			34.1				52.3	39.2					
	12	31.3	41.3	9.2				52.4		53.4				
28	00			5.3			31.4							
	12	31.4	41.4	26.4				52.5	39.3					
29	00			11.5			31.3	52.6						
	12	31.5	41.5	10.6										
30	00			58.6	23.4	43.4		39.1	39.4					
	12	31.6	41.6	54.1			31.2	39.2						
31	00			61.2					39.5					
	12	33.1	19.1	60.2				39.3		53.5				

August 1966

Date	Time	☉	⊕	☾	☊	☋	☿	♀	♂	♃	♄	♅	♆	♇
1	00	33.1	19.1	41.3	23.4	43.4	31.1	39.4	39.5	53.5	25.2	47.1	43.1	64.6
	12	33.2	19.2	19.3	R	R	R	D	39.6	D	R	D	D	D
2	00			13.4				39.5						
	12	33.3	19.3	49.4			56.6							
3	00			30.4				39.6	53.1					
	12	33.4	19.4	55.5				53.1						
4	00			37.5	23.3	43.3								
	12	33.5	19.5	63.6			56.5	53.2	53.2					
5	00			22.6				53.3		53.6				
	12	33.6	19.6	36.6							25.1			
6	00			25.6				53.4	53.3					47.1
	12	7.1	13.1	21.1				53.5						
7	00			51.1										
	12	7.2	13.2	42.1				53.6	53.4					
8	00			3.2			D	62.1						
	12	7.3	13.3	27.2										
9	00			24.3				62.2	53.5					
	12	7.4	13.4	2.3				62.3		62.1				
10	00			23.4					53.6			47.2		
	12	7.5	13.5	8.5				62.4						
11	00			20.6										
	12	7.6	13.6	35.1				62.5	62.1					
12	00			45.2			56.6	62.6						
	12	4.1	49.1	12.3										
13	00			15.4				56.1	62.2					
	12	4.2	49.2	52.6			31.1	56.2						
14	00	4.3	49.3	53.2						62.2				
	12			62.3				56.3	62.3					
15	00	4.4	49.4	56.5			31.2	56.4						
	12			33.1	23.2	43.2								
16	00	4.5	49.5	7.3			31.3	56.5	62.4					
	12			4.5				56.6						
17	00	4.6	49.6	59.1			31.4							
	12			40.3				31.1	62.5					
18	00	29.1	30.1	64.6			31.5	31.2						
	12			6.2						62.3				
19	00	29.2	30.2	46.4			31.6	31.3	62.6					
	12			18.6			33.1	31.4						
20	00	29.3	30.3	57.1										
	12			32.3			33.2	31.5	56.1					
21	00	29.4	30.4	50.5			33.3							
	12			28.6			33.4	31.6	56.2					
22	00	29.5	30.5	1.2				33.1						
	12			43.3	D	D	33.5							
23	00	29.6	30.6	14.4			33.6	33.2	56.3	62.4				
	12			34.5	R	R	7.1	33.3			36.6			
24	00	59.1	55.1	9.6			7.2							
	12			26.1			7.3	33.4	56.4					
25	00	59.2	55.2	11.2			7.4	33.5						
	12			10.3			7.5							
26	00	59.3	55.3	58.3				33.6	56.5			47.3		
	12			38.4	23.1	43.1	7.6	7.1						
27	00	59.4	55.4	54.4			4.1							
	12			61.5			4.2	7.2	56.6	62.5				
28	00	59.5	55.5	60.5			4.3	7.3						
	12			41.6			4.4							
29	00	59.6	55.6	19.6			4.5	7.4	31.1					
	12			49.1			4.6	7.5						
30	00	40.1	37.1	30.1			29.1							
	12			55.2			29.2	7.6	31.2					
31	00	40.2	37.2	37.2			29.3	4.1						
	12	40.3	37.3	63.2	2.6	1.6	29.4							

September 1966

Date	Time	☉	⊕	☾	☊	☋	☿	♀	♂	♃	♄	♅	♆	♇
1	00	40.3	37.3	22.3	2.6	1.6	29.5	4.2	31.3	62.5	36.6	47.3	43.1	47.1
	12	40.4	37.4	36.3	R	R	29.6	4.3	D	62.6	R	D	D	D
2	00			25.3			59.2							
	12	40.5	37.5	17.3			59.3	4.4	31.4					
3	00			21.4			59.4							47.2
	12	40.6	37.6	51.4			59.5	4.5						
4	00			42.5			59.6	4.6	31.5					
	12	64.1	63.1	3.5			40.1							
5	00			27.5			40.2	29.1						
	12	64.2	63.2	24.6			40.3	29.2	31.6					
6	00			2.6	D	D	40.4				36.5			
	12	64.3	63.3	8.1			40.5	29.3		56.1				
7	00			20.2			40.6	29.4	33.1					
	12	64.4	63.4	16.2			64.1							
8	00			35.3			64.2	29.5						
	12	64.5	63.5	45.4	R	R	64.3	29.6	33.2					
9	00			12.5			64.4							
	12	64.6	63.6	15.6			64.5	59.1					43.2	
10	00			39.2			64.6	59.2	33.3			47.4		
	12	47.1	22.1	53.3			47.1							
11	00			62.5			47.2	59.3						
	12	47.2	22.2	56.6			47.3	59.4	33.4	56.2				
12	00			33.2			47.4							
	12	47.3	22.3	7.4			47.5	59.5						
13	00			4.6			47.6	59.6	33.5					
	12	47.4	22.4	59.2	2.5	1.5	6.1							
14	00			40.4			6.2	40.1						
	12	47.5	22.5	64.6			6.3	40.2	33.6					
15	00	47.6	22.6	6.3			6.4							
	12			46.5			6.5	40.3						
16	00	6.1	36.1	48.1			6.6	40.4	7.1					
	12			57.3			46.1							
17	00	6.2	36.2	32.5			46.2	40.5		56.3				
	12			28.1			46.3	40.6	7.2					
18	00	6.3	36.3	44.2			46.4							
	12			1.4			46.5	64.1			36.4			
19	00	6.4	36.4	43.5	D	D		64.2	7.3					
	12			34.1			46.6							
20	00	6.5	36.5	9.2			18.1	64.3						
	12			5.3			18.2	64.4	7.4					
21	00	6.6	36.6	26.4			18.3							
	12			11.5			18.4	64.5						
22	00	46.1	25.1	10.6	R	R	18.5	64.6	7.5					
	12			38.1			18.6			56.4				
23	00	46.2	25.2	54.1			48.1	47.1						
	12			61.2			48.2	47.2	7.6					
24	00	46.3	25.3	60.2										
	12			41.3			48.3	47.3						
25	00	46.4	25.4	19.3			48.4	47.4	4.1			47.5		
	12			13.4			48.5							
26	00	46.5	25.5	49.4			48.6	47.5						
	12	46.6	25.6	30.4			57.1	47.6	4.2					
27	00			55.5			57.2							
	12	18.1	17.1	37.5	2.4	1.4	57.3	6.1						
28	00			63.5				6.2	4.3					
	12	18.2	17.2	22.6			57.4			56.5				
29	00			36.6			57.5	6.3						47.3
	12	18.3	17.3	25.6			57.6	6.4	4.4					
30	00			21.1			32.1							
	12	18.4	17.4	51.1			32.2	6.5			36.3			

October 1966

Date	Time	☉	⊕	☾	☊	☋	☿	♀	♂	♃	♄	♅	♆	♇
1	00	18.4	17.4	42.1	2.4	1.4	32.2	6.6	4.5	56.5	36.3	47.5	43.2	47.3
	12	18.5	17.5	3.2	R	R	32.3	D	D	D	R	D	D	D
2	00			27.2			32.4	46.1						
	12	18.6	17.6	24.3			32.5		4.6					
3	00			2.3			32.6	46.2						
	12	48.1	21.1	23.4	D	D	50.1	46.3						
4	00			8.4					29.1					
	12	48.2	21.2	20.5			50.2	46.4						
5	00			16.6			50.3	46.5						
	12	48.3	21.3	35.6			50.4		29.2	56.6				
6	00			12.1				46.6						
	12	48.4	21.4	15.2			50.5	18.1						
7	00	48.5	21.5	52.3			50.6		29.3					
	12			39.4			28.1	18.2						
8	00	48.6	21.6	53.6	R	R	28.2	18.3						
	12			56.1					29.4					
9	00	57.1	51.1	31.2			28.3	18.4						
	12			33.4			28.4	18.5						
10	00	57.2	51.2	7.6			28.5		29.5					
	12			29.1				18.6				47.6		
11	00	57.3	51.3	59.3			28.6	48.1						
	12			40.5			44.1		29.6					
12	00	57.4	51.4	47.1			44.2	48.2						
	12			6.3				48.3		31.1				
13	00	57.5	51.5	46.5			44.3		59.1					
	12			48.1			44.4	48.4						
14	00	57.6	51.6	57.4			44.5	48.5			36.2		43.3	
	12			32.5										
15	00	32.1	42.1	28.1			44.6	48.6	59.2					
	12			44.3			1.1	57.1						
16	00	32.2	42.2	1.5	D	D								
	12	32.3	42.3	14.1			1.2	57.2	59.3					
17	00			34.2			1.3	57.3						
	12	32.4	42.4	9.4			1.4							
18	00			5.5				57.4	59.4					
	12	32.5	42.5	26.6			1.5	57.5						
19	00			10.1			1.6							
	12	32.6	42.6	58.2				57.6	59.5					
20	00			38.3			43.1	32.1						
	12	50.1	3.1	54.4			43.2							
21	00			61.4				32.2	59.6					
	12	50.2	3.2	60.5	R	R	43.3	32.3		31.2				
22	00			41.6										
	12	50.3	3.3	19.6			43.4	32.4	40.1					
23	00			49.1			43.5	32.5						
	12	50.4	3.4	30.1										
24	00	50.5	3.5	55.1			43.6	32.6	40.2					
	12			37.2				50.1						
25	00	50.6	3.6	63.2			14.1	50.2						
	12			22.2			14.2							
26	00	28.1	27.1	36.3				50.3	40.3					
	12			25.3			14.3	50.4						
27	00	28.2	27.2	17.3										
	12			21.4			14.4	50.5	40.4			6.1		
28	00	28.3	27.3	51.4				50.6						
	12			42.4			14.5							47.4
29	00	28.4	27.4	3.5				28.1	40.5					
	12			27.5			14.6	28.2						
30	00	28.5	27.5	24.6										
	12			2.6	D	D	34.1	28.3	40.6		36.1			
31	00	28.6	27.6	8.1				28.4						
	12			20.2										

November 1966

Date	Time	☉	⊕	☾	☊	☋	☿	♀	♂	♃	♄	♅	♆	♇
1	00	44.1	24.1	16.3	2.4	1.4	34.2	28.5	64.1	31.2	36.1	6.1	43.3	47.4
	12	44.2	24.2	35.3	D	D	D	28.6	D	D	R	D	D	D
2	00			45.4										
	12	44.3	24.3	12.5			34.3	44.1		31.3				
3	00			15.6				44.2	64.2					
	12	44.4	24.4	39.1										
4	00			53.2				44.3						
	12	44.5	24.5	62.3				44.4	64.3					
5	00			56.5			34.4							
	12	44.6	24.6	31.6				44.5						
6	00			7.1	R	R		44.6	64.4					
	12	1.1	2.1	4.3										
7	00			29.4			R	1.1						
	12	1.2	2.2	59.6				1.2	64.5					
8	00	1.3	2.3	64.2										
	12			47.3				1.3						
9	00	1.4	2.4	6.5			34.3	1.4					43.4	
	12			18.1	D	D			64.6					
10	00	1.5	2.5	48.3				1.5						
	12			57.5				1.6						
11	00	1.6	2.6	50.1			34.2		47.1					
	12			28.2				43.1						
12	00	43.1	23.1	44.4				43.2						
	12			1.6	R	R	34.1		47.2					
13	00	43.2	23.2	14.2				43.3						
	12			34.3			14.6	43.4						
14	00	43.3	23.3	9.5			14.5		47.3					
	12			5.6				43.5						
15	00	43.4	23.4	11.1			14.4	43.6						
	12	43.5	23.5	10.3			14.3							
16	00			58.4				14.1	47.4					
	12	43.6	23.6	38.5			14.2	14.2						
17	00			54.6			14.1					6.2		
	12	14.1	8.1	61.6				14.3	47.5					
18	00			41.1			43.6	14.4						
	12	14.2	8.2	19.2			43.5							
19	00			13.2			43.4	14.5	47.6					
	12	14.3	8.3	49.3				14.6						
20	00			30.3			43.3							
	12	14.4	8.4	55.4	D	D		34.1						
21	00			37.4			43.2	34.2	6.1					
	12	14.5	8.5	63.4			43.1			R				
22	00	14.6	8.6	22.5				34.3						
	12			36.5			1.6	34.4	6.2					
23	00	34.1	20.1	25.5										
	12			17.6				34.5						
24	00	34.2	20.2	21.6			1.5	34.6	6.3					
	12			51.6										
25	00	34.3	20.3	3.1				9.1						
	12			27.1				9.2						
26	00	34.4	20.4	24.2					6.4					
	12			2.2				9.3						
27	00	34.5	20.5	23.3	R	R	D	9.4			D			
	12			8.4					6.5					
28	00	34.6	20.6	20.5				9.5						
	12	9.1	16.1	16.5				9.6						
29	00			35.6										
	12	9.2	16.2	12.1				5.1	6.6					
30	00			15.2			1.6	5.2						
	12	9.3	16.3	52.4										

December 1966

Date	Time	☉	⊕	☾	☊	☋	☿	♀	♂	♃	♄	♅	♆	♇
1	00	9.3	16.3	39.5	2.4	1.4	1.6	5.3	46.1	31.3	36.1	6.2	43.4	47.4
	12	9.4	16.4	53.6	2.3	1.3	43.1	5.4	D	R	D	D	D	D
2	00			56.1										
	12	9.5	16.5	31.3				5.5						
3	00			33.4			43.2	5.6	46.2					
	12	9.6	16.6	7.5										
4	00	5.1	35.1	29.1			43.3	26.1						
	12			59.2				26.2	46.3				43.5	
5	00	5.2	35.2	40.4			43.4							
	12			64.5	D	D		26.3						
6	00	5.3	35.3	6.1			43.5	26.4						
	12			46.3			43.6		46.4					
7	00	5.4	35.4	18.4				26.5						
	12			48.6			14.1	26.6						
8	00	5.5	35.5	32.1					46.5					
	12			50.3			14.2	11.1						
9	00	5.6	35.6	28.4			14.3	11.2						
	12			44.6										
10	00	26.1	45.1	43.2	R	R	14.4	11.3	46.6					
	12	26.2	45.2	14.3			14.5	11.4						
11	00			34.5						31.2				
	12	26.3	45.3	9.6			14.6	11.5	18.1					
12	00			26.1			34.1	11.6						
	12	26.4	45.4	11.3			34.2							
13	00			10.4				10.1						
	12	26.5	45.5	58.5			34.3	10.2	18.2					
14	00			38.6			34.4							
	12	26.6	45.6	61.1			34.5	10.3						
15	00			60.2				10.4	18.3					
	12	11.1	12.1	41.3			34.6							
16	00	11.2	12.2	19.3			9.1	10.5						
	12			13.4			9.2	10.6						
17	00	11.3	12.3	49.5					18.4					
	12			30.5			9.3	58.1						
18	00	11.4	12.4	55.6			9.4	58.2						
	12			37.6			9.5	58.3						
19	00	11.5	12.5	63.6					18.5					
	12			36.1			9.6	58.4						
20	00	11.6	12.6	25.1	D	D	5.1	58.5						
	12			17.1			5.2							
21	00	10.1	15.1	21.2			5.3	58.6	18.6					
	12			51.2				38.1						
22	00	10.2	15.2	42.2			5.4							
	12	10.3	15.3	3.3			5.5	38.2	48.1	31.1				
23	00			27.3			5.6	38.3						
	12	10.4	15.4	24.4			26.1							
24	00			2.4	R	R		38.4			36.2			R
	12	10.5	15.5	23.5			26.2	38.5	48.2					
25	00			8.6			26.3							
	12	10.6	15.6	16.1			26.4	38.6						
26	00			35.1			26.5	54.1						
	12	58.1	52.1	45.2					48.3					
27	00			12.4			26.6	54.2						
	12	58.2	52.2	15.5			11.1	54.3						
28	00	58.3	52.3	52.6	2.2	1.2	11.2							
	12			53.1			11.3	54.4	48.4					
29	00	58.4	52.4	62.3				54.5						
	12			56.4			11.4							
30	00	58.5	52.5	31.6			11.5	54.6						
	12			7.2			11.6	61.1	48.5			R		
31	00	58.6	52.6	4.3			10.1							
	12			29.5				61.2		56.6				

January 1967

Date	Time	☉	⊕	☾	☊	☋	☿	♀	♂	♃	♄	♅	♆	♇
1	00	38.1	39.1	59.6	2.2	1.2	10.2	61.3	48.5	56.6	36.2	6.2	43.5	47.4
	12			64.2	R	R	10.3	D	48.6	R	D	R	D	R
2	00	38.2	39.2	47.4			10.4	61.4						
	12	38.3	39.3	6.5			10.5	61.5					43.6	
3	00			18.1			10.6							
	12	38.4	39.4	48.2				61.6	57.1					
4	00			57.4	D	D	58.1	60.1						
	12	38.5	39.5	32.5			58.2							
5	00			28.1			58.3	60.2						
	12	38.6	39.6	44.2			58.4	60.3	57.2					
6	00			1.3	R	R	58.5							
	12	54.1	53.1	43.5				60.4						
7	00			14.6			58.6	60.5						
	12	54.2	53.2	9.1			38.1		57.3					
8	00	54.3	53.3	5.3			38.2	60.6						
	12			26.4			38.3	41.1		56.5	36.3			
9	00	54.4	53.4	11.5			38.4							
	12			10.6	2.1	1.1	38.5	41.2	57.4					
10	00	54.5	53.5	38.1				41.3						
	12			54.2			38.6							
11	00	54.6	53.6	61.3			54.1	41.4						
	12			60.4			54.2	41.5						
12	00	61.1	62.1	41.5			54.3		57.5					
	12			19.5			54.4	41.6						
13	00	61.2	62.2	13.6			54.5	19.1						
	12			30.1										
14	00	61.3	62.3	55.1			54.6	19.2	57.6					
	12	61.4	62.4	37.2	24.6	44.6	61.1	19.3						
15	00			63.2			61.2							
	12	61.5	62.5	22.2			61.3	19.4		56.4				
16	00			36.3			61.4	19.5						
	12	61.6	62.6	25.3			61.5		32.1					
17	00			17.3			61.6	19.6						
	12	60.1	56.1	21.4				13.1						
18	00			51.4			60.1							
	12	60.2	56.2	42.4			60.2	13.2	32.2					
19	00			3.5	D	D	60.3	13.3						
	12	60.3	56.3	27.5			60.4							
20	00	60.4	56.4	24.5			60.5	13.4						
	12			2.6	R	R	60.6	13.5			36.4			
21	00	60.5	56.5	23.6			41.1		32.3					
	12			20.1			41.2	13.6						
22	00	60.6	56.6	16.2				49.1						
	12			35.3			41.3			56.3				
23	00	41.1	31.1	45.4			41.4	49.2						
	12			12.5			41.5	49.3	32.4					
24	00	41.2	31.2	15.6			41.6							
	12			39.1			19.1	49.4						
25	00	41.3	31.3	53.3			19.2	49.5						
	12	41.4	31.4	62.4			19.3							
26	00			56.6	24.5	44.5	19.4	49.6	32.5					
	12	41.5	31.5	33.2			19.5	30.1						
27	00			7.4			19.6							
	12	41.6	31.6	4.5			13.1	30.2						
28	00			59.1			13.2	30.3						
	12	19.1	33.1	40.3					32.6					
29	00			64.5			13.3	30.4						
	12	19.2	33.2	6.1			13.4	30.5		56.2				
30	00			46.3			13.5							
	12	19.3	33.3	18.4			13.6	30.6			36.5			
31	00			48.6			49.1	55.1						
	12	19.4	33.4	32.2			49.2		50.1					

February 1967

Date	Time	☉	⊕	☾	☊	☋	☿	♀	♂	♃	♄	♅	♆	♇
1	00	19.5	33.5	50.3	24.5	44.5	49.3	55.2	50.1	56.2	36.5	6.2	43.6	47.4
	12			28.5	R	R	49.4	55.3	D	R	D	R	D	R
2	00	19.6	33.6	44.6			49.5							
	12			43.2			49.6	55.4						
3	00	13.1	7.1	14.3			30.1	55.5	50.2					
	12			34.4			30.2							
4	00	13.2	7.2	9.5			30.3	55.6						
	12			5.6			30.4	37.1						
5	00	13.3	7.3	11.1										
	12			10.2			30.5	37.2						
6	00	13.4	7.4	58.3	24.4	44.4	30.6	37.3		56.1				
	12	13.5	7.5	38.4			55.1		50.3					
7	00			54.5			55.2	37.4						
	12	13.6	7.6	61.6			55.3	37.5						
8	00			60.6			55.4							
	12	49.1	4.1	19.1			55.5	37.6			36.6			
9	00			13.2			55.6	63.1						
	12	49.2	4.2	49.2			37.1		50.4					
10	00			30.3				63.2						
	12	49.3	4.3	55.3	24.3	44.3	37.2	63.3						
11	00			37.4			37.3							
	12	49.4	4.4	63.4			37.4	63.4						
12	00			22.5			37.5	63.5						
	12	49.5	4.5	36.5										
13	00	49.6	4.6	25.5			37.6	63.6				6.1		
	12			17.6			63.1	22.1	50.5					
14	00	30.1	29.1	21.6			63.2							
	12			51.6				22.2		62.6				
15	00	30.2	29.2	3.1			63.3	22.3						
	12			27.1										
16	00	30.3	29.3	24.1			63.4	22.4						
	12			2.2	D	D	63.5	22.5						
17	00	30.4	29.4	23.2							25.1			
	12			8.2			63.6	22.6	50.6					
18	00	30.5	29.5	20.3	R	R		36.1						
	12			16.4			22.1							
19	00	30.6	29.6	35.4				36.2						
	12	55.1	59.1	45.5				36.3						
20	00			12.6			22.2							
	12	55.2	59.2	52.1				36.4						47.3
21	00			39.2										
	12	55.3	59.3	53.4				36.5						
22	00			62.5	24.2	44.2		36.6						
	12	55.4	59.4	31.1					28.1					
23	00			33.3				25.1						
	12	55.5	59.5	7.4			R	25.2						
24	00			4.6										
	12	55.6	59.6	59.2				25.3		62.5				
25	00			40.4				25.4					R	
	12	37.1	40.1	64.6							25.2			
26	00	37.2	40.2	6.3				25.5						
	12			46.5			22.1	25.6						
27	00	37.3	40.3	48.1										
	12			57.3				17.1						
28	00	37.4	40.4	32.4			63.6	17.2						
	12			50.6										

March 1967

Date	Time	☉	⊕	☾	☊	☋	☿	♀	♂	♃	♄	♅	♆	♇
1	00	37.5	40.5	44.2	D	D	63.6	17.3	28.1	62.5	25.2	6.1	43.6	47.3
	12			1.4			63.5	17.4	D	R	D	R	R	R
2	00	37.6	40.6	43.5										
	12			14.6			63.4	17.5	28.2					
3	00	63.1	64.1	9.2				17.6						
	12			5.3	R	R	63.3							
4	00	63.2	64.2	26.4				21.1						
	12			11.5			63.2	21.2						
5	00	63.3	64.3	10.6							25.3			
	12	63.4	64.4	38.1			63.1	21.3						
6	00			54.2			37.6	21.4						
	12	63.5	64.5	61.3	24.1	44.1								
7	00			60.3			37.5	21.5						
	12	63.6	64.6	41.4				21.6						
8	00			19.4			37.4							
	12	22.1	47.1	13.5				51.1				47.6		
9	00			49.6			37.3	51.2	R					
	12	22.2	47.2	30.6										
10	00			55.6			37.2	51.3						
	12	22.3	47.3	63.1										
11	00			22.1				51.4						
	12	22.4	47.4	36.2			37.1	51.5						
12	00			25.2										
	12	22.5	47.5	17.2				51.6						
13	00	22.6	47.6	21.3	27.6	28.6	55.6	42.1			25.4			
	12			51.3										
14	00	36.1	6.1	42.3				42.2						
	12			3.3				42.3						
15	00	36.2	6.2	27.4						62.4				
	12			24.4	D	D	55.5	42.4	28.1					
16	00	36.3	6.3	2.4				42.5						
	12			23.5										
17	00	36.4	6.4	8.5				42.6						
	12			20.6				3.1						
18	00	36.5	6.5	16.6			D							
	12			45.1				3.2						
19	00	36.6	6.6	12.1				3.3						
	12			15.2	R	R								
20	00	25.1	46.1	52.3			55.6	3.4						
	12	25.2	46.2	39.4							25.5			
21	00			53.5				3.5						
	12	25.3	46.3	56.1				3.6		D				
22	00			31.2										
	12	25.4	46.4	33.4				27.1	50.6					
23	00			7.5			37.1	27.2						
	12	25.5	46.5	29.1										
24	00			59.3				27.3						
	12	25.6	46.6	40.5			37.2	27.4						
25	00			47.1										
	12	17.1	18.1	6.3				27.5						
26	00			46.5			37.3	27.6						
	12	17.2	18.2	48.1										
27	00			57.3				24.1						
	12	17.3	18.3	32.6			37.4	24.2	50.5					
28	00			28.2							25.6			
	12	17.4	18.4	44.4	D	D	37.5	24.3		62.5				47.2
29	00			1.5										
	12	17.5	18.5	14.1				24.4						
30	00	17.6	18.6	34.3			37.6	24.5				47.5		
	12			9.4										
31	00	21.1	48.1	5.6			63.1	24.6	50.4					
	12			11.1				2.1						

April 1967

Date	Time	☉	⊕	☾	☊	☋	☿	♀	♂	♃	♄	♅	♆	♇
1	00	21.2	48.2	10.2	27.6	28.6	63.2	2.1	50.4	62.5	25.6	47.5	43.6	47.2
	12			58.3	D	D	63.3	2.2	R	D	D	R	R	R
2	00	21.3	48.3	38.4	R	R		2.3						
	12			54.5			63.4							
3	00	21.4	48.4	61.6				2.4						
	12			41.1			63.5		50.3					
4	00	21.5	48.5	19.1				2.5						
	12			13.2			63.6	2.6			17.1			
5	00	21.6	48.6	49.2			22.1							
	12			30.3				23.1						
6	00	51.1	57.1	55.3			22.2	23.2	50.2					
	12			37.4			22.3							
7	00	51.2	57.2	63.4				23.3						
	12			22.4			22.4	23.4						
8	00	51.3	57.3	36.5			22.5							
	12	51.4	57.4	25.5				23.5						
9	00			17.5			22.6	23.6	50.1					
	12	51.5	57.5	21.6			36.1							
10	00			51.6				8.1						
	12	51.6	57.6	42.6			36.2							
11	00			27.1			36.3	8.2						
	12	42.1	32.1	24.1	D	D	36.4	8.3	32.6					
12	00			2.1							17.2			
	12	42.2	32.2	23.2			36.5	8.4						
13	00			8.2			36.6	8.5						
	12	42.3	32.3	20.2			25.1							
14	00			16.3				8.6	32.5					
	12	42.4	32.4	35.3			25.2							
15	00			45.4			25.3	20.1						
	12	42.5	32.5	12.5			25.4	20.2						
16	00			15.5			25.5			62.6				
	12	42.6	32.6	52.6				20.3	32.4					
17	00			53.1			25.6	20.4						
	12	3.1	50.1	62.2			17.1							
18	00			56.3	R	R	17.2	20.5						
	12	3.2	50.2	31.4			17.3	20.6						
19	00	3.3	50.3	33.6			17.4		32.3					
	12			4.1				16.1						
20	00	3.4	50.4	29.3			17.5				17.3			
	12			59.4			17.6	16.2						
21	00	3.5	50.5	40.6			21.1	16.3						
	12			47.2			21.2		32.2					
22	00	3.6	50.6	6.4			21.3	16.4						
	12			46.6			21.4	16.5						
23	00	27.1	28.1	48.2			21.5						43.5	
	12			57.4			21.6	16.6						
24	00	27.2	28.2	32.6			51.1		32.1					
	12			28.2				35.1						
25	00	27.3	28.3	44.4	D	D	51.2	35.2						
	12			1.6			51.3							
26	00	27.4	28.4	14.2			51.4	35.3				47.4		
	12			34.4			51.5	35.4	57.6	56.1				
27	00	27.5	28.5	9.6			51.6							
	12			26.1			42.1	35.5						
28	00	27.6	28.6	11.3	R	R	42.2				17.4			
	12			10.4			42.3	35.6						
29	00	24.1	44.1	58.6			42.4	45.1						
	12			54.1			42.5		57.5					
30	00	24.2	44.2	61.2			42.6	45.2						
	12			60.3			3.1							

May 1967

Date	Time	☉	⊕	☾	☊	☋	☿	♀	♂	♃	♄	♅	♆	♇
1	00	24.3	44.3	41.4	27.6	28.6	3.2	45.3	57.5	56.1	17.4	47.4	43.5	47.2
	12			19.4	D	D	3.3	45.4	R	D	D	R	R	R
2	00	24.4	44.4	13.5			3.4							
	12	24.5	44.5	49.5			3.5	45.5	57.4					
3	00			30.6			27.1	45.6						
	12	24.6	44.6	55.6			27.2							
4	00			63.1			27.3	12.1						
	12	2.1	1.1	22.1			27.4			56.2				
5	00			36.1			27.5	12.2						
	12	2.2	1.2	25.2			27.6	12.3	57.3					
6	00			17.2			24.1							
	12	2.3	1.3	21.2			24.2	12.4			17.5			
7	00			51.3			24.3							
	12	2.4	1.4	42.3			24.4	12.5						
8	00			3.3			24.6	12.6						
	12	2.5	1.5	27.4			2.1							
9	00			24.4	R	R	2.2	15.1	57.2					
	12	2.6	1.6	2.4			2.3							
10	00			23.5			2.4	15.2						
	12	23.1	43.1	8.5			2.5	15.3						
11	00			20.6			2.6							
	12	23.2	43.2	16.6			23.2	15.4						
12	00			45.1			23.3			56.3				
	12	23.3	43.3	12.2			23.4	15.5						
13	00			15.2			23.5	15.6						
	12	23.4	43.4	52.3			23.6							
14	00			39.4			8.1	52.1	57.1					
	12	23.5	43.5	53.5			8.3							
15	00			62.6			8.4	52.2						
	12	23.6	43.6	31.1			8.5	52.3			17.6			
16	00			33.2			8.6							
	12	8.1	14.1	7.3			20.1	52.4						
17	00			4.4			20.2							
	12	8.2	14.2	29.6	D	D	20.3	52.5						
18	00	8.3	14.3	40.1			20.5	52.6						
	12			64.3			20.6			56.4				
19	00	8.4	14.4	47.4			16.1	39.1						
	12			6.6			16.2							
20	00	8.5	14.5	18.2			16.3	39.2						
	12			48.4			16.4	39.3						
21	00	8.6	14.6	57.6			16.5							
	12			50.1			16.6	39.4						
22	00	20.1	34.1	28.3			35.2		48.6					
	12			44.5	R	R	35.3	39.5						
23	00	20.2	34.2	43.1			35.4	39.6						
	12			14.3			35.5							
24	00	20.3	34.3	34.5			35.6	53.1						
	12			5.1			45.1			56.5				
25	00	20.4	34.4	26.2			45.2	53.2						
	12			11.4			45.3				21.1			
26	00	20.5	34.5	10.6			45.4	53.3						
	12			38.1	27.5	28.5	45.5	53.4	D					
27	00	20.6	34.6	54.2			45.6							
	12			61.3			12.1	53.5						
28	00	16.1	9.1	60.5			12.2						43.4	
	12			41.5			12.3	53.6						
29	00	16.2	9.2	19.6			12.4	62.1				D		
	12			49.1										
30	00	16.3	9.3	30.2			12.5	62.2		56.6				D
	12			55.2			12.6							
31	00	16.4	9.4	37.3			15.1	62.3						
	12			63.3	D	D	15.2		57.1					

June 1967

Date	Time	☉	⊕	☾	☊	☋	☿	♀	♂	♃	♄	♅	♆	♇
1	00	16.5	9.5	22.4	27.5	28.5	15.3	62.4	57.1	56.6	21.1	47.4	43.4	47.2
	12			36.4	D	D	15.4	62.5	D	D	D	D	R	D
2	00	16.6	9.6	25.4										
	12			17.5			15.5	62.6						
3	00	35.1	5.1	21.5			15.6							
	12			51.5			52.1	56.1						
4	00	35.2	5.2	42.6			52.2							
	12			3.6				56.2		31.1				
5	00	35.3	5.3	27.6	R	R	52.3							
	12			2.1			52.4	56.3			21.2			
6	00	35.4	5.4	23.1			52.5	56.4						
	12			8.2										
7	00	35.5	5.5	20.2			52.6	56.5						
	12			16.3			39.1							
8	00	35.6	5.6	35.3				56.6						
	12	45.1	26.1	45.4			39.2							
9	00			12.5				31.1	57.2					
	12	45.2	26.2	15.6			39.3			31.2				
10	00			39.1			39.4	31.2						
	12	45.3	26.3	53.1				31.3						
11	00			62.3			39.5							
	12	45.4	26.4	56.4				31.4						
12	00			31.5			39.6							
	12	45.5	26.5	33.6				31.5						
13	00			4.1			53.1							
	12	45.6	26.6	29.2				31.6						
14	00			59.4			53.2		57.3					
	12	12.1	11.1	40.5				33.1		31.3				
15	00			47.1			53.3							
	12	12.2	11.2	6.2	D	D		33.2						
16	00			46.4			53.4							
	12	12.3	11.3	18.5				33.3						
17	00			57.1				33.4						
	12	12.4	11.4	32.2			53.5							
18	00			50.4				33.5	57.4					
	12	12.5	11.5	28.6	R	R								
19	00			1.1			53.6	33.6						
	12	12.6	11.6	43.3						31.4	21.3			
20	00			14.5				7.1						
	12	15.1	10.1	9.1										
21	00			5.2	27.4	28.4	62.1	7.2						
	12	15.2	10.2	26.4					57.5					
22	00			11.5				7.3						
	12	15.3	10.3	58.1										
23	00			38.2				7.4						
	12	15.4	10.4	54.4										
24	00			61.5			62.2	7.5		31.5				
	12	15.5	10.5	60.6					57.6					
25	00			19.1				7.6						
	12	15.6	10.6	13.2										
26	00			49.3				4.1						
	12	52.1	58.1	30.4			R							
27	00			55.4				4.2						
	12	52.2	58.2	37.5					32.1					
28	00			63.5				4.3						
	12	52.3	58.3	22.6										
29	00			36.6				4.4		31.6				
	12	52.4	58.4	17.1			62.1							
30	00			21.1	D	D								
	12	52.5	58.5	51.1				4.5	32.2					

July 1967

Date	Time	☉	⊕	☾	☊	☋	☿	♀	♂	♃	♄	♅	♆	♇
1	00	52.5	58.5	42.2	27.4	28.4	62.1	4.5	32.2	31.6	21.3	47.5	43.4	47.2
	12	52.6	58.6	3.2	D	D	R	4.6	D	D	D	D	R	D
2	00			27.2										
	12	39.1	38.1	24.3	R	R	53.6	29.1						
3	00			2.3					32.3					
	12	39.2	38.2	23.3				29.2		33.1				
4	00			8.4	27.3	28.3								
	12	39.3	38.3	20.4			53.5	29.3						
5	00			16.5										
	12	39.4	38.4	35.6					32.4					
6	00	39.5	38.5	45.6			53.4	29.4						
	12			15.1										
7	00	39.6	38.6	52.2				29.5						
	12			39.3			53.3		32.5					
8	00	53.1	54.1	53.4				29.6		33.2				
	12			62.6										
9	00	53.2	54.2	31.1			53.2							
	12			33.2				59.1						
10	00	53.3	54.3	7.3					32.6					
	12			4.5	27.2	28.2	53.1	59.2						
11	00	53.4	54.4	29.6										
	12			40.2										
12	00	53.5	54.5	64.3			39.6	59.3	50.1		21.4			
	12			47.5						33.3				
13	00	53.6	54.6	6.6				59.4						
	12			18.2										
14	00	62.1	61.1	48.3			39.5							
	12			57.5				59.5	50.2					
15	00	62.2	61.2	32.6	D	D							43.3	
	12			28.2										
16	00	62.3	61.3	44.3	R	R	39.4	59.6						
	12			1.5					50.3	33.4				
17	00	62.4	61.4	14.1				40.1						
	12			34.2										
18	00	62.5	61.5	9.3										
	12			5.5				40.2	50.4					
19	00	62.6	61.6	26.6										
	12			10.2			39.3							
20	00	56.1	60.1	58.3										
	12			38.4				40.3	50.5					
21	00	56.2	60.2	54.6			D			33.5				
	12			60.1										
22	00	56.3	60.3	41.2	27.1	28.1	39.4	40.4						
	12			19.3					50.6					
23	00	56.4	60.4	13.4										
	12			49.5				40.5						
24	00	56.5	60.5	30.6										
	12			55.6					28.1					
25	00	56.6	60.6	63.1										
	12			22.1			39.5	40.6		33.6	R			
26	00	31.1	41.1	36.2					28.2			47.6		
	12			25.2										
27	00	31.2	41.2	17.3			39.6							
	12			21.3										
28	00	31.3	41.3	51.3				64.1	28.3					
	12			42.4			53.1							
29	00	31.4	41.4	3.4										
	12			27.4	D	D	53.2			7.1				47.3
30	00	31.5	41.5	24.5	R	R			28.4					
	12			2.5			53.3	64.2						
31	00	31.6	41.6	23.5										
	12			8.6			53.4		28.5					

August 1967

Date	Time	☉	⊕	☾	☊	☋	☿	♀	♂	♃	♄	♅	♆	♇
1	00	33.1	19.1	20.6	27.1	28.1	53.4	64.2	28.5	7.1	21.4	47.6	43.3	47.3
	12			35.1	R	R	53.5	D	D	D	R	D	R	D
2	00	33.2	19.2	45.2	3.6	50.6								
	12	33.3	19.3	12.2			53.6		28.6					
3	00			15.3			62.1	64.3		7.2				
	12	33.4	19.4	52.4										
4	00			39.5			62.2		44.1				D	
	12	33.5	19.5	53.6			62.3							
5	00			56.2			62.4							
	12	33.6	19.6	31.3										
6	00			33.4			62.5		44.2					
	12	7.1	13.1	7.6			62.6							
7	00			29.2			56.1			7.3				
	12	7.2	13.2	59.3	3.5	50.5	56.2		44.3		21.3			
8	00			40.5			56.3							
	12	7.3	13.3	47.1			56.4							
9	00			6.2			56.5	R						
	12	7.4	13.4	46.4					44.4					
10	00			18.6			56.6							
	12	7.5	13.5	57.1			31.1							
11	00			32.3			31.2		44.5					
	12	7.6	13.6	50.5			31.3			7.4				
12	00			28.6	D	D	31.4							
	12	4.1	49.1	1.2			31.5		44.6					
13	00			43.3	R	R	31.6							
	12	4.2	49.2	14.5			33.1					6.1		
14	00			34.6			33.2		1.1					
	12	4.3	49.3	5.1			33.3	64.2						
15	00			26.3			33.5							
	12	4.4	49.4	11.4			33.6			7.5				
16	00			10.5			7.1		1.2					
	12	4.5	49.5	58.6			7.2							
17	00			54.2			7.3							
	12	4.6	49.6	61.3			7.4		1.3					
18	00			60.4			7.5	64.1						
	12	29.1	30.1	41.5			7.6							
19	00			19.6			4.1		1.4					
	12	29.2	30.2	13.6	3.4	50.4	4.2							
20	00			30.1			4.3	40.6		7.6				
	12	29.3	30.3	55.2			4.4		1.5					
21	00			37.3			4.5							
	12	29.4	30.4	63.3			4.6							
22	00			22.4			29.2	40.5	1.6					
	12	29.5	30.5	36.4			29.3							
23	00	29.6	30.6	25.5			29.4							
	12			17.5			29.5		43.1					
24	00	59.1	55.1	21.5			29.6	40.4					43.4	
	12			51.6			59.1			4.1				
25	00	59.2	55.2	42.6			59.2							
	12			3.6	D	D	59.3	40.3	43.2					
26	00	59.3	55.3	24.1			59.4							
	12			2.1			59.5							
27	00	59.4	55.4	23.1			59.6		43.3					
	12			8.2			40.1	40.2						47.4
28	00	59.5	55.5	20.2			40.2							
	12			16.2	R	R	40.3		43.4	4.2				
29	00	59.6	55.6	35.3			40.4	40.1						
	12			45.3			40.5					6.2		
30	00	40.1	37.1	12.4			40.6		43.5					
	12			15.5			64.1	59.6						
31	00	40.2	37.2	52.6			64.2				21.2			
	12			53.1			64.3		43.6					

September 1967

Date	Time	☉	⊕	☾	☊	☋	☿	♀	♂	♃	♄	♅	♆	♇
1	00	40.3	37.3	62.2	3.4	50.4	64.4	59.5	43.6	4.2	21.2	6.2	43.4	47.4
	12			56.3	R	R	64.5	R	D	D	R	D	D	D
2	00	40.4	37.4	31.4	3.3	50.3	64.6		14.1	4.3				
	12			33.6			47.1	59.4						
3	00	40.5	37.5	4.1			47.2							
	12			29.3			47.3		14.2					
4	00	40.6	37.6	59.5			47.4	59.3						
	12			64.1			47.5		14.3					
5	00	64.1	63.1	47.2			47.6							
	12			6.4			6.1	59.2						
6	00	64.2	63.2	46.6			6.2		14.4					
	12			48.2			6.3			4.4				
7	00	64.3	63.3	57.4			6.4							
	12			32.6				59.1	14.5					
8	00	64.4	63.4	28.2	D	D	6.5							
	12	64.5	63.5	44.4			6.6							
9	00			1.5			46.1		14.6					
	12	64.6	63.6	14.1			46.2	29.6						
10	00			34.2			46.3							
	12	47.1	22.1	9.4			46.4		34.1					
11	00			5.5			46.5			4.5				
	12	47.2	22.2	11.1	R	R	46.6							
12	00			10.2				29.5	34.2					
	12	47.3	22.3	58.3			18.1							
13	00			38.4			18.2							
	12	47.4	22.4	54.5			18.3		34.3			6.3		
14	00			61.6			18.4							
	12	47.5	22.5	41.1			18.5				21.1			
15	00			19.2				29.4	34.4					
	12	47.6	22.6	13.3			18.6			4.6				
16	00			49.4			48.1		34.5					
	12	6.1	36.1	30.4			48.2							
17	00			55.5			48.3							
	12	6.2	36.2	37.5			48.4		34.6					
18	00			63.6	3.2	50.2								
	12	6.3	36.3	22.6			48.5							
19	00			25.1			48.6		9.1					
	12	6.4	36.4	17.1			57.1							
20	00			21.2			57.2			29.1				
	12	6.5	36.5	51.2				D	9.2					
21	00	6.6	36.6	42.2			57.3							
	12			3.3	D	D	57.4		9.3					
22	00	46.1	25.1	27.3			57.5							
	12			24.3										47.5
23	00	46.2	25.2	2.3			57.6		9.4					
	12			23.4			32.1							
24	00	46.3	25.3	8.4			32.2							
	12			20.4					9.5	29.2				
25	00	46.4	25.4	16.5			32.3							
	12			35.5			32.4							
26	00	46.5	25.5	45.6			32.5		9.6					
	12			12.6				29.5						
27	00	46.6	25.6	52.1	R	R	32.6		5.1		17.6			
	12			39.2			50.1							
28	00	18.1	17.1	53.3										
	12			62.3			50.2		5.2			6.4		
29	00	18.2	17.2	56.5			50.3							
	12			31.6			50.4			29.3				
30	00	18.3	17.3	7.1				29.6	5.3					
	12			4.2			50.5							

October 1967

Date	Time	☉	⊕	☾	☊	☋	☿	♀	♂	♃	♄	♅	♆	♇
1	00	18.4	17.4	29.4	3.2	50.2	50.6	29.6	5.3	29.3	17.6	6.4	43.4	47.5
	12			59.6	R	R	D	D	5.4	D	R	D	D	D
2	00	18.5	17.5	64.2			28.1							
	12	18.6	17.6	47.3			28.2	59.1	5.5					
3	00			6.5										
	12	48.1	21.1	18.1			28.3							
4	00			48.3					5.6					
	12	48.2	21.2	57.5			28.4	59.2		29.4				
5	00			50.2			28.5							
	12	48.3	21.3	28.4	D	D			26.1					
6	00			44.6			28.6							
	12	48.4	21.4	43.2			44.1	59.3	26.2					
7	00			14.3									43.5	
	12	48.5	21.5	34.5			44.2							
8	00			5.1				59.4	26.3					
	12	48.6	21.6	26.3			44.3							
9	00			11.4							17.5			
	12	57.1	51.1	10.5			44.4		26.4	29.5				
10	00			38.1				59.5						
	12	57.2	51.2	54.2			44.5		26.5					
11	00			61.3	R	R								
	12	57.3	51.3	60.4			44.6	59.6						
12	00	57.4	51.4	41.5					26.6					
	12			19.6			1.1							
13	00	57.5	51.5	13.6				40.1	11.1					
	12			30.1										
14	00	57.6	51.6	55.2			1.2	40.2				6.5		
	12			37.2					11.2					
15	00	32.1	42.1	63.3			1.3			29.6				
	12			22.3				40.3						
16	00	32.2	42.2	36.4					11.3					
	12			25.4										
17	00	32.3	42.3	17.4			1.4	40.4	11.4					
	12			21.5										
18	00	32.4	42.4	51.5				40.5						
	12			42.5					11.5					
19	00	32.5	42.5	3.6	D	D	1.5							
	12			27.6				40.6	11.6					
20	00	32.6	42.6	24.6										47.6
	12	50.1	3.1	2.6				64.1		59.1				
21	00			8.1					10.1					
	12	50.2	3.2	20.1			R	64.2			17.4			
22	00			16.1					10.2					
	12	50.3	3.3	35.2	R	R								
23	00			45.2				64.3						
	12	50.4	3.4	12.3			1.4		10.3					
24	00			15.3				64.4						
	12	50.5	3.5	52.4										
25	00			39.4				64.5	10.4					
	12	50.6	3.6	53.5			1.3							
26	00			62.6				64.6	10.5					
	12	28.1	27.1	31.1						59.2				
27	00			33.2	D	D	1.2	47.1						
	12	28.2	27.2	7.3					10.6					
28	00	28.3	27.3	4.4			1.1							
	12			29.6				47.2	58.1					
29	00	28.4	27.4	40.1			44.6							
	12			64.3				47.3						
30	00	28.5	27.5	47.4			44.5		58.2					
	12			6.6			44.4	47.4				6.6		
31	00	28.6	27.6	18.2					58.3					
	12			48.4			44.3	47.5						

November 1967

Date	Time	☉	⊕	☾	☊	☋	☿	♀	♂	♃	♄	♅	♆	♇
1	00	44.1	24.1	57.6	3.2	50.2	44.2	47.5	58.3	59.2	17.4	6.6	43.5	47.6
	12			50.2	D	D	R	47.6	58.4	D	R	D	D	D
2	00	44.2	24.2	28.4	R	R	44.1			59.3				
	12			44.6			28.6	6.1	58.5					
3	00	44.3	24.3	43.2										
	12			14.4			28.5	6.2					43.6	
4	00	44.4	24.4	34.6			28.4		58.6					
	12	44.5	24.5	5.2				6.3						
5	00			26.4			28.3		38.1		17.3			
	12	44.6	24.6	11.6				6.4						
6	00			58.2			28.2							
	12	1.1	2.1	38.3				6.5	38.2					
7	00			54.4			28.1	6.6						
	12	1.2	2.2	61.6					38.3					
8	00			41.1				46.1						
	12	1.3	2.3	19.2			50.6							
9	00			13.3				46.2	38.4	59.4				
	12	1.4	2.4	49.4	D	D								
10	00			30.4				46.3	38.5					
	12	1.5	2.5	55.5										
11	00			37.5			D	46.4						
	12	1.6	2.6	63.6					38.6					
12	00	43.1	23.1	22.6				46.5						
	12			25.1					54.1					
13	00	43.2	23.2	17.1				46.6						
	12			21.1			28.1	18.1						
14	00	43.3	23.3	51.2					54.2					
	12			42.2				18.2						
15	00	43.4	23.4	3.2	R	R	28.2		54.3					
	12			27.3				18.3						
16	00	43.5	23.5	24.3										
	12			2.3			28.3	18.4	54.4					
17	00	43.6	23.6	23.4						59.5				
	12			8.4			28.4	18.5	54.5					
18	00	14.1	8.1	20.4				18.6						
	12	14.2	8.2	16.5			28.5							
19	00			35.5				48.1	54.6					
	12	14.3	8.3	45.6			28.6					46.1		
20	00			12.6			44.1	48.2	61.1					
	12	14.4	8.4	52.1										
21	00			39.1			44.2	48.3						
	12	14.5	8.5	53.2			44.3	48.4	61.2					
22	00			62.3										
	12	14.6	8.6	56.3			44.4	48.5	61.3					
23	00			31.4			44.5							
	12	34.1	20.1	33.5				48.6	61.4					
24	00			7.6			44.6							
	12	34.2	20.2	29.1			1.1	57.1						
25	00	34.3	20.3	59.2			1.2	57.2	61.5					
	12			40.4	D	D								
26	00	34.4	20.4	64.5			1.3	57.3	61.6					
	12			47.6			1.4							
27	00	34.5	20.5	46.2			1.5	57.4		59.6				
	12			18.3				57.5	60.1					6.1
28	00	34.6	20.6	48.5			1.6							
	12			32.1			43.1	57.6	60.2				14.1	
29	00	9.1	16.1	50.3	R	R	43.2				17.2			
	12			28.5			43.3	32.1						
30	00	9.2	16.2	1.1					60.3					
	12			43.3			43.4	32.2						

December 1967

Date	Time	☉	⊕	☾	☊	☋	☿	♀	♂	♃	♄	♅	♆	♇
1	00	9.3	16.3	14.5	3.2	50.2	43.5	32.3	60.4	59.6	17.2	46.1	14.1	6.1
	12	9.4	16.4	9.1	R	R	43.6	D	D	D	R	D	D	D
2	00			5.3	3.1	50.1	14.1	32.4						
	12	9.5	16.5	26.5					60.5					
3	00			10.1			14.2	32.5						
	12	9.6	16.6	58.3			14.3	32.6	60.6					
4	00			38.4			14.4							
	12	5.1	35.1	54.6			14.5	50.1	41.1					
5	00			60.1										
	12	5.2	35.2	41.3			14.6	50.2						
6	00			19.4			34.1	50.3	41.2					
	12	5.3	35.3	13.5			34.2							
7	00			49.6			34.3	50.4	41.3					
	12	5.4	35.4	55.1			34.4	50.5						
8	00	5.5	35.5	37.1										
	12			63.2			34.5	50.6	41.4					
9	00	5.6	35.6	22.3	D	D	34.6							
	12			36.3			9.1	28.1	41.5		D			
10	00	26.1	45.1	25.4			9.2	28.2						
	12			17.4					41.6					
11	00	26.2	45.2	21.4			9.3	28.3						
	12			51.5			9.4							
12	00	26.3	45.3	42.5			9.5	28.4	19.1					
	12			3.5	R	R	9.6	28.5						
13	00	26.4	45.4	27.5			5.1		19.2					
	12	26.5	45.5	24.6				28.6						
14	00			2.6			5.2	44.1						
	12	26.6	45.6	23.6			5.3		19.3					
15	00			20.1			5.4	44.2		40.1				
	12	11.1	12.1	16.1			5.5		19.4					
16	00			35.2			5.6	44.3						
	12	11.2	12.2	45.2				44.4						
17	00			12.3	42.6	32.6	26.1		19.5					
	12	11.3	12.3	15.3			26.2	44.5						
18	00			52.4			26.3		19.6					
	12	11.4	12.4	39.5			26.4	44.6						
19	00	11.5	12.5	53.5			26.5	1.1	13.1					
	12			62.6										
20	00	11.6	12.6	31.1			26.6	1.2						
	12			33.2			11.1	1.3	13.2		17.3			
21	00	10.1	15.1	7.3			11.2							
	12			4.4			11.3	1.4	13.3					
22	00	10.2	15.2	29.5			11.4							
	12			59.6				1.5		R				
23	00	10.3	15.3	64.1			11.5	1.6	13.4					
	12			47.3	42.5	32.5	11.6							
24	00	10.4	15.4	6.4			10.1	43.1	13.5					
	12			46.5	D	D	10.2	43.2						
25	00	10.5	15.5	48.1			10.3		13.6					
	12	10.6	15.6	57.2				43.3					14.2	
26	00			32.4			10.4	43.4						
	12	58.1	52.1	50.5	R	R	10.5		49.1					R
27	00			44.1			10.6	43.5						
	12	58.2	52.2	1.3			58.1		49.2			46.2		
28	00			43.4			58.2	43.6						
	12	58.3	52.3	14.6			58.3	14.1						
29	00			9.2					49.3					
	12	58.4	52.4	5.4			58.4	14.2						
30	00			26.6			58.5	14.3	49.4	59.6				
	12	58.5	52.5	10.2			58.6							
31	00	58.6	52.6	58.3			38.1	14.4	49.5					
	12			38.5			38.2	14.5						

January 1968

Date	Time	☉	⊕	☾	☊	☋	☿	♀	♂	♃	♄	♅	♆	♇
1	00	38.1	39.1	61.1	42.5	32.5	38.3	14.5	49.5	59.6	17.3	46.2	14.2	6.1
	12			60.2	R	R	D	14.6	49.6	R	D	D	D	R
2	00	38.2	39.2	41.4			38.4							
	12			19.5	42.4	32.4	38.5	34.1	30.1					
3	00	38.3	39.3	13.6			38.6	34.2						
	12			30.1			54.1							
4	00	38.4	39.4	55.2			54.2	34.3	30.2					
	12			37.3			54.3	34.4				R		
5	00	38.5	39.5	63.4					30.3					
	12	38.6	39.6	22.5			54.4	34.5						
6	00			36.5			54.5	34.6	30.4					
	12	54.1	53.1	25.6			54.6							
7	00			17.6			61.1	9.1						
	12	54.2	53.2	51.1			61.2		30.5					
8	00			42.1	D	D	61.3	9.2						
	12	54.3	53.3	3.1	R	R	61.4	9.3	30.6					
9	00			27.1										
	12	54.4	53.4	24.2			61.5	9.4						
10	00			2.2			61.6	9.5	55.1					
	12	54.5	53.5	23.2			60.1							
11	00	54.6	53.6	8.3			60.2	9.6	55.2					
	12			20.3			60.3	5.1						
12	00	61.1	62.1	16.3			60.4		55.3					
	12			35.4			60.5	5.2				46.1		
13	00	61.2	62.2	45.5			60.6	5.3			17.4			
	12			12.5					55.4					
14	00	61.3	62.3	15.6	42.3	32.3	41.1	5.4						
	12			39.1			41.2		55.5					
15	00	61.4	62.4	53.1			41.3	5.5						
	12			62.2			41.4	5.6						
16	00	61.5	62.5	56.3			41.5		55.6					
	12			31.4			41.6	26.1						
17	00	61.6	62.6	33.5			19.1	26.2	37.1	59.5				
	12	60.1	56.1	7.6			19.2							
18	00			29.1			19.3	26.3	37.2					
	12	60.2	56.2	59.3	42.2	32.2		26.4						
19	00			40.4			19.4							
	12	60.3	56.3	64.5			19.5	26.5	37.3					
20	00			6.1			19.6	26.6						
	12	60.4	56.4	46.2			13.1		37.4					
21	00			18.3			13.2	11.1						
	12	60.5	56.5	48.5			13.3	11.2						
22	00			57.6			13.4		37.5					
	12	60.6	56.6	50.2	D	D		11.3						
23	00	41.1	31.1	28.3	R	R	13.5	11.4	37.6					
	12			44.5			13.6							
24	00	41.2	31.2	1.6			49.1	11.5						
	12			14.2			49.2		63.1					
25	00	41.3	31.3	34.3				11.6						47.6
	12			9.5			49.3	10.1	63.2					
26	00	41.4	31.4	5.6			49.4							
	12			11.2			49.5	10.2	63.3		17.5			
27	00	41.5	31.5	10.4			49.6	10.3		59.4				
	12			58.5										
28	00	41.6	31.6	54.1			30.1	10.4	63.4					
	12	19.1	33.1	61.2			30.2	10.5						
29	00			60.4					63.5					
	12	19.2	33.2	41.5	42.1	32.1	30.3	10.6						
30	00			19.6			30.4	58.1						
	12	19.3	33.3	49.2					63.6					
31	00			30.3			30.5	58.2						
	12	19.4	33.4	55.4				58.3	22.1					

February 1968

Date	Time	☉	⊕	☾	☊	☋	☿	♀	♂	♃	♄	♅	♆	♇
1	00	19.4	33.4	37.5	42.1	32.1	30.6	58.3	22.1	59.4	17.5	46.1	14.2	47.6
	12	19.5	33.5	63.5	R	R	D	58.4	22.2	R	D	R	D	R
2	00			22.6			55.1	58.5						
	12	19.6	33.6	25.1										
3	00			17.1			55.2	58.6	22.3					
	12	13.1	7.1	21.2										
4	00	13.2	7.2	51.2				38.1	22.4				14.3	
	12			42.3	D	D		38.2		59.3				
5	00	13.3	7.3	3.3			55.3							
	12			27.3				38.3	22.5					
6	00	13.4	7.4	24.4				38.4			17.6			
	12			2.4					22.6					
7	00	13.5	7.5	23.4	R	R	R	38.5						
	12			8.5				38.6						
8	00	13.6	7.6	20.5					36.1					
	12			16.5			55.2	54.1						
9	00	49.1	4.1	35.6				54.2	36.2					
	12			45.6										
10	00	49.2	4.2	15.1				54.3	36.3					
	12	49.3	4.3	52.2	51.6	57.6	55.1	54.4						
11	00			39.2										
	12	49.4	4.4	53.3				54.5	36.4					
12	00			62.4			30.6	54.6		59.2				
	12	49.5	4.5	56.5					36.5					
13	00			31.6			30.5	61.1						
	12	49.6	4.6	7.1				61.2						
14	00			4.3			30.4		36.6					
	12	30.1	29.1	29.4			30.3	61.3						
15	00			59.5				61.4	25.1					
	12	30.2	29.2	64.1			30.2							
16	00	30.3	29.3	47.2				61.5			21.1			
	12			6.4			30.1	61.6	25.2					
17	00	30.4	29.4	46.5			49.6							
	12			48.1				60.1	25.3					
18	00	30.5	29.5	57.2			49.5							
	12			32.4	D	D		60.2						
19	00	30.6	29.6	50.6			49.4	60.3	25.4					
	12			44.1						59.1				
20	00	55.1	59.1	1.3			49.3	60.4	25.5					
	12			43.4			49.2	60.5						
21	00	55.2	59.2	14.6					25.6			6.6		
	12			9.1	R	R		60.6						
22	00	55.3	59.3	5.3			49.1	41.1						
	12			26.4					17.1					
23	00	55.4	59.4	11.6	51.5	57.5	13.6	41.2						
	12	55.5	59.5	58.1				41.3	17.2					
24	00			38.3										
	12	55.6	59.6	54.4				41.4			21.2			
25	00			61.5			13.5	41.5	17.3					
	12	37.1	40.1	60.6										
26	00			19.2				41.6	17.4					
	12	37.2	40.2	13.3				19.1		29.6				
27	00			49.4										
	12	37.3	40.3	30.5				19.2	17.5				R	
28	00			55.6				19.3						
	12	37.4	40.4	63.1			D		17.6					
29	00			22.1				19.4						
	12	37.5	40.5	36.2				19.5						

March 1968

Date	Time	☉	⊕	☾	☊	☋	☿	♀	♂	♃	♄	♅	♆	♇
1	00	37.6	40.6	25.3	51.5	57.5	13.5	19.5	21.1	29.6	21.2	6.6	14.3	47.6
	12			17.3	R	R	D	19.6	D	R	D	R	R	R
2	00	63.1	64.1	21.4				13.1	21.2					
	12			51.4										
3	00	63.2	64.2	42.5	D	D		13.2						
	12			3.5			13.6	13.3	21.3					
4	00	63.3	64.3	27.6							21.3			
	12			24.6				13.4	21.4					
5	00	63.4	64.4	2.6						29.5				
	12			23.6			49.1	13.5						
6	00	63.5	64.5	20.1				13.6	21.5					
	12			16.1										
7	00	63.6	64.6	35.1			49.2	49.1	21.6					47.5
	12			45.2	R	R		49.2						
8	00	22.1	47.1	12.2										
	12	22.2	47.2	15.3			49.3	49.3	51.1					
9	00			52.3				49.4						
	12	22.3	47.3	39.4			49.4		51.2					
10	00			53.5				49.5						
	12	22.4	47.4	62.5				49.6						
11	00			56.6			49.5		51.3					
	12	22.5	47.5	33.1				30.1						
12	00			7.3			49.6	30.2	51.4		21.4			
	12	22.6	47.6	4.4						29.4				
13	00			29.5			30.1	30.3						
	12	36.1	6.1	40.1	51.4	57.4	30.2	30.4	51.5					
14	00			64.2										
	12	36.2	6.2	47.4			30.3	30.5	51.6					
15	00			6.6				30.6				6.5		
	12	36.3	6.3	18.1			30.4							
16	00	36.4	6.4	48.3				55.1	42.1					
	12			57.5	D	D	30.5	55.2						
17	00	36.5	6.5	50.1			30.6		42.2					
	12			28.3				55.3						
18	00	36.6	6.6	44.4			55.1	55.4						
	12			1.6					42.3					
19	00	25.1	46.1	14.2			55.2	55.5						
	12			34.4			55.3	55.6	42.4		21.5			
20	00	25.2	46.2	9.5										
	12			26.1			55.4	37.1						
21	00	25.3	46.3	11.2			55.5	37.2	42.5					
	12			10.4	R	R	55.6							
22	00	25.4	46.4	58.5				37.3	42.6	29.3				
	12			54.1			37.1						14.2	
23	00	25.5	46.5	61.2			37.2	37.4						
	12			60.3				37.5	3.1					
24	00	25.6	46.6	41.4			37.3							
	12	17.1	18.1	19.5			37.4	37.6	3.2					
25	00			13.6			37.5	63.1						
	12	17.2	18.2	30.1										
26	00			55.2			37.6	63.2	3.3					
	12	17.3	18.3	37.3			63.1	63.3						
27	00			63.3			63.2		3.4		21.6			
	12	17.4	18.4	22.4				63.4						
28	00			36.5			63.3	63.5						
	12	17.5	18.5	25.5			63.4		3.5					
29	00			17.6			63.5	63.6						
	12	17.6	18.6	21.6			63.6	22.1	3.6					
30	00			42.1	D	D								
	12	21.1	48.1	3.1			22.1	22.2						
31	00			27.2			22.2	22.3	27.1					
	12	21.2	48.2	24.2			22.3							

April 1968

Date	Time	☉	⊕	☾	☊	☋	☿	♀	♂	♃	♄	♅	♆	♇
1	00	21.2	48.2	2.2	51.4	57.4	22.4	22.4	27.2	29.3	21.6	6.5	14.2	47.5
	12	21.3	48.3	23.3	D	D	22.5	22.5	D	R	D	R	R	R
2	00	21.4	48.4	8.3										
	12			20.3			22.6	22.6	27.3					
3	00	21.5	48.5	16.3			36.1	36.1						
	12			35.4			36.2			29.2	51.1			
4	00	21.6	48.6	45.4			36.3	36.2	27.4					
	12			12.5			36.4	36.3						
5	00	51.1	57.1	15.5			36.5		27.5					
	12			52.5			36.6	36.4						
6	00	51.2	57.2	39.6				36.5				6.4		
	12			62.1	R	R	25.1		27.6					
7	00	51.3	57.3	56.1			25.2	36.6						
	12			31.2			25.3	25.1	24.1					
8	00	51.4	57.4	33.3			25.4							
	12			7.4	D	D	25.5	25.2						
9	00	51.5	57.5	4.5			25.6		24.2					
	12			29.6			17.1	25.3						
10	00	51.6	57.6	40.2			17.2	25.4	24.3					
	12			64.3			17.3							
11	00	42.1	32.1	47.5			17.4	25.5			51.2			
	12			6.6			17.5	25.6	24.4					
12	00	42.2	32.2	18.2			17.6							
	12	42.3	32.3	48.4			21.1	17.1						47.4
13	00			57.6	R	R	21.2	17.2	24.5					
	12	42.4	32.4	50.2			21.3							
14	00			28.4			21.4	17.3	24.6					
	12	42.5	32.5	44.6			21.5	17.4						
15	00			43.2			21.6							
	12	42.6	32.6	14.4			51.1	17.5	2.1					
16	00			34.6			51.2	17.6						
	12	3.1	50.1	5.2			51.3		2.2					
17	00			26.4			51.4	21.1						
	12	3.2	50.2	11.6			51.5	21.2						
18	00			58.1			51.6		2.3					
	12	3.3	50.3	38.3			42.1	21.3			51.3			
19	00			54.4			42.2	21.4						
	12	3.4	50.4	61.6			42.3		2.4					
20	00			41.1	D	D	42.4	21.5						
	12	3.5	50.5	19.2			42.6	21.6	2.5					
21	00			13.3			3.1							
	12	3.6	50.6	49.4			3.2	51.1						
22	00			30.5			3.3	51.2	2.6	D				
	12	27.1	28.1	55.6			3.4							
23	00			37.6			3.5	51.3	23.1					
	12	27.2	28.2	22.1			3.6	51.4						
24	00			36.2			27.1							
	12	27.3	28.3	25.2			27.2	51.5	23.2					
25	00	27.4	28.4	17.3			27.4							
	12			21.3			27.5	51.6						
26	00	27.5	28.5	51.3			27.6	42.1	23.3		51.4			
	12			42.4	R	R	24.1							
27	00	27.6	28.6	3.4			24.2	42.2	23.4					
	12			27.5			24.3	42.3						
28	00	24.1	44.1	24.5			24.4							
	12			2.5			24.6	42.4	23.5					
29	00	24.2	44.2	23.5			2.1	42.5						
	12			8.6			2.2		23.6					
30	00	24.3	44.3	20.6			2.3	42.6						
	12			16.6			2.4	3.1						

May 1968

Date	Time	☉	⊕	☽	☊	☋	☿	♀	♂	♃	♄	♅	♆	♇
1	00	24.4	44.4	45.1	51.4	57.4	2.5	3.1	8.1	29.2	51.4	6.4	14.2	47.4
	12			12.1	R	R	2.6	3.2	D	D	D	R	R	R
2	00	24.5	44.5	15.1			23.2	3.3						
	12			52.2			23.3		8.2					
3	00	24.6	44.6	39.2			23.4	3.4						
	12			53.3			23.5	3.5	8.3					
4	00	2.1	1.1	62.3			23.6				51.5	6.3		
	12			56.4			8.1	3.6						
5	00	2.2	1.2	31.5			8.2	27.1	8.4					
	12			33.5			8.3							
6	00	2.3	1.3	7.6	D	D	8.4	27.2					14.1	
	12			29.1			8.5	27.3	8.5					
7	00	2.4	1.4	59.2			8.6							
	12			40.3			20.1	27.4	8.6					
8	00	2.5	1.5	64.5			20.3	27.5						
	12	2.6	1.6	47.6			20.4							
9	00			46.2			20.5	27.6	20.1					
	12	23.1	43.1	18.3			20.6	24.1						
10	00			48.5										
	12	23.2	43.2	32.1	R	R	16.1	24.2	20.2					
11	00			50.3			16.2			29.3				
	12	23.3	43.3	28.5			16.3	24.3	20.3					
12	00			1.1			16.4	24.4			51.6			
	12	23.4	43.4	43.3			16.5							
13	00			14.5			16.6	24.5	20.4					
	12	23.5	43.5	9.1			35.1	24.6						
14	00			5.3			35.2							
	12	23.6	43.6	26.5			35.3	2.1	20.5					
15	00			10.1				2.2						
	12	8.1	14.1	58.3			35.4		20.6					
16	00			38.5			35.5	2.3						
	12	8.2	14.2	61.1			35.6	2.4						
17	00			60.2			45.1		16.1					
	12	8.3	14.3	41.4				2.5						
18	00			19.5			45.2	2.6						
	12	8.4	14.4	13.6			45.3		16.2					
19	00			30.1				23.1						
	12	8.5	14.5	55.2	D	D	45.4	23.2	16.3					
20	00			37.3			45.5				42.1			
	12	8.6	14.6	63.4				23.3						
21	00			22.4			45.6	23.4	16.4					
	12	20.1	34.1	36.5			12.1							
22	00			25.5				23.5						
	12	20.2	34.2	17.6			12.2	23.6	16.5					
23	00			21.6										
	12	20.3	34.3	42.1	R	R	12.3	8.1						
24	00			3.1				8.2	16.6	29.4				
	12	20.4	34.4	27.1			12.4							
25	00			24.2			12.5	8.3	35.1					
	12	20.5	34.5	2.2										
26	00			23.2				8.4						
	12	20.6	34.6	8.3	51.3	57.3	12.6	8.5	35.2					
27	00	16.1	9.1	20.3										
	12			16.3			15.1	8.6						
28	00	16.2	9.2	35.4				20.1	35.3					
	12			45.4										
29	00	16.3	9.3	12.4			15.2	20.2	35.4		42.2			
	12			15.5				20.3						
30	00	16.4	9.4	52.5										
	12			39.6			15.3	20.4	35.5					
31	00	16.5	9.5	53.6				20.5						
	12			56.1										

June 1968

Date	Time	☉	⊕	☽	☊	☋	☿	♀	♂	♃	♄	♅	♆	♇
1	00	16.6	9.6	31.1	51.3	57.3	15.3	20.6	35.6	29.4	42.2	6.3	14.1	D
	12			33.2	R	R	15.4	16.1	D	D	D	R	R	
2	00	35.1	5.1	7.3						29.5				
	12			4.3	51.2	57.2		16.2	45.1			D		
3	00	35.2	5.2	29.4				16.3						
	12			59.5					45.2					
4	00	35.3	5.3	40.6				16.4						
	12			47.1	D	D		16.5						
5	00	35.4	5.4	6.2					45.3					
	12			46.4			15.5	16.6						
6	00	35.5	5.5	18.5				35.1						
	12			57.1			R		45.4					
7	00	35.6	5.6	32.2	R	R		35.2						
	12			50.4			15.4							
8	00	45.1	26.1	28.6				35.3	45.5		42.3			
	12			1.2				35.4						
9	00	45.2	26.2	43.4					45.6					
	12			14.6				35.5						
10	00	45.3	26.3	9.2				35.6		29.6				
	12			5.4					12.1				43.6	
11	00	45.4	26.4	26.6				45.1						
	12			10.2			15.3	45.2						
12	00	45.5	26.5	58.4					12.2					
	12			38.6				45.3						
13	00	45.6	26.6	61.2				45.4						
	12			60.4					12.3					
14	00	12.1	11.1	41.5			15.2	45.5						
	12			13.1				45.6	12.4					
15	00	12.2	11.2	49.2										
	12			30.4	51.1	57.1		12.1						
16	00	12.3	11.3	55.5			15.1	12.2	12.5					
	12			37.6						59.1				
17	00	12.4	11.4	22.1				12.3						
	12			36.1			12.6	12.4	12.6					
18	00	12.5	11.5	25.2	D	D								
	12			17.2				12.5						
19	00	12.6	11.6	21.3			12.5	12.6	15.1		42.4			
	12			51.3	R	R								
20	00	15.1	10.1	42.4				15.1						
	12	15.2	10.2	3.4				15.2	15.2					
21	00			27.4			12.4							
	12	15.3	10.3	24.5				15.3	15.3					
22	00			2.5										
	12	15.4	10.4	23.5			12.3	15.4						
23	00			8.6				15.5	15.4	59.2				
	12	15.5	10.5	20.6										
24	00			16.6				15.6						
	12	15.6	10.6	45.1			12.2	52.1	15.5					
25	00			12.1										
	12	52.1	58.1	15.1				52.2						
26	00			52.2				52.3	15.6					
	12	52.2	58.2	39.2	21.6	48.6								
27	00			53.3				52.4	52.1					
	12	52.3	58.3	62.3			12.1	52.5						
28	00			56.4										
	12	52.4	58.4	31.5				52.6	52.2					
29	00			33.5				39.1		59.3				
	12	52.5	58.5	7.6										
30	00			29.1				39.2	52.3					
	12	52.6	58.6	59.2			D	39.3						

July 1968

Date	Time	☉	⊕	☾	☊	☋	☿	♀	♂	♃	♄	♅	♆	♇
1	00	52.6	58.6	40.3	21.6	48.6	12.1	39.3	52.3	59.3	42.4	6.4	43.6	47.4
	12	39.1	38.1	64.4	R	R	D	39.4	52.4	D	D	D	R	D
2	00			47.5				39.5						
	12	39.2	38.2	6.6										
3	00			18.1				39.6	52.5		42.5			
	12	39.3	38.3	48.2			12.2	53.1						
4	00			57.4										
	12	39.4	38.4	32.5				53.2	52.6	59.4				
5	00			28.1				53.3						
	12	39.5	38.5	44.2					39.1					
6	00			1.4			12.3	53.4						
	12	39.6	38.6	43.6				53.5						
7	00			34.2					39.2					
	12	53.1	54.1	9.4	21.5	48.5		53.6						
8	00			5.5			12.4							
	12	53.2	54.2	11.1				62.1	39.3					
9	00			10.3			12.5	62.2						
	12	53.3	54.3	58.5										
10	00			54.1				62.3	39.4	59.5				
	12	53.4	54.4	61.3			12.6	62.4						
11	00			60.5										
	12	53.5	54.5	19.1			15.1	62.5	39.5					
12	00			13.2				62.6						
	12	53.6	54.6	49.4			15.2							
13	00			30.5				56.1	39.6					
	12	62.1	61.1	55.6	21.4	48.4	15.3	56.2						
14	00			63.1					53.1					
	12	62.2	61.2	22.2			15.4	56.3						
15	00			36.3			15.5	56.4		59.6				
	12	62.3	61.3	25.4					53.2					
16	00			17.5			15.6	56.5						
	12	62.4	61.4	21.5	D	D	52.1	56.6						
17	00			51.6					53.3					
	12	62.5	61.5	42.6	R	R	52.2	31.1						
18	00			27.1			52.3	31.2						47.5
	12	62.6	61.6	24.1			52.4		53.4					
19	00			2.1				31.3						
	12	56.1	60.1	23.2			52.5	31.4						
20	00	56.2	60.2	8.2			52.6		53.5	40.1				
	12			20.2			39.1	31.5						
21	00	56.3	60.3	16.3			39.2	31.6						
	12			35.3			39.3		53.6					
22	00	56.4	60.4	45.3			39.4	33.1						
	12			12.4				33.2						
23	00	56.5	60.5	15.4			39.5		62.1					
	12			52.5			39.6	33.3						
24	00	56.6	60.6	39.5			53.1		62.2					
	12			53.6			53.2	33.4						
25	00	31.1	41.1	56.1	21.3	48.3	53.3	33.5		40.2				
	12			31.1			53.4		62.3					
26	00	31.2	41.2	33.2			53.5	33.6						
	12			7.3			53.6	7.1						
27	00	31.3	41.3	4.4			62.1		62.4		42.6			
	12			29.5			62.2	7.2				6.5		
28	00	31.4	41.4	59.5			62.3	7.3						
	12			64.1			62.4		62.5					
29	00	31.5	41.5	47.2			62.5	7.4						
	12			6.3			56.1	7.5		40.3				
30	00	31.6	41.6	46.4			56.2		62.6					
	12			18.5			56.3	7.6						
31	00	33.1	19.1	48.6	D	D	56.4	4.1						
	12			32.2			56.5		56.1					

August 1968

Date	Time	☉	⊕	☾	☊	☋	☿	♀	♂	♃	♄	♅	♆	♇
1	00	33.2	19.2	50.3	21.3	48.3	56.6	4.2	56.1	40.3	42.6	6.5	43.6	47.5
	12			28.4	D	D	31.1	4.3	D	D	D	D	R	D
2	00	33.3	19.3	44.6	R	R	31.2		56.2					
	12			43.1			31.3	4.4						
3	00	33.4	19.4	14.3			31.4	4.5						
	12			34.5			31.6		56.3	40.4				
4	00	33.5	19.5	9.6			33.1	4.6						
	12			26.2			33.2	29.1	56.4					
5	00	33.6	19.6	11.4			33.3							
	12			10.6			33.4	29.2					D	
6	00	7.1	13.1	38.1	21.2	48.2	33.5	29.3	56.5					
	12			54.3			33.6							
7	00	7.2	13.2	61.5			7.1	29.4						
	12			41.1			7.2	29.5	56.6		R			
8	00	7.3	13.3	19.2			7.4			40.5				
	12			13.4			7.5	29.6						
9	00	7.4	13.4	49.5			7.6		31.1					
	12			55.1			4.1	59.1						
10	00	7.5	13.5	37.2			4.2	59.2						
	12			63.3			4.3		31.2					
11	00	7.6	13.6	22.4			4.4	59.3						
	12			36.5			4.5	59.4						
12	00	4.1	49.1	25.6			4.6		31.3					
	12	4.2	49.2	21.1			29.1	59.5		40.6				
13	00			51.1	D	D	29.2	59.6						
	12	4.3	49.3	42.2			29.3		31.4					
14	00			3.2			29.4	40.1						
	12	4.4	49.4	27.3			29.5	40.2						
15	00			24.3			29.6		31.5					
	12	4.5	49.5	2.4			59.1	40.3				6.6		
16	00			23.4			59.2	40.4						
	12	4.6	49.6	8.4	R	R	59.3		31.6					
17	00			20.5			59.4	40.5		64.1				
	12	29.1	30.1	16.5			59.5	40.6						
18	00			35.5			59.6		33.1					
	12	29.2	30.2	45.6			40.1	64.1						
19	00			12.6			40.2	64.2			42.5			47.6
	12	29.3	30.3	52.1			40.3		33.2					
20	00			39.1			40.4	64.3						
	12	29.4	30.4	53.2			40.5	64.4	33.3					
21	00			62.2			40.6							
	12	29.5	30.5	56.3	21.1	48.1	64.1	64.5		64.2				
22	00			31.4			64.2	64.6	33.4					
	12	29.6	30.6	33.4			64.3							
23	00			7.5			64.4	47.1						
	12	59.1	55.1	4.6			64.5	47.2	33.5					
24	00			59.1			64.6							
	12	59.2	55.2	40.2				47.3						
25	00			64.4			47.1	47.4	33.6					
	12	59.3	55.3	47.5			47.2			64.3				
26	00			6.6			47.3	47.5						
	12	59.4	55.4	18.1			47.4		7.1					
27	00			48.3	D	D	47.5	47.6						
	12	59.5	55.5	57.4			47.6	6.1						
28	00			32.6			6.1		7.2					
	12	59.6	55.6	28.1				6.2						
29	00			44.3			6.2	6.3						
	12	40.1	37.1	1.4			6.3		7.3					
30	00			43.6			6.4	6.4		64.4				
	12	40.2	37.2	34.1			6.5	6.5						
31	00	40.3	37.3	9.3	R	R	6.6		7.4					
	12			5.4				6.6						

September 1968

Date	Time	☉	⊕	☾	☊	☋	☿	♀	♂	♃	♄	♅	♆	♇
1	00	40.4	37.4	26.6	21.1	48.1	46.1	46.1	7.4	64.4	42.5	46.1	43.6	47.6
	12			10.2	R	R	46.2	D	7.5	D	R	D	D	D
2	00	40.5	37.5	58.3			46.3	46.2						
	12			38.5			46.4	46.3						
3	00	40.6	37.6	54.6					7.6					
	12			60.2			46.5	46.4		64.5				
4	00	64.1	63.1	41.3			46.6	46.5						
	12			19.5			18.1		4.1					
5	00	64.2	63.2	13.6			18.2	46.6						
	12			30.1				18.1						
6	00	64.3	63.3	55.3			18.3		4.2					
	12			37.4			18.4	18.2						
7	00	64.4	63.4	63.5			18.5	18.3						
	12			22.6					4.3					
8	00	64.5	63.5	25.1			18.6	18.4		64.6				
	12			17.2			48.1	18.5						
9	00	64.6	63.6	21.2	D	D			4.4					
	12			51.3			48.2	18.6						
10	00	47.1	22.1	42.4			48.3							
	12			3.4			48.4	48.1	4.5					
11	00	47.2	22.2	27.5				48.2						
	12			24.5			48.5							
12	00	47.3	22.3	2.6			48.6	48.3	4.6	47.1	42.4			
	12			23.6				48.4						
13	00	47.4	22.4	8.6			57.1							
	12			16.1			57.2	48.5	29.1					
14	00	47.5	22.5	35.1				48.6						
	12	47.6	22.6	45.1			57.3							6.1
15	00			12.2	R	R		57.1	29.2					
	12	6.1	36.1	15.2			57.4	57.2						
16	00			52.3			57.5					46.2		
	12	6.2	36.2	39.3				57.3	29.3	47.2				
17	00			53.3			57.6	57.4						
	12	6.3	36.3	62.4			32.1							
18	00			56.5				57.5	29.4					
	12	6.4	36.4	31.5			32.2	57.6						
19	00			33.6					29.5					
	12	6.5	36.5	4.1			32.3	32.1						
20	00			29.2				32.2						
	12	6.6	36.6	59.3			32.4		29.6					
21	00			40.4				32.3		47.3				
	12	46.1	25.1	64.6			32.5	32.4						
22	00			6.1					59.1					
	12	46.2	25.2	46.2			32.6	32.5						
23	00			18.4				32.6						
	12	46.3	25.3	48.5	D	D	50.1		59.2					
24	00			32.1				50.1						
	12	46.4	25.4	50.3			50.2							
25	00			28.4				50.2	59.3	47.4				
	12	46.5	25.5	44.6				50.3						
26	00	46.6	25.6	43.2			50.3							
	12			14.3				50.4	59.4		42.3			
27	00	18.1	17.1	34.5				50.5						
	12			5.1			50.4						14.1	
28	00	18.2	17.2	26.2				50.6	59.5					
	12			11.4				28.1						
29	00	18.3	17.3	10.6			50.5							
	12			38.1	R	R		28.2	59.6	47.5				
30	00	18.4	17.4	54.3				28.3						
	12			61.4										

October 1968

Date	Time	☉	⊕	☾	☊	☋	☿	♀	♂	♃	♄	♅	♆	♇
1	00	18.5	17.5	60.5	21.1	48.1	50.5	28.4	40.1	47.5	42.3	46.3	14.1	6.1
	12			19.1	R	R	D	28.5	D	D	R	D	D	D
2	00	18.6	17.6	13.2			50.6							
	12			49.3				28.6	40.2					
3	00	48.1	21.1	30.4	D	D		44.1						
	12			55.5			R							
4	00	48.2	21.2	37.6				44.2	40.3	47.6				
	12			22.1				44.3						
5	00	48.3	21.3	36.2										
	12			25.3			50.5	44.4	40.4					
6	00	48.4	21.4	17.4				44.5						
	12	48.5	21.5	21.5	R	R								
7	00			51.5				44.6	40.5					
	12	48.6	21.6	42.6										
8	00			3.6			50.4	1.1						
	12	57.1	51.1	24.1				1.2	40.6	6.1				
9	00			2.1							42.2			
	12	57.2	51.2	23.2			50.3	1.3						
10	00			8.2				1.4	64.1					
	12	57.3	51.3	20.3			50.2							6.2
11	00			16.3				1.5						
	12	57.4	51.4	35.3			50.1	1.6	64.2					
12	00			45.4										
	12	57.5	51.5	12.4			32.6	43.1						
13	00			15.4				43.2		6.2				
	12	57.6	51.6	52.5			32.5		64.3					
14	00			39.5			32.4	43.3						
	12	32.1	42.1	53.5				43.4						
15	00	32.2	42.2	62.6	D	D	32.3		64.4					
	12			56.6			32.2	43.5						
16	00	32.3	42.3	33.1				43.6				46.4		
	12			7.2			32.1		64.5					
17	00	32.4	42.4	4.3			57.6	14.1						
	12			29.3				14.2		6.3				
18	00	32.5	42.5	59.4			57.5		64.6					
	12			40.6				14.3						
19	00	32.6	42.6	47.1			57.4							
	12			6.2				14.4	47.1					
20	00	50.1	3.1	46.4			57.3	14.5						
	12			18.5							42.1			
21	00	50.2	3.2	57.1	R	R	57.2	14.6	47.2					
	12			32.2				34.1						
22	00	50.3	3.3	50.4										
	12			28.6				34.2	47.3	6.4				
23	00	50.4	3.4	1.2			57.1	34.3						
	12	50.5	3.5	43.4										
24	00			14.6				34.4	47.4					
	12	50.6	3.6	9.2				34.5						
25	00			5.4	17.6	18.6	D							
	12	28.1	27.1	26.6				34.6	47.5					
26	00			10.2				9.1						
	12	28.2	27.2	58.3										
27	00			38.5			57.2	9.2	47.6	6.5				
	12	28.3	27.3	61.1				9.3					14.2	
28	00			60.2										
	12	28.4	27.4	41.3			57.3	9.4	6.1					
29	00			19.5	D	D								
	12	28.5	27.5	13.6				9.5						
30	00			30.1			57.4	9.6	6.2					
	12	28.6	27.6	55.2										
31	00	44.1	24.1	37.3			57.5	5.1						
	12			63.4				5.2	6.3					

November 1968

Date	Time	⊙	⊕	☾	☊	☋	☿	♀	♂	♃	♄	♅	♆	♇
1	00	44.2	24.2	22.5	17.6	18.6	57.6	5.2	6.3	6.6	42.1	46.4	14.2	6.2
	12			36.6	D	D	D	5.3	D	D	R	46.5	D	D
2	00	44.3	24.3	25.6			32.1	5.4	6.4		51.6			
	12			21.1	R	R	32.2							
3	00	44.4	24.4	51.2				5.5						
	12			42.2			32.3	5.6	6.5					
4	00	44.5	24.5	3.3			32.4							
	12			27.3				26.1						
5	00	44.6	24.6	24.4			32.5	26.2	6.6					
	12			2.4			32.6							
6	00	1.1	2.1	23.5			50.1	26.3		46.1				
	12			8.5				26.4	46.1					
7	00	1.2	2.2	20.5			50.2							
	12	1.3	2.3	16.6			50.3	26.5						
8	00			35.6			50.4		46.2					
	12	1.4	2.4	45.6				26.6						
9	00			15.1			50.5	11.1						
	12	1.5	2.5	52.1			50.6		46.3					
10	00			39.1			28.1	11.2						
	12	1.6	2.6	53.2			28.2	11.3						6.3
11	00			62.2										
	12	43.1	23.1	56.2			28.3	11.4	46.4	46.2				
12	00			31.3			28.4	11.5						
	12	43.2	23.2	33.3			28.5							
13	00			7.4			28.6	11.6	46.5					
	12	43.3	23.3	4.5	D	D	44.1	10.1						
14	00			29.5										
	12	43.4	23.4	59.6			44.2	10.2	46.6					
15	00	43.5	23.5	64.1			44.3							
	12			47.2			44.4	10.3						
16	00	43.6	23.6	6.3			44.5	10.4	18.1		51.5			
	12			46.5			44.6							
17	00	14.1	8.1	18.6	R	R	1.1	10.5		46.3				
	12			57.2				10.6	18.2					
18	00	14.2	8.2	32.3			1.2							
	12			50.5			1.3	58.1						
19	00	14.3	8.3	44.1			1.4	58.2	18.3					
	12			1.3			1.5							
20	00	14.4	8.4	43.5			1.6	58.3						
	12			34.1	17.5	18.5		58.4	18.4					
21	00	14.5	8.5	9.3			43.1					46.6		
	12	14.6	8.6	5.5			43.2	58.5						
22	00			11.1			43.3		18.5				14.3	
	12	34.1	20.1	10.3			43.4	58.6						
23	00			58.6			43.5	38.1		46.4				
	12	34.2	20.2	54.1			43.6		18.6					
24	00			61.3				38.2						
	12	34.3	20.3	60.5			14.1	38.3						
25	00			19.1			14.2		48.1					
	12	34.4	20.4	13.2			14.3	38.4						
26	00			49.3			14.4	38.5						
	12	34.5	20.5	30.5			14.5							
27	00	34.6	20.6	55.6	D	D		38.6	48.2					
	12			63.1			14.6	54.1						
28	00	9.1	16.1	22.2			34.1							
	12			36.3			34.2	54.2	48.3					
29	00	9.2	16.2	25.3			34.3			46.5				
	12			17.4			34.4	54.3						
30	00	9.3	16.3	21.5	R	R	34.5	54.4	48.4					
	12			51.5										

December 1968

Date	Time	⊙	⊕	☾	☊	☋	☿	♀	♂	♃	♄	♅	♆	♇
1	00	9.4	16.4	42.6	17.5	18.5	34.6	54.5	48.4	46.5	51.5	46.6	14.3	6.3
	12			3.6	R	R	9.1	54.6	48.5	D	R	D	D	D
2	00	9.5	16.5	27.6			9.2							
	12			2.1			9.3	61.1						
3	00	9.6	16.6	23.1			9.4	61.2	48.6					
	12	5.1	35.1	8.2										
4	00			20.2	17.4	18.4	9.5	61.3						
	12	5.2	35.2	16.2			9.6		57.1					
5	00			35.3			5.1	61.4						
	12	5.3	35.3	45.3			5.2	61.5						
6	00			12.3			5.3		57.2	46.6				
	12	5.4	35.4	15.4				61.6						
7	00			52.4			5.4	60.1						
	12	5.5	35.5	39.4			5.5							
8	00			53.5			5.6	60.2	57.3		51.4			
	12	5.6	35.6	62.5	17.3	18.3	26.1	60.3						
9	00			56.5			26.2							
	12	26.1	45.1	31.6				60.4	57.4					
10	00	26.2	45.2	33.6			26.3							
	12			4.1			26.4	60.5						
11	00	26.3	45.3	29.1			26.5	60.6	57.5					
	12			59.2			26.6							
12	00	26.4	45.4	40.3			11.1	41.1						
	12			64.4				41.2	57.6					
13	00	26.5	45.5	47.4			11.2							
	12			6.5	D	D	11.3	41.3						
14	00	26.6	45.6	46.6			11.4		32.1	18.1				
	12			48.2	R	R	11.5	41.4						
15	00	11.1	12.1	57.3			11.6	41.5						
	12	11.2	12.2	32.4			10.1							
16	00			50.6				41.6	32.2					
	12	11.3	12.3	44.2			10.2	19.1						
17	00			1.3			10.3							
	12	11.4	12.4	43.5			10.4	19.2	32.3				14.4	
18	00			34.1			10.5							
	12	11.5	12.5	9.4			10.6	19.3						
19	00			5.6				19.4	32.4					
	12	11.6	12.6	11.2			58.1							
20	00			10.4	17.2	18.2	58.2	19.5						
	12	10.1	15.1	58.6			58.3	19.6	32.5					
21	00	10.2	15.2	54.2			58.4							
	12			61.4			58.5	13.1			D			
22	00	10.3	15.3	60.6			58.6		32.6					
	12			19.2				13.2				18.1		
23	00	10.4	15.4	13.4			38.1	13.3						
	12			49.6			38.2			18.2				
24	00	10.5	15.5	55.1			38.3	13.4	50.1					
	12			37.2			38.4	13.5						
25	00	10.6	15.6	63.3			38.5							
	12			22.5			38.6	13.6	50.2					
26	00	58.1	52.1	36.5										
	12			25.6			54.1	49.1						
27	00	58.2	52.2	21.1			54.2	49.2	50.3					
	12	58.3	52.3	51.2			54.3							
28	00			42.2			54.4	49.3						R
	12	58.4	52.4	3.3			54.5		50.4					
29	00			27.3				49.4						
	12	58.5	52.5	24.4			54.6	49.5						
30	00			2.4			61.1							
	12	58.6	52.6	23.4			61.2	49.6	50.5					
31	00			8.5	17.1	18.1	61.3	30.1						
	12	38.1	39.1	20.5			61.4							

January 1969

Date	Time	☉	⊕	☾	☊	☋	☿	♀	♂	♃	♄	♅	♆	♇
1	00	38.1	39.1	16.5	17.1	18.1	61.5	30.2	50.6	18.2	51.4	18.1	14.4	6.3
	12	38.2	39.2	35.6	R	R	D	D	D	D	D	D	D	R
2	00	38.3	39.3	45.6			61.6	30.3						
	12			12.6			60.1	30.4	28.1					
3	00	38.4	39.4	52.1			60.2							
	12			39.1			60.3	30.5						
4	00	38.5	39.5	53.1			60.4							
	12			62.2	25.6	46.6		30.6	28.2		51.5			
5	00	38.6	39.6	56.2			60.5	55.1						
	12			31.3			60.6							
6	00	54.1	53.1	33.3			41.1	55.2	28.3					
	12			7.4			41.2							
7	00	54.2	53.2	4.4				55.3		18.3				
	12	54.3	53.3	29.5			41.3	55.4	28.4					
8	00			59.6			41.4							
	12	54.4	53.4	40.6			41.5	55.5				R		
9	00			47.1										
	12	54.5	53.5	6.2			41.6	55.6	28.5					
10	00			46.3			19.1	37.1						
	12	54.6	53.6	18.4	D	D								
11	00			48.5			19.2	37.2	28.6					
	12	61.1	62.1	57.6			19.3							
12	00			50.1	R	R		37.3						
	12	61.2	62.2	28.2			19.4		44.1					
13	00	61.3	62.3	44.4			19.5	37.4						
	12			1.5				37.5						
14	00	61.4	62.4	14.1			19.6							
	12			34.3				37.6	44.2					
15	00	61.5	62.5	9.5			13.1							
	12			26.1	25.5	46.5		63.1						
16	00	61.6	62.6	11.3			13.2		44.3					
	12			10.5				63.2						
17	00	60.1	56.1	38.1				63.3						
	12			54.3			13.3							
18	00	60.2	56.2	61.5				63.4	44.4					
	12			41.1										
19	00	60.3	56.3	19.3				63.5						
	12	60.4	56.4	13.5					44.5				14.5	
20	00			49.6				63.6						
	12	60.5	56.5	55.2			R	22.1						
21	00			37.4						R				
	12	60.6	56.6	63.5				22.2	44.6					
22	00			22.6										
	12	41.1	31.1	25.1				22.3						
23	00			17.2	D	D			1.1					
	12	41.2	31.2	21.3				22.4						
24	00			51.4			13.2	22.5						
	12	41.3	31.3	42.5										
25	00	41.4	31.4	3.5			13.1	22.6	1.2					
	12			27.6	R	R						46.6		
26	00	41.5	31.5	24.6			19.6	36.1			51.6			
	12			23.1					1.3					
27	00	41.6	31.6	8.1			19.5	36.2						
	12			20.1										
28	00	19.1	33.1	16.2	25.4	46.4	19.4	36.3						
	12			35.2			19.3		1.4					
29	00	19.2	33.2	45.2				36.4						
	12			12.3			19.2							
30	00	19.3	33.3	15.3			19.1	36.5	1.5					
	12			52.3				36.6						
31	00	19.4	33.4	39.4			41.6							
	12	19.5	33.5	53.4			41.5	25.1						

February 1969

Date	Time	☉	⊕	☾	☊	☋	☿	♀	♂	♃	♄	♅	♆	♇
1	00	19.5	33.5	62.5	25.4	46.4	41.5	25.1	1.6	18.3	51.6	46.6	14.5	6.3
	12	19.6	33.6	56.5	R	R	41.4	25.2	D	R	D	R	D	R
2	00			31.6										
	12	13.1	7.1	33.6			41.3	25.3	43.1					
3	00			4.1										
	12	13.2	7.2	29.2	25.3	46.3	41.2	25.4		18.2				
4	00			59.2										
	12	13.3	7.3	40.3			41.1	25.5	43.2					
5	00			64.4										
	12	13.4	7.4	47.5			60.6	25.6						
6	00	13.5	7.5	6.5										
	12			46.6	D	D		17.1	43.3					
7	00	13.6	7.6	48.1			60.5							
	12			57.2				17.2						
8	00	49.1	4.1	32.4					43.4		42.1			
	12			50.5				17.3						
9	00	49.2	4.2	28.6										
	12			1.1				17.4						
10	00	49.3	4.3	43.3					43.5					
	12			14.4	R	R	D	17.5						
11	00	49.4	4.4	34.6										
	12			5.1										
12	00	49.5	4.5	26.3				17.6	43.6					
	12	49.6	4.6	11.5										
13	00			58.1				21.1						
	12	30.1	29.1	38.2										
14	00			54.4				21.2	14.1					
	12	30.2	29.2	61.6			60.6							
15	00			41.2				21.3						6.2
	12	30.3	29.3	19.4										
16	00			13.6				21.4	14.2					
	12	30.4	29.4	30.1			41.1							
17	00			55.3										
	12	30.5	29.5	37.4				21.5	14.3					
18	00			63.6			41.2			18.1				
	12	30.6	29.6	36.1				21.6			42.2			
19	00	55.1	59.1	25.2			41.3							
	12			17.4	D	D			14.4					
20	00	55.2	59.2	21.5				51.1						
	12			51.6			41.4							
21	00	55.3	59.3	42.6				51.2						
	12			27.1			41.5		14.5					
22	00	55.4	59.4	24.2										
	12			2.2			41.6	51.3						
23	00	55.5	59.5	23.3										
	12			8.3			19.1	51.4	14.6					
24	00	55.6	59.6	20.4										
	12			16.4	R	R	19.2							
25	00	37.1	40.1	35.4			19.3	51.5						
	12	37.2	40.2	45.5										
26	00			12.5			19.4		34.1					
	12	37.3	40.3	15.5				51.6						
27	00			52.6			19.5							
	12	37.4	40.4	39.6			19.6							
28	00			62.1				42.1	34.2	46.6	42.3	46.5		
	12	37.5	40.5	56.1			13.1							

March 1969

Date	Time	☉	⊕	☾	☊	☋	☿	♀	♂	♃	♄	♅	♆	♇
1	00	37.5	40.5	31.2	25.3	46.3	13.1	42.1	34.2	46.6	42.3	46.5	R	6.2
	12	37.6	40.6	33.2	R	R	13.2	42.2	D	R	D	R		R
2	00			7.3			13.3		34.3					
	12	63.1	64.1	4.3										
3	00			29.4			13.4							
	12	63.2	64.2	59.5			13.5	42.3						
4	00			40.6					34.4					
	12	63.3	64.3	47.1			13.6							
5	00	63.4	64.4	6.2			49.1							
	12			46.3	D	D	49.2	42.4						
6	00	63.5	64.5	18.4										
	12			48.5			49.3		34.5					
7	00	63.6	64.6	57.6			49.4							
	12			50.1				42.5						
8	00	22.1	47.1	28.3			49.5			46.5				
	12			44.4			49.6		34.6					
9	00	22.2	47.2	1.5			30.1				42.4			
	12			14.1										
10	00	22.3	47.3	34.2			30.2	42.6						
	12			9.4			30.3							
11	00	22.4	47.4	5.5			30.4		9.1					
	12			11.1	R	R	30.5							
12	00	22.5	47.5	10.3										
	12	22.6	47.6	58.4			30.6							
13	00			38.6			55.1							
	12	36.1	6.1	61.1			55.2		9.2					
14	00			60.3			55.3	3.1						
	12	36.2	6.2	41.5										
15	00			19.6			55.4							
	12	36.3	6.3	49.2			55.5			46.4				
16	00			30.3			55.6		9.3					
	12	36.4	6.4	55.5			37.1							
17	00			37.6			37.2				42.5			
	12	36.5	6.5	22.1										
18	00			36.3			37.3							
	12	36.6	6.6	25.4	D	D	37.4	R	9.4					
19	00			17.5			37.5							
	12	25.1	46.1	21.6			37.6							
20	00	25.2	46.2	42.1			63.1							
	12			3.2			63.2							
21	00	25.3	46.3	27.3			63.3		9.5					
	12			24.3	R	R								
22	00	25.4	46.4	2.4			63.4							
	12			23.5			63.5					46.4		
23	00	25.5	46.5	8.5			63.6			46.3				6.1
	12			20.6			22.1	42.6						
24	00	25.6	46.6	16.6			22.2		9.6					
	12			35.6			22.3							
25	00	17.1	18.1	12.1			22.4				42.6			
	12			15.1			22.5							
26	00	17.2	18.2	52.1			22.6							
	12			39.2	D	D	36.1							
27	00	17.3	18.3	53.2			36.2	42.5	5.1					
	12			62.3			36.3							
28	00	17.4	18.4	56.3			36.4							
	12	17.5	18.5	31.3			36.5							
29	00			33.4			36.6							
	12	17.6	18.6	7.5			25.1	42.4						
30	00			4.5			25.2		5.2	46.2				
	12	21.1	48.1	29.6			25.3							
31	00			40.1			25.4							
	12	21.2	48.2	64.2			25.5	42.3						

April 1969

Date	Time	☉	⊕	☾	☊	☋	☿	♀	♂	♃	♄	♅	♆	♇
1	00	21.2	48.2	47.3	25.3	46.3	25.6	42.3	5.2	46.2	42.6	46.4	14.5	6.1
	12	21.3	48.3	6.4	D	D	17.1	R	D	R	3.1	R	R	R
2	00			46.5	R	R	17.2	42.2						
	12	21.4	48.4	18.6			17.3		5.3					
3	00			57.1			17.4							
	12	21.5	48.5	32.3			17.5							
4	00			50.4			17.6	42.1						
	12	21.6	48.6	28.6			21.1							
5	00			1.1			21.2							
	12	51.1	57.1	43.3			21.3	51.6						
6	00			14.4			21.4							
	12	51.2	57.2	34.6			21.5		5.4					
7	00			5.2			21.6	51.5		46.1				
	12	51.3	57.3	26.3			51.1							
8	00	51.4	57.4	11.5			51.2							
	12			58.1			51.4	51.4						
9	00	51.5	57.5	38.2			51.5				3.2			
	12			54.4			51.6							
10	00	51.6	57.6	61.6	D	D	42.1	51.3						
	12			41.1			42.2							
11	00	42.1	32.1	19.2			42.3		5.5					
	12			13.4			42.4	51.2						
12	00	42.2	32.2	49.5			42.5						14.4	
	12			55.1			42.6							
13	00	42.3	32.3	37.2			3.2	51.1						
	12			63.3			3.3					46.3		
14	00	42.4	32.4	22.4			3.4							
	12			36.5			3.5	21.6						
15	00	42.5	32.5	25.6	R	R	3.6			6.6				
	12			21.1			27.1							
16	00	42.6	32.6	51.2			27.2							
	12			42.3			27.3	21.5			3.3			
17	00	3.1	50.1	3.4			27.4		5.6					
	12			27.5			27.6							
18	00	3.2	50.2	24.5	25.2	46.2	24.1							
	12	3.3	50.3	2.6			24.2	21.4						
19	00			8.1			24.3							
	12	3.4	50.4	20.1			24.4							
20	00			16.2			24.5							
	12	3.5	50.5	35.2			24.6	21.3						
21	00			45.3			2.1							
	12	3.6	50.6	12.3			2.2							
22	00			15.3			2.3							
	12	27.1	28.1	52.4			2.4							
23	00			39.4			2.5							
	12	27.2	28.2	53.4			2.6	21.2						
24	00			62.5			23.1				3.4			
	12	27.3	28.3	56.5			23.2							
25	00			31.5	D	D	23.3			6.5				
	12	27.4	28.4	33.6			23.4							
26	00			7.6			23.5							
	12	27.5	28.5	29.1			23.6							
27	00			59.2			8.1							
	12	27.6	28.6	40.2					R					
28	00			64.3			8.2							
	12	24.1	44.1	47.4			8.3							
29	00			6.5			8.4							
	12	24.2	44.2	46.6	R	R	8.5							
30	00			48.1				D						
	12	24.3	44.3	57.3			8.6							

May 1969

Date	Time	☉	⊕	☾	☊	☋	☿	♀	♂	♃	♄	♅	♆	♇
1	00	24.4	44.4	32.4	25.2	46.2	20.1	21.2	5.6	6.5	3.5	46.3	14.4	6.1
	12			50.6	R	R	20.2	D	R	R	D	R	R	R
2	00	24.5	44.5	44.1										
	12			1.3			20.3							
3	00	24.6	44.6	43.5			20.4							
	12			34.1										
4	00	2.1	1.1	9.3			20.5							
	12			5.5										
5	00	2.2	1.2	11.1			20.6							47.6
	12			10.2			16.1							
6	00	2.3	1.3	58.4										
	12			38.6			16.2							
7	00	2.4	1.4	61.2	25.1	46.1		21.3						
	12			60.3			16.3							
8	00	2.5	1.5	41.5										
	12			13.1					5.5		3.6			
9	00	2.6	1.6	49.2	D	D	16.4							
	12			30.3										
10	00	23.1	43.1	55.5			16.5	21.4		6.4				
	12			37.6										
11	00	23.2	43.2	22.1										
	12			36.2										
12	00	23.3	43.3	25.3	R	R	16.6							
	12			17.4				21.5						
13	00	23.4	43.4	21.5										
	12			51.5										
14	00	23.5	43.5	42.6			35.1		5.4			46.2		
	12			27.1				21.6						
15	00	23.6	43.6	24.2										
	12			2.2										
16	00	8.1	14.1	23.3										
	12			8.3				51.1			27.1			
17	00	8.2	14.2	20.4										
	12	8.3	14.3	16.4										
18	00			35.5			R	51.2	5.3					
	12	8.4	14.4	45.5										
19	00			12.5										
	12	8.5	14.5	15.6										
20	00			52.6	36.6	6.6		51.3					14.3	
	12	8.6	14.6	39.6										
21	00			62.1										
	12	20.1	34.1	56.1				51.4	5.2					
22	00			31.1			16.6							
	12	20.2	34.2	33.2										
23	00			7.2				51.5						
	12	20.3	34.3	4.3						D				
24	00			29.3				51.6			27.2			
	12	20.4	34.4	59.4			16.5							
25	00			40.4	D	D			5.1					
	12	20.5	34.5	64.5				42.1						
26	00			47.6										
	12	20.6	34.6	46.1	R	R	16.4							
27	00			18.2				42.2						
	12	16.1	9.1	48.3										
28	00			57.4				42.3	9.6					
	12	16.2	9.2	32.5			16.3							
29	00			28.1										
	12	16.3	9.3	44.2				42.4						
30	00			1.4			16.2							
	12	16.4	9.4	43.6				42.5	9.5					
31	00			34.2										
	12	16.5	9.5	9.4			16.1							

June 1969

Date	Time	☉	⊕	☾	☊	☋	☿	♀	♂	♃	♄	♅	♆	♇
1	00	16.5	9.5	5.6	36.6	6.6	16.1	42.6	9.5	6.4	27.2	46.2	14.3	47.6
	12	16.6	9.6	11.2	36.5	6.5	R	D	R	D	27.3	R	R	R
2	00			10.4				3.1						
	12	35.1	5.1	58.6			20.6		9.4					
3	00			54.2				3.2						D
	12	35.2	5.2	61.4										
4	00			60.6										
	12	35.3	5.3	19.2			20.5	3.3						
5	00			13.4					9.3					
	12	35.4	5.4	49.5				3.4						
6	00			55.1						6.5				
	12	35.5	5.5	37.2				3.5						
7	00	35.6	5.6	63.3										
	12			22.5	D	D	20.4	3.6				D		
8	00	45.1	26.1	36.6	R	R			9.2					
	12			17.1				27.1						
9	00	45.2	26.2	21.2										
	12			51.2				27.2						
10	00	45.3	26.3	42.3							27.4			
	12			3.4				27.3						
11	00	45.4	26.4	27.4			D		9.1					
	12			24.5										
12	00	45.5	26.5	2.6				27.4						
	12			23.6										
13	00	45.6	26.6	8.6	36.4	6.4		27.5						
	12			16.1										
14	00	12.1	11.1	35.1				27.6	34.6					
	12			45.2			20.5							
15	00	12.2	11.2	12.2				24.1						
	12			15.2										
16	00	12.3	11.3	52.3				24.2						
	12			39.3										
17	00	12.4	11.4	53.3			20.6	24.3	34.5					
	12			62.4	36.3	6.3								
18	00	12.5	11.5	56.4				24.4						
	12			31.4										
19	00	12.6	11.6	33.5			16.1	24.5						
	12			7.5				24.6			27.5			
20	00	15.1	10.1	4.5			16.2							
	12			29.6				2.1	34.4					
21	00	15.2	10.2	59.6										
	12			64.1			16.3	2.2		6.6				
22	00	15.3	10.3	47.1										
	12			6.2			16.4	2.3						
23	00	15.4	10.4	46.3	D	D								
	12			18.4	R	R	16.5	2.4						
24	00	15.5	10.5	48.5										
	12			57.6			16.6	2.5						
25	00	15.6	10.6	50.1					34.3					
	12			28.2			35.1	2.6						
26	00	52.1	58.1	44.4										
	12			1.5			35.2	23.1						
27	00	52.2	58.2	14.1									14.2	
	12			34.3			35.3	23.2						
28	00	52.3	58.3	9.5			35.4	23.3						
	12			26.1										
29	00	52.4	58.4	11.3	36.2	6.2	35.5	23.4						
	12			10.5			35.6							
30	00	52.5	58.5	38.1			45.1	23.5						
	12			54.4							27.6			

July 1969

Date	Time	☉	⊕	☾	☊	☋	☿	♀	♂	♃	♄	♅	♆	♇
1	00	52.6	58.6	61.6	36.2	6.2	45.2	23.6	34.3	6.6	27.6	46.2	14.2	47.6
	12			41.2	R	R	45.3	D	R	46.1	D	46.3	R	6.1
2	00	39.1	38.1	19.4			45.4	8.1	34.2					
	12			13.6										
3	00	39.2	38.2	30.2			45.5	8.2						
	12			55.3			45.6	8.3						
4	00	39.3	38.3	37.5			12.1							
	12	39.4	38.4	63.6			12.2	8.4						
5	00			36.2			12.3							
	12	39.5	38.5	25.3	D	D		8.5						
6	00			17.4			12.4							
	12	39.6	38.6	21.5			12.5	8.6						
7	00			51.6	R	R	12.6							
	12	53.1	54.1	3.1			15.1	20.1						
8	00			27.1			15.2	20.2						
	12	53.2	54.2	24.2			15.3		D					
9	00			2.2			15.4	20.3						
	12	53.3	54.3	23.3			15.5			46.2				
10	00			8.3			15.6	20.4						
	12	53.4	54.4	20.4			52.1							
11	00			16.4			52.2	20.5						
	12	53.5	54.5	35.5	36.1	6.1	52.3	20.6						
12	00			45.5			52.4							
	12	53.6	54.6	12.5			52.5	16.1						
13	00			15.6			52.6				24.1			
	12	62.1	61.1	52.6			39.1	16.2						
14	00			39.6			39.2							
	12	62.2	61.2	62.1			39.4	16.3						
15	00			56.1			39.5	16.4	34.3					
	12	62.3	61.3	31.1			39.6							
16	00			33.2			53.1	16.5						
	12	62.4	61.4	7.2			53.2			46.3				
17	00			4.2	22.6	47.6	53.3	16.6						
	12	62.5	61.5	29.3			53.4							
18	00			59.3			53.5	35.1						
	12	62.6	61.6	40.4			62.1	35.2						
19	00			64.4			62.2							
	12	56.1	60.1	47.5			62.3	35.3						
20	00			6.5	D	D	62.4							
	12	56.2	60.2	46.6			62.5	35.4						
21	00			48.1			62.6	35.5						
	12	56.3	60.3	57.2			56.1							
22	00			32.3			56.3	35.6	34.4					
	12	56.4	60.4	50.4			56.4							
23	00			28.5	R	R	56.5	45.1		46.4				
	12	56.5	60.5	44.6			56.6	45.2						
24	00			43.2			31.1							
	12	56.6	60.6	14.3			31.2	45.3						
25	00			34.5			31.3							
	12	31.1	41.1	9.6			31.4	45.4						
26	00			26.2			31.6							
	12	31.2	41.2	11.4			33.1	45.5	34.5					
27	00			10.6			33.2	45.6						
	12	31.3	41.3	38.2			33.3							
28	00			54.4			33.4	12.1						
	12	31.4	41.4	60.1			33.5							
29	00			41.3			33.6	12.2						
	12	31.5	41.5	19.5			7.1	12.3		46.5				
30	00			49.1			7.2							
	12	31.6	41.6	30.3			7.3	12.4	34.6			46.4		
31	00			55.5			7.4							
	12	33.1	19.1	37.6			7.5	12.5			24.2			

August 1969

Date	Time	☉	⊕	☾	☊	☋	☿	♀	♂	♃	♄	♅	♆	♇
1	00	33.2	19.2	22.2	22.6	47.6	7.6	12.6	34.6	46.5	24.2	46.4	14.2	6.1
	12			36.3	D	D	4.1	D	D	D	D	D	R	D
2	00	33.3	19.3	25.5			4.2	15.1						
	12			17.6			4.3		9.1					
3	00	33.4	19.4	51.1			4.4	15.2						
	12			42.2			4.5	15.3						
4	00	33.5	19.5	3.3			4.6			46.6				
	12			27.4			29.1	15.4						
5	00	33.6	19.6	24.5			29.2	15.5						
	12			2.5	R	R	29.3		9.2					
6	00	7.1	13.1	23.6			29.4	15.6						
	12			8.6			29.5							
7	00	7.2	13.2	16.1			29.6	52.1						
	12			35.1			59.1	52.2						
8	00	7.3	13.3	45.2			59.2		9.3				D	
	12			12.2			59.3	52.3						
9	00	7.4	13.4	15.2			59.4							
	12			52.3	22.5	47.5	59.5	52.4		18.1				
10	00	7.5	13.5	39.3			59.6	52.5						6.2
	12			53.3										
11	00	7.6	13.6	62.4			40.1	52.6	9.4					
	12			56.4			40.2							
12	00	4.1	49.1	31.4			40.3	39.1						
	12			33.5			40.4	39.2						
13	00	4.2	49.2	7.5			40.5		9.5					
	12			4.6			40.6	39.3						
14	00	4.3	49.3	29.6				39.4						
	12			40.1			64.1			18.2				
15	00	4.4	49.4	64.1			64.2	39.5						
	12			47.2			64.3		9.6					
16	00	4.5	49.5	6.2	D	D	64.4	39.6						
	12			46.3			64.5	53.1						
17	00	4.6	49.6	18.4										
	12			48.5			64.6	53.2	5.1					
18	00	29.1	30.1	57.5			47.1							
	12			32.6			47.2	53.3						
19	00	29.2	30.2	28.1			47.3	53.4				46.5		
	12			44.2						18.3				
20	00	29.3	30.3	1.4			47.4	53.5	5.2					
	12			43.5			47.5	53.6						
21	00	29.4	30.4	14.6	R	R	47.6							
	12			9.2				62.1			R			
22	00	29.5	30.5	5.3			6.1		5.3					
	12	29.6	30.6	26.5			6.2	62.2						
23	00			10.1			6.3	62.3						
	12	59.1	55.1	58.2										
24	00			38.4			6.4	62.4	5.4					
	12	59.2	55.2	54.6			6.5	62.5		18.4				
25	00			60.2										
	12	59.3	55.3	41.4			6.6	62.6						
26	00			19.6			46.1		5.5					
	12	59.4	55.4	49.2				56.1						
27	00			30.4			46.2	56.2						
	12	59.5	55.5	55.6			46.3		5.6					
28	00			63.1				56.3						
	12	59.6	55.6	22.3			46.4	56.4						
29	00			36.5	D	D	46.5							
	12	40.1	37.1	25.6				56.5	26.1	18.5				
30	00			21.2			46.6							
	12	40.2	37.2	51.3				56.6						
31	00			42.4			18.1	31.1						
	12	40.3	37.3	3.5			18.2		26.2					

September 1969

Date	Time	☉	⊕	☾	☊	☋	☿	♀	♂	♃	♄	♅	♆	♇
1	00	40.3	37.3	27.6	22.5	47.5	18.2	31.2	26.2	18.5	24.2	46.5	14.2	6.2
	12	40.4	37.4	2.1	D	D	18.3	31.3	D	D	R	D	D	D
2	00			23.2					26.3					
	12	40.5	37.5	8.2			18.4	31.4						
3	00			20.3				31.5		18.6				
	12	40.6	37.6	16.3			18.5							
4	00			35.4	R	R		31.6	26.4					
	12	64.1	63.1	45.4			18.6					46.6		
5	00			12.5				33.1						
	12	64.2	63.2	15.5			48.1	33.2	26.5					
6	00			52.5										
	12	64.3	63.3	39.6			48.2	33.3						6.3
7	00	64.4	63.4	53.6				33.4						
	12			62.6					26.6	48.1				
8	00	64.5	63.5	31.1			48.3	33.5						
	12			33.1				33.6						
9	00	64.6	63.6	7.1					11.1					
	12			4.2			48.4	7.1						
10	00	47.1	22.1	29.2										
	12			59.3				7.2	11.2					
11	00	47.2	22.2	40.3			48.5	7.3						
	12			64.4							24.1			
12	00	47.3	22.3	47.5				7.4		48.2				
	12			6.6	D	D		7.5	11.3					
13	00	47.4	22.4	46.6			48.6							
	12			48.1				7.6						
14	00	47.5	22.5	57.2				4.1	11.4					
	12			32.3	R	R								
15	00	47.6	22.6	50.4				4.2						
	12			28.5				4.3	11.5					
16	00	6.1	36.1	44.6										
	12			43.2				4.4		48.3				
17	00	6.2	36.2	14.3			R		11.6					
	12			34.4				4.5					14.3	
18	00	6.3	36.3	9.6				4.6						
	12			26.1					10.1					
19	00	6.4	36.4	11.3				29.1						
	12			10.4	D	D		29.2				18.1		
20	00	6.5	36.5	58.6					10.2					
	12	6.6	36.6	54.1			48.5	29.3						
21	00			61.3				29.4		48.4				
	12	46.1	25.1	60.5					10.3					
22	00			41.6			48.4	29.5						
	12	46.2	25.2	13.2				29.6						
23	00			49.4					10.4					
	12	46.3	25.3	30.5			48.3	59.1						
24	00			37.1										
	12	46.4	25.4	63.3			48.2	59.2	10.5					
25	00			22.4				59.3						
	12	46.5	25.5	36.6	R	R	48.1			48.5				
26	00			17.1				59.4	10.6					
	12	46.6	25.6	21.3			18.6	59.5						
27	00			51.4										
	12	18.1	17.1	42.5			18.5	59.6	58.1					
28	00			3.6				40.1						
	12	18.2	17.2	24.1			18.4							
29	00			2.2			18.3	40.2	58.2					
	12	18.3	17.3	23.3				40.3						
30	00			8.4			18.2			48.6				
	12	18.4	17.4	20.5				40.4	58.3		27.6			

October 1969

Date	Time	☉	⊕	☾	☊	☋	☿	♀	♂	♃	♄	♅	♆	♇
1	00	18.5	17.5	16.5	22.5	47.5	18.1	40.5	58.3	48.6	27.6	18.1	14.3	6.3
	12			35.6	R	R	46.6	D	D	D	R	D	D	D
2	00	18.6	17.6	45.6				40.6	58.4					6.4
	12			15.1			46.5	64.1						
3	00	48.1	21.1	52.1										
	12			39.2	D	D	46.4	64.2	58.5					
4	00	48.2	21.2	53.2						57.1				
	12			62.2				64.3				18.2		
5	00	48.3	21.3	56.3			46.3	64.4	58.6					
	12			31.3										
6	00	48.4	21.4	33.3				64.5						
	12			7.4				64.6	38.1					
7	00	48.5	21.5	4.4			46.2							
	12			29.5				47.1						
8	00	48.6	21.6	59.5				47.2	38.2					
	12			40.6			D			57.2				
9	00	57.1	51.1	64.6				47.3	38.3					
	12			6.1	R	R		47.4						
10	00	57.2	51.2	46.2										
	12	57.3	51.3	18.3			46.3	47.5	38.4					
11	00			48.4				47.6						
	12	57.4	51.4	57.5										
12	00			32.6				6.1	38.5					
	12	57.5	51.5	28.1			46.4	6.2						
13	00			44.2						57.3				
	12	57.6	51.6	1.4			46.5	6.3	38.6					
14	00			43.5				6.4			27.5			
	12	32.1	42.1	34.1										
15	00			9.2			46.6	6.5	54.1					
	12	32.2	42.2	5.4	22.4	47.4	18.1	6.6						
16	00			26.5					54.2					
	12	32.3	42.3	10.1			18.2	46.1						
17	00			58.2				46.2		57.4				
	12	32.4	42.4	38.4			18.3		54.3					
18	00			54.5			18.4	46.3						
	12	32.5	42.5	60.1	D	D		46.4						
19	00			41.3			18.5		54.4					
	12	32.6	42.6	19.4			18.6	46.5				18.3		
20	00	50.1	3.1	13.6			48.1	46.6						
	12			30.1					54.5					
21	00	50.2	3.2	55.3			48.2	18.1					14.4	
	12			37.4			48.3	18.2	54.6	57.5				
22	00	50.3	3.3	63.5			48.4							
	12			36.1	R	R	48.5	18.3						
23	00	50.4	3.4	25.2				18.4	61.1					
	12			17.3			48.6							
24	00	50.5	3.5	21.5			57.1	18.5						
	12			51.6			57.2		61.2					
25	00	50.6	3.6	3.1			57.3	18.6						
	12			27.2			57.4	48.1	61.3					
26	00	28.1	27.1	24.3			57.5			57.6	27.4			
	12			2.4				48.2						
27	00	28.2	27.2	23.5			57.6	48.3	61.4					
	12	28.3	27.3	8.6			32.1							
28	00			16.1			32.2	48.4						
	12	28.4	27.4	35.1			32.3	48.5	61.5					
29	00			45.2			32.4							
	12	28.5	27.5	12.2			32.5	48.6	61.6					6.5
30	00			15.3			32.6	57.1						
	12	28.6	27.6	52.3						32.1				
31	00			39.4			50.1	57.2	60.1					
	12	44.1	24.1	53.4			50.2	57.3						

November 1969

Date	Time	☉	⊕	☾	☊	☋	☿	♀	♂	♃	♄	♅	♆	♇
1	00	44.1	24.1	62.4	22.4	47.4	50.3	57.3	60.1	32.1	27.4	18.3	14.4	6.5
	12	44.2	24.2	56.5	R	R	50.4	57.4	60.2	D	R	D	D	D
2	00			31.5			50.5	57.5						
	12	44.3	24.3	33.5	D	D	50.6		60.3					
3	00			7.6			28.1	57.6						
	12	44.4	24.4	4.6			28.2	32.1		32.2				
4	00	44.5	24.5	29.6					60.4					
	12			40.1			28.3	32.2						
5	00	44.6	24.6	64.1			28.4	32.3	60.5			18.4		
	12			47.2			28.5							
6	00	1.1	2.1	6.3	R	R	28.6	32.4						
	12			46.4			44.1	32.5	60.6		27.3			
7	00	1.2	2.2	18.4			44.2							
	12			48.5	22.3	47.3	44.3	32.6						
8	00	1.3	2.3	32.1				50.1	41.1	32.3				
	12			50.2			44.4							
9	00	1.4	2.4	28.3			44.5	50.2	41.2					
	12			44.4			44.6	50.3						
10	00	1.5	2.5	1.6			1.1							
	12			14.2			1.2	50.4	41.3					
11	00	1.6	2.6	34.3			1.3	50.5						
	12	43.1	23.1	9.5					41.4					
12	00			26.1			1.4	50.6						
	12	43.2	23.2	11.2			1.5	28.1		32.4				
13	00			10.4			1.6		41.5					
	12	43.3	23.3	58.6			43.1	28.2						
14	00			54.2			43.2	28.3						
	12	43.4	23.4	61.3			43.3		41.6					
15	00			60.5	22.2	47.2		28.4						
	12	43.5	23.5	19.1			43.4	28.5	19.1					
16	00			13.2			43.5						14.5	
	12	43.6	23.6	49.4			43.6	28.6						
17	00			30.5	D	D	14.1	44.1	19.2					
	12	14.1	8.1	37.1			14.2			32.5				
18	00	14.2	8.2	63.2			14.3	44.2	19.3					
	12			22.3	R	R		44.3						
19	00	14.3	8.3	36.4			14.4				27.2			
	12			25.6			14.5	44.4	19.4					
20	00	14.4	8.4	21.1			14.6	44.5						
	12			51.2			34.1		19.5					
21	00	14.5	8.5	42.3			34.2	44.6						
	12			3.4				1.1						
22	00	14.6	8.6	27.5			34.3		19.6	32.6				
	12			24.6			34.4	1.2						
23	00	34.1	20.1	23.1			34.5	1.3						
	12			8.1			34.6		13.1					
24	00	34.2	20.2	20.2			9.1	1.4				18.5		
	12	34.3	20.3	16.3				1.5	13.2					
25	00			35.3			9.2							
	12	34.4	20.4	45.4	22.1	47.1	9.3	1.6						
26	00			12.4			9.4	43.1	13.3					
	12	34.5	20.5	15.5			9.5							
27	00			52.5			9.6	43.2	13.4	50.1				
	12	34.6	20.6	39.6				43.3						
28	00			53.6			5.1	43.4						
	12	9.1	16.1	62.6			5.2		13.5					
29	00			31.1			5.3	43.5						
	12	9.2	16.2	33.1			5.4	43.6	13.6					
30	00			7.1			5.5							
	12	9.3	16.3	4.2				14.1						

December 1969

Date	Time	☉	⊕	☾	☊	☋	☿	♀	♂	♃	♄	♅	♆	♇
1	00	9.4	16.4	29.2	22.1	47.1	5.6	14.2	49.1	50.1	27.2	18.5	14.5	6.5
	12			59.2	R	R	26.1	D	D	50.2	R	D	D	D
2	00	9.5	16.5	40.3			26.2	14.3	49.2					
	12			64.3	D	D	26.3	14.4						
3	00	9.6	16.6	47.4	R	R	26.4							
	12			6.4				14.5	49.3		27.1			
4	00	5.1	35.1	46.5			26.5	14.6						
	12			18.6			26.6		49.4					
5	00	5.2	35.2	57.1			11.1	34.1						
	12			32.2			11.2	34.2						
6	00	5.3	35.3	50.3			11.3		49.5					
	12	5.4	35.4	28.4	63.6	64.6		34.3						
7	00			44.6			11.4	34.4	49.6	50.3				
	12	5.5	35.5	43.1			11.5							
8	00			14.3			11.6	34.5						
	12	5.6	35.6	34.4			10.1	34.6	30.1					
9	00			9.6										
	12	26.1	45.1	26.2			10.2	9.1	30.2					
10	00			11.4			10.3	9.2						
	12	26.2	45.2	10.6			10.4							
11	00			38.2			10.5	9.3	30.3					
	12	26.3	45.3	54.4	63.5	64.5	10.6	9.4					14.6	
12	00			61.6					30.4	50.4				
	12	26.4	45.4	41.2			58.1	9.5						
13	00	26.5	45.5	19.4			58.2	9.6						
	12			13.6			58.3		30.5					
14	00	26.6	45.6	30.1			58.4	5.1						6.6
	12			55.3				5.2						
15	00	11.1	12.1	37.4			58.5		30.6					
	12			63.6	D	D	58.6	5.3						
16	00	11.2	12.2	36.1			38.1	5.4	55.1					
	12			25.2	R	R	38.2							
17	00	11.3	12.3	17.4				5.5						
	12			21.5			38.3	5.6	55.2	50.5				
18	00	11.4	12.4	51.6			38.4							
	12	11.5	12.5	3.1			38.5	26.1	55.3					
19	00			27.1			38.6	26.2						
	12	11.6	12.6	24.2										
20	00			2.3			54.1	26.3	55.4					
	12	10.1	15.1	23.4			54.2	26.4						
21	00			8.4			54.3		55.5					
	12	10.2	15.2	20.5				26.5						
22	00			16.6			54.4	26.6						
	12	10.3	15.3	35.6	63.4	64.4	54.5		55.6			18.6		
23	00			12.1				11.1						
	12	10.4	15.4	15.1			54.6	11.2	37.1	50.6				
24	00	10.5	15.5	52.2			61.1							
	12			39.2			61.2	11.3						
25	00	10.6	15.6	53.2				11.4	37.2					
	12			62.3			61.3							
26	00	58.1	52.1	56.3			61.4	11.5	37.3					
	12			31.3				11.6						
27	00	58.2	52.2	33.4	63.3	64.3	61.5							
	12			7.4				10.1	37.4					
28	00	58.3	52.3	4.4			61.6	10.2						
	12			29.5					37.5					
29	00	58.4	52.4	59.5			60.1	10.3						
	12			40.5				10.4						
30	00	58.5	52.5	64.6	D	D	60.2		37.6	28.1				
	12	58.6	52.6	47.6				10.5						R
31	00			46.1			60.3	10.6	63.1					
	12	38.1	39.1	18.1										

January 1970

Date	Time	☉	⊕	☾	☊	☋	☿	♀	♂	♃	♄	♅	♆	♇
1	00	38.1	39.1	48.2	R	R	60.3	58.1	63.1	28.1	27.1	18.6	14.6	6.6
	12	38.2	39.2	57.3			60.4	58.2	63.2	D	R	D	D	R
2	00			32.3										
	12	38.3	39.3	50.4				58.3	63.3					
3	00			28.5				58.4						
	12	38.4	39.4	1.1										
4	00			43.2				58.5	63.4		D			
	12	38.5	39.5	14.3			R	58.6						
5	00	38.6	39.6	34.5					63.5					
	12			5.1				38.1						
6	00	54.1	53.1	26.3				38.2		28.2				
	12			11.5					63.6					
7	00	54.2	53.2	58.1				38.3						
	12			38.3			60.3	38.4	22.1					
8	00	54.3	53.3	54.5				38.5						
	12			60.1										
9	00	54.4	53.4	41.3	63.2	64.2	60.2	38.6	22.2					
	12			19.5				54.1					34.1	
10	00	54.5	53.5	49.1			60.1		22.3					
	12	54.6	53.6	30.3				54.2						
11	00			55.5			61.6	54.3						
	12	61.1	62.1	63.1			61.5		22.4					
12	00			22.3	D	D		54.4						
	12	61.2	62.2	36.4			61.4	54.5	22.5					
13	00			25.6			61.3							
	12	61.3	62.3	21.1				54.6				R		
14	00			51.2			61.2	61.1	22.6	28.3				
	12	61.4	62.4	42.3			61.1							
15	00			3.4	R	R	54.6	61.2	36.1					
	12	61.5	62.5	27.5				61.3						
16	00	61.6	62.6	24.6			54.5							
	12			23.1			54.4	61.4	36.2					6.5
17	00	60.1	56.1	8.1				61.5						
	12			20.2			54.3		36.3					
18	00	60.2	56.2	16.3				61.6						
	12			35.3			54.2	60.1						
19	00	60.3	56.3	45.4					36.4					
	12			12.4			54.1	60.2						
20	00	60.4	56.4	15.4				60.3	36.5					
	12			52.5										
21	00	60.5	56.5	39.5			38.6	60.4						
	12			53.5				60.5	36.6					
22	00	60.6	56.6	62.6										
	12	41.1	31.1	56.6				60.6						
23	00			31.6	63.1	64.1	38.5	41.1	25.1					
	12	41.2	31.2	7.1						28.4				
24	00			4.1				41.2	25.2					
	12	41.3	31.3	29.1				41.3						
25	00			59.2			D							
	12	41.4	31.4	40.2				41.4	25.3					
26	00			64.2	D	D		41.5						
	12	41.5	31.5	47.3					25.4					
27	00			6.3			38.6	41.6						
	12	41.6	31.6	46.4				19.1						
28	00	19.1	33.1	18.4					25.5					
	12			48.5				19.2						
29	00	19.2	33.2	57.5				19.3	25.6					
	12			32.6			54.1							
30	00	19.3	33.3	28.1				19.4						
	12			44.2				19.5	17.1					
31	00	19.4	33.4	1.3	R	R	54.2							
	12			43.4				19.6	17.2					

February 1970

Date	Time	☉	⊕	☾	☊	☋	☿	♀	♂	♃	♄	♅	♆	♇
1	00	19.5	33.5	14.5	63.1	64.1	54.2	13.1	17.2	28.4	27.1	18.6	34.1	6.5
	12			9.1	R	R	54.3	D	D	D	D	R	D	R
2	00	19.6	33.6	5.2				13.2	17.3					
	12			26.4			54.4	13.3						
3	00	13.1	7.1	11.6					17.4					
	12	13.2	7.2	58.1			54.5	13.4						
4	00			38.3				13.5			27.2			
	12	13.3	7.3	54.5					17.5					
5	00			60.1			54.6	13.6				18.5		
	12	13.4	7.4	41.4			61.1	49.1						
6	00			19.6					17.6					
	12	13.5	7.5	49.2			61.2	49.2						
7	00			30.4				49.3	21.1					
	12	13.6	7.6	55.6			61.3							
8	00			63.2	D	D		49.4						
	12	49.1	4.1	22.4			61.4	49.5	21.2	28.5				
9	00	49.2	4.2	36.6			61.5							
	12			17.1				49.6	21.3					
10	00	49.3	4.3	21.3			61.6	30.1						
	12			51.4										
11	00	49.4	4.4	42.6			60.1	30.2	21.4					
	12			27.1			60.2	30.3						
12	00	49.5	4.5	24.2					21.5					
	12			2.3			60.3	30.4						
13	00	49.6	4.6	23.4			60.4	30.5						
	12			8.4	R	R			21.6					
14	00	30.1	29.1	20.5			60.5	30.6						
	12			16.6			60.6	55.1	51.1					
15	00	30.2	29.2	35.6										
	12	30.3	29.3	12.1			41.1	55.2						
16	00			15.1			41.2	55.3	51.2					
	12	30.4	29.4	52.2										
17	00			39.2			41.3	55.4						
	12	30.5	29.5	53.2			41.4	55.5	51.3					
18	00			62.3			41.5				27.3			
	12	30.6	29.6	56.3				55.6	51.4					
19	00			31.3			41.6	37.1						
	12	55.1	59.1	33.3			19.1							
20	00			7.4			19.2	37.2	51.5	R				
	12	55.2	59.2	4.4				37.3						
21	00			29.4			19.3		51.6					
	12	55.3	59.3	59.5			19.4	37.4						
22	00	55.4	59.4	40.5			19.5	37.5						
	12			64.6	D	D			42.1					
23	00	55.5	59.5	47.6			19.6	37.6						
	12			6.6			13.1	63.1						
24	00	55.6	59.6	18.1			13.2		42.2					
	12			48.2			13.3	63.2						
25	00	37.1	40.1	57.2				63.3	42.3					
	12			32.3			13.4							
26	00	37.2	40.2	50.4			13.5	63.4						
	12			28.4			13.6	63.5	42.4					
27	00	37.3	40.3	44.5			49.1							
	12			1.6			49.2	63.6	42.5					
28	00	37.4	40.4	14.1				22.1						
	12			34.2			49.3							

March 1970

Date	Time	☉	⊕	☾	☊	☋	☿	♀	♂	♃	♄	♅	♆	♇
1	00	37.5	40.5	9.4	63.1	64.1	49.4	22.2	42.6	28.5	27.3	18.5	34.1	6.5
	12	37.6	40.6	5.5	R	R	49.5	22.3	D	R	27.4	R	D	R
2	00			26.6			49.6							
	12	63.1	64.1	10.2			30.1	22.4	3.1					
3	00			58.3	D	D		22.5						
	12	63.2	64.2	38.5			30.2		3.2				R	
4	00			61.1			30.3	22.6		28.4				
	12	63.3	64.3	60.3			30.4	36.1						
5	00			41.5			30.5		3.3					
	12	63.4	64.4	13.1			30.6	36.2						6.4
6	00			49.3			55.1	36.3	3.4					
	12	63.5	64.5	30.4			55.2							
7	00			55.6				36.4						
	12	63.6	64.6	63.2	R	R	55.3	36.5	3.5			18.4		
8	00	22.1	47.1	22.4			55.4							
	12			36.6			55.5	36.6						
9	00	22.2	47.2	17.2			55.6	25.1	3.6					
	12			21.4			37.1							
10	00	22.3	47.3	51.5			37.2	25.2	27.1					
	12			3.1			37.3	25.3						
11	00	22.4	47.4	27.2			37.4				27.5			
	12			24.3			37.5	25.4	27.2					
12	00	22.5	47.5	2.5			37.6	25.5						
	12			23.6			63.1		27.3					
13	00	22.6	47.6	20.1			63.2	25.6						
	12			16.1			63.3	17.1						
14	00	36.1	6.1	35.2					27.4					
	12			45.3			63.4	17.2						
15	00	36.2	6.2	12.3	D	D	63.5	17.3						
	12			15.4			63.6		27.5					
16	00	36.3	6.3	52.4			22.1	17.4						
	12	36.4	6.4	39.5			22.2	17.5	27.6					
17	00			53.5			22.3							
	12	36.5	6.5	62.5			22.4	17.6						
18	00			56.6			22.5	21.1	24.1					
	12	36.6	6.6	31.6			22.6							
19	00			33.6			36.1	21.2						
	12	25.1	46.1	7.6			36.2	21.3	24.2	28.3				
20	00			29.1			36.4				27.6			
	12	25.2	46.2	59.1			36.5	21.4	24.3					
21	00			40.2			36.6	21.5						
	12	25.3	46.3	64.2	R	R	25.1							
22	00			47.2			25.2	21.6	24.4					
	12	25.4	46.4	6.3			25.3	51.1						
23	00			46.3			25.4							
	12	25.5	46.5	18.4			25.5	51.2	24.5					
24	00			48.5			25.6	51.3						
	12	25.6	46.6	57.6			17.1		24.6					
25	00	17.1	18.1	32.6			17.2	51.4						
	12			28.1			17.3	51.5						
26	00	17.2	18.2	44.2			17.4		2.1					
	12			1.3			17.5	51.6						
27	00	17.3	18.3	43.4			17.6	42.1						
	12			14.5			21.1		2.2					
28	00	17.4	18.4	34.6			21.3	42.2			24.1			
	12			5.1			21.4	42.3	2.3					
29	00	17.5	18.5	26.3			21.5							
	12			11.4			21.6	42.4		28.2		18.3		
30	00	17.6	18.6	10.5			51.1	42.5	2.4					
	12			38.1	D	D	51.2							
31	00	21.1	48.1	54.2			51.3	42.6						
	12			61.4			51.4	3.1	2.5					

April 1970

Date	Time	☉	⊕	☾	☊	☋	☿	♀	♂	♃	♄	♅	♆	♇
1	00	21.2	48.2	60.6	63.1	64.1	51.5	3.1	2.5	28.2	24.1	18.3	34.1	6.4
	12			19.1	D	D	51.6	3.2	2.6	R	D	R	R	R
2	00	21.3	48.3	13.3			42.1							
	12	21.4	48.4	49.5			42.2	3.3						
3	00			30.6			42.4	3.4	23.1					
	12	21.5	48.5	37.2			42.5							
4	00			63.4	R	R	42.6	3.5						
	12	21.6	48.6	22.6			3.1	3.6	23.2					
5	00			25.1			3.2				24.2			
	12	51.1	57.1	17.3			3.3	27.1	23.3					
6	00			21.5			3.4	27.2						
	12	51.2	57.2	51.6			3.5							
7	00			3.2			3.6	27.3	23.4	28.1				
	12	51.3	57.3	27.3			27.1	27.4						
8	00			24.5	37.6	40.6	27.2							
	12	51.4	57.4	2.6			27.3	27.5	23.5					
9	00			8.1			27.4	27.6						
	12	51.5	57.5	20.2					23.6					
10	00			16.3			27.5	24.1						6.3
	12	51.6	57.6	35.4			27.6	24.2						
11	00			45.5			24.1		8.1					
	12	42.1	32.1	12.5			24.2	24.3						
12	00			15.6			24.3	24.4						
	12	42.2	32.2	52.6					8.2		24.3			
13	00	42.3	32.3	53.1			24.4	24.5						
	12			62.1			24.5	24.6						
14	00	42.4	32.4	56.2	D	D	24.6		8.3					
	12			31.2				2.1						
15	00	42.5	32.5	33.2			2.1	2.2	8.4	50.6				
	12			7.3			2.2							
16	00	42.6	32.6	4.3				2.3						
	12			29.3			2.3	2.4	8.5					
17	00	3.1	50.1	59.3			2.4							
	12			40.4				2.5						
18	00	3.2	50.2	64.4	R	R	2.5	2.6	8.6					
	12			47.5										
19	00	3.3	50.3	6.5			2.6	23.1	20.1					
	12			46.6										
20	00	3.4	50.4	48.1			23.1	23.2			24.4			
	12			57.1				23.3	20.2					
21	00	3.5	50.5	32.2			23.2							
	12			50.3				23.4				18.2		
22	00	3.6	50.6	28.4				23.5	20.3	50.5				
	12			44.5			23.3							
23	00	27.1	28.1	1.6				23.6						
	12			14.1				8.1	20.4					
24	00	27.2	28.2	34.3										
	12	27.3	28.3	9.4	37.5	40.5	23.4	8.2	20.5					
25	00			5.5				8.3						
	12	27.4	28.4	11.1										
26	00			10.2				8.4	20.6					
	12	27.5	28.5	58.4				8.5						
27	00			38.5										
	12	27.6	28.6	61.1				8.6	16.1		24.5			
28	00			60.2				20.1						
	12	24.1	44.1	41.4			R						14.6	
29	00			19.5	D	D		20.2	16.2					
	12	24.2	44.2	49.1				20.3		50.4				
30	00			30.2					16.3					
	12	24.3	44.3	55.4				20.4						

May 1970

Date	Time	☉	⊕	☾	☊	☋	☿	♀	♂	♃	♄	♅	♆	♇
1	00	24.3	44.3	37.5	R	R	23.4	20.4	16.3	50.4	24.5	18.2	14.6	6.3
	12	24.4	44.4	22.1			R	20.5	16.4	R	D	R	R	R
2	00			36.2				20.6						
	12	24.5	44.5	25.4										
3	00			17.5			23.3	16.1	16.5					
	12	24.6	44.6	51.1				16.2						
4	00			42.2										
	12	2.1	1.1	3.4				16.3	16.6		24.6			
5	00			27.5				16.4						
	12	2.2	1.2	24.6			23.2		35.1					
6	00			23.2				16.5						
	12	2.3	1.3	8.3				16.6						
7	00			20.4	37.4	40.4	23.1		35.2	50.3				
	12	2.4	1.4	16.5				35.1						
8	00			35.6				35.2						
	12	2.5	1.5	45.6			2.6		35.3					
9	00	2.6	1.6	15.1				35.3						
	12			52.2										
10	00	23.1	43.1	39.2			2.5	35.4	35.4					
	12			53.3				35.5						
11	00	23.2	43.2	62.3										
	12			56.4			2.4	35.6	35.5					
12	00	23.3	43.3	31.4				45.1			2.1			
	12			33.4					35.6					
13	00	23.4	43.4	7.5				45.2						
	12			4.5	D	D	2.3	45.3						
14	00	23.5	43.5	29.5					45.1					
	12			59.6				45.4						
15	00	23.6	43.6	40.6	R	R	2.2	45.5						
	12			64.6					45.2	50.2				
16	00	8.1	14.1	6.1				45.6						
	12			46.1				12.1						
17	00	8.2	14.2	18.2					45.3					
	12			48.3			2.1	12.2						
18	00	8.3	14.3	57.3					45.4					
	12			32.4				12.3						
19	00	8.4	14.4	50.5	37.3	40.3		12.4						
	12			28.6					45.5		2.2			
20	00	8.5	14.5	1.1				12.5						
	12			43.2				12.6						
21	00	8.6	14.6	14.4					45.6					
	12			34.5			24.6	15.1						
22	00	20.1	34.1	5.1				15.2						
	12			26.2			D		12.1					
23	00	20.2	34.2	11.4				15.3						
	12			10.5			2.1	15.4						
24	00	20.3	34.3	38.1					12.2					
	12			54.3	37.2	40.2		15.5				18.1		
25	00	20.4	34.4	61.4										
	12			60.6				15.6	12.3	50.1				
26	00	20.5	34.5	19.2				52.1						
	12	20.6	34.6	13.3					12.4					
27	00			49.5				52.2			2.3			
	12	16.1	9.1	30.6			2.2	52.3						
28	00			37.2	D	D			12.5					
	12	16.2	9.2	63.3	R	R		52.4						
29	00			22.5				52.5						
	12	16.3	9.3	36.6			2.3		12.6					
30	00			17.2				52.6						
	12	16.4	9.4	21.3										
31	00			51.4				39.1	15.1					
	12	16.5	9.5	42.6			2.4	39.2						

June 1970

Date	Time	☉	⊕	☾	☊	☋	☿	♀	♂	♃	♄	♅	♆	♇
1	00	16.5	9.5	27.1	37.2	40.2	2.4	39.2	15.1	50.1	2.3	18.1	14.6	6.3
	12	16.6	9.6	24.2	R	R	2.5	39.3	15.2	R	D	R	R	R
2	00			2.3				39.4						
	12	35.1	5.1	23.4					15.3					
3	00			8.5			2.6	39.5					14.5	
	12	35.2	5.2	20.6				39.6			2.4			
4	00			35.1			23.1		15.4					
	12	35.3	5.3	45.2	37.1	40.1		53.1						
5	00			12.3			23.2							
	12	35.4	5.4	15.3				53.2	15.5					D
6	00			52.4			23.3	53.3						
	12	35.5	5.5	39.4										
7	00			53.5			23.4	53.4	15.6					
	12	35.6	5.6	62.5				53.5						
8	00			56.6			23.5							
	12	45.1	26.1	31.6			23.6	53.6	52.1					
9	00			7.1				62.1						
	12	45.2	26.2	4.1			8.1			32.6				
10	00			29.1				62.2	52.2					
	12	45.3	26.3	59.1			8.2							
11	00			40.2	D	D	8.3	62.3	52.3					
	12	45.4	26.4	64.2				62.4			2.5			
12	00			47.2			8.4							
	12	45.5	26.5	6.3	R	R	8.5	62.5	52.4			D		
13	00			46.3			8.6	62.6						
	12	45.6	26.6	18.4										
14	00			48.4			20.1	56.1	52.5					
	12	12.1	11.1	57.5			20.2	56.2						
15	00			32.6			20.3							
	12	12.2	11.2	28.1				56.3	52.6					
16	00			44.2	55.6	59.6	20.4							
	12	12.3	11.3	1.3			20.5	56.4						
17	00			43.4			20.6	56.5	39.1					
	12	12.4	11.4	14.5			16.1							
18	00			9.1			16.2	56.6						
	12	12.5	11.5	5.2				31.1	39.2					
19	00			26.4			16.3							
	12	12.6	11.6	11.6			16.4	31.2						
20	00	15.1	10.1	58.2			16.5		39.3		2.6			
	12			38.3			16.6	31.3						
21	00	15.2	10.2	54.5			35.1	31.4						
	12			60.1			35.2		39.4					
22	00	15.3	10.3	41.3			35.3	31.5						
	12			19.5			35.4	31.6	39.5					
23	00	15.4	10.4	49.1	55.5	59.5	35.5							
	12			30.2			35.6	33.1		D				
24	00	15.5	10.5	55.4			45.1		39.6					
	12			37.6	D	D	45.2	33.2						
25	00	15.6	10.6	22.1			45.3	33.3						
	12			36.3			45.4		53.1					
26	00	52.1	58.1	25.4			45.5	33.4						
	12			17.6	R	R	45.6	33.5						
27	00	52.2	58.2	51.1			12.1		53.2					
	12			42.2			12.2	33.6						
28	00	52.3	58.3	3.3			12.3							
	12			27.5			12.4	7.1	53.3					
29	00	52.4	58.4	24.6			12.6	7.2			23.1			
	12			23.1			15.1							
30	00	52.5	58.5	8.2			15.2	7.3	53.4					
	12			20.2			15.3	7.4						

July 1970

Date	Time	☉	⊕	☾	☊	☋	☿	♀	♂	♃	♄	♅	♆	♇
1	00	52.6	58.6	16.3	55.5	59.5	15.4	7.4	53.4	32.6	23.1	18.1	14.5	6.3
	12			35.4	R	R	15.5	7.5	53.5	D	D	18.2	R	D
2	00	39.1	38.1	45.5			15.6							
	12			12.5			52.1	7.6						
3	00	39.2	38.2	15.6			52.3	4.1	53.6					
	12			39.1			52.4							
4	00	39.3	38.3	53.1			52.5	4.2	62.1					
	12			62.2			52.6	4.3						
5	00	39.4	38.4	56.2	55.4	59.4	39.1							
	12			31.2			39.2	4.4	62.2					
6	00	39.5	38.5	33.3			39.4							
	12			7.3			39.5	4.5						
7	00	39.6	38.6	4.3			39.6	4.6	62.3					
	12			29.4			53.1							
8	00	53.1	54.1	59.4			53.2	29.1		50.1				
	12			40.4	D	D	53.3		62.4		23.2			
9	00	53.2	54.2	64.5			53.4	29.2						
	12			47.5			53.6	29.3						
10	00	53.3	54.3	6.5			62.1		62.5					
	12			46.6			62.2	29.4						
11	00	53.4	54.4	18.6			62.3	29.5						
	12			48.6			62.4		62.6					
12	00	53.5	54.5	32.1	R	R	62.5	29.6						
	12			50.2			62.6							
13	00	53.6	54.6	28.3			56.1	59.1	56.1					
	12			44.3			56.3	59.2						
14	00	62.1	61.1	1.4			56.4							
	12			43.5			56.5	59.3	56.2					
15	00	62.2	61.2	34.1			56.6							
	12			9.2			31.1	59.4						
16	00	62.3	61.3	5.4			31.2	59.5	56.3					
	12			26.5			31.3							
17	00	62.4	61.4	10.1			31.4	59.6						
	12			58.3			31.5		56.4					
18	00	62.5	61.5	38.5			31.6	40.1						
	12	62.6	61.6	61.1			33.1	40.2	56.5					
19	00			60.3			33.2						14.4	
	12	56.1	60.1	41.5			33.3	40.3						
20	00			13.1			33.4		56.6		23.3			
	12	56.2	60.2	49.3			33.5	40.4						
21	00			30.5			33.6	40.5						
	12	56.3	60.3	37.1	D	D	7.1		31.1					
22	00			63.2			7.2	40.6						
	12	56.4	60.4	22.4			7.3							
23	00			36.6			7.4	64.1	31.2	50.2				
	12	56.5	60.5	17.2			7.5	64.2						
24	00			21.3			7.6							
	12	56.6	60.6	51.5			4.1	64.3	31.3					
25	00			42.6			4.2							
	12	31.1	41.1	27.1	R	R	4.3	64.4						
26	00			24.2				64.5	31.4					
	12	31.2	41.2	2.3			4.4							
27	00			23.4			4.5	64.6						
	12	31.3	41.3	8.5			4.6		31.5					
28	00			20.6			29.1	47.1						
	12	31.4	41.4	35.1			29.2	47.2						
29	00			45.2			29.3		31.6					
	12	31.5	41.5	12.2			29.4	47.3						
30	00			15.3										6.4
	12	31.6	41.6	52.3			29.5	47.4	33.1					
31	00			39.4			29.6	47.5						
	12	33.1	19.1	53.4	55.3	59.3	59.1							

August 1970

Date	Time	☉	⊕	☾	☊	☋	☿	♀	♂	♃	♄	♅	♆	♇
1	00	33.1	19.1	62.5	55.3	59.3	59.2	47.6	33.2	50.2	23.3	18.2	14.4	6.4
	12	33.2	19.2	56.5	R	R	D	D	D	50.3	D	D	R	D
2	00			31.5			59.3	6.1						
	12	33.3	19.3	33.6			59.4		33.3			18.3		
3	00			7.6			59.5	6.2			23.4			
	12	33.4	19.4	4.6			59.6	6.3						
4	00			59.1					33.4					
	12	33.5	19.5	40.1	D	D	40.1	6.4						
5	00			64.1			40.2		33.5					
	12	33.6	19.6	47.1			40.3	6.5						
6	00			6.2				6.6						
	12	7.1	13.1	46.2			40.4		33.6					
7	00			18.2			40.5	46.1						
	12	7.2	13.2	48.3										
8	00			57.3			40.6	46.2	7.1					
	12	7.3	13.3	32.4			64.1							
9	00			50.4				46.3						
	12	7.4	13.4	28.5			64.2	46.4	7.2					
10	00			44.6			64.3			50.4				
	12	7.5	13.5	43.1	R	R		46.5					D	
11	00			14.2			64.4		7.3					
	12	7.6	13.6	34.3			64.5	46.6						
12	00	4.1	49.1	9.4										
	12			5.5			64.6	18.1	7.4					
13	00	4.2	49.2	11.1				18.2						
	12			10.2			47.1							
14	00	4.3	49.3	58.4			47.2	18.3	7.5					
	12			38.6										
15	00	4.4	49.4	61.1			47.3	18.4						
	12			60.3					7.6					
16	00	4.5	49.5	41.5			47.4	18.5						
	12			13.1				18.6						
17	00	4.6	49.6	49.4			47.5		4.1	50.5				
	12			30.6				48.1						
18	00	29.1	30.1	37.2	D	D	47.6							
	12			63.4				48.2	4.2					
19	00	29.2	30.2	22.6			6.1							
	12			25.2				48.3						
20	00	29.3	30.3	17.4			6.2		4.3					
	12			21.5				48.4						
21	00	29.4	30.4	42.1				48.5						
	12			3.3			6.3		4.4					
22	00	29.5	30.5	27.4				48.6				18.4		
	12			24.5										
23	00	29.6	30.6	23.1			6.4	57.1	4.5					
	12			8.2						50.6				
24	00	59.1	55.1	20.3	R	R		57.2						
	12			16.4			6.5		4.6					
25	00	59.2	55.2	35.4				57.3						
	12			45.5										
26	00	59.3	55.3	12.6				57.4	29.1					
	12			15.6	D	D	6.6							
27	00	59.4	55.4	39.1				57.5						
	12			53.1				57.6	29.2					
28	00	59.5	55.5	62.2										
	12			56.2				32.1						6.5
29	00	59.6	55.6	31.2					29.3					
	12			33.3				32.2		28.1				
30	00	40.1	37.1	7.3					29.4					
	12	40.2	37.2	4.3			R	32.3						
31	00			29.3										
	12	40.3	37.3	59.4	R	R		32.4	29.5					

September 1970

Date	Time	☉	⊕	☾	☊	☋	☿	♀	♂	♃	♄	♅	♆	♇
1	00	40.3	37.3	40.4	55.3	59.3	6.6	32.4	29.5	28.1	23.4	18.4	14.5	6.5
	12	40.4	37.4	64.4	R	R	R	32.5	D	D	D	D	D	D
2	00			47.5					29.6					
	12	40.5	37.5	6.5				32.6						
3	00			46.5										
	12	40.6	37.6	18.6			6.5	50.1	59.1					
4	00			48.6						28.2				
	12	64.1	63.1	32.1				50.2						
5	00			50.1			6.4		59.2		R			
	12	64.2	63.2	28.2				50.3						
6	00			44.2										
	12	64.3	63.3	1.3			6.3	50.4	59.3					
7	00			43.4										
	12	64.4	63.4	14.5				50.5						
8	00			34.6			6.2		59.4			18.5		
	12	64.5	63.5	5.1				50.6						
9	00			26.2	D	D	6.1							
	12	64.6	63.6	11.3				28.1	59.5	28.3				
10	00			10.4			47.6							
	12	47.1	22.1	58.6				28.2						
11	00			54.1			47.5		59.6					
	12	47.2	22.2	61.3				28.3						
12	00			60.5			47.4							
	12	47.3	22.3	41.6				28.4	40.1					
13	00			13.2			47.3							
	12	47.4	22.4	49.4			47.2							
14	00	47.5	22.5	30.6				28.5	40.2					
	12			37.2	R	R	47.1			28.4				
15	00	47.6	22.6	63.5				28.6						
	12			36.1			64.6		40.3					
16	00	6.1	36.1	25.3				44.1						
	12			17.5										
17	00	6.2	36.2	51.1			64.5	44.2	40.4					
	12			42.2										
18	00	6.3	36.3	3.4			64.4							
	12			27.6				44.3	40.5					
19	00	6.4	36.4	2.1										
	12			23.3				44.4		28.5				
20	00	6.5	36.5	8.4			64.3		40.6					
	12			20.5				44.5						
21	00	6.6	36.6	16.6										
	12			45.1					64.1					
22	00	46.1	25.1	12.2				44.6						
	12			15.3	D	D	D							
23	00	46.2	25.2	52.3				1.1	64.2			18.6		6.6
	12			39.4										
24	00	46.3	25.3	53.4										
	12			62.5			64.4	1.2	64.3	28.6				
25	00	46.4	25.4	56.5										
	12	46.5	25.5	31.5				1.3						
26	00			33.6					64.4					
	12	46.6	25.6	7.6			64.5							
27	00			4.6				1.4						
	12	18.1	17.1	29.6			64.6		64.5					
28	00			40.1	R	R								
	12	18.2	17.2	64.1			47.1	1.5	64.6					
29	00			47.1						44.1				
	12	18.3	17.3	6.2			47.2							
30	00			46.2				1.6	47.1					
	12	18.4	17.4	18.2			47.3							

October 1970

Date	Time	☉	⊕	☾	☊	☋	☿	♀	♂	♃	♄	♅	♆	♇
1	00	18.4	17.4	48.3	55.3	59.3	47.4	1.6	47.1	44.1	23.4	18.6	14.5	6.6
	12	18.5	17.5	57.3	R	R	D	43.1	47.2	D	R	D	D	D
2	00			32.4			47.5							
	12	18.6	17.6	50.5			47.6							
3	00			28.5				43.2	47.3					
	12	48.1	21.1	44.6			6.1			44.2				
4	00			43.1			6.2							
	12	48.2	21.2	14.1			6.3		47.4					
5	00			34.2			6.4	43.3						
	12	48.3	21.3	9.3										
6	00	48.4	21.4	5.4	55.2	59.2	6.5		47.5					
	12			26.5			6.6							
7	00	48.5	21.5	11.6			46.1	43.4						
	12			58.2			46.2		47.6		23.3			
8	00	48.6	21.6	38.3			46.3					48.1		
	12			54.4	D	D	46.4			44.3				
9	00	57.1	51.1	61.6			46.5	43.5	6.1					
	12			41.1										
10	00	57.2	51.2	19.3			46.6							
	12			13.4			18.1		6.2					
11	00	57.3	51.3	49.6			18.2							
	12			55.2			18.3	43.6						
12	00	57.4	51.4	37.4	R	R	18.4		6.3					
	12			63.6			18.5			44.4				
13	00	57.5	51.5	36.2			18.6							
	12			25.4			48.1		6.4					
14	00	57.6	51.6	17.5			48.2						14.6	
	12			51.1			48.3							
15	00	32.1	42.1	42.3			48.4	14.1	6.5					
	12	32.2	42.2	3.5			48.5							
16	00			24.1										
	12	32.3	42.3	2.2			48.6		6.6					
17	00			23.4			57.1			44.5				
	12	32.4	42.4	8.5			57.2							
18	00			16.1			57.3		46.1					
	12	32.5	42.5	35.2			57.4							
19	00			45.3			57.5							46.1
	12	32.6	42.6	12.4			57.6		46.2					
20	00			15.5			32.1							
	12	50.1	3.1	52.5			32.2							
21	00			39.6			32.3	R	46.3					
	12	50.2	3.2	62.1			32.4			44.6				
22	00			56.1			32.5							
	12	50.3	3.3	31.1	D	D			46.4		23.2			
23	00			33.2			32.6					48.2		
	12	50.4	3.4	7.2			50.1							
24	00	50.5	3.5	4.2			50.2		46.5					
	12			29.3			50.3							
25	00	50.6	3.6	59.3	R	R	50.4							
	12			40.3			50.5		46.6					
26	00	28.1	27.1	64.4			50.6			1.1				
	12			47.4			28.1							
27	00	28.2	27.2	6.4	55.1	59.1		43.6	18.1					
	12			46.5			28.2							
28	00	28.3	27.3	18.5			28.3							
	12			48.6			28.4		18.2					
29	00	28.4	27.4	57.6			28.5							
	12			50.1			28.6							
30	00	28.5	27.5	28.2			44.1	43.5	18.3	1.2				
	12			44.2			44.2							
31	00	28.6	27.6	1.3					18.4					
	12	44.1	24.1	43.4			44.3							

November 1970

Date	Time	☉	⊕	☾	☊	☋	☿	♀	♂	♃	♄	♅	♆	♇
1	00	44.1	24.1	14.5	55.1	59.1	44.4	43.5	18.4	1.2	23.2	48.2	14.6	46.1
	12	44.2	24.2	34.6	R	R	44.5	43.4	18.5	D	R	D	D	D
2	00			5.1	30.6	29.6	44.6							
	12	44.3	24.3	26.2			1.1							
3	00			11.3			1.2		18.6					
	12	44.4	24.4	10.4				43.3		1.3	23.1			
4	00			58.6			1.3							
	12	44.5	24.5	54.1			1.4		48.1					
5	00			61.2			1.5	43.2						
	12	44.6	24.6	60.4			1.6							
6	00			41.5			43.1		48.2					
	12	1.1	2.1	19.6			43.2							
7	00			49.2	D	D		43.1						
	12	1.2	2.2	30.4			43.3		48.3	1.4				
8	00	1.3	2.3	55.5	R	R	43.4					48.3		
	12			63.1			43.5	1.6						
9	00	1.4	2.4	22.2			43.6		48.4					
	12			36.4			14.1							
10	00	1.5	2.5	25.6				1.5						
	12			21.1			14.2		48.5				34.1	
11	00	1.6	2.6	51.3			14.3							
	12			42.5			14.4	1.4						
12	00	43.1	23.1	3.6			14.5		48.6	1.5				
	12			24.2										
13	00	43.2	23.2	2.4	30.5	29.5	14.6	1.3						
	12			23.5			34.1		57.1					
14	00	43.3	23.3	8.6			34.2							
	12	43.4	23.4	16.2			34.3	1.2						
15	00			35.3			34.4		57.2					
	12	43.5	23.5	45.4							2.6			
16	00			12.5			34.5			1.6				
	12	43.6	23.6	15.6			34.6	1.1	57.3					
17	00			39.1			9.1							
	12	14.1	8.1	53.2			9.2							
18	00			62.2				44.6	57.4					
	12	14.2	8.2	56.3			9.3							
19	00			31.3			9.4							
	12	14.3	8.3	33.4			9.5		57.5					
20	00			7.4			9.6	44.5						46.2
	12	14.4	8.4	4.5						43.1				
21	00	14.5	8.5	29.5	D	D	5.1		57.6					
	12			59.5	R	R	5.2							
22	00	14.6	8.6	40.5	30.4	29.4	5.3							
	12			64.6			5.4	44.4	32.1					
23	00	34.1	20.1	47.6										
	12			6.6			5.5							
24	00	34.2	20.2	18.1			5.6		32.2					
	12			48.1			26.1			43.2				
25	00	34.3	20.3	57.2			26.2							
	12			32.2				44.3	32.3					
26	00	34.4	20.4	50.3			26.3							
	12			28.4			26.4							
27	00	34.5	20.5	44.5			26.5		32.4		2.5	48.4		
	12	34.6	20.6	1.5										
28	00			43.6			26.6							
	12	9.1	16.1	34.2			11.1		32.5					
29	00			9.3	30.3	29.3	11.2			43.3				
	12	9.2	16.2	5.4			11.3							
30	00			26.5					32.6					
	12	9.3	16.3	11.6			11.4							

December 1970

Date	Time	☉	⊕	☾	☊	☋	☿	♀	♂	♃	♄	♅	♆	♇
1	00	9.3	16.3	58.2	30.3	29.3	11.5	44.3	50.1	43.3	2.5	48.4	34.1	46.2
	12	9.4	16.4	38.3	R	R	11.6	D	D	D	R	D	D	D
2	00			54.5										
	12	9.5	16.5	61.6			10.1		50.2					
3	00			41.2			10.2							
	12	9.6	16.6	19.3						43.4				
4	00	5.1	35.1	13.5			10.3		50.3					
	12			49.6			10.4							
5	00	5.2	35.2	55.2	D	D	10.5							
	12			37.3					50.4				34.2	
6	00	5.3	35.3	63.5	R	R	10.6							
	12			22.6			58.1							
7	00	5.4	35.4	25.2				44.4	50.5					
	12			17.3			58.2							
8	00	5.5	35.5	21.5			58.3			43.5				
	12			51.6					50.6					
9	00	5.6	35.6	3.2			58.4							
	12	26.1	45.1	27.3										
10	00			24.4	30.2	29.2	58.5		28.1					
	12	26.2	45.2	2.6			58.6	44.5			2.4			
11	00			8.1										
	12	26.3	45.3	20.2			38.1		28.2					
12	00			16.4						43.6				
	12	26.4	45.4	35.5			38.2							
13	00			45.6				44.6	28.3					
	12	26.5	45.5	15.1			38.3							
14	00			52.2										
	12	26.6	45.6	39.3					28.4					
15	00			53.3			38.4	1.1						
	12	11.1	12.1	62.4	30.1	29.1								
16	00	11.2	12.2	56.5					28.5					
	12			31.5			38.5			14.1				
17	00	11.3	12.3	33.6				1.2						
	12			7.6					28.6					
18	00	11.4	12.4	29.1										
	12			59.1	D	D		1.3						
19	00	11.5	12.5	40.1					44.1					
	12			64.1			R							
20	00	11.6	12.6	47.2				1.4						
	12			6.2					44.2					
21	00	10.1	15.1	46.2	R	R								
	12	10.2	15.2	18.3				1.5		14.2				
22	00			48.3					44.3					
	12	10.3	15.3	57.4			38.4							
23	00			32.4				1.6						
	12	10.4	15.4	50.5					44.4			48.5		
24	00			28.5			38.3							
	12	10.5	15.5	44.6				43.1						
25	00			43.1			38.2		44.5					
	12	10.6	15.6	14.2			38.1							
26	00			34.3				43.2		14.3				
	12	58.1	52.1	9.4			58.6		44.6					
27	00	58.2	52.2	5.6			58.5	43.3						
	12			11.1										
28	00	58.3	52.3	10.2			58.4		1.1					
	12			58.4			58.3	43.4						
29	00	58.4	52.4	38.5							2.3			
	12			61.1	49.6	4.6	58.2	43.5	1.2					
30	00	58.5	52.5	60.3			58.1							
	12			41.5			10.6	43.6						
31	00	58.6	52.6	19.6					1.3	14.4				
	12			49.2			10.5							

January 1971

Date	Time	☉	⊕	☾	☊	☋	☿	♀	♂	♃	♄	♅	♆	♇
1	00	38.1	39.1	30.4	D	D	10.5	14.1	1.3	14.4	2.3	48.5	34.2	46.2
	12			55.5			10.4	D	1.4	D	R	D	34.3	D
2	00	38.2	39.2	63.1			10.3	14.2						R
	12	38.3	39.3	22.3					1.5					
3	00			36.4			10.2	14.3						
	12	38.4	39.4	25.6										
4	00			21.1				14.4	1.6					
	12	38.5	39.5	51.3	R	R	10.1							
5	00			42.4						14.5				
	12	38.6	39.6	3.6				14.5	43.1					
6	00			24.1			11.6							
	12	54.1	53.1	2.2				14.6						
7	00			23.3					43.2					
	12	54.2	53.2	8.5				34.1						
8	00	54.3	53.3	20.6										
	12			35.1			D	34.2	43.3					
9	00	54.4	53.4	45.2										
	12			12.3				34.3						
10	00	54.5	53.5	15.3					43.4	14.6				
	12			52.4				34.4						
11	00	54.6	53.6	39.5			10.1							
	12			53.6				34.5	43.5					
12	00	61.1	62.1	62.6										
	12			31.1				34.6						
13	00	61.2	62.2	33.1			10.2		43.6					
	12	61.3	62.3	7.2				9.1						
14	00			4.2										
	12	61.4	62.4	29.3	D	D	10.3	9.2	14.1					
15	00			59.3										
	12	61.5	62.5	40.3				9.3		34.1				
16	00			64.4			10.4		14.2					
	12	61.6	62.6	47.4				9.4						
17	00			6.4			10.5							
	12	60.1	56.1	46.5				9.5	14.3					
18	00			18.5			10.6				D			
	12	60.2	56.2	48.5				9.6				R		
19	00	60.3	56.3	57.6			58.1	5.1	14.4					
	12			32.6										
20	00	60.4	56.4	28.1	R	R	58.2	5.2						
	12			44.1					14.5					
21	00	60.5	56.5	1.2			58.3	5.3		34.2				
	12			43.2			58.4							
22	00	60.6	56.6	14.3				5.4	14.6					
	12			34.4			58.5							
23	00	41.1	31.1	9.5				5.5						
	12			26.1			58.6		34.1					
24	00	41.2	31.2	11.2			38.1	5.6						
	12			10.3				26.1						
25	00	41.3	31.3	58.5			38.2		34.2					
	12	41.4	31.4	38.6			38.3	26.2						
26	00			61.2										
	12	41.5	31.5	60.4			38.4	26.3	34.3					
27	00			41.6			38.5			34.3				
	12	41.6	31.6	13.2				26.4						
28	00			49.4			38.6		34.4					
	12	19.1	33.1	30.6	D	D	54.1	26.5						
29	00			37.2				26.6						
	12	19.2	33.2	63.4			54.2		34.5					
30	00			22.5			54.3	11.1						
	12	19.3	33.3	25.1			54.4							
31	00	19.4	33.4	17.3				11.2	34.6					
	12			21.5			54.5							

February 1971

Date	Time	☉	⊕	☾	☊	☋	☿	♀	♂	♃	♄	♅	♆	♇
1	00	19.5	33.5	51.6	49.6	4.6	54.6	11.3	34.6	34.3	2.3	48.5	34.3	46.2
	12			3.2	D	D	61.1	11.4	9.1	D	D	R	D	R
2	00	19.6	33.6	27.3										
	12			24.5			61.2	11.5		34.4				
3	00	13.1	7.1	2.6	R	R	61.3		9.2					
	12			8.1			61.4	11.6						
4	00	13.2	7.2	20.2										
	12			16.3			61.5	10.1	9.3					
5	00	13.3	7.3	35.4			61.6	10.2						
	12			45.5			60.1							
6	00	13.4	7.4	12.6				10.3	9.4					
	12	13.5	7.5	52.1			60.2				2.4			
7	00			39.1			60.3	10.4						
	12	13.6	7.6	53.2			60.4	10.5	9.5					
8	00			62.3			60.5							
	12	49.1	4.1	56.3				10.6						
9	00			31.4			60.6		9.6					
	12	49.2	4.2	33.4			41.1	58.1						
10	00			7.5			41.2	58.2		34.5				
	12	49.3	4.3	4.5			41.3		5.1					
11	00			29.5	D	D		58.3						
	12	49.4	4.4	59.6			41.4							
12	00			40.6			41.5	58.4	5.2				34.4	
	12	49.5	4.5	64.6			41.6							
13	00	49.6	4.6	6.1	R	R	19.1	58.5						
	12			46.1			19.2	58.6	5.3					
14	00	30.1	29.1	18.1								48.4		
	12			48.1			19.3	38.1						
15	00	30.2	29.2	57.2			19.4		5.4					
	12			32.2			19.5	38.2						46.1
16	00	30.3	29.3	50.3			19.6	38.3						
	12			28.3			13.1		5.5					
17	00	30.4	29.4	44.3			13.2	38.4						
	12			1.4										
18	00	30.5	29.5	43.5			13.3	38.5	5.6					
	12			14.5			13.4	38.6						
19	00	30.6	29.6	34.6	D	D	13.5			34.6				
	12	55.1	59.1	5.1			13.6	54.1	26.1					
20	00			26.2			49.1	54.2						
	12	55.2	59.2	11.3			49.2							
21	00			10.4			49.3	54.3	26.2					
	12	55.3	59.3	58.6										
22	00			54.1			49.4	54.4						
	12	55.4	59.4	61.3			49.5	54.5	26.3					
23	00			60.5			49.6							
	12	55.5	59.5	41.6			30.1	54.6						
24	00			13.2			30.2		26.4					
	12	55.6	59.6	49.4			30.3	61.1			2.5			
25	00			30.6	R	R	30.4	61.2						
	12	37.1	40.1	37.2			30.5		26.5					
26	00	37.2	40.2	63.5			30.6	61.3						
	12			36.1			55.1							
27	00	37.3	40.3	25.3			55.2	61.4	26.6					
	12			17.5			55.3	61.5						
28	00	37.4	40.4	51.1			55.4							
	12			42.3				61.6	11.1					

March 1971

Date	Time	☉	⊕	☾	☊	☋	☿	♀	♂	♃	♄	♅	♆	♇
1	00	37.5	40.5	3.4	49.5	4.5	55.5	60.1	11.1	34.6	2.5	48.4	34.4	46.1
	12			27.6	R	R	55.6	D	D	D	D	R	D	R
2	00	37.6	40.6	2.2			37.1	60.2	11.2					
	12			23.3			37.2			9.1				
3	00	63.1	64.1	8.5			37.3	60.3						
	12			20.6			37.4	60.4	11.3					
4	00	63.2	64.2	35.1			37.5							
	12	63.3	64.3	45.2	D	D	37.6	60.5						
5	00			12.3			63.1		11.4					
	12	63.4	64.4	15.4			63.2	60.6						
6	00			52.4			63.3	41.1					R	
	12	63.5	64.5	39.5			63.4		11.5					
7	00			53.6			63.5	41.2						
	12	63.6	64.6	62.6			63.6	41.3						
8	00			31.1	49.6	4.6	22.1							
	12	22.1	47.1	33.1			22.2	41.4	11.6					
9	00			7.1			22.3				2.6			
	12	22.2	47.2	4.2			22.5	41.5						
10	00			29.2	R	R	22.6	41.6	10.1					
	12	22.3	47.3	59.2			36.1							
11	00			40.3			36.2	19.1						
	12	22.4	47.4	64.3			36.3	19.2	10.2					
12	00	22.5	47.5	47.3	49.5	4.5	36.4							
	12			6.4			36.5	19.3						
13	00	22.6	47.6	46.4			36.6		10.3					
	12			18.4			25.1	19.4						
14	00	36.1	6.1	48.5			25.2	19.5						
	12			57.5			25.3		10.4			48.3		
15	00	36.2	6.2	32.5			25.4	19.6						
	12			50.6			25.5	13.1						
16	00	36.3	6.3	28.6			25.6		10.5					
	12			1.1			17.1	13.2						
17	00	36.4	6.4	43.1			17.2							
	12			14.2			17.3	13.3	10.6					
18	00	36.5	6.5	34.2			17.4	13.4						
	12			9.3			17.5							
19	00	36.6	6.6	5.4			17.6	13.5	58.1		23.1			
	12			26.5			21.1	13.6						
20	00	25.1	46.1	11.6			21.2							
	12	25.2	46.2	58.1	D	D	21.3	49.1	58.2					
21	00			38.2			21.4	49.2						
	12	25.3	46.3	54.3			21.5							
22	00			61.4			21.6	49.3	58.3					
	12	25.4	46.4	60.6			51.1							
23	00			19.2			51.2	49.4						
	12	25.5	46.5	13.3			51.3	49.5		R				
24	00			49.5	R	R	51.4		58.4					
	12	25.6	46.6	55.1			51.5	49.6						6.6
25	00			37.3			51.6	30.1						
	12	17.1	18.1	63.5			42.1		58.5					
26	00			36.1			42.2	30.2						
	12	17.2	18.2	25.3										
27	00			17.5			42.3	30.3	58.6					
	12	17.3	18.3	51.1			42.4	30.4						
28	00			42.4			42.5							
	12	17.4	18.4	3.6				30.5	38.1		23.2		34.3	
29	00	17.5	18.5	24.1			42.6	30.6						
	12			2.3			3.1							
30	00	17.6	18.6	23.5	49.4	4.4		55.1	38.2					
	12			20.1			3.2	55.2						
31	00	21.1	48.1	16.2			3.3							
	12			35.3				55.3	38.3					

April 1971

Date	Time	☉	⊕	☾	☊	☋	☿	♀	♂	♃	♄	♅	♆	♇
1	00	21.2	48.2	45.4	49.4	4.4	3.4	55.3	38.3	9.1	23.2	48.3	34.3	6.6
	12			12.6	R	R	D	55.4	D	R	D	R	R	R
2	00	21.3	48.3	15.6			3.5	55.5						
	12			39.1					38.4					
3	00	21.4	48.4	53.2	D	D	3.6	55.6						
	12			62.3				37.1						
4	00	21.5	48.5	56.3					38.5					
	12			31.4			27.1	37.2						
5	00	21.6	48.6	33.4				37.3						
	12			7.5					38.6					
6	00	51.1	57.1	4.5	R	R	27.2	37.4			23.3	48.2		
	12			29.5										
7	00	51.2	57.2	59.5				37.5	54.1					
	12	51.3	57.3	40.6				37.6						
8	00			64.6										
	12	51.4	57.4	47.6				63.1						
9	00			46.1				63.2	54.2					
	12	51.5	57.5	18.1										
10	00			48.1			R	63.3						
	12	51.6	57.6	57.2				63.4	54.3					
11	00			32.2										
	12	42.1	32.1	50.3				63.5						
12	00			28.3					54.4					
	12	42.2	32.2	44.3				63.6						
13	00			1.4	49.3	4.3		22.1						
	12	42.3	32.3	43.5					54.5					
14	00			14.5			27.1	22.2		34.6	23.4			
	12	42.4	32.4	34.6				22.3						
15	00			5.1										
	12	42.5	32.5	26.1				22.4	54.6					
16	00			11.2			3.6	22.5						
	12	42.6	32.6	10.3										
17	00			58.4				22.6	61.1					
	12	3.1	50.1	38.5			3.5							
18	00	3.2	50.2	54.6				36.1						
	12			60.1				36.2	61.2					
19	00	3.3	50.3	41.3	D	D	3.4							
	12			19.4				36.3						
20	00	3.4	50.4	13.6				36.4						
	12			30.1	R	R	3.3		61.3					
21	00	3.5	50.5	55.3				36.5						
	12			37.5			3.2	36.6						
22	00	3.6	50.6	63.6					61.4		23.5			
	12			36.2				25.1						
23	00	27.1	28.1	25.4			3.1	25.2						
	12			17.6										
24	00	27.2	28.2	51.2				25.3	61.5					
	12			42.4			42.6							
25	00	27.3	28.3	3.6	49.2	4.2		25.4						
	12			24.2				25.5	61.6					
26	00	27.4	28.4	2.4			42.5			34.5				
	12			23.6				25.6						
27	00	27.5	28.5	20.2				17.1						
	12			16.3					60.1					
28	00	27.6	28.6	35.5			42.4	17.2						
	12			45.6				17.3						
29	00	24.1	44.1	15.1					60.2			48.1		
	12			52.2				17.4			23.6			
30	00	24.2	44.2	39.3				17.5						
	12			53.4			42.3							

May 1971

Date	Time	☉	⊕	☾	☊	☋	☿	♀	♂	♃	♄	♅	♆	♇
1	00	24.3	44.3	62.5	49.2	4.2	42.3	17.6	60.3	35.5	23.6	48.1	34.3	6.6
	12	24.4	44.4	56.6	R	R	R	D	D	R	D	R	R	R
2	00			31.6				21.1						
	12	24.5	44.5	7.1	D	D		21.2	60.4					
3	00			4.1										6.5
	12	24.6	44.6	29.2	R	R	D	21.3						
4	00			59.2				21.4						
	12	2.1	1.1	40.2					60.5					
5	00			64.3				21.5		34.4				
	12	2.2	1.2	47.3				21.6						
6	00			6.3	49.1	4.1			60.6					
	12	2.3	1.3	46.3				51.1			8.1			
7	00			18.4			42.4	51.2						
	12	2.4	1.4	48.4										
8	00			57.5				51.3	41.1					
	12	2.5	1.5	32.5										
9	00			50.5				51.4						
	12	2.6	1.6	28.6			42.5	51.5						
10	00			1.1					41.2					
	12	23.1	43.1	43.1				51.6						
11	00			14.2				42.1						
	12	23.2	43.2	34.3	13.6	7.6	42.6							
12	00			9.3				42.2	41.3					
	12	23.3	43.3	5.4				42.3						
13	00			26.5			3.1			34.3			34.2	
	12	23.4	43.4	11.6				42.4	41.4					
14	00			58.1			3.2	42.5			8.2			
	12	23.5	43.5	38.2										
15	00			54.3				42.6						
	12	23.6	43.6	61.4			3.3		41.5					
16	00			60.5				3.1						
	12	8.1	14.1	19.1			3.4	3.2						
17	00	8.2	14.2	13.2										
	12			49.3	D	D	3.5	3.3	41.6					
18	00	8.3	14.3	30.5	R	R		3.4						
	12			55.6			3.6							
19	00	8.4	14.4	63.2				3.5						
	12			22.3			27.1	3.6	19.1					
20	00	8.5	14.5	36.5										
	12			17.1			27.2	27.1		34.2				
21	00	8.6	14.6	21.3			27.3	27.2			8.3			
	12			51.4					19.2					
22	00	20.1	34.1	42.6			27.4	27.3						
	12			27.2	13.5	7.5								
23	00	20.2	34.2	24.4			27.5	27.4						
	12			2.6			27.6	27.5						
24	00	20.3	34.3	8.1					19.3					
	12			20.3			24.1	27.6						
25	00	20.4	34.4	16.4			24.2	24.1						
	12			35.6			24.3							
26	00	20.5	34.5	12.1				24.2	19.4					
	12			15.3			24.4	24.3						
27	00	20.6	34.6	52.4			24.5							
	12			39.5				24.4						
28	00	16.1	9.1	53.6			24.6	24.5	19.5	34.1				
	12			56.1			2.1				8.4			
29	00	16.2	9.2	31.2			2.2	24.6						
	12			33.2			2.3	2.1						
30	00	16.3	9.3	7.3										
	12			4.3	D	D	2.4	2.2	19.6					
31	00	16.4	9.4	29.4			2.5							
	12			59.4			2.6	2.3						

June 1971

Date	Time	☉	⊕	☾	☊	☋	☿	♀	♂	♃	♄	♅	♆	♇
1	00	16.5	9.5	40.5	13.5	7.5	23.1	2.4	19.6	34.1	8.4	48.1	34.2	6.5
	12			64.5	R	R	23.2	D	13.1	R	D	R	R	R
2	00	16.6	9.6	47.5				2.5						
	12			6.6			23.3	2.6						
3	00	35.1	5.1	46.6	13.4	7.4	23.4							
	12			18.6			23.5	23.1						
4	00	35.2	5.2	57.1			23.6	23.2	13.2					
	12			32.1			8.1			14.6				
5	00	35.3	5.3	50.1			8.2	23.3			8.5			
	12			28.2			8.3	23.4				18.6		
6	00	35.4	5.4	44.2			8.4							
	12	35.5	5.5	1.3			8.5	23.5	13.3					
7	00			43.4			8.6	23.6						
	12	35.6	5.6	14.4			20.1							
8	00			34.5			20.2	8.1						D
	12	45.1	26.1	9.6			20.3							
9	00			26.1			20.4	8.2						
	12	45.2	26.2	11.2	13.3	7.3	20.5	8.3	13.4					
10	00			10.3			20.6							
	12	45.3	26.3	58.4			16.1	8.4						
11	00			38.5			16.2	8.5						
	12	45.4	26.4	61.1			16.3							
12	00			60.2			16.4	8.6						
	12	45.5	26.5	41.3			16.5	20.1	13.5	14.5	8.6			
13	00			19.5			16.6							
	12	45.6	26.6	13.6	D	D	35.1	20.2						
14	00			30.1			35.3	20.3						
	12	12.1	11.1	55.3			35.4							
15	00			37.4			35.5	20.4						
	12	12.2	11.2	63.6			35.6	20.5	13.6					
16	00			36.1			45.1							
	12	12.3	11.3	25.3	R	R	45.2	20.6						
17	00			17.5			45.3							
	12	12.4	11.4	21.6			45.5	16.1					34.1	
18	00			42.2			45.6	16.2				D		
	12	12.5	11.5	3.3			12.1							
19	00			27.5			12.2	16.3	49.1					
	12	12.6	11.6	2.1			12.3	16.4						
20	00			23.2			12.4				20.1			
	12	15.1	10.1	8.4			12.6	16.5						
21	00			20.5			15.1	16.6						
	12	15.2	10.2	35.1			15.2			14.4				
22	00			45.2			15.3	35.1						
	12	15.3	10.3	12.3			15.4	35.2	49.2					
23	00			15.4			15.5							
	12	15.4	10.4	52.6			52.1	35.3						
24	00			53.1			52.2	35.4						
	12	15.5	10.5	62.2			52.3							
25	00			56.3	13.2	7.2	52.4	35.5						
	12	15.6	10.6	31.3			52.5	35.6						
26	00			33.4			52.6							
	12	52.1	58.1	7.5	D	D	39.1	45.1						
27	00			4.5			39.3							
	12	52.2	58.2	29.6			39.4	45.2	49.3					
28	00			59.6			39.5	45.3			20.2			
	12	52.3	58.3	64.1			39.6							
29	00			47.1	13.3	7.3	53.1	45.4						
	12	52.4	58.4	6.1			53.2	45.5						
30	00			46.2			53.3					48.1		
	12	52.5	58.5	18.2			53.4	45.6						

July 1971

Date	Time	☉	⊕	☾	☊	☋	☿	♀	♂	♃	♄	♅	♆	♇
1	00	52.5	58.5	48.2	R	R	53.5	12.1	49.3	14.4	20.2	48.1	34.1	6.5
	12	52.6	58.6	57.3			53.6	D	D	R	D	D	R	D
2	00			32.3			62.2	12.2						
	12	39.1	38.1	50.3	13.2	7.2	62.3	12.3						
3	00	39.2	38.2	28.4			62.4			14.3				
	12			44.4			62.5	12.4						
4	00	39.3	38.3	1.5			62.6	12.5						
	12			43.6			56.1							
5	00	39.4	38.4	14.6			56.2	12.6	49.4					
	12			9.1			56.3	15.1						
6	00	39.5	38.5	5.2			56.4							
	12			26.3			56.5	15.2			20.3			
7	00	39.6	38.6	11.4			56.6							
	12			10.5			31.1	15.3						
8	00	53.1	54.1	38.1				15.4						
	12			54.2			31.2							
9	00	53.2	54.2	61.3			31.3	15.5						
	12			60.5			31.4	15.6						
10	00	53.3	54.3	41.6			31.5							
	12			13.2			31.6	52.1						
11	00	53.4	54.4	49.3	D	D	33.1	52.2						
	12			30.5			33.2		R					
12	00	53.5	54.5	37.1			33.3	52.3						
	12			63.2			33.4	52.4						
13	00	53.6	54.6	22.4										
	12			36.5			33.5	52.5						6.6
14	00	62.1	61.1	17.1			33.6	52.6						
	12			21.3			7.1							
15	00	62.2	61.2	51.4			7.2	39.1						
	12			42.6	R	R	7.3	39.2			20.4			
16	00	62.3	61.3	27.1										
	12			24.3			7.4	39.3						
17	00	62.4	61.4	2.4			7.5	39.4						
	12			23.6			7.6							
18	00	62.5	61.5	20.1			4.1	39.5	49.3					
	12			16.2										
19	00	62.6	61.6	35.4			4.2	39.6						
	12			45.5			4.3	53.1						
20	00	56.1	60.1	12.6			4.4							
	12			52.1				53.2						
21	00	56.2	60.2	39.2			4.5	53.3						
	12			53.3			4.6							
22	00	56.3	60.3	62.4				53.4						
	12			56.5			29.1	53.5						
23	00	56.4	60.4	31.6			29.2							
	12			33.6				53.6						
24	00	56.5	60.5	4.1	D	D	29.3	62.1						
	12			29.1			29.4							
25	00	56.6	60.6	59.2				62.2		D				
	12			40.2			29.5	62.3	49.2		20.5			
26	00	31.1	41.1	64.3			29.6							
	12			47.3				62.4						
27	00	31.2	41.2	6.4			59.1	62.5						
	12			46.4										
28	00	31.3	41.3	18.4			59.2	62.6						
	12			48.4				56.1						
29	00	31.4	41.4	57.5			59.3							
	12			32.5				56.2						
30	00	31.5	41.5	50.6			59.4	56.3	49.1					
	12			28.6	R	R								
31	00	31.6	41.6	44.6			59.5	56.4						
	12	33.1	19.1	43.1				56.5						

August 1971

Date	Time	☉	⊕	☾	☊	☋	☿	♀	♂	♃	♄	♅	♆	♇
1	00	33.1	19.1	14.1	13.2	7.2	59.6	56.5	49.1	14.3	20.5	48.1	34.1	6.6
	12	33.2	19.2	34.2	R	R	D	56.6	R	D	D	D	R	D
2	00			9.3			40.1							
	12	33.3	19.3	5.4				31.1						
3	00			26.5			40.2	31.2						
	12	33.4	19.4	11.6					13.6					
4	00			58.1				31.3						
	12	33.5	19.5	38.2			40.3	31.4						
5	00			54.3										
	12	33.6	19.6	61.5				31.5				48.2		
6	00			60.6			40.4	31.6			20.6			
	12	7.1	13.1	19.2										
7	00			13.4	D	D		33.1	13.5					
	12	7.2	13.2	49.5				33.2						
8	00			55.1	R	R	40.5							
	12	7.3	13.3	37.3				33.3						
9	00			63.5				33.4						
	12	7.4	13.4	36.1										
10	00			25.3				33.5						
	12	7.5	13.5	17.5				33.6	13.4					
11	00			21.6										
	12	7.6	13.6	42.2			40.6	7.1						
12	00			3.4				7.2						
	12	4.1	49.1	27.5										
13	00			2.1			R	7.3					D	
	12	4.2	49.2	23.2	D	D		7.4						
14	00			8.4					13.3					
	12	4.3	49.3	20.5			40.5	7.5						
15	00			16.6				7.6						
	12	4.4	49.4	45.2										
16	00			12.3				4.1		14.4				
	12	4.5	49.5	15.4				4.2						
17	00			52.5										
	12	4.6	49.6	39.5				4.3						
18	00			53.6			40.4	4.4	13.2					
	12	29.1	30.1	56.1										46.1
19	00			31.2				4.5						
	12	29.2	30.2	33.2			40.3	4.6						
20	00			7.3	R	R								
	12	29.3	30.3	4.4				29.1						
21	00			29.4			40.2	29.2			16.1			
	12	29.4	30.4	59.5					13.1					
22	00	29.5	30.5	40.5				29.3						
	12			64.5			40.1							
23	00	29.6	30.6	47.6				29.4						
	12			6.6			59.6	29.5						
24	00	59.1	55.1	46.6										
	12			48.1			59.5	29.6						
25	00	59.2	55.2	57.1				59.1						
	12			32.1			59.4					48.3		
26	00	59.3	55.3	50.2				59.2						
	12			28.2			59.3	59.3	19.6					
27	00	59.4	55.4	44.2										
	12			1.3			59.2	59.4		14.5				
28	00	59.5	55.5	43.3				59.5						
	12			14.4										
29	00	59.6	55.6	34.4			59.1	59.6						
	12			9.5	D	D		40.1						
30	00	40.1	37.1	5.6			29.6							
	12			26.6				40.2						
31	00	40.2	37.2	10.1				40.3						
	12			58.2			29.5							

September 1971

Date	Time	☉	⊕	☾	☊	☋	☿	♀	♂	♃	♄	♅	♆	♇
1	00	40.3	37.3	38.3	13.2	7.2	29.5	40.4	19.6	14.5	16.1	48.3	34.1	46.1
	12			54.5	D	D	R	40.5	R	D	D	D	D	D
2	00	40.4	37.4	61.6			29.4		19.5					
	12			41.1				40.6						
3	00	40.5	37.5	19.3				64.1						
	12			13.5	R	R								
4	00	40.6	37.6	30.1				64.2						
	12			55.2				64.3						
5	00	64.1	63.1	37.4										
	12			63.6			D	64.4		14.6				
6	00	64.2	63.2	36.3				64.5						
	12			25.5										
7	00	64.3	63.3	21.1				64.6						
	12	64.4	63.4	51.3				47.1						
8	00			42.5										
	12	64.5	63.5	27.1	13.1	7.1		47.2						
9	00			24.2			29.5	47.3						
	12	64.6	63.6	2.4										
10	00			23.6				47.4	D					
	12	47.1	22.1	20.1			29.6	47.5						
11	00			16.3										
	12	47.2	22.2	35.4			59.1	47.6				48.4		
12	00			45.5	D	D		6.1						
	12	47.3	22.3	12.6			59.2							
13	00			52.1				6.2		34.1				
	12	47.4	22.4	39.2			59.3	6.3						
14	00			53.3										46.2
	12	47.5	22.5	62.4			59.4	6.4						
15	00			56.5			59.5	6.5						
	12	47.6	22.6	31.5										
16	00			33.6			59.6	6.6						
	12	6.1	36.1	7.6	R	R	40.1	46.1						
17	00			29.1			40.2							
	12	6.2	36.2	59.1				46.2						
18	00			40.2			40.3	46.3	19.6					
	12	6.3	36.3	64.2			40.4							
19	00			47.2			40.5	46.4						
	12	6.4	36.4	6.3			40.6	46.5		34.2	R			
20	00	6.5	36.5	46.3			64.1							
	12			18.3			64.2	46.6						
21	00	6.6	36.6	48.4				18.1						
	12			57.4			64.3							
22	00	46.1	25.1	32.4			64.4	18.2						
	12			50.5			64.5	18.3						
23	00	46.2	25.2	28.5			64.6							
	12			44.5			47.1	18.4						
24	00	46.3	25.3	1.6			47.2	18.5	13.1					
	12			43.6			47.3							
25	00	46.4	25.4	34.1			47.4	18.6						
	12			9.1	19.6	33.6	47.5	48.1		34.3				
26	00	46.5	25.5	5.2			47.6							
	12			26.2			6.1	48.2						
27	00	46.6	25.6	11.3			6.2	48.3				48.5		
	12			10.4			6.3							
28	00	18.1	17.1	58.4	D	D	6.4	48.4						
	12			38.5			6.5	48.5	13.2					
29	00	18.2	17.2	54.6			6.6							
	12			60.2			46.1	48.6						
30	00	18.3	17.3	41.3			46.2							
	12			19.4			46.3	57.1						

October 1971

Date	Time	☉	⊕	☾	☊	☋	☿	♀	♂	♃	♄	♅	♆	♇
1	00	18.4	17.4	13.6	R	R	46.4	57.2	13.2	34.3	16.1	48.5	34.1	46.2
	12	18.5	17.5	30.1			46.5	D	D	34.4	R	D	D	D
2	00			55.3				57.3	13.3					
	12	18.6	17.6	37.5			46.6	57.4						
3	00			22.1			18.1							
	12	48.1	21.1	36.3			18.2	57.5						
4	00			25.5			18.3	57.6						
	12	48.2	21.2	21.1			18.4							
5	00			51.4			18.5	32.1						
	12	48.3	21.3	42.6			18.6	32.2	13.4					
6	00			27.2			48.1						34.2	
	12	48.4	21.4	24.4			48.2	32.3						
7	00			2.6			48.3	32.4		34.5				
	12	48.5	21.5	8.2			48.4							
8	00			20.4			48.5	32.5						
	12	48.6	21.6	16.5			48.6	32.6	13.5					
9	00			45.1			57.1							46.3
	12	57.1	51.1	12.2			57.2	50.1						
10	00			15.3	19.5	33.5	57.3	50.2						
	12	57.2	51.2	52.5										
11	00	57.3	51.3	39.6			57.4	50.3	13.6					
	12			53.6	D	D	57.5	50.4						
12	00	57.4	51.4	56.1			57.6			34.6		48.6		
	12			31.2			32.1	50.5						
13	00	57.5	51.5	33.3			32.2	50.6						
	12			7.3	R	R	32.3		49.1					
14	00	57.6	51.6	4.4			32.4	28.1						
	12			29.4			32.5	28.2						
15	00	32.1	42.1	59.4			32.6							
	12			40.5				28.3						
16	00	32.2	42.2	64.5			50.1	28.4	49.2					
	12			47.6			50.2							
17	00	32.3	42.3	6.6			50.3	28.5		9.1				
	12			46.6			50.4	28.6						
18	00	32.4	42.4	18.6			50.5							
	12			57.1			50.6	44.1	49.3					
19	00	32.5	42.5	32.1			28.1	44.2			20.6			
	12	32.6	42.6	50.1										
20	00			28.2			28.2	44.3						
	12	50.1	3.1	44.2	19.4	33.4	28.3	44.4	49.4					
21	00			1.3			28.4							
	12	50.2	3.2	43.3			28.5	44.5						
22	00			14.3			28.6	44.6		9.2				
	12	50.3	3.3	34.4					49.5					
23	00			9.4			44.1	1.1						
	12	50.4	3.4	5.5			44.2	1.2						
24	00			26.5			44.3							
	12	50.5	3.5	11.6			44.4	1.3	49.6					
25	00			58.1			44.5	1.4						
	12	50.6	3.6	38.2			44.6							
26	00			54.2				1.5						
	12	28.1	27.1	61.3			1.1	1.6		9.3				
27	00			60.4			1.2		30.1			57.1		
	12	28.2	27.2	41.5	D	D	1.3	43.1						
28	00	28.3	27.3	13.1	R	R	1.4	43.2						
	12			49.2					30.2					
29	00	28.4	27.4	30.3			1.5	43.3						
	12			55.5			1.6	43.4						
30	00	28.5	27.5	37.6			43.1							
	12			22.2	19.3	33.3	43.2	43.5	30.3					
31	00	28.6	27.6	36.4				43.6		9.4				
	12			25.6			43.3							

November 1971

Date	Time	☉	⊕	☾	☊	☋	☿	♀	♂	♃	♄	♅	♆	♇
1	00	44.1	24.1	21.2	19.3	33.3	43.4	14.1	30.3	9.4	20.6	57.1	34.2	46.3
	12			51.4	R	R	43.5	14.2	30.4	D	R	D	D	D
2	00	44.2	24.2	42.6			43.6							
	12			27.2				14.3						
3	00	44.3	24.3	24.5			14.1	14.4						
	12			23.1			14.2		30.5		20.5			
4	00	44.4	24.4	8.3			14.3	14.5						
	12	44.5	24.5	20.5			14.4	14.6		9.5			34.3	
5	00			35.1					30.6					
	12	44.6	24.6	45.2	19.2	33.2	14.5	34.1						46.4
6	00			12.4			14.6	34.2						
	12	1.1	2.1	15.5			34.1							
7	00			39.1				34.3	55.1					
	12	1.2	2.2	53.2			34.2	34.4						
8	00			62.3			34.3							
	12	1.3	2.3	56.4			34.4	34.5						
9	00			31.5			34.5	34.6	55.2	9.6				
	12	1.4	2.4	33.5	D	D								
10	00			7.6	R	R	34.6	9.1						
	12	1.5	2.5	29.1			9.1	9.2	55.3					
11	00			59.1			9.2							
	12	1.6	2.6	40.1				9.3						
12	00	43.1	23.1	64.2			9.3	9.4	55.4			57.2		
	12			47.2			9.4							
13	00	43.2	23.2	6.3				9.5						
	12			46.3			9.5	9.6		5.1				
14	00	43.3	23.3	18.3			9.6		55.5					
	12			48.3			5.1	5.1						
15	00	43.4	23.4	57.4				5.2						
	12			32.4			5.2		55.6					
16	00	43.5	23.5	50.4			5.3	5.3			20.4			
	12			28.5	19.1	33.1		5.4						
17	00	43.6	23.6	44.5			5.4							
	12			1.6			5.5	5.5	37.1	5.2				
18	00	14.1	8.1	43.6				5.6						
	12	14.2	8.2	34.1			5.6							
19	00			9.1			26.1	26.1	37.2					
	12	14.3	8.3	5.2				26.2						
20	00			26.2			26.2							
	12	14.4	8.4	11.3			26.3	26.3	37.3					
21	00			10.4				26.4						
	12	14.5	8.5	58.4	41.6	31.6	26.4							
22	00			38.5			26.5	26.5	37.4	5.3				
	12	14.6	8.6	54.6				26.6						
23	00			60.1			26.6							
	12	34.1	20.1	41.2				11.1						
24	00			19.3	D	D	11.1	11.2	37.5					
	12	34.2	20.2	13.4										
25	00	34.3	20.3	49.5			11.2	11.3						
	12			30.6				11.4	37.6					
26	00	34.4	20.4	37.2	R	R	11.3			5.4				
	12			63.3				11.5						
27	00	34.5	20.5	22.5			11.4	11.6	63.1					
	12			36.6							20.3			
28	00	34.6	20.6	17.2				10.1						
	12			21.4			11.5	10.2	63.2					
29	00	9.1	16.1	51.6										
	12			3.2				10.3					34.4	
30	00	9.2	16.2	27.4			11.6	10.4	63.3	5.5		57.3		
	12			24.6										

December 1971

Date	Time	☉	⊕	☾	☊	☋	☿	♀	♂	♃	♄	♅	♆	♇
1	00	9.3	16.3	23.2	41.6	31.6	11.6	10.5	63.3	5.5	20.3	57.3	34.4	46.4
	12	9.4	16.4	8.3	R	R	D	10.6	63.4	D	R	D	D	D
2	00			20.5										
	12	9.5	16.5	35.1				58.1						
3	00			45.3			10.1	58.2						
	12	9.6	16.6	12.5	41.5	31.5	R 11.6		63.5					
4	00			15.6				58.3						
	12	5.1	35.1	39.2				58.4		5.6				
5	00			53.3					63.6					
	12	5.2	35.2	62.4				58.5						
6	00			56.5				58.6						
	12	5.3	35.3	31.6	D	D	11.5		22.1					
7	00	5.4	35.4	7.1				38.1						
	12			4.2										
8	00	5.5	35.5	29.3			11.4	38.2	22.2					
	12			59.3				38.3		26.1				
9	00	5.6	35.6	40.4			11.3				20.2			
	12			64.4				38.4	22.3					
10	00	26.1	45.1	47.5	R	R	11.2	38.5						
	12			6.5			11.1							
11	00	26.2	45.2	46.5				38.6	22.4					
	12			18.6			26.6	54.1						
12	00	26.3	45.3	48.6			26.5							
	12			57.6			26.4	54.2	22.5	26.2				
13	00	26.4	45.4	50.1				54.3						
	12	26.5	45.5	28.1			26.3							
14	00			44.1			26.2	54.4	22.6					
	12	26.6	45.6	1.2				54.5						
15	00			43.2			26.1							
	12	11.1	12.1	14.3			5.6	54.6	36.1					
16	00			34.3				61.1						
	12	11.2	12.2	9.4			5.5							
17	00			5.5			5.4	61.2	36.2	26.3				
	12	11.3	12.3	26.5				61.3						
18	00			11.6	41.4	31.4	5.3							
	12	11.4	12.4	58.1				61.4	36.3					
19	00	11.5	12.5	38.2				61.5						
	12			54.3			5.2							
20	00	11.6	12.6	61.4				61.6	36.4					
	12			60.5				60.1						
21	00	10.1	15.1	41.6	D	D	5.1			26.4				
	12			13.1				60.2	36.5		20.1			
22	00	10.2	15.2	49.2				60.3						
	12			30.3										46.5
23	00	10.3	15.3	55.5			D	60.4	36.6					
	12			37.6				60.5						
24	00	10.4	15.4	22.1										
	12	10.5	15.5	36.3				60.6	25.1					
25	00			25.4				41.1		26.5				
	12	10.6	15.6	17.6	R	R	5.2		25.2				34.5	
26	00			51.1				41.2				57.4		
	12	58.1	52.1	42.3				41.3						
27	00			3.5					25.3					
	12	58.2	52.2	27.6			5.3	41.4						
28	00			2.2				41.5						
	12	58.3	52.3	23.4					25.4					
29	00			8.5			5.4	41.6						
	12	58.4	52.4	16.1				19.1		26.6				
30	00			35.3			5.5		25.5					
	12	58.5	52.5	45.4				19.2						
31	00	58.6	52.6	12.6			5.6	19.3						
	12			52.1					25.6					

January 1972

Date	Time	☉	⊕	☾	☊	☋	☿	♀	♂	♃	♄	♅	♆	♇
1	00	38.1	39.1	39.3	41.4	31.4	26.1	19.4	25.6	26.6	20.1	57.4	34.5	46.5
	12			53.4	R	R	D	19.5	D	D	R	D	D	D
2	00	38.2	39.2	62.5			26.2		17.1					
	12			31.1				19.6		11.1				
3	00	38.3	39.3	33.2	D	D	26.3	13.1						
	12			7.3					17.2					
4	00	38.4	39.4	4.3			26.4	13.2						
	12			29.4			26.5							
5	00	38.5	39.5	59.5				13.3	17.3					R
	12	38.6	39.6	40.6			26.6	13.4						
6	00			64.6										
	12	54.1	53.1	6.1			11.1	13.5	17.4					
7	00			46.1			11.2	13.6		11.2				
	12	54.2	53.2	18.1							8.6			
8	00			48.2			11.3	49.1	17.5					
	12	54.3	53.3	57.2			11.4	49.2						
9	00			32.2	R	R			17.6					
	12	54.4	53.4	50.3			11.5	49.3						
10	00			28.3			11.6	49.4						
	12	54.5	53.5	44.3			10.1		21.1					
11	00	54.6	53.6	1.4				49.5		11.3				
	12			43.4			10.2	49.6						
12	00	61.1	62.1	14.5			10.3		21.2					
	12			34.5				30.1						
13	00	61.2	62.2	9.6			10.4	30.2						
	12			26.1			10.5		21.3					
14	00	61.3	62.3	11.1			10.6	30.3						
	12			10.2				30.4						
15	00	61.4	62.4	58.3			58.1		21.4					
	12			38.4			58.2	30.5		11.4				
16	00	61.5	62.5	54.5			58.3	30.6						
	12	61.6	62.6	61.6					21.5					
17	00			41.1			58.4	55.1						
	12	60.1	56.1	19.3	D	D	58.5	55.2						
18	00			13.4			58.6		21.6					
	12	60.2	56.2	49.5				55.3						46.4
19	00			55.1			38.1							
	12	60.3	56.3	37.2			38.2	55.4	51.1					
20	00			63.4			38.3	55.5		11.5				
	12	60.4	56.4	22.5			38.4		51.2					
21	00			25.1				55.6						
	12	60.5	56.5	17.2			38.5	37.1						
22	00			21.4			38.6		51.3					
	12	60.6	56.6	51.5			54.1	37.2						
23	00	41.1	31.1	3.1			54.2	37.3						
	12			27.3	R	R			51.4			R		
24	00	41.2	31.2	24.4			54.3	37.4						
	12			2.6			54.4	37.5		11.6				
25	00	41.3	31.3	8.1			54.5		51.5					
	12			20.3			54.6	37.6						
26	00	41.4	31.4	16.4				63.1						
	12			35.6	D	D	61.1		51.6					
27	00	41.5	31.5	12.1			61.2	63.2						
	12			15.2			61.3	63.3					34.6	
28	00	41.6	31.6	52.4			61.4		42.1					
	12	19.1	33.1	39.5				63.4						
29	00			53.6			61.5		42.2	10.1				
	12	19.2	33.2	56.1			61.6	63.5						
30	00			31.2			60.1	63.6						
	12	19.3	33.3	33.3	R	R	60.2		42.3					
31	00			7.4			60.3	22.1						
	12	19.4	33.4	4.5			60.4	22.2			D			

February 1972

Date	Time	☉	⊕	☾	☊	☋	☿	♀	♂	♃	♄	♅	♆	♇
1	00	19.4	33.4	29.6	41.4	31.4	60.4	22.2	42.4	10.1	8.6	57.4	34.6	46.4
	12	19.5	33.5	40.1	R	R	60.5	22.3	D	D	D	R	D	R
2	00			64.1			60.6	22.4						
	12	19.6	33.6	47.2			41.1		42.5					
3	00	13.1	7.1	6.2			41.2	22.5		10.2				
	12			46.3			41.3	22.6						
4	00	13.2	7.2	18.3			41.4		42.6					
	12			48.4				36.1						
5	00	13.3	7.3	57.4			41.5							
	12			32.4			41.6	36.2	3.1					
6	00	13.4	7.4	50.5			19.1	36.3						
	12			28.5			19.2							
7	00	13.5	7.5	44.5			19.3	36.4	3.2					
	12			1.6	D	D	19.4	36.5		10.3				
8	00	13.6	7.6	43.6			19.5		3.3					
	12			34.1			19.6	36.6						
9	00	49.1	4.1	9.1				25.1						
	12	49.2	4.2	5.2			13.1		3.4					
10	00			26.2			13.2	25.2						
	12	49.3	4.3	11.3			13.3							
11	00			10.4			13.4	25.3	3.5					
	12	49.4	4.4	58.4			13.5	25.4						
12	00			38.5			13.6							
	12	49.5	4.5	54.6			49.1	25.5	3.6					
13	00			60.2			49.2	25.6		10.4				
	12	49.6	4.6	41.3			49.3							
14	00			19.4	R	R	49.4	17.1	27.1					
	12	30.1	29.1	13.6			49.5	17.2						
15	00			30.1			49.6							
	12	30.2	29.2	55.3			30.1	17.3	27.2					
16	00	30.3	29.3	37.4										
	12			63.6			30.2	17.4	27.3					
17	00	30.4	29.4	36.2			30.3	17.5						
	12			25.4			30.4							
18	00	30.5	29.5	17.6			30.5	17.6	27.4	10.5				
	12			51.1			30.6	21.1						
19	00	30.6	29.6	42.3			55.1							
	12			3.5			55.2	21.2	27.5					
20	00	55.1	59.1	24.1			55.3							
	12			2.2			55.4	21.3						
21	00	55.2	59.2	23.4			55.5	21.4	27.6					
	12			8.5			55.6							
22	00	55.3	59.3	16.1	D	D	37.1	21.5				57.3		
	12	55.4	59.4	35.2			37.2	21.6	24.1					
23	00			45.4			37.3							
	12	55.5	59.5	12.5			37.4	51.1						
24	00			15.6			37.5		24.2	10.6				
	12	55.6	59.6	39.1			37.6	51.2						
25	00			53.2			63.1	51.3	24.3		20.1			
	12	37.1	40.1	62.3			63.2							
26	00			56.4			63.3	51.4						
	12	37.2	40.2	31.5	R	R	63.4	51.5	24.4					
27	00			33.6			63.5							
	12	37.3	40.3	4.1			63.6	51.6						
28	00			29.2			22.1		24.5					
	12	37.4	40.4	59.2			22.2	42.1						
29	00	37.5	40.5	40.3			22.3	42.2						
	12			64.3			22.4		24.6					

March 1972

Date	Time	☉	⊕	☾	☊	☋	☿	♀	♂	♃	♄	♅	♆	♇
1	00	37.6	40.6	47.4	41.4	31.4	22.5	42.3	24.6	58.1	20.1	57.3	34.6	46.4
	12			6.5	41.3	31.3	22.6	D	D	D	D	R	D	R
2	00	63.1	64.1	46.5			36.1	42.4	2.1					
	12			18.6			36.2	42.5						
3	00	63.2	64.2	48.6			36.3							
	12			57.6			36.4	42.6	2.2					
4	00	63.3	64.3	50.1			36.5	3.1						
	12			28.1			36.6							
5	00	63.4	64.4	44.1			25.1	3.2	2.3					
	12			1.2			25.2							
6	00	63.5	64.5	43.2			25.3	3.3	2.4					
	12			14.2			25.4	3.4						
7	00	63.6	64.6	34.3			25.5							
	12	22.1	47.1	9.3			25.6	3.5	2.5	58.2			R	
8	00			5.4										
	12	22.2	47.2	26.4	D	D	17.1	3.6						46.3
9	00			11.5			17.2	27.1	2.6					
	12	22.3	47.3	10.5			17.3							
10	00			58.6			17.4	27.2						
	12	22.4	47.4	54.1					23.1					
11	00			61.2			17.5	27.3						
	12	22.5	47.5	60.3			17.6	27.4						
12	00			41.4	R	R	21.1		23.2		20.2			
	12	22.6	47.6	19.5				27.5						
13	00			49.1			21.2							
	12	36.1	6.1	30.2				27.6	23.3					
14	00			55.4			21.3	24.1						
	12	36.2	6.2	37.6					23.4					
15	00	36.3	6.3	22.1			21.4	24.2		58.3				
	12			36.3										
16	00	36.4	6.4	25.5			21.5	24.3	23.5					
	12			21.1				24.4						
17	00	36.5	6.5	51.3			21.6							
	12			42.5	41.2	31.2		24.5	23.6					
18	00	36.6	6.6	27.1										
	12			24.3				24.6						
19	00	25.1	46.1	2.5			51.1		8.1					
	12			8.1				2.1						
20	00	25.2	46.2	20.3				2.2						
	12			16.4					8.2			57.2		
21	00	25.3	46.3	35.6				2.3						
	12			12.1										
22	00	25.4	46.4	15.3			R	2.4	8.3					
	12			52.4	D	D		2.5						
23	00	25.5	46.5	39.5										
	12	25.6	46.6	53.6				2.6	8.4	58.4				
24	00			56.1							20.3			
	12	17.1	18.1	31.2				23.1						
25	00			33.3	R	R			8.5					
	12	17.2	18.2	7.3			21.6	23.2						
26	00			4.4					8.6					
	12	17.3	18.3	29.5				23.3						
27	00			59.5				23.4						
	12	17.4	18.4	40.6			21.5		20.1					
28	00			47.1				23.5						
	12	17.5	18.5	6.1			21.4							
29	00			46.1				23.6	20.2					
	12	17.6	18.6	18.2										
30	00			48.2	41.1	31.1	21.3	8.1						
	12	21.1	48.1	57.3				8.2	20.3					
31	00			32.3			21.2							
	12	21.2	48.2	50.3				8.3						

April 1972

Date	Time	☉	⊕	☾	☊	☋	☿	♀	♂	♃	♄	♅	♆	♇
1	00	21.2	48.2	28.4	41.1	31.1	21.2	8.3	20.4	58.4	20.3	57.2	34.6	46.3
	12	21.3	48.3	44.4	R	R	21.1	8.4	D	D	D	R	R	R
2	00	21.4	48.4	1.4										
	12			43.5			17.6	8.5	20.5					
3	00	21.5	48.5	14.5							20.4			
	12			34.5			17.5	8.6						
4	00	21.6	48.6	9.6					20.6	58.5				
	12			5.6	60.6	56.6		20.1						
5	00	51.1	57.1	11.1			17.4							
	12			10.1				20.2	16.1					
6	00	51.2	57.2	58.2			17.3	20.3						
	12			38.2					16.2					
7	00	51.3	57.3	54.3	D	D		20.4						
	12			61.4			17.2							
8	00	51.4	57.4	60.5				20.5	16.3					
	12			41.6	R	R								
9	00	51.5	57.5	13.1				20.6						
	12			49.2			17.1		16.4					
10	00	51.6	57.6	30.3				16.1						
	12			55.5										
11	00	42.1	32.1	37.6				16.2	16.5					
	12	42.2	32.2	22.2								57.1		
12	00			36.4				16.3			20.5			
	12	42.3	32.3	25.6			25.6		16.6					46.2
13	00			21.2				16.4						
	12	42.4	32.4	51.4										
14	00			42.6				16.5	35.1					
	12	42.5	32.5	27.3			D							
15	00			24.5				16.6						
	12	42.6	32.6	23.1	60.5	56.5			35.2					
16	00			8.3				35.1						
	12	3.1	50.1	20.5			17.1							
17	00			35.1				35.2	35.3					
	12	3.2	50.2	45.2										
18	00			12.4				35.3					34.5	
	12	3.3	50.3	15.6				35.4						
19	00			39.1					35.4					
	12	3.4	50.4	53.2			17.2		35.5					
20	00			62.3				35.5						
	12	3.5	50.5	56.4	D	D					20.6			
21	00			31.5	R	R			35.6					
	12	3.6	50.6	33.6			17.3	35.6						
22	00			4.1										
	12	27.1	28.1	29.2				45.1	45.1					
23	00	27.2	28.2	59.2			17.4							
	12			40.3				45.2						
24	00	27.3	28.3	64.3					45.2					
	12			47.4			17.5	45.3						
25	00	27.4	28.4	6.4										
	12			46.5			17.6		45.3	R				
26	00	27.5	28.5	18.5				45.4						
	12			48.5			21.1							
27	00	27.6	28.6	57.6	60.4	56.4		45.5	45.4					
	12			32.6										
28	00	24.1	44.1	28.1			21.2	45.6						
	12			44.1			21.3		45.5		16.1			
29	00	24.2	44.2	1.1										
	12			43.2			21.4	12.1						
30	00	24.3	44.3	14.2					45.6					
	12			34.2			21.5	12.2						

May 1972

Date	Time	☉	⊕	☾	☊	☋	☿	♀	♂	♃	♄	♅	♆	♇
1	00	24.4	44.4	9.3	60.4	56.4	21.5	12.2	45.6	58.5	16.1	57.1	34.5	46.2
	12			5.3	60.3	56.3	21.6	D	12.1	R	D	R	R	R
2	00	24.5	44.5	26.3				12.3						
	12			11.4			51.1							
3	00	24.6	44.6	10.4			51.2		12.2					
	12			58.5				12.4						
4	00	2.1	1.1	38.5			51.3		12.3					
	12			54.6			51.4	12.5						
5	00	2.2	1.2	60.1								48.6		
	12			41.1	D	D	51.5		12.4					
6	00	2.3	1.3	19.2			51.6	12.6			16.2			
	12			13.3										
7	00	2.4	1.4	49.4	R	R	42.1		12.5					
	12	2.5	1.5	30.5			42.2	15.1						
8	00			37.1			42.3							
	12	2.6	1.6	63.2					12.6					
9	00			22.4			42.4							
	12	23.1	43.1	36.5			42.5	15.2						
10	00			17.1			42.6		15.1					
	12	23.2	43.2	21.3										
11	00			51.5			3.1	15.3						
	12	23.3	43.3	3.1			3.2		15.2					
12	00			27.3			3.3							
	12	23.4	43.4	24.5			3.4							
13	00			23.2				15.4	15.3					
	12	23.5	43.5	8.4	60.2	56.2	3.5				16.3			
14	00			20.6			3.6							
	12	23.6	43.6	35.2			27.1		15.4					
15	00			45.4			27.2	15.5						
	12	8.1	14.1	12.6			27.3							
16	00			52.1			27.4		15.5					
	12	8.2	14.2	39.3						58.4				
17	00			53.4			27.5							
	12	8.3	14.3	62.6			27.6	15.6	15.6					
18	00			31.1	D	D	24.1							
	12	8.4	14.4	33.2			24.2							
19	00			7.3			24.3		52.1					
	12	8.5	14.5	4.4			24.4							
20	00			29.5			24.5							
	12	8.6	14.6	59.5	R	R	24.6	52.1	52.2					
21	00			40.6			2.1				16.4			
	12	20.1	34.1	47.1			2.2							
22	00			6.1			2.3		52.3					
	12	20.2	34.2	46.2			2.4							
23	00			18.2			2.5							
	12	20.3	34.3	48.2			2.6		52.4					
24	00			57.3			23.1							
	12	20.4	34.4	32.3			23.2		52.5					
25	00	20.5	34.5	50.3			23.3							
	12			28.4			23.4						34.4	
26	00	20.6	34.6	44.4			23.5		52.6					
	12			1.4	60.1	56.1	23.6							
27	00	16.1	9.1	43.5			8.1							
	12			14.5			8.2	R	39.1					
28	00	16.2	9.2	34.5			8.4				16.5			
	12			9.6			8.5			58.3				
29	00	16.3	9.3	5.6			8.6		39.2					
	12			11.1			20.1							
30	00	16.4	9.4	10.1			20.2							
	12			58.2			20.3		39.3					
31	00	16.5	9.5	38.2			20.4							
	12			54.3			20.5							

June 1972

Date	Time	☉	⊕	☾	☊	☋	☿	♀	♂	♃	♄	♅	♆	♇
1	00	16.6	9.6	61.4	60.1	56.1	16.1	52.1	39.4	58.3	16.5	48.6	34.4	46.2
	12			60.4	D	D	16.2	R	D	R	D	R	R	R
2	00	35.1	5.1	41.5			16.3							
	12			19.6			16.4		39.5					
3	00	35.2	5.2	49.1			16.5	15.6						
	12			30.2			16.6							
4	00	35.3	5.3	55.3			35.2		39.6					
	12			37.4			35.3				16.6			
5	00	35.4	5.4	63.5	R	R	35.4							
	12			36.1			35.5		53.1					
6	00	35.5	5.5	25.2			35.6	15.5						
	12			17.4			45.1			58.2				
7	00	35.6	5.6	21.5			45.3		53.2					
	12			42.1			45.4							
8	00	45.1	26.1	3.3			45.5	15.4						
	12			27.5			45.6		53.3					
9	00	45.2	26.2	2.1			12.1							
	12			23.3			12.2							D
10	00	45.3	26.3	8.5			12.4	15.3	53.4					
	12			16.1			12.5							
11	00	45.4	26.4	35.3			12.6							
	12			45.5			15.1		53.5		35.1			
12	00	45.5	26.5	15.1	61.6	62.6	15.2	15.2						
	12			52.2			15.3							
13	00	45.6	26.6	39.4			15.4		53.6					
	12			53.6			15.5	15.1						
14	00	12.1	11.1	56.1	D	D	52.1							
	12			31.3			52.2		62.1	58.1				
15	00	12.2	11.2	33.4			52.3	12.6						
	12			7.5			52.4							
16	00	12.3	11.3	4.6			52.5		62.2					
	12			59.1			52.6	12.5						
17	00	12.4	11.4	40.2	60.1	56.1	39.1							
	12	12.5	11.5	64.2			39.2		62.3					
18	00			47.3			39.3	12.4						
	12	12.6	11.6	6.4			39.4							
19	00			46.4	R	R	39.5		62.4		35.2			
	12	15.1	10.1	18.5			39.6	12.3						
20	00			48.5			53.1		62.5					
	12	15.2	10.2	57.5	61.6	62.6	53.2							
21	00			32.6			53.3	12.2						
	12	15.3	10.3	50.6			53.4		62.6					
22	00			28.6			53.5			10.6		D		
	12	15.4	10.4	1.1			53.6	12.1						
23	00			43.1			62.1		56.1					
	12	15.5	10.5	14.1			62.2							
24	00			34.2										
	12	15.6	10.6	9.2			62.3	45.6	56.2					
25	00			5.3			62.4							
	12	52.1	58.1	26.3			62.5							
26	00			11.4			62.6	45.5	56.3					
	12	52.2	58.2	10.4			56.1				35.3			
27	00			58.5			56.2							
	12	52.3	58.3	38.5					56.4					
28	00			54.6			56.3	45.4						
	12	52.4	58.4	60.1	D	D	56.4							
29	00			41.2			56.5		56.5	10.5				
	12	52.5	58.5	19.3			56.6							
30	00			13.4										
	12	52.6	58.6	49.5			31.1	45.3	56.6					

July 1972

Date	Time	☉	⊕	☾	☊	☋	☿	♀	♂	♃	♄	♅	♆	♇
1	00	52.6	58.6	30.6	61.6	62.6	31.2	45.3	56.6	10.5	35.3	48.6	34.4	46.2
	12	39.1	38.1	37.1	D	D	31.3	R	D	R	D	D	R	D
2	00			63.2					31.1					
	12	39.2	38.2	22.3			31.4							
3	00			36.4			31.5						34.3	
	12	39.3	38.3	25.6			31.6	45.2	31.2					
4	00			21.1							35.4			
	12	39.4	38.4	51.3	R	R	33.1							
5	00			42.4			33.2		31.3					
	12	39.5	38.5	3.6										
6	00			24.2			33.3							
	12	39.6	38.6	2.3					31.4	10.4				
7	00			23.5			33.4							
	12	53.1	54.1	20.1			33.5							
8	00			16.3					31.5					
	12	53.2	54.2	35.5			33.6							
9	00			45.6										
	12	53.3	54.3	15.2			7.1	D	31.6					
10	00			52.4			7.2							
	12	53.4	54.4	39.5										
11	00			62.1			7.3		33.1					
	12	53.5	54.5	56.2	D	D								
12	00			31.4			7.4				35.5			
	12	53.6	54.6	33.5					33.2					
13	00			7.6										
	12	62.1	61.1	29.2			7.5							
14	00			59.3					33.3					
	12	62.2	61.2	40.3			7.6			10.3				
15	00			64.4										
	12	62.3	61.3	47.5			4.1	45.3	33.4					
16	00			6.6										
	12	62.4	61.4	46.6										
17	00	62.5	61.5	48.1			4.2		33.5					
	12			57.1										
18	00	62.6	61.6	32.2										
	12			50.2	R	R			33.6					
19	00	56.1	60.1	28.2	D	D	4.3	45.4						
	12			44.3										
20	00	56.2	60.2	1.3					7.1					
	12			43.3							35.6			
21	00	56.3	60.3	14.4			4.4							
	12			34.4				45.5	7.2					
22	00	56.4	60.4	9.5										
	12			5.5										
23	00	56.5	60.5	26.6					7.3					
	12			11.6				45.6		10.2				
24	00	56.6	60.6	58.1										
	12			38.1					7.4					
25	00	31.1	41.1	54.2			R							
	12			61.3				12.1						
26	00	31.2	41.2	60.4	R	R			7.5					
	12			41.5										
27	00	31.3	41.3	19.6										
	12			49.1				12.2	7.6					
28	00	31.4	41.4	30.2										
	12			55.3					4.1					
29	00	31.5	41.5	37.4			4.3	12.3						
	12			63.6							45.1			
30	00	31.6	41.6	36.1					4.2					
	12			25.2				12.4						
31	00	33.1	19.1	17.4										
	12			21.5			4.2		4.3					

August 1972

Date	Time	☉	⊕	☾	☊	☋	☿	♀	♂	♃	♄	♅	♆	♇
1	00	33.2	19.2	42.1	61.6	62.6	4.2	12.5	4.3	10.2	45.1	48.6	34.3	46.2
	12			3.3	R	R	R	D	D	R	D	D	R	D
2	00	33.3	19.3	27.4			4.1		4.4					
	12			24.6	D	D		12.6						
3	00	33.4	19.4	23.1										
	12			8.3			7.6		4.5					
4	00	33.5	19.5	20.4				15.1						
	12			16.6						10.1				46.3
5	00	33.6	19.6	45.2			7.5	15.2	4.6					
	12			12.3										
6	00	7.1	13.1	15.5			7.4							
	12			52.6				15.3	29.1					
7	00	7.2	13.2	53.2			7.3							
	12			62.3				15.4				57.1		
8	00	7.3	13.3	56.4	R	R			29.2		45.2			
	12			31.6			7.2							
9	00	7.4	13.4	7.1				15.5						
	12			4.2			7.1		29.3					
10	00	7.5	13.5	29.3				15.6						
	12	7.6	13.6	59.4										
11	00			40.5			33.6		29.4					
	12	4.1	49.1	64.6				52.1						
12	00			6.1										
	12	4.2	49.2	46.2			33.5	52.2	29.5					
13	00			18.2										
	12	4.3	49.3	48.3				52.3						
14	00			57.3			33.4		29.6					
	12	4.4	49.4	32.4									D	
15	00			50.4				52.4						
	12	4.5	49.5	28.5					59.1					
16	00			44.5				52.5						
	12	4.6	49.6	1.5										
17	00			43.6				52.6	59.2					
	12	29.1	30.1	14.6	D	D								
18	00			34.6			D	39.1						
	12	29.2	30.2	5.1					59.3					
19	00			26.1				39.2						
	12	29.3	30.3	11.2							45.3			
20	00			10.2				39.3	59.4					
	12	29.4	30.4	58.3										
21	00			38.3				39.4						
	12	29.5	30.5	54.4					59.5					
22	00			61.5			33.5	39.5						
	12	29.6	30.6	60.6	R	R								
23	00			19.1				39.6	59.6					
	12	59.1	55.1	13.2			33.6							
24	00			49.3				53.1						
	12	59.2	55.2	30.4					40.1					
25	00			55.6			7.1	53.2						
	12	59.3	55.3	63.1						D				
26	00			22.3			7.2	53.3	40.2					
	12	59.4	55.4	36.4										
27	00			25.6			7.3	53.4						
	12	59.5	55.5	21.1	61.5	62.5	7.4		40.3					
28	00			51.3				53.5						
	12	59.6	55.6	42.5			7.5					57.2		
29	00			3.6			7.6	53.6	40.4					
	12	40.1	37.1	24.2										
30	00	40.2	37.2	2.4			4.1	62.1	40.5					
	12			23.5			4.2							
31	00	40.3	37.3	20.1			4.3	62.2						
	12			16.3					40.6					

September 1972

Date	Time	☉	⊕	☾	☊	☋	☿	♀	♂	♃	♄	♅	♆	♇
1	00	40.4	37.4	35.4	D	D	4.4	62.3	40.6	10.1	45.3	57.2	34.3	46.3
	12			45.6			4.5	D	D	D	D	D	D	D
2	00	40.5	37.5	15.1			4.6	62.4	64.1					
	12			52.2			29.1							46.4
3	00	40.6	37.6	39.4			29.2	62.5						
	12			53.5			29.3		64.2		45.4			
4	00	64.1	63.1	62.6	R	R	29.4	62.6						
	12			31.1				56.1						
5	00	64.2	63.2	33.3			29.5		64.3					
	12			7.4			29.6	56.2						
6	00	64.3	63.3	4.5			59.1							
	12			29.6			59.2	56.3	64.4					
7	00	64.4	63.4	40.1			59.3							
	12			64.1			59.4	56.4						
8	00	64.5	63.5	47.2			59.5		64.5					
	12			6.3			59.6	56.5						
9	00	64.6	63.6	46.4			40.1	56.6						
	12			18.4			40.2		64.6					
10	00	47.1	22.1	48.5			40.3	31.1						
	12			57.5			40.4							
11	00	47.2	22.2	32.6	61.4	62.4	40.5	31.2	47.1					
	12			50.6			40.6							
12	00	47.3	22.3	44.1			64.1	31.3						
	12			1.1			64.2		47.2					
13	00	47.4	22.4	43.1			64.3	31.4						
	12	47.5	22.5	14.2			64.4	31.5						
14	00			34.2			64.5		47.3					
	12	47.6	22.6	9.2			64.6	31.6				57.3		
15	00			5.3			47.2							
	12	6.1	36.1	26.3			47.3	33.1	47.4					
16	00			11.3	D	D	47.4			10.2				
	12	6.2	36.2	10.4			47.5	33.2						
17	00			58.4			47.6	33.3	47.5					
	12	6.3	36.3	38.5			6.1							
18	00			54.6			6.2	33.4						
	12	6.4	36.4	61.6	R	R			47.6					
19	00			41.1			6.3	33.5						
	12	6.5	36.5	19.2			6.4							
20	00			13.3			6.5	33.6	6.1					
	12	6.6	36.6	49.4			6.6	7.1						
21	00			30.6			46.1		6.2					
	12	46.1	25.1	37.1			46.2	7.2						
22	00			63.3			46.3							
	12	46.2	25.2	22.4			46.4	7.3	6.3					
23	00			36.6			46.5	7.4						
	12	46.3	25.3	17.2			46.6							
24	00			21.4			18.1	7.5	6.4					
	12	46.4	25.4	51.5	61.3	62.3	18.2						34.4	
25	00	46.5	25.5	3.1			18.3	7.6						
	12			27.3			18.4		6.5					
26	00	46.6	25.6	24.5			18.5	4.1						
	12			23.1			18.6	4.2						
27	00	18.1	17.1	8.3			48.1		6.6					
	12			20.5			48.2	4.3		10.3				46.5
28	00	18.2	17.2	16.6			48.3							
	12			45.2				4.4	46.1					
29	00	18.3	17.3	12.4			48.4	4.5						
	12			15.5			48.5							
30	00	18.4	17.4	52.6	D	D	48.6	4.6	46.2			57.4		
	12			53.2			57.1							

October 1972

Date	Time	☉	⊕	☾	☊	☋	☿	♀	♂	♃	♄	♅	♆	♇
1	00	18.5	17.5	62.3	61.3	62.3	57.2	29.1	46.2	10.3	45.4	57.4	34.3	46.5
	12			56.4	R	R	57.3	29.2	46.3	D	D	D	D	D
2	00	18.6	17.6	31.5			57.4							
	12			33.6			57.5	29.3						
3	00	48.1	21.1	4.1					46.4		R			
	12			29.2			57.6	29.4						
4	00	48.2	21.2	59.3			32.1	29.5						
	12			40.4			32.2		46.5					
5	00	48.3	21.3	64.4			32.3	29.6						
	12	48.4	21.4	47.5			32.4	59.1						
6	00			6.6	61.2	62.2	32.5		46.6	10.4				
	12	48.5	21.5	46.6				59.2						
7	00			48.1			32.6		18.1					
	12	48.6	21.6	57.2			50.1	59.3						
8	00			32.2			50.2	59.4						
	12	57.1	51.1	50.3			50.3		18.2					
9	00			28.3			50.4	59.5						
	12	57.2	51.2	44.3										
10	00			1.4			50.5	59.6	18.3					
	12	57.3	51.3	43.4	61.1	62.1	50.6	40.1						
11	00			14.4			28.1							
	12	57.4	51.4	34.5			28.2	40.2	18.4					
12	00			9.5			28.3	40.3						
	12	57.5	51.5	5.5										
13	00			26.6			28.4	40.4	18.5					
	12	57.6	51.6	11.6			28.5			10.5				
14	00			10.6			28.6	40.5						
	12	32.1	42.1	38.1			44.1	40.6	18.6					
15	00	32.2	42.2	54.1								57.5		
	12			61.2	D	D	44.2	64.1						
16	00	32.3	42.3	60.2	R	R	44.3	64.2	48.1					
	12			41.3			44.4							
17	00	32.4	42.4	19.4				64.3						
	12			13.5			44.5		48.2					
18	00	32.5	42.5	49.6			44.6	64.4						
	12			55.1			1.1	64.5						
19	00	32.6	42.6	37.2			1.2		48.3					
	12			63.4				64.6						
20	00	50.1	3.1	22.5			1.3	47.1	48.4	10.6				
	12			25.1			1.4							
21	00	50.2	3.2	17.3			1.5	47.2						
	12			21.5					48.5					
22	00	50.3	3.3	42.1	54.6	53.6	1.6	47.3						
	12			3.3			43.1	47.4						
23	00	50.4	3.4	27.5			43.2		48.6					46.6
	12	50.5	3.5	2.1				47.5						
24	00			23.3			43.3	47.6						
	12	50.6	3.6	8.5			43.4		57.1					
25	00			16.1				6.1						
	12	28.1	27.1	35.3			43.5							
26	00			45.5			43.6	6.2	57.2	58.1				
	12	28.2	27.2	15.1			14.1	6.3						
27	00			52.2										
	12	28.3	27.3	39.4			14.2	6.4	57.3					
28	00			53.5			14.3	6.5					34.5	
	12	28.4	27.4	56.1	D	D								
29	00			31.2			14.4	6.6	57.4					
	12	28.5	27.5	33.3	R	R	14.5	46.1						
30	00			7.4								57.6		
	12	28.6	27.6	4.5			14.6	46.2	57.5					
31	00	44.1	24.1	29.6			34.1							
	12			40.1				46.3	57.6	58.2				

November 1972

Date	Time	☉	⊕	☾	☊	☋	☿	♀	♂	♃	♄	⛢	♆	♇
1	00	44.2	24.2	64.1	54.6	53.6	34.2	46.4	57.6	58.2	45.4	57.6	34.5	46.6
	12			47.2	R	R	34.3	D	D	D	45.3	D	D	D
2	00	44.3	24.3	6.3	54.5	53.5		46.5	32.1					
	12			46.3			34.4	46.6						
3	00	44.4	24.4	18.4										
	12			48.4			34.5	18.1	32.2					
4	00	44.5	24.5	57.5				18.2						
	12			32.5			34.6							
5	00	44.6	24.6	50.6			9.1	18.3	32.3					
	12			28.6				18.4		58.3				
6	00	1.1	2.1	44.6			9.2							
	12			43.1				18.5	32.4					
7	00	1.2	2.2	14.1	54.4	53.4	9.3							
	12	1.3	2.3	34.1				18.6						
8	00			9.2			9.4	48.1	32.5					
	12	1.4	2.4	5.2										
9	00			26.2				48.2						
	12	1.5	2.5	11.2			9.5	48.3	32.6					
10	00			10.3										
	12	1.6	2.6	58.3			9.6	48.4	50.1					
11	00			38.4				48.5		58.4				
	12	43.1	23.1	54.4										
12	00			61.4	D	D	5.1	48.6	50.2					
	12	43.2	23.2	60.5				57.1						
13	00			41.5										
	12	43.3	23.3	19.6				57.2	50.3					
14	00	43.4	23.4	49.1				57.3						
	12			30.2	R	R	5.2							
15	00	43.5	23.5	55.3				57.4	50.4			32.1		
	12			37.4				57.5		58.5				
16	00	43.6	23.6	63.5			R							
	12			22.6				57.6	50.5		45.2			
17	00	14.1	8.1	25.2										
	12			17.4			5.1	32.1						
18	00	14.2	8.2	21.5				32.2	50.6					
	12			42.1										
19	00	14.3	8.3	3.3				32.3	28.1					
	12			27.5			9.6	32.4						
20	00	14.4	8.4	2.1										
	12	14.5	8.5	23.3	54.3	53.3		32.5	28.2	58.6				
21	00			8.6			9.5	32.6						
	12	14.6	8.6	16.2										
22	00			35.4			9.4	50.1	28.3					
	12	34.1	20.1	45.6				50.2						
23	00			15.2			9.3						34.6	
	12	34.2	20.2	52.4			9.2	50.3	28.4					18.1
24	00			39.6				50.4						
	12	34.3	20.3	62.1	D	D	9.1							
25	00			56.3			34.6	50.5	28.5	38.1				
	12	34.4	20.4	31.4				50.6						
26	00			33.6			34.5							
	12	34.5	20.5	4.1			34.4	28.1	28.6					
27	00	34.6	20.6	29.2			34.3	28.2						
	12			59.3					44.1					
28	00	9.1	16.1	40.4	R	R	34.2	28.3						
	12			64.5			34.1	28.4						
29	00	9.2	16.2	47.5					44.2		45.1			
	12			6.6			14.6	28.5		38.2				
30	00	9.3	16.3	18.1				28.6						
	12			48.1			14.5		44.3					

December 1972

Date	Time	☉	⊕	☾	☊	☋	☿	♀	♂	♃	♄	⛢	♆	♇
1	00	9.4	16.4	57.2	54.3	53.3	14.5	44.1	44.3	38.2	45.1	32.1	34.6	18.1
	12			32.2	R	R	14.4	44.2	D	D	R	D	D	D
2	00	9.5	16.5	50.2					44.4					
	12			28.3			14.3	44.3						
3	00	9.6	16.6	44.3								32.2		
	12	5.1	35.1	1.3				44.4	44.5					
4	00			43.4				44.5		38.3				
	12	5.2	35.2	14.4			14.2		44.6					
5	00			34.4				44.6						
	12	5.3	35.3	9.5				1.1						
6	00			5.5			D		1.1					
	12	5.4	35.4	26.5	54.2	53.2		1.2						
7	00			11.6			14.3	1.3						
	12	5.5	35.5	10.6					1.2					
8	00			58.6				1.4		38.4				
	12	5.6	35.6	54.1				1.5						
9	00	26.1	45.1	61.1	D	D			1.3					
	12			60.2			14.4	1.6						
10	00	26.2	45.2	41.2				43.1						
	12			19.3					1.4		35.6			
11	00	26.3	45.3	13.3			14.5	43.2						
	12			49.4				43.3	1.5					
12	00	26.4	45.4	30.5										
	12			55.6	54.3	53.3	14.6	43.4		38.5				
13	00	26.5	45.5	63.1				43.5	1.6					
	12			22.2			34.1							
14	00	26.6	45.6	36.3	R	R		43.6						
	12			25.4			34.2	14.1	43.1					
15	00	11.1	12.1	17.6			34.3							
	12	11.2	12.2	51.1	54.2	53.2		14.2						
16	00			42.3			34.4	14.3	43.2					
	12	11.3	12.3	3.4						38.6				
17	00			27.6			34.5	14.4						
	12	11.4	12.4	2.2				14.5	43.3					
18	00			23.4			34.6						9.1	
	12	11.5	12.5	8.6			9.1	14.6	43.4					
19	00			16.2				34.1						
	12	11.6	12.6	35.4			9.2							
20	00			45.6			9.3	34.2	43.5					
	12	10.1	15.1	15.2				34.3		54.1				
21	00	10.2	15.2	52.4			9.4							
	12			39.6			9.5	34.4	43.6					
22	00	10.3	15.3	62.2	D	D	9.6	34.5			35.5			
	12			56.4										
23	00	10.4	15.4	31.6			5.1	34.6	14.1					
	12			7.1			5.2	9.1						
24	00	10.5	15.5	4.3					14.2					
	12			29.4			5.3	9.2		54.2				
25	00	10.6	15.6	59.5			5.4	9.3						
	12			40.6			5.5		14.3					
26	00	58.1	52.1	47.1				9.4						
	12	58.2	52.2	6.2			5.6	9.5						
27	00			46.3			26.1		14.4					
	12	58.3	52.3	18.3	R	R	26.2	9.6						
28	00			48.4				5.1				32.3		
	12	58.4	52.4	57.4			26.3		14.5	54.3				
29	00			32.5			26.4	5.2						
	12	58.5	52.5	50.5			26.5	5.3	14.6					
30	00			28.6			26.6							
	12	58.6	52.6	44.6				5.4						
31	00			1.6			11.1	5.5	34.1					
	12	38.1	39.1	14.1			11.2							

January 1973

Date	Time	☉	⊕	☾	☊	☋	☿	♀	♂	♃	♄	♅	♆	♇
1	00	38.1	39.1	34.1	54.2	53.2	11.3	5.6	34.1	54.3	35.5	32.3	9.1	18.1
	12	38.2	39.2	9.1	R	R	D	26.1	34.2	D	R	D	D	D
2	00	38.3	39.3	5.2			11.4			54.4				
	12			26.2			11.5	26.2						
3	00	38.4	39.4	11.2			11.6	26.3	34.3					
	12			10.3			10.1							
4	00	38.5	39.5	58.3				26.4	34.4		35.4			
	12			38.3			10.2	26.5						
5	00	38.6	39.6	54.4	D	D	10.3							
	12			61.4			10.4	26.6	34.5					
6	00	54.1	53.1	60.5			10.5	11.1		54.5				
	12			41.6										R
7	00	54.2	53.2	19.6			10.6	11.2	34.6					
	12	54.3	53.3	49.1	R	R	58.1	11.3						
8	00			30.2			58.2							
	12	54.4	53.4	55.3			58.3	11.4	9.1					
9	00			37.4				11.5						
	12	54.5	53.5	63.4			58.4		9.2					
10	00			22.6			58.5	11.6		54.6				
	12	54.6	53.6	25.1			58.6	10.1						
11	00			17.2			38.1		9.3					
	12	61.1	62.1	21.3			38.2	10.2						
12	00			51.4				10.3						
	12	61.2	62.2	42.6	D	D	38.3		9.4					
13	00	61.3	62.3	27.1			38.4	10.4						
	12			24.3			38.5	10.5						
14	00	61.4	62.4	2.4			38.6		9.5	61.1				
	12			23.6			54.1	10.6						
15	00	61.5	62.5	20.2				58.1	9.6					
	12			16.4			54.2							
16	00	61.6	62.6	35.6			54.3	58.2						
	12			12.1			54.4	58.3	5.1				9.2	
17	00	60.1	56.1	15.3			54.5							
	12			52.5			54.6	58.4						
18	00	60.2	56.2	53.1			61.1	58.5	5.2	61.2				
	12	60.3	56.3	62.3	R	R								
19	00			56.5			61.2	58.6						
	12	60.4	56.4	31.6			61.3	38.1	5.3					
20	00			7.2			61.4							
	12	60.5	56.5	4.3			61.5	38.2	5.4		35.3			
21	00			29.5			61.6	38.3						
	12	60.6	56.6	59.6			60.1							
22	00			64.1				38.4	5.5	61.3				
	12	41.1	31.1	47.3			60.2	38.5						
23	00			6.4			60.3							
	12	41.2	31.2	46.5			60.4	38.6	5.6					
24	00			18.5			60.5	54.1						
	12	41.3	31.3	48.6			60.6		26.1					
25	00	41.4	31.4	32.1			41.1	54.2						
	12			50.1			41.2	54.3						
26	00	41.5	31.5	28.2			41.3		26.2	61.4				
	12			44.2	D	D		54.4						
27	00	41.6	31.6	1.2			41.4	54.5						
	12			43.3			41.5		26.3			R		
28	00	19.1	33.1	14.3			41.6	54.6						
	12			34.3			19.1	61.1						
29	00	19.2	33.2	9.4			19.2		26.4					
	12			5.4			19.3	61.2						
30	00	19.3	33.3	26.4			19.4	61.3	26.5	61.5				
	12	19.4	33.4	11.5			19.5							
31	00			10.5			19.6	61.4						
	12	19.5	33.5	58.6			13.1	61.5	26.6					

February 1973

Date	Time	☉	⊕	☾	☊	☋	☿	♀	♂	♃	♄	♅	♆	♇
1	00	19.5	33.5	38.6	54.2	53.2	13.2	61.5	26.6	61.5	35.3	32.3	9.2	18.1
	12	19.6	33.6	61.1	R	R	13.3	61.6	D	D	R	R	D	R
2	00			60.1				60.1	11.1					
	12	13.1	7.1	41.2			13.4							
3	00			19.2			13.5	60.2	11.2	61.6				
	12	13.2	7.2	13.3			13.6	60.3						
4	00			49.4			49.1							
	12	13.3	7.3	30.5			49.2	60.4	11.3					
5	00			55.6			49.3	60.5						
	12	13.4	7.4	63.1			49.4							
6	00	13.5	7.5	22.2			49.5	60.6	11.4					
	12			36.3			49.6	41.1						
7	00	13.6	7.6	25.4			30.1			60.1				
	12			17.6			30.2	41.2	11.5					
8	00	49.1	4.1	51.1			30.3	41.3						
	12			42.2			30.4		11.6					
9	00	49.2	4.2	3.4			30.5	41.4						
	12			27.5			30.6	41.5						
10	00	49.3	4.3	2.1			55.1		10.1					
	12			23.2			55.2	41.6						
11	00	49.4	4.4	8.4	D	D	55.3	19.1						
	12	49.5	4.5	20.5			55.4		10.2	60.2				
12	00			35.1			55.5	19.2						
	12	49.6	4.6	45.2			55.6	19.3	10.3					
13	00			12.4										
	12	30.1	29.1	15.6			37.1	19.4						
14	00			39.1			37.2	19.5	10.4		D			
	12	30.2	29.2	53.3	R	R	37.3							
15	00			62.5			37.4	19.6						
	12	30.3	29.3	56.6			37.5	13.1	10.5	60.3				
16	00			33.2			37.6							
	12	30.4	29.4	7.3			63.1	13.2	10.6					
17	00			4.5			63.2	13.3						
	12	30.5	29.5	29.6			63.3							
18	00	30.6	29.6	40.1			63.4	13.4	58.1					
	12			64.3	54.1	53.1	63.5	13.5						
19	00	55.1	59.1	47.4										
	12			6.5			63.6	13.6	58.2					
20	00	55.2	59.2	46.6			22.1	49.1		60.4				
	12			48.1			22.2		58.3					
21	00	55.3	59.3	57.2			22.3	49.2						46.6
	12			32.2			22.4	49.3						
22	00	55.4	59.4	50.3					58.4					
	12			28.4			22.5	49.4						
23	00	55.5	59.5	44.4			22.6	49.5						
	12			1.4					58.5					
24	00	55.6	59.6	43.5			36.1	49.6		60.5				
	12			14.5			36.2	30.1	58.6					
25	00	37.1	40.1	34.6										
	12	37.2	40.2	9.6	D	D	36.3	30.2						
26	00			5.6				30.3	38.1					
	12	37.3	40.3	26.6			36.4							
27	00			10.1				30.4						
	12	37.4	40.4	58.1			36.5	30.5	38.2					
28	00			38.2								32.2		
	12	37.5	40.5	54.2	R	R	36.6	30.6	38.3	60.6				

March 1973

Date	Time	☉	⊕	☾	☊	☋	☿	♀	♂	♃	♄	♅	♆	♇
1	00	37.5	40.5	61.2	54.1	53.1	36.6	55.1	38.3	60.6	35.3	32.2	9.2	46.6
	12	37.6	40.6	60.3	R	R	D	D	D	D	D	R	D	R
2	00			41.4				55.2	38.4					
	12	63.1	64.1	19.4			25.1	55.3						
3	00			13.5										
	12	63.2	64.2	49.6				55.4	38.5					
4	00	63.3	64.3	55.1				55.5						
	12			37.2					38.6					
5	00	63.4	64.4	63.4	38.6	39.6	R	55.6						
	12			22.5				37.1		41.1				
6	00	63.5	64.5	36.6					54.1					
	12			17.2				37.2						
7	00	63.6	64.6	21.3			36.6	37.3						
	12			51.5					54.2					
8	00	22.1	47.1	42.6				37.4						
	12			27.2				37.5	54.3					
9	00	22.2	47.2	24.3			36.5							
	12			2.5				37.6						
10	00	22.3	47.3	23.6				63.1	54.4	41.2	35.4		R	
	12			20.2			36.4							
11	00	22.4	47.4	16.3				63.2						
	12	22.5	47.5	35.5			36.3	63.3	54.5					
12	00			12.1	D	D								
	12	22.6	47.6	15.2			36.2	63.4	54.6					
13	00			52.4				63.5						
	12	36.1	6.1	39.5			36.1							
14	00			53.6	R	R		63.6	61.1					
	12	36.2	6.2	56.2			22.6	22.1						
15	00			31.3						41.3				
	12	36.3	6.3	33.5			22.5	22.2	61.2					
16	00			7.6				22.3						
	12	36.4	6.4	29.1			22.4		61.3					
17	00			59.2	38.5	39.5		22.4						
	12	36.5	6.5	40.4			22.3	22.5						
18	00			64.5					61.4					
	12	36.6	6.6	47.6			22.2	22.6						
19	00	25.1	46.1	46.1				36.1						
	12			18.2					61.5					
20	00	25.2	46.2	48.3			22.1	36.2		41.4				
	12			57.3				36.3	61.6					
21	00	25.3	46.3	32.4										
	12			50.5			63.6	36.4						
22	00	25.4	46.4	28.5	38.4	39.4		36.5	60.1					
	12			44.6										
23	00	25.5	46.5	1.6			63.5	36.6						
	12			14.1				25.1	60.2					
24	00	25.6	46.6	34.1										
	12			9.2				25.2	60.3					
25	00	17.1	18.1	5.2				25.3		41.5				
	12			26.2										
26	00	17.2	18.2	11.2			63.4	25.4	60.4					
	12			10.3				25.5			35.5			
27	00	17.3	18.3	58.3	D	D						32.1		
	12			38.3			D	25.6	60.5					
28	00	17.4	18.4	54.4	R	R		17.1						
	12	17.5	18.5	61.4					60.6					
29	00			60.5			63.5	17.2						46.5
	12	17.6	18.6	41.5				17.3						
30	00			19.6					41.1					
	12	21.1	48.1	49.1				17.4		41.6				
31	00			30.2				17.5						
	12	21.2	48.2	55.3					41.2					

April 1973

Date	Time	☉	⊕	☾	☊	☋	☿	♀	♂	♃	♄	♅	♆	♇
1	00	21.2	48.2	37.4	38.4	39.4	63.5	17.6	41.2	41.6	35.5	32.1	9.2	46.5
	12	21.3	48.3	63.5	R	R	63.6	D	41.3	D	D	R	R	R
2	00			22.6				21.1						
	12	21.4	48.4	25.2	38.3	39.3		21.2						
3	00			17.3					41.4					
	12	21.5	48.5	21.5			22.1	21.3						
4	00			42.1				21.4	41.5					
	12	21.6	48.6	3.2										
5	00			27.4			22.2	21.5						
	12	51.1	57.1	24.6				21.6	41.6	19.1				
6	00			23.2			22.3							
	12	51.2	57.2	8.4				51.1						
7	00	51.3	57.3	20.5				51.2	19.1		35.6			
	12			35.1			22.4							
8	00	51.4	57.4	45.3				51.3	19.2					
	12			12.5			22.5	51.4						
9	00	51.5	57.5	15.6										
	12			39.2			22.6	51.5	19.3					
10	00	51.6	57.6	53.3	D	D		51.6						
	12			62.5	R	R	36.1							
11	00	42.1	32.1	56.6				42.1	19.4					
	12			33.1			36.2	42.2						
12	00	42.2	32.2	7.2					19.5	19.2				
	12			4.4	38.2	39.2	36.3	42.3						
13	00	42.3	32.3	29.5				42.4						
	12			59.6			36.4		19.6					
14	00	42.4	32.4	64.1			36.5	42.5						
	12			47.2				42.6						
15	00	42.5	32.5	6.3			36.6		13.1					
	12			46.4			25.1	3.1						
16	00	42.6	32.6	18.4				3.2	13.2					
	12			48.5			25.2							
17	00	3.1	50.1	57.6			25.3	3.3						
	12	3.2	50.2	50.1				3.4	13.3		45.1			
18	00			28.1			25.4					57.6		
	12	3.3	50.3	44.2	38.1	39.1	25.5	3.5	13.4					
19	00			1.2				3.6						
	12	3.4	50.4	43.3			25.6			19.3				
20	00			14.3			17.1	27.1	13.5					
	12	3.5	50.5	34.4				27.2						
21	00			9.4			17.2							
	12	3.6	50.6	5.4			17.3	27.3	13.6					
22	00			26.5			17.4	27.4						
	12	27.1	28.1	11.5					49.1					
23	00			10.5			17.5	27.5						
	12	27.2	28.2	58.5			17.6	27.6						
24	00			38.6	D	D	21.1		49.2					
	12	27.3	28.3	54.6			21.2	24.1						
25	00			61.6				24.2						
	12	27.4	28.4	41.1			21.3		49.3					
26	00			19.1	R	R	21.4	24.3						
	12	27.5	28.5	13.2			21.5	24.4	49.4		45.2			
27	00			49.3			21.6							
	12	27.6	28.6	30.3			51.1	24.5						
28	00			55.4					49.5	19.4				
	12	24.1	44.1	37.5			51.2	24.6						
29	00			63.6			51.3	2.1						
	12	24.2	44.2	36.2			51.4		49.6					
30	00	24.3	44.3	25.3			51.5	2.2						
	12			17.5			51.6	2.3	30.1					

May 1973

Date	Time	☉	⊕	☾	☊	☋	☿	♀	♂	♃	♄	♅	♆	♇
1	00	24.4	44.4	21.6	58.6	52.6	42.1	2.3	30.1	19.4	45.2	57.6	9.2	46.5
	12			42.2	R	R	42.2	2.4	D	D	D	R	R	R
2	00	24.5	44.5	3.4				2.5	30.2					
	12			27.6			42.3							
3	00	24.6	44.6	2.2			42.4	2.6						
	12			23.4			42.5	23.1	30.3					
4	00	2.1	1.1	8.6			42.6						9.1	
	12			16.2			3.1	23.2	30.4					
5	00	2.2	1.2	35.4			3.2	23.3			45.3			
	12			45.5			3.3							
6	00	2.3	1.3	15.1			3.4	23.4	30.5					
	12			52.3			3.5	23.5						
7	00	2.4	1.4	39.5	D	D	3.6							
	12			62.1			27.1	23.6	30.6					46.4
8	00	2.5	1.5	56.2			27.2	8.1						
	12			31.4			27.3		55.1					
9	00	2.6	1.6	33.5			27.4	8.2		19.5				
	12			7.6			27.5	8.3						
10	00	23.1	43.1	29.1	R	R	27.6		55.2					
	12			59.3			24.1	8.4						
11	00	23.2	43.2	40.4			24.2	8.5						
	12			64.5			24.3		55.3			57.5		
12	00	23.3	43.3	47.6			24.5	8.6						
	12			6.6			24.6	20.1	55.4		45.4			
13	00	23.4	43.4	18.1			2.1							
	12			48.2			2.2	20.2						
14	00	23.5	43.5	57.3			2.3	20.3	55.5					
	12			32.3			2.4							
15	00	23.6	43.6	50.4	58.5	52.5	2.5	20.4						
	12	8.1	14.1	28.4			2.6		55.6					
16	00			44.5			23.1	20.5						
	12	8.2	14.2	1.5			23.3	20.6	37.1					
17	00			43.6			23.4							
	12	8.3	14.3	14.6			23.5	16.1						
18	00			34.6			23.6	16.2	37.2					
	12	8.4	14.4	5.1			8.1							
19	00			26.1			8.2	16.3						
	12	8.5	14.5	11.1			8.4	16.4	37.3					
20	00			10.2			8.5							
	12	8.6	14.6	58.2			8.6	16.5	37.4		45.5			
21	00			38.2	D	D	20.1	16.6						
	12	20.1	34.1	54.2			20.2							
22	00			61.3			20.3	35.1	37.5					
	12	20.2	34.2	60.3			20.5	35.2						
23	00			41.4			20.6							
	12	20.3	34.3	19.4			16.1	35.3	37.6					
24	00			13.5			16.2	35.4						
	12	20.4	34.4	49.5			16.3		63.1					
25	00			30.6			16.4	35.5						
	12	20.5	34.5	37.1	R	R	16.5	35.6						
26	00			63.1			35.1		63.2					
	12	20.6	34.6	22.2			35.2	45.1						
27	00			36.3			35.3	45.2						
	12	16.1	9.1	25.5			35.4		63.3					
28	00			17.6			35.5	45.3			45.6			
	12	16.2	9.2	51.1			35.6	45.4	63.4					
29	00			42.3			45.1							
	12	16.3	9.3	3.5			45.3	45.5						
30	00			24.1			45.4		63.5					
	12	16.4	9.4	2.2			45.5	45.6						
31	00			23.4			45.6	12.1		R				
	12	16.5	9.5	8.6			12.1		63.6					

June 1973

Date	Time	☉	⊕	☾	☊	☋	☿	♀	♂	♃	♄	♅	♆	♇
1	00	16.5	9.5	16.3	58.5	52.5	12.2	12.2	63.6	19.5	45.6	57.5	9.1	46.4
	12	16.6	9.6	35.5	R	R	12.3	12.3	D	R	D	R	R	R
2	00			12.1			12.4		22.1					
	12	35.1	5.1	15.3			12.5	12.4						
3	00			52.5	D	D	12.6	12.5	22.2					
	12	35.2	5.2	53.1			15.1							
4	00			62.3			15.2	12.6			12.1			
	12	35.3	5.3	56.4			15.3	15.1	22.3					
5	00	35.4	5.4	31.6			15.4							
	12			7.2			15.5	15.2						
6	00	35.5	5.5	4.3			15.6	15.3	22.4					
	12			29.5			52.1							
7	00	35.6	5.6	59.6			52.2	15.4						
	12			64.1			52.3	15.5	22.5					
8	00	45.1	26.1	47.2	R	R								
	12			6.3			52.4	15.6	22.6				34.6	
9	00	45.2	26.2	46.4			52.5	52.1						
	12			18.5			52.6							
10	00	45.3	26.3	48.5			39.1	52.2	36.1					
	12			57.6			39.2							
11	00	45.4	26.4	50.1			39.3	52.3						
	12			28.1				52.4	36.2		12.2			
12	00	45.5	26.5	44.2			39.4							D
	12			1.2			39.5	52.5						
13	00	45.6	26.6	43.2			39.6	52.6	36.3					
	12			14.3			53.1							
14	00	12.1	11.1	34.3				39.1	36.4					
	12			9.3			53.2	39.2						
15	00	12.2	11.2	5.4			53.3							
	12			26.4			53.4	39.3	36.5					
16	00	12.3	11.3	11.4	58.4	52.4		39.4						
	12			10.5			53.5							
17	00	12.4	11.4	58.5	D	D	53.6	39.5	36.6					
	12			38.5				39.6						
18	00	12.5	11.5	54.6			62.1							
	12			61.6	58.5	52.5	62.2	53.1	25.1		12.3			
19	00	12.6	11.6	60.6				53.2						
	12			19.1			62.3							
20	00	15.1	10.1	13.1				53.3	25.2					
	12			49.2			62.4	53.4						
21	00	15.2	10.2	30.2			62.5							
	12			55.3				53.5	25.3					
22	00	15.3	10.3	37.4			62.6			19.4				
	12			63.4				53.6	25.4					
23	00	15.4	10.4	22.5			56.1	62.1						
	12			36.6										
24	00	15.5	10.5	17.1	R	R	56.2	62.2	25.5					
	12			21.2				62.3						
25	00	15.6	10.6	51.4			56.3							
	12			42.5				62.4	25.6					
26	00	52.1	58.1	3.6				62.5			12.4			
	12			24.2			56.4							
27	00	52.2	58.2	2.4				62.6	17.1			D		
	12			23.6			56.5	56.1						
28	00	52.3	58.3	20.1										
	12			16.3				56.2	17.2					
29	00	52.4	58.4	35.5			56.6	56.3						
	12			12.2	D	D								
30	00	52.5	58.5	15.4				56.4	17.3					
	12			52.6				56.5						

July 1973

Date	Time	☉	⊕	☾	☊	☋	☿	♀	♂	♃	♄	♅	♆	♇
1	00	52.6	58.6	53.2	R	R	31.1	56.5	17.3	19.4	12.4	57.5	34.6	46.4
	12			62.4			D	56.6	17.4	R	D	D	R	D
2	00	39.1	38.1	56.6										
	12	39.2	38.2	33.2				31.1						
3	00			7.3				31.2	17.5		12.5			
	12	39.3	38.3	4.5			31.2			19.3				
4	00			59.1				31.3						
	12	39.4	38.4	40.2				31.4	17.6					
5	00			64.3										
	12	39.5	38.5	47.5				31.5						
6	00			6.6				31.6	21.1					
	12	39.6	38.6	18.1										
7	00			48.2			R	33.1						
	12	53.1	54.1	57.2	D	D		33.2	21.2					
8	00			32.3										
	12	53.2	54.2	50.4				33.3						
9	00			28.4				33.4	21.3					
	12	53.3	54.3	44.5										
10	00			1.5			31.1	33.5						
	12	53.4	54.4	43.6				33.6	21.4		12.6			
11	00			14.6										
	12	53.5	54.5	34.6				7.1						
12	00			5.1					21.5					
	12	53.6	54.6	26.1				7.2		19.2				
13	00			11.1			56.6	7.3						
	12	62.1	61.1	10.1					21.6					
14	00			58.2				7.4						
	12	62.2	61.2	38.2	R	R		7.5						
15	00			54.2			56.5							
	12	62.3	61.3	61.3				7.6	51.1					
16	00			60.3				4.1						
	12	62.4	61.4	41.4			56.4							
17	00			19.4				4.2	51.2					46.5
	12	62.5	61.5	13.5				4.3						
18	00			49.5	58.4	52.4	56.3				15.1			
	12	62.6	61.6	30.6				4.4	51.3					
19	00			55.6			56.2	4.5						
	12	56.1	60.1	63.1										
20	00			22.2				4.6	51.4	19.1				
	12	56.2	60.2	36.3			56.1							
21	00			25.4				29.1						
	12	56.3	60.3	17.5				29.2						
22	00			21.6			62.6		51.5					
	12	56.4	60.4	42.1				29.3						
23	00			3.2				29.4						
	12	56.5	60.5	27.3	D	D	62.5		51.6					
24	00			24.5				29.5						
	12	56.6	60.6	2.6				29.6					34.5	
25	00			8.2			62.4		42.1					
	12	31.1	41.1	20.4				59.1						
26	00			16.5				59.2			15.2			
	12	31.2	41.2	45.1										
27	00			12.3				59.3	42.2					
	12	31.3	41.3	15.5			62.3			41.6				
28	00			39.1	R	R		59.4						
	12	31.4	41.4	53.3				59.5	42.3					
29	00			62.5										
	12	31.5	41.5	31.1				59.6						
30	00	31.6	41.6	33.3				40.1						
	12			7.4					42.4					
31	00	33.1	19.1	4.6			D	40.2						
	12			59.2				40.3						

August 1973

Date	Time	☉	⊕	☾	☊	☋	☿	♀	♂	♃	♄	♅	♆	♇
1	00	33.2	19.2	40.4	58.4	52.4	62.3	40.3	42.4	41.6	15.2	57.5	34.5	46.5
	12			64.5	R	R	D	40.4	42.5	R	D	D	R	D
2	00	33.3	19.3	47.6				40.5						
	12			46.2										
3	00	33.4	19.4	18.3				40.6	42.6					
	12			48.4							15.3			
4	00	33.5	19.5	57.5			62.4	64.1		41.5				
	12			32.6				64.2						
5	00	33.6	19.6	50.6					3.1					
	12			44.1			62.5	64.3						
6	00	7.1	13.1	1.1	D	D		64.4						
	12			43.2										
7	00	7.2	13.2	14.2			62.6	64.5	3.2					
	12			34.3				64.6						
8	00	7.3	13.3	9.3										
	12			5.3			56.1	47.1						
9	00	7.4	13.4	26.4				47.2	3.3					
	12			11.4			56.2							
10	00	7.5	13.5	10.4			56.3	47.3						
	12			58.5	R	R								
11	00	7.6	13.6	38.5			56.4	47.4	3.4	41.4				
	12			54.5				47.5				57.6		
12	00	4.1	49.1	61.6			56.5				15.4			
	12			60.6			56.6	47.6						
13	00	4.2	49.2	19.1				6.1	3.5					
	12			13.1			31.1							
14	00	4.3	49.3	49.2			31.2	6.2						
	12			30.2			31.3	6.3						
15	00	4.4	49.4	55.3										
	12			37.4			31.4	6.4	3.6					
16	00	4.5	49.5	63.5			31.5							
	12			22.6	58.3	52.3	31.6	6.5						
17	00	4.6	49.6	36.6			33.1	6.6					D	
	12			17.1			33.2		27.1					
18	00	29.1	30.1	21.3			33.3	46.1						
	12			51.4			33.4	46.2						
19	00	29.2	30.2	42.5			33.5			41.3				
	12			3.6				46.3						
20	00	29.3	30.3	24.1			33.6	46.4	27.2					
	12	29.4	30.4	2.3			7.1							
21	00			23.4			7.2	46.5						
	12	29.5	30.5	8.5	D	D	7.3							46.6
22	00			16.1			7.4	46.6			15.5			
	12	29.6	30.6	35.3			7.5	18.1	27.3					
23	00			45.4			4.1							
	12	59.1	55.1	12.6			4.2	18.2						
24	00			52.1			4.3	18.3						
	12	59.2	55.2	39.3	R	R	4.4							
25	00			53.5			4.5	18.4						
	12	59.3	55.3	56.1			4.6	18.5	27.4					
26	00			31.2			29.1							
	12	59.4	55.4	33.4			29.2	18.6						
27	00			7.6			29.3							
	12	59.5	55.5	29.2			29.4	48.1						
28	00			59.3			29.5	48.2		41.2				
	12	59.6	55.6	40.5			29.6		27.5					
29	00			64.6			59.1	48.3						
	12	40.1	37.1	6.2			59.2	48.4						
30	00			46.3	58.2	52.2	59.3							
	12	40.2	37.2	18.4			59.4	48.5						
31	00			48.5			59.5	48.6						
	12	40.3	37.3	57.6			59.6							

September 1973

Date	Time	☉	⊕	☾	☊	☋	☿	♀	♂	♃	♄	♅	♆	♇
1	00	40.3	37.3	50.1	58.2	52.2	40.1	57.1	27.6	41.2	15.5	57.6	34.5	46.6
	12	40.4	37.4	28.2	R	R	40.2	D	D	R	D	32.1	D	D
2	00			44.3			40.4	57.2			15.6			
	12	40.5	37.5	1.4			40.5	57.3						
3	00			43.4			40.6							
	12	40.6	37.6	14.5			64.1	57.4						
4	00			34.5			64.2	57.5						
	12	64.1	63.1	9.5			64.3							
5	00			5.6	D	D	64.4	57.6	24.1					
	12	64.2	63.2	26.6			64.5							
6	00	64.3	63.3	11.6			64.6	32.1						
	12			58.1			47.1	32.2						
7	00	64.4	63.4	38.1	R	R	47.2							
	12			54.1			47.3	32.3						
8	00	64.5	63.5	61.2			47.4	32.4						
	12			60.2			47.5							
9	00	64.6	63.6	41.2			47.6	32.5		41.1			34.6	
	12			19.3				32.6						
10	00	47.1	22.1	13.3			6.1							
	12			49.4			6.2	50.1	24.2					
11	00	47.2	22.2	30.5			6.3							
	12			55.6			6.4	50.2						
12	00	47.3	22.3	63.1	58.1	52.1	6.5	50.3						
	12			22.1			6.6							
13	00	47.4	22.4	36.3			46.1	50.4						
	12			25.4			46.2	50.5						
14	00	47.5	22.5	17.5			46.3							
	12			21.6			46.4	50.6						
15	00	47.6	22.6	42.1			46.5							
	12			3.3			46.6	28.1						
16	00	6.1	36.1	27.4			18.1	28.2						
	12			24.5							52.1			
17	00	6.2	36.2	23.1			18.2	28.3						18.1
	12			8.2			18.3	28.4						
18	00	6.3	36.3	20.4	10.6	15.6	18.4							
	12			16.5			18.5	28.5				32.2		
19	00	6.4	36.4	45.1			18.6							
	12	6.5	36.5	12.2			48.1	28.6						
20	00			15.4	D	D	48.2	44.1	R					
	12	6.6	36.6	52.5	R	R								
21	00			53.1			48.3	44.2						
	12	46.1	25.1	62.2			48.4							
22	00			56.4			48.5	44.3						
	12	46.2	25.2	31.5			48.6	44.4						
23	00			7.1			57.1							
	12	46.3	25.3	4.2			57.2	44.5						
24	00			29.4				44.6						
	12	46.4	25.4	59.5			57.3							
25	00			64.1			57.4	1.1						
	12	46.5	25.5	47.2			57.5							
26	00			6.4			57.6	1.2						
	12	46.6	25.6	46.5				1.3						
27	00			18.6			32.1							
	12	18.1	17.1	57.1			32.2	1.4						
28	00			32.2	10.5	15.5	32.3	1.5						
	12	18.2	17.2	50.3			32.4							
29	00			28.4				1.6		D				
	12	18.3	17.3	44.5			32.5							
30	00	18.4	17.4	1.5			32.6	43.1	24.1					
	12			43.6			50.1	43.2						

October 1973

Date	Time	☉	⊕	☾	☊	☋	☿	♀	♂	♃	♄	♅	♆	♇
1	00	18.5	17.5	14.6	10.5	15.5	50.2	43.2	24.1	41.1	52.1	32.2	34.6	18.1
	12			9.1	R	R	D	43.3	R	D	D	D	D	D
2	00	18.6	17.6	5.1			50.3							
	12			26.2			50.4	43.4						
3	00	48.1	21.1	11.2			50.5	43.5						
	12			10.2										
4	00	48.2	21.2	58.3	D	D	50.6	43.6						
	12			38.3	R	R	28.1					32.3		
5	00	48.3	21.3	54.3			28.2	14.1	27.6					
	12			61.4				14.2						
6	00	48.4	21.4	60.4			28.3							
	12			41.4			28.4	14.3						
7	00	48.5	21.5	19.5				14.4						
	12			13.5			28.5							
8	00	48.6	21.6	49.6			28.6	14.5						
	12			55.1			44.1							
9	00	57.1	51.1	37.2				14.6	27.5					
	12			63.2	10.4	15.4	44.2	34.1						
10	00	57.2	51.2	22.3			44.3							
	12	57.3	51.3	36.4				34.2						
11	00			25.6			44.4							
	12	57.4	51.4	21.1			44.5	34.3						18.2
12	00			51.2				34.4						
	12	57.5	51.5	42.4			44.6		27.4					
13	00			3.5			1.1	34.5						
	12	57.6	51.6	24.1										
14	00			2.2			1.2	34.6						
	12	32.1	42.1	23.4				9.1						
15	00			8.6	10.3	15.3	1.3							
	12	32.2	42.2	16.1			1.4	9.2	27.3					
16	00			35.3										
	12	32.3	42.3	45.5			1.5	9.3						
17	00			12.6				9.4						
	12	32.4	42.4	52.2	D	D	1.6				R			
18	00			39.3			43.1	9.5						
	12	32.5	42.5	53.5					27.2					
19	00	32.6	42.6	62.6	R	R	43.2	9.6		41.2		32.4		
	12			31.2				5.1						
20	00	50.1	3.1	33.3			43.3							
	12			7.5				5.2						
21	00	50.2	3.2	4.6			43.4						9.1	
	12			59.1				5.3	27.1					
22	00	50.3	3.3	40.3			43.5							
	12			64.4				5.4						
23	00	50.4	3.4	47.5				5.5						
	12			6.6			43.6							
24	00	50.5	3.5	18.1				5.6	3.6					
	12			48.2			14.1							
25	00	50.6	3.6	57.3				26.1						
	12			32.4				26.2						
26	00	28.1	27.1	50.5										
	12			28.6	10.2	15.2	14.2	26.3						
27	00	28.2	27.2	1.1					3.5					
	12	28.3	27.3	43.1				26.4						
28	00			14.2				26.5						
	12	28.4	27.4	34.3										
29	00			9.3			14.3	26.6						
	12	28.5	27.5	5.3										
30	00			26.4				11.1	3.4					
	12	28.6	27.6	11.4			R			41.3				
31	00			10.4	D	D		11.2						
	12	44.1	24.1	58.5				11.3						

November 1973

Date	Time	☉	⊕	☾	☊	☋	☿	♀	♂	♃	♄	♅	♆	♇
1	00	44.1	24.1	38.5	10.2	15.2	14.3	11.3	3.4	41.3	52.1	32.4	9.1	18.2
	12	44.2	24.2	54.5	D	D	14.2	11.4	R	D	R	D	D	D
2	00			61.6					3.3					
	12	44.3	24.3	60.6				11.5						
3	00			41.6										
	12	44.4	24.4	13.1	R	R	14.1	11.6				32.5		
4	00	44.5	24.5	49.1				10.1						
	12			30.2										
5	00	44.6	24.6	55.2			43.6	10.2	3.2					
	12			37.3										
6	00	1.1	2.1	63.4			43.5	10.3						
	12			22.5										
7	00	1.2	2.2	36.6			43.4	10.4						
	12			17.1			43.3							18.3
8	00	1.3	2.3	21.2				10.5		41.4				
	12			51.4			43.2	10.6						
9	00	1.4	2.4	42.5			43.1		3.1					
	12			27.1				58.1						
10	00	1.5	2.5	24.2			1.6							
	12	1.6	2.6	2.4			1.5	58.2						
11	00			23.6	10.1	15.1								
	12	43.1	23.1	20.2			1.4	58.3						
12	00			16.4			1.3							
	12	43.2	23.2	35.5				58.4						
13	00			12.1			1.2							
	12	43.3	23.3	15.3	D	D	1.1	58.5	42.6					
14	00			52.5				58.6						
	12	43.4	23.4	53.1			44.6							
15	00			62.2				38.1		41.5				
	12	43.5	23.5	56.4			44.5							
16	00			31.6				38.2						
	12	43.6	23.6	7.1										
17	00			4.3			44.4	38.3					9.2	
	12	14.1	8.1	29.4	R	R					15.6			
18	00	14.2	8.2	59.5				38.4						
	12			64.1										
19	00	14.3	8.3	47.2				38.5				32.6		
	12			6.3										
20	00	14.4	8.4	46.4			D	38.6						
	12			18.5										
21	00	14.5	8.5	48.6				54.1						
	12			32.1						41.6				
22	00	14.6	8.6	50.1				54.2	42.5					
	12			28.2										
23	00	34.1	20.1	44.3			44.5	54.3						
	12			1.4										
24	00	34.2	20.2	43.4				54.4						
	12	34.3	20.3	14.5			44.6							
25	00			34.5				54.5						
	12	34.4	20.4	9.6			1.1							
26	00			5.6				54.6						
	12	34.5	20.5	26.6			1.2		D					
27	00			10.1				61.1						
	12	34.6	20.6	58.1	D	D	1.3			19.1				
28	00			38.1				61.2						
	12	9.1	16.1	54.2			1.4							
29	00			61.2				61.3						
	12	9.2	16.2	60.2			1.5							
30	00	9.3	16.3	41.2			1.6	61.4						
	12			19.3					42.6					

December 1973

Date	Time	☉	⊕	☾	☊	☋	☿	♀	♂	♃	♄	♅	♆	♇
1	00	9.4	16.4	13.3	10.1	15.1	43.1	61.4	42.6	19.1	15.6	32.6	9.2	18.3
	12			49.3	D	D	43.2	61.5	D	D	R	D	D	D
2	00	9.5	16.5	30.4										
	12			55.4			43.3	61.6			15.5			
3	00	9.6	16.6	37.5			43.4			19.2				
	12			63.6	R	R		60.1						
4	00	5.1	35.1	22.6			43.5							
	12			25.1			43.6	60.2						
5	00	5.2	35.2	17.2										
	12			21.3			14.1							
6	00	5.3	35.3	51.5			14.2	60.3						
	12	5.4	35.4	42.6			14.3							
7	00			27.1				60.4				50.1		
	12	5.5	35.5	24.3			14.4							
8	00			2.5			14.5			19.3				
	12	5.6	35.6	23.6			14.6	60.5						
9	00			20.2			34.1		3.1					
	12	26.1	45.1	16.4				60.6						
10	00			35.6			34.2							
	12	26.2	45.2	12.2			34.3							
11	00			15.4	D	D	34.4	41.1						
	12	26.3	45.3	39.1										
12	00	26.4	45.4	53.3			34.5						9.3	
	12			62.5			34.6	41.2						
13	00	26.5	45.5	31.1			9.1			19.4				
	12			33.2			9.2	41.3						
14	00	26.6	45.6	7.4					3.2					
	12			4.6			9.3				15.4			
15	00	11.1	12.1	59.1			9.4	41.4						
	12			40.3			9.5							
16	00	11.2	12.2	64.4			9.6							
	12			47.6										
17	00	11.3	12.3	46.1	R	R	5.1	41.5						
	12			18.2			5.2							
18	00	11.4	12.4	48.3			5.3			19.5				
	12	11.5	12.5	57.4			5.4	41.6	3.3					18.4
19	00			32.4										
	12	11.6	12.6	50.5			5.5							
20	00			28.6			5.6							
	12	10.1	15.1	44.6			26.1	19.1						
21	00			43.1	D	D	26.2							
	12	10.2	15.2	14.1			26.3							
22	00			34.2					3.4					
	12	10.3	15.3	9.2			26.4	19.2		19.6				
23	00			5.3			26.5							
	12	10.4	15.4	26.3			26.6							
24	00	10.5	15.5	11.3			11.1							
	12			10.4	R	R	11.2	19.3						
25	00	10.6	15.6	58.4					3.5					
	12			38.4			11.3							
26	00	58.1	52.1	54.4			11.4				15.3			
	12			61.5			11.5							
27	00	58.2	52.2	60.5			11.6			13.1				
	12			41.5				19.4						
28	00	58.3	52.3	19.6			10.1		3.6					
	12			13.6			10.2							
29	00	58.4	52.4	49.6			10.3							
	12	58.5	52.5	55.1			10.4							
30	00			37.1			10.5							
	12	58.6	52.6	63.2					27.1					
31	00			22.2			10.6			13.2				
	12	38.1	39.1	36.3			58.1					50.2		

January 1974

Date	Time	☉	⊕	☾	☊	☋	☿	♀	♂	♃	♄	♅	♆	♇
1	00	38.1	39.1	25.4	10.1	15.1	58.2	19.4	27.1	13.2	15.3	50.2	9.3	18.4
	12	38.2	39.2	17.5	R	R	58.3	D	D	D	R	D	D	D
2	00			21.5	D	D	58.4							
	12	38.3	39.3	51.6			58.5		27.2					
3	00			3.2										
	12	38.4	39.4	27.3			58.6	R						
4	00			24.4			38.1							
	12	38.5	39.5	2.6			38.2			13.3				
5	00	38.6	39.6	8.1			38.3		27.3					
	12			20.3			38.4							
6	00	54.1	53.1	16.5			38.5							
	12			45.1							15.2			
7	00	54.2	53.2	12.3			38.6							
	12			15.5	R	R	54.1		27.4					
8	00	54.3	53.3	39.1			54.2							
	12			53.3			54.3			13.4			9.4	
9	00	54.4	53.4	62.5			54.4							
	12			31.1			54.5		27.5					R
10	00	54.5	53.5	33.3				19.3						
	12	54.6	53.6	7.5			54.6							
11	00			29.1			61.1							
	12	61.1	62.1	59.3			61.2							
12	00			40.5			61.3		27.6					
	12	61.2	62.2	47.1			61.4							
13	00			6.2			61.5	19.2		13.5				
	12	61.3	62.3	46.3			61.6							
14	00			18.5					24.1					
	12	61.4	62.4	48.6			60.1							
15	00			32.1			60.2	19.1						
	12	61.5	62.5	50.2	D	D	60.3							
16	00	61.6	62.6	28.2			60.4							
	12			44.3			60.5		24.2					
17	00	60.1	56.1	1.4			60.6	41.6		13.6				
	12			43.4			41.1							
18	00	60.2	56.2	14.5			41.2							
	12			34.5			41.3		24.3					
19	00	60.3	56.3	9.5				41.5						
	12			5.6			41.4				15.1			
20	00	60.4	56.4	26.6			41.5							
	12			11.6			41.6	41.4	24.4					
21	00	60.5	56.5	58.1	R	R	19.1			49.1				
	12	60.6	56.6	38.1			19.2							
22	00			54.1			19.3	41.3						
	12	41.1	31.1	61.2			19.4		24.5					
23	00			60.2			19.5							
	12	41.2	31.2	41.2			19.6	41.2						
24	00			19.2			13.1							
	12	41.3	31.3	13.3	11.6	12.6	13.2		24.6					
25	00			49.3				41.1		49.2				
	12	41.4	31.4	30.4			13.3							
26	00			55.4			13.4							
	12	41.5	31.5	37.5			13.5	60.6	2.1					
27	00			63.5			13.6							
	12	41.6	31.6	22.6			49.1							
28	00	19.1	33.1	36.6			49.2	60.5						
	12			17.1			49.3		2.2					
29	00	19.2	33.2	21.2			49.4			49.3				
	12			51.3			49.5							
30	00	19.3	33.3	42.4			49.6	60.4						
	12			3.5					2.3					
31	00	19.4	33.4	27.6			30.1							
	12			2.1	D	D	30.2	60.3						18.3

February 1974

Date	Time	☉	⊕	☾	☊	☋	☿	♀	♂	♃	♄	♅	♆	♇
1	00	19.5	33.5	23.2	11.6	12.6	30.3	60.3	2.4	49.3	15.1	50.2	9.4	18.3
	12			8.3	D	D	30.4	R	D	D	R	R	D	R
2	00	19.6	33.6	20.5			30.5			49.4				
	12	13.1	7.1	16.6			30.6	60.2						
3	00			45.2					2.5					
	12	13.2	7.2	12.4			55.1							
4	00			15.6	R	R	55.2							
	12	13.3	7.3	39.2			55.3							
5	00			53.3			55.4	60.1	2.6					
	12	13.4	7.4	62.6							12.6			
6	00			31.2			55.5			49.5				
	12	13.5	7.5	33.4			55.6							
7	00			7.6					23.1					
	12	13.6	7.6	29.2			37.1							
8	00			59.4			37.2							
	12	49.1	4.1	40.6	11.5	12.5		61.6	23.2					
9	00	49.2	4.2	47.1			37.3							
	12			6.3						49.6				
10	00	49.3	4.3	46.5			37.4							
	12			18.6					23.3					
11	00	49.4	4.4	57.2			37.5							
	12			32.3										
12	00	49.5	4.5	50.4			37.6		23.4					
	12			28.5										
13	00	49.6	4.6	44.6										
	12			1.6				D		30.1				
14	00	30.1	29.1	14.1			63.1		23.5					
	12			34.1	D	D								
15	00	30.2	29.2	9.2										
	12	30.3	29.3	5.2										
16	00			26.3			R		23.6					
	12	30.4	29.4	11.3										
17	00			10.3	R	R								
	12	30.5	29.5	58.4					8.1	30.2				
18	00			38.4										
	12	30.6	29.6	54.4			37.6							
19	00			61.4				60.1						
	12	55.1	59.1	60.5					8.2					
20	00			41.5			37.5						9.5	
	12	55.2	59.2	19.5										
21	00			13.6					8.3					
	12	55.3	59.3	49.6			37.4			30.3				
22	00	55.4	59.4	55.1	11.4	12.4								
	12			37.1			37.3	60.2						
23	00	55.5	59.5	63.2					8.4					
	12			22.3			37.2							
24	00	55.6	59.6	36.3										
	12			25.4			37.1		8.5					
25	00	37.1	40.1	17.5			55.6	60.3						
	12			21.6						30.4				
26	00	37.2	40.2	51.6			55.5		8.6					
	12			3.1	11.3	12.3								
27	00	37.3	40.3	27.2			55.4	60.4						
	12			24.3										
28	00	37.4	40.4	2.4			55.3		20.1		D			
	12	37.5	40.5	23.6										

March 1974

Date	Time	☉	⊕	☾	☊	☋	☿	♀	♂	♃	♄	♅	♆	♇
1	00	37.5	40.5	20.1	11.3	12.3	55.2	60.5	20.1	30.4	12.6	50.2	9.5	18.3
	12	37.6	40.6	16.2	R	R	55.1	D	20.2	30.5	D	R	D	R
2	00			35.4	D	D								
	12	63.1	64.1	45.5										
3	00			12.6	R	R	30.6	60.6						
	12	63.2	64.2	52.2					20.3					
4	00			39.4			30.5							
	12	63.3	64.3	53.5				41.1						
5	00			56.1					20.4					
	12	63.4	64.4	31.3			30.4			30.6				
6	00			33.5				41.2				50.1		
	12	63.5	64.5	4.1					20.5					
7	00			29.3										
	12	63.6	64.6	59.5				41.3						
8	00	22.1	47.1	40.6										
	12			47.2			30.3		20.6					
9	00	22.2	47.2	6.4				41.4		55.1				
	12			46.6	11.2	12.2								
10	00	22.3	47.3	48.1			D	41.5	16.1					
	12			57.3										
11	00	22.4	47.4	32.4										
	12			50.5				41.6	16.2					
12	00	22.5	47.5	28.6			30.4							
	12			1.1									R	
13	00	22.6	47.6	43.2				19.1						
	12			14.3					16.3	55.2				
14	00	36.1	6.1	34.4				19.2						
	12			9.4										
15	00	36.2	6.2	5.5			30.5	19.3	16.4					
	12	36.3	6.3	26.5										
16	00			11.5										
	12	36.4	6.4	10.6				19.4	16.5					18.2
17	00			58.6			30.6							
	12	36.5	6.5	38.6				19.5		55.3				
18	00			61.1					16.6					
	12	36.6	6.6	60.1			55.1	19.6						
19	00			41.1										
	12	25.1	46.1	19.2			55.2							
20	00			13.2				13.1	35.1					
	12	25.2	46.2	49.2			55.3							
21	00			30.3	11.1	12.1		13.2						
	12	25.3	46.3	55.3					35.2	55.4				
22	00			37.4			55.4	13.3						
	12	25.4	46.4	63.5							15.1			
23	00			22.5			55.5	13.4	35.3					
	12	25.5	46.5	36.6										
24	00	25.6	46.6	17.1			55.6	13.5						
	12			21.2					35.4					
25	00	17.1	18.1	51.3			37.1	13.6						
	12			42.4	26.6	45.6	37.2			55.5				
26	00	17.2	18.2	3.5				49.1						
	12			27.6			37.3		35.5					
27	00	17.3	18.3	2.1										
	12			23.2			37.4	49.2						
28	00	17.4	18.4	8.4			37.5		35.6					
	12			20.5				49.3						
29	00	17.5	18.5	16.6			37.6							
	12			45.2				49.4	45.1					
30	00	17.6	18.6	12.3	D	D	63.1			55.6				
	12			15.4			63.2	49.5						
31	00	21.1	48.1	52.6					45.2					
	12			53.1	R	R	63.3	49.6						

April 1974

Date	Time	☉	⊕	☾	☊	☋	☿	♀	♂	♃	♄	♅	♆	♇
1	00	21.2	48.2	62.3	26.6	45.6	63.4	30.1	45.2	55.6	15.1	50.1	9.5	18.2
	12	21.3	48.3	56.5	R	R	63.5	D	D	D	D	32.6	R	R
2	00			31.6				30.2	45.3				9.4	
	12	21.4	48.4	7.2			63.6							
3	00			4.3			22.1	30.3		37.1				
	12	21.5	48.5	29.5					45.4					
4	00			40.1			22.2	30.4						
	12	21.6	48.6	64.2			22.3							
5	00			47.4			22.4	30.5	45.5					
	12	51.1	57.1	6.6										
6	00			18.1	26.5	45.5	22.5	30.6						
	12	51.2	57.2	48.3			22.6		45.6					
7	00			57.4			36.1	55.1						
	12	51.3	57.3	32.5			36.2			37.2				
8	00			28.1				55.2	12.1					
	12	51.4	57.4	44.2			36.3				15.2			
9	00			1.3			36.4	55.3						
	12	51.5	57.5	43.4			36.5		12.2					
10	00			14.4			36.6	55.4						
	12	51.6	57.6	34.5				55.5						
11	00			9.6			25.1							
	12	42.1	32.1	5.6			25.2	55.6	12.3					
12	00	42.2	32.2	11.1	D	D	25.3			37.3				
	12			10.1			25.4	37.1						
13	00	42.3	32.3	58.2			25.5		12.4					
	12			38.2			25.6	37.2						
14	00	42.4	32.4	54.2										
	12			61.3			17.1	37.3	12.5					
15	00	42.5	32.5	60.3	R	R	17.2	37.4						
	12			41.3			17.3							
16	00	42.6	32.6	19.4			17.4	37.5	12.6					
	12			13.4			17.5			37.4				
17	00	3.1	50.1	49.4			17.6	37.6						
	12			30.5			21.1		15.1					
18	00	3.2	50.2	55.5			21.2	63.1						
	12			37.6			21.3							
19	00	3.3	50.3	22.1			21.4	63.2	15.2					
	12			36.1			21.5	63.3						
20	00	3.4	50.4	25.2	26.4	45.4	21.6							
	12			17.3			51.1	63.4			15.3			18.1
21	00	3.5	50.5	21.4			51.2		15.3					
	12			51.5			51.3	63.5		37.5				
22	00	3.6	50.6	42.6			51.4							
	12			27.1			51.5	63.6	15.4					
23	00	27.1	28.1	24.3			51.6	22.1						
	12	27.2	28.2	2.4			42.1					32.5		
24	00			23.5			42.2	22.2	15.5					
	12	27.3	28.3	20.1			42.3							
25	00			16.2			42.4	22.3						
	12	27.4	28.4	35.4			42.5		15.6					
26	00			45.5	D	D	42.6	22.4						
	12	27.5	28.5	15.1			3.1	22.5		37.6				
27	00			52.2			3.2		52.1					
	12	27.6	28.6	39.4			3.3	22.6						
28	00			53.6			3.4							
	12	24.1	44.1	56.1			3.5	36.1	52.2					
29	00			31.3			3.6	36.2						
	12	24.2	44.2	33.4	R	R	27.1							
30	00			7.6			27.2	36.3	52.3					
	12	24.3	44.3	29.1			27.4							

May 1974

Date	Time	☉	⊕	☾	☊	☋	☿	♀	♂	♃	♄	♅	♆	♇
1	00	24.3	44.3	59.3	26.4	45.4	27.5	36.4	52.3	37.6	15.4	32.5	9.4	18.1
	12	24.4	44.4	40.4	R	R	27.6	D	D	63.1	D	R	R	R
2	00			64.6			24.1	36.5	52.4					
	12	24.5	44.5	6.1			24.2	36.6						
3	00			46.3			24.3							
	12	24.6	44.6	18.4			24.4	25.1	52.5					
4	00			48.5			24.6							
	12	2.1	1.1	57.6			2.1	25.2						
5	00			50.2	26.3	45.3	2.2	25.3	52.6					
	12	2.2	1.2	28.3			2.3							
6	00			44.4			2.4	25.4						
	12	2.3	1.3	1.5			2.5		39.1					
7	00	2.4	1.4	43.6			2.6	25.5		63.2				
	12			14.6			23.2	25.6						
8	00	2.5	1.5	9.1			23.3		39.2					
	12			5.2			23.4	17.1						
9	00	2.6	1.6	26.2			23.5							
	12			11.3	D	D	23.6	17.2	39.3					
10	00	23.1	43.1	10.3			8.1				15.5			
	12			58.4			8.3	17.3						
11	00	23.2	43.2	38.4			8.4	17.4	39.4					
	12			54.4			8.5							
12	00	23.3	43.3	61.5			8.6	17.5						
	12			60.5			20.1		39.5					
13	00	23.4	43.4	41.5			20.2	17.6		63.3				
	12			19.6			20.3	21.1						
14	00	23.5	43.5	13.6			20.4							
	12			49.6	R	R	20.5	21.2	39.6					
15	00	23.6	43.6	55.1			16.1							
	12			37.1			16.2	21.3						
16	00	8.1	14.1	63.2			16.3	21.4	53.1					
	12			22.2			16.4							
17	00	8.2	14.2	36.3			16.5	21.5						
	12			25.4			16.6	21.6	53.2			32.4		
18	00	8.3	14.3	17.5			35.1							
	12			21.6			35.2	51.1			15.6		9.3	
19	00	8.4	14.4	42.1			35.3		53.3					
	12			3.2			35.4	51.2		63.4				
20	00	8.5	14.5	27.3			35.5	51.3						
	12			24.4			35.6		53.4					
21	00	8.6	14.6	2.6			45.1	51.4						
	12			8.1			45.2							
22	00	20.1	34.1	20.3			45.3	51.5	53.5					
	12			16.5				51.6						
23	00	20.2	34.2	35.6			45.4							
	12			12.2	D	D	45.5	42.1	53.6					
24	00	20.3	34.3	15.4			45.6							
	12	20.4	34.4	52.6			12.1	42.2						
25	00			53.1			12.2	42.3	62.1					
	12	20.5	34.5	62.3			12.3							
26	00			56.5				42.4						
	12	20.6	34.6	33.1			12.4		62.2	63.5	52.1			
27	00			7.2			12.5	42.5						
	12	16.1	9.1	4.4			12.6	42.6						
28	00			29.5					62.3					
	12	16.2	9.2	40.1			15.1	3.1						
29	00			64.2	R	R	15.2	3.2						
	12	16.3	9.3	47.4			15.3		62.4					
30	00			6.5				3.3						
	12	16.4	9.4	46.6			15.4							
31	00			48.2			15.5	3.4						
	12	16.5	9.5	57.3				3.5	62.5					

June 1974

Date	Time	☉	⊕	☾	☊	☋	☿	♀	♂	♃	♄	♅	♆	♇
1	00	16.5	9.5	32.4	26.3	45.3	15.6	3.5	62.5	63.5	52.1	32.4	9.3	18.1
	12	16.6	9.6	50.5	R	R	52.1	3.6	D	D	D	R	R	R
2	00			28.6					62.6					
	12	35.1	5.1	1.1			52.2	27.1						
3	00			43.1				27.2						
	12	35.2	5.2	14.2			52.3		56.1		52.2			
4	00			34.3				27.3		63.6				
	12	35.3	5.3	9.4			52.4	27.4						
5	00			5.4					56.2					
	12	35.4	5.4	26.5	D	D	52.5	27.5						
6	00			11.5										
	12	35.5	5.5	10.6			52.6	27.6	56.3					
7	00			58.6				24.1						
	12	35.6	5.6	38.6			39.1							
8	00			61.1				24.2	56.4					
	12	45.1	26.1	60.1										
9	00			41.2			39.2	24.3						
	12	45.2	26.2	19.2				24.4	56.5					
10	00			13.2										
	12	45.3	26.3	49.2			39.3	24.5						
11	00			30.3	R	R		24.6	56.6		52.3			
	12	45.4	26.4	55.3										
12	00			37.4				2.1						
	12	45.5	26.5	63.4			39.4		31.1					
13	00			22.5				2.2						
	12	45.6	26.6	36.5	D	D		2.3						
14	00			25.6					31.2					
	12	12.1	11.1	21.1				2.4		22.1				
15	00			51.1			39.5	2.5						D
	12	12.2	11.2	42.2					31.3					
16	00			3.3				2.6						
	12	12.3	11.3	27.4										
17	00	12.4	11.4	24.6				23.1	31.4					
	12			23.1				23.2						
18	00	12.5	11.5	8.3			R				52.4			
	12			20.4				23.3	31.5					
19	00	12.6	11.6	16.6				23.4						
	12			45.2										
20	00	15.1	10.1	12.4	R	R		23.5	31.6					
	12			15.5										
21	00	15.2	10.2	39.1				23.6						
	12			53.3			39.4	8.1	33.1					
22	00	15.3	10.3	62.5										
	12			31.1				8.2						
23	00	15.4	10.4	33.3				8.3					9.2	
	12			7.5					33.2					
24	00	15.5	10.5	29.1				8.4						
	12			59.3			39.3							
25	00	15.6	10.6	40.5				8.5	33.3					
	12			64.6				8.6			52.5			
26	00	52.1	58.1	6.2										
	12			46.3			39.2	20.1	33.4					
27	00	52.2	58.2	18.4	D	D		20.2						
	12			48.6										
28	00	52.3	58.3	32.1			39.1	20.3	33.5					
	12			50.2				20.4						
29	00	52.4	58.4	28.3										
	12			44.3			52.6	20.5	33.6					
30	00	52.5	58.5	1.4										
	12			43.5				20.6						

July 1974

Date	Time	☉	⊕	☾	☊	☋	☿	♀	♂	♃	♄	♅	♆	♇
1	00	52.6	58.6	14.6	26.3	45.3	52.5	16.1	7.1	22.1	52.5	32.4	9.2	18.1
	12			34.6	D	D	R	D	D	D	D	R	R	D
2	00	39.1	38.1	5.1				16.2						
	12			26.1				16.3	7.2		52.6	D		
3	00	39.2	38.2	11.2	R	R	52.4							
	12			10.2				16.4						
4	00	39.3	38.3	58.3					7.3					
	12			38.3			52.3	16.5						
5	00	39.4	38.4	54.3				16.6						
	12			61.4					7.4					
6	00	39.5	38.5	60.4				35.1						
	12			41.4			52.2	35.2						
7	00	39.6	38.6	19.5					7.5					
	12			13.5				35.3						
8	00	53.1	54.1	49.5				35.4		R				
	12			30.6					7.6					
9	00	53.2	54.2	55.6			52.1	35.5						
	12			37.6										
10	00	53.3	54.3	22.1				35.6	4.1		39.1			
	12			36.1				45.1						
11	00	53.4	54.4	25.2										
	12			17.2				45.2	4.2					
12	00	53.5	54.5	21.3				45.3						
	12			51.4			D							
13	00	53.6	54.6	42.4	D	D		45.4	4.3					
	12			3.5				45.5						
14	00	62.1	61.1	27.6										
	12			2.1				45.6	4.4					
15	00	62.2	61.2	23.3										
	12			8.4			52.2	12.1						
16	00	62.3	61.3	20.5				12.2	4.5					
	12	62.4	61.4	35.1										
17	00			45.3				12.3			39.2			
	12	62.5	61.5	12.4	R	R		12.4	4.6					
18	00			15.6			52.3							
	12	62.6	61.6	39.2				12.5						
19	00			53.4				12.6	29.1					
	12	56.1	60.1	62.6			52.4							
20	00			31.3				15.1						
	12	56.2	60.2	33.5					29.2					
21	00			4.1	26.2	45.2	52.5	15.2						
	12	56.3	60.3	29.3				15.3						
22	00			59.5			52.6		29.3					
	12	56.4	60.4	64.1				15.4						
23	00			47.3			39.1	15.5						
	12	56.5	60.5	6.4					29.4					
24	00			46.6			39.2	15.6						
	12	56.6	60.6	48.1				52.1			39.3			
25	00			57.3			39.3		29.5					
	12	31.1	41.1	32.4			39.4	52.2						
26	00			50.5				52.3						
	12	31.2	41.2	28.6	D	D	39.5		29.6					
27	00			1.1			39.6	52.4						
	12	31.3	41.3	43.2										
28	00			14.2			53.1	52.5	59.1					
	12	31.4	41.4	34.3			53.2	52.6						
29	00			9.4			53.3							
	12	31.5	41.5	5.4				39.1	59.2					
30	00			26.5	R	R	53.4	39.2						
	12	31.6	41.6	11.5			53.5							
31	00			10.5			53.6	39.3	59.3	63.6				
	12	33.1	19.1	58.6			62.1	39.4						

August 1974

Date	Time	☉	⊕	☾	☊	☋	☿	♀	♂	♃	♄	♅	♆	♇
1	00	33.1	39.1	38.6	26.2	45.2	62.2	39.4	59.3	63.6	39.4	32.4	9.2	18.1
	12	33.2	19.2	54.6	R	R	62.3	39.5	59.4	R	D	D	R	D
2	00			60.1			62.4	39.6						
	12	33.3	19.3	41.1										
3	00			19.1			62.5	53.1	59.5					
	12	33.4	19.4	13.2			62.6							
4	00			49.2			56.1	53.2						
	12	33.5	19.5	30.2			56.2	53.3	59.6					
5	00			55.3			56.3							
	12	33.6	19.6	37.3	26.1	45.1	56.4	53.4						
6	00			63.4			56.5	53.5	40.1					
	12	7.1	13.1	22.4			56.6							
7	00			36.4			31.2	53.6						18.2
	12	7.2	13.2	25.5			31.3	62.1	40.2					
8	00			17.5			31.4							
	12	7.3	13.3	21.6			31.5	62.2						
9	00			42.1			31.6	62.3	40.3		39.5			
	12	7.4	13.4	3.1			33.1							
10	00			27.2			33.2	62.4						
	12	7.5	13.5	24.3			33.3	62.5	40.4					
11	00	7.6	13.6	2.4			33.4			63.5				
	12			23.5	D	D	33.5	62.6						
12	00	4.1	49.1	8.6			33.6		40.5					
	12			16.1			7.1	56.1						
13	00	4.2	49.2	35.3			7.2	56.2						
	12			45.4	R	R	7.4		40.6					
14	00	4.3	49.3	12.6			7.5	56.3						
	12			52.2			7.6	56.4						
15	00	4.4	49.4	39.3			4.1		64.1					
	12			53.5			4.2	56.5				32.5		
16	00	4.5	49.5	56.1			4.3	56.6						
	12			31.3			4.4		64.2					
17	00	4.6	49.6	33.6			4.5	31.1			39.6			
	12			4.2			4.6	31.2						
18	00	29.1	30.1	29.4	5.6	35.6	29.1		64.3					
	12			59.6			29.2	31.3						
19	00	29.2	30.2	64.2			29.3	31.4						
	12			47.4			29.5		64.4	63.4			D	
20	00	29.3	30.3	6.6			29.6	31.5						
	12			18.2			59.1	31.6						
21	00	29.4	30.4	48.3			59.2		64.5					
	12			57.5			59.3	33.1						
22	00	29.5	30.5	32.6			59.4	33.2						
	12			28.2			59.5		64.6					
23	00	29.6	30.6	44.3			59.6	33.3						
	12			1.4			40.1							
24	00	59.1	55.1	43.5			40.2	33.4	47.1					
	12			14.5			40.3	33.5						
25	00	59.2	55.2	34.6	D	D	40.4							
	12			5.1			40.5	33.6	47.2					
26	00	59.3	55.3	26.1	R	R	40.6	7.1			53.1			
	12			11.2			64.1		47.3					
27	00	59.4	55.4	10.2			64.2	7.2		63.3				
	12			58.3			64.3	7.3						
28	00	59.5	55.5	38.3			64.4		47.4					
	12			54.3			64.5	7.4						
29	00	59.6	55.6	61.4			64.6	7.5						
	12	40.1	37.1	60.4					47.5					
30	00			41.4			47.1	7.6						
	12	40.2	37.2	19.5	5.5	35.5	47.2	4.1						
31	00			13.5			47.3		47.6					
	12	40.3	37.3	49.5			47.4	4.2						

September 1974

Date	Time	☉	⊕	☾	☊	☋	☿	♀	♂	♃	♄	♅	♆	♇
1	00	40.3	37.3	30.6	5.5	35.5	47.5	4.3	47.6	63.3	53.1	32.5	9.2	18.2
	12	40.4	37.4	55.6	R	R	47.6	D	6.1	R	D	D	D	D
2	00			37.6			6.1	4.4						
	12	40.5	37.5	22.1			6.2	4.5						
3	00			36.1			6.3		6.2					
	12	40.6	37.6	25.2			6.4	4.6		63.2				
4	00			17.2	5.4	35.4		29.1						
	12	64.1	63.1	21.3			6.5		6.3		53.2			
5	00			51.4			6.6	29.2						
	12	64.2	63.2	42.4			46.1	29.3						18.3
6	00			3.5			46.2		6.4			32.6		
	12	64.3	63.3	27.6			46.3	29.4						
7	00			2.1			46.4							
	12	64.4	63.4	23.2			46.5	29.5	6.5					
8	00			8.3				29.6						
	12	64.5	63.5	20.4			46.6							
9	00			16.5			18.1	59.1	6.6					
	12	64.6	63.6	35.6	D	D	18.2	59.2						
10	00			12.1	R	R	18.3							
	12	47.1	22.1	15.3				59.3	46.1	63.1				
11	00			52.4			18.4	59.4						
	12	47.2	22.2	39.6			18.5							
12	00			62.1			18.6	59.5	46.2					
	12	47.3	22.3	56.3			48.1	59.6						
13	00	47.4	22.4	31.5					46.3					
	12			7.1			48.2	40.1						
14	00	47.5	22.5	4.3			48.3	40.2						
	12			29.5			48.4		46.4					
15	00	47.6	22.6	40.1	5.3	35.3	48.5	40.3						
	12			64.3				40.4			53.3			
16	00	6.1	36.1	47.5			48.6		46.5					
	12			46.1			57.1	40.5						
17	00	6.2	36.2	18.3			57.2	40.6						
	12			48.5					46.6	37.6				
18	00	6.3	36.3	57.6			57.3	64.1						
	12			50.2			57.4	64.2						
19	00	6.4	36.4	28.3					18.1					
	12			44.4			57.5	64.3						
20	00	6.5	36.5	1.6			57.6	64.4						
	12			14.1			32.1		18.2					
21	00	6.6	36.6	34.2				64.5						
	12			9.2			32.2	64.6						
22	00	46.1	25.1	5.3	D	D	32.3		18.3					
	12			26.4				47.1						
23	00	46.2	25.2	11.4			32.4	47.2						
	12			10.5	R	R	32.5		18.4			50.1		
24	00	46.3	25.3	58.5				47.3						
	12			38.6			32.6	47.4						
25	00	46.4	25.4	54.6			50.1		18.5					
	12	46.5	25.5	61.6				47.5		37.5				
26	00			41.1			50.2	47.6	18.6					
	12	46.6	25.6	19.1	5.2	35.2	50.3							
27	00			13.1				6.1						
	12	18.1	17.1	49.2			50.4	6.2	48.1					
28	00			30.2										
	12	18.2	17.2	55.2			50.5	6.3						
29	00			37.3			50.6	6.4	48.2		53.4			
	12	18.3	17.3	63.3										
30	00			22.4			28.1	6.5						
	12	18.4	17.4	36.4				6.6	48.3					18.4

October 1974

Date	Time	☉	⊕	☾	☊	☋	☿	♀	♂	♃	♄	♅	♆	♇
1	00	18.4	17.5	25.5	5.2	35.2	28.2	6.6	48.3	37.5	53.4	50.1	9.2	18.4
	12	18.5	17.5	17.6	R	R	D	46.1	D	R	D	D	D	D
2	00			21.6	5.1	35.1	28.3	46.2	48.4					
	12	18.6	17.6	42.1										
3	00			3.2			28.4	46.3						
	12	48.1	21.1	27.3				46.4	48.5					
4	00			24.3			28.5							
	12	48.2	21.2	2.4				46.5		37.4				
5	00			23.5			28.6	46.6	48.6					
	12	48.3	21.3	8.6										
6	00	48.4	21.4	16.1				18.1	57.1					
	12			35.3	D	D	44.1	18.2						
7	00	48.5	21.5	45.4										
	12			12.5				18.3	57.2					
8	00	48.6	21.6	15.6			44.2	18.4						
	12			39.2										
9	00	57.1	51.1	53.3	R	R		18.5	57.3			50.2		
	12			62.5			44.3	18.6						
10	00	57.2	51.2	56.6										
	12			33.2				48.1	57.4					
11	00	57.3	51.3	7.4				48.2						
	12			4.5										
12	00	57.4	51.4	59.1				48.3	57.5					
	12			40.3			44.4	48.4						
13	00	57.5	51.5	64.5									9.3	
	12			47.6				48.5	57.6					
14	00	57.6	51.6	46.2			R	48.6						
	12	32.1	42.1	18.4					32.1					
15	00			48.6	9.6	16.6		57.1						
	12	32.2	42.2	32.1				57.2						
16	00			50.3			44.3		32.2					
	12	32.3	42.3	28.4				57.3		37.3				
17	00			44.6				57.4						
	12	32.4	42.4	43.1					32.3					
18	00			14.2			44.2	57.5						
	12	32.5	42.5	34.3				57.6						
19	00			9.4					32.4					
	12	32.6	42.6	5.5	D	D	44.1	32.1						
20	00			26.6				32.2						
	12	50.1	3.1	11.6			28.6		32.5					
21	00			58.1				32.3						
	12	50.2	3.2	38.1			28.5	32.4	32.6					
22	00			54.2										
	12	50.3	3.3	61.2			28.4	32.5						
23	00	50.4	3.4	60.3				32.6	50.1					
	12			41.3	R	R	28.3							
24	00	50.5	3.5	19.3			28.2	50.1				50.3		
	12			13.4				50.2	50.2					
25	00	50.6	3.6	49.4			28.1							18.5
	12			30.4			50.6	50.3						
26	00	28.1	27.1	55.5				50.4	50.3		53.5			
	12			37.5			50.5							
27	00	28.2	27.2	63.6			50.4	50.5						
	12			22.6				50.6	50.4					
28	00	28.3	27.3	25.1			50.3							
	12			17.1				28.1	50.5					
29	00	28.4	27.4	21.2			50.2	28.2						
	12			51.3			50.1							
30	00	28.5	27.5	42.3				28.3	50.6					
	12			3.4				28.4						
31	00	28.6	27.6	27.5			32.6							
	12	44.1	24.1	24.6				28.5	28.1					

November 1974

Date	Time	☉	⊕	☾	☊	☋	☿	♀	♂	♃	♄	♅	♆	♇
1	00	44.1	24.1	23.1	9.6	16.6	32.6	28.6	28.1	37.3	R	50.3	9.3	18.5
	12	44.2	24.2	8.3	R	R	32.5	D	D	R		D	D	D
2	00			20.4				44.1	28.2					
	12	44.3	24.3	16.5				44.2						
3	00			35.6	D	D								
	12	44.4	24.4	12.2				44.3	28.3					
4	00			15.3			D	44.4		D				
	12	44.5	24.5	52.4					28.4					
5	00			39.6				44.5						
	12	44.6	24.6	62.1				44.6						
6	00			56.3					28.5					
	12	1.1	2.1	31.4			32.6	1.1						
7	00	1.2	2.2	33.6				1.2			53.4			
	12			4.1	R	R			28.6					
8	00	1.3	2.3	29.3			50.1	1.3				50.4		
	12			59.5				1.4						
9	00	1.4	2.4	40.6			50.2		44.1					
	12			47.2				1.5						
10	00	1.5	2.5	6.3			50.3	1.6	44.2					
	12			46.5	9.5	16.5								
11	00	1.6	2.6	18.6			50.4	43.1					9.4	
	12			57.2				43.2	44.3					
12	00	43.1	23.1	32.3			50.5							
	12			50.5				43.3						
13	00	43.2	23.2	28.6			50.6	43.4	44.4					
	12			1.1			28.1							
14	00	43.3	23.3	43.3				43.5						
	12	43.4	23.4	14.4			28.2	43.6	44.5					
15	00			34.5			28.3							
	12	43.5	23.5	9.6	D	D		14.1	44.6					
16	00			5.6			28.4	14.2						
	12	43.6	23.6	11.1			28.5							
17	00			10.2			28.6	14.3	1.1					
	12	14.1	8.1	58.3				14.4						
18	00			38.3			44.1							
	12	14.2	8.2	54.4			44.2	14.5	1.2					
19	00			61.4			44.3	14.6						
	12	14.3	8.3	60.5										
20	00			41.5			44.4	34.1	1.3					
	12	14.4	8.4	19.5			44.5	34.2						
21	00	14.5	8.5	13.6			44.6		1.4					
	12			49.6			1.1	34.3						
22	00	14.6	8.6	30.6	R	R		34.4		37.4				
	12			37.1			1.2		1.5					
23	00	34.1	20.1	63.1			1.3	34.5						
	12			22.1			1.4	34.6						18.6
24	00	34.2	20.2	36.2			1.5		1.6			50.5		
	12			25.2			1.6	9.1						
25	00	34.3	20.3	17.3				9.2	43.1					
	12			21.4			43.1							
26	00	34.4	20.4	51.4			43.2	9.3						
	12			42.5			43.3	9.4	43.2					
27	00	34.5	20.5	3.6			43.4							
	12	34.6	20.6	24.1				9.5						
28	00			2.2			43.5	9.6	43.3					
	12	9.1	16.1	23.3			43.6							
29	00			8.5			14.1	5.1						
	12	9.2	16.2	20.6			14.2	5.2	43.4					
30	00			35.1	D	D	14.3							
	12	9.3	16.3	45.3				5.3	43.5					

December 1974

Date	Time	☉	⊕	☾	☊	☋	☿	♀	♂	♃	♄	♅	♆	♇
1	00	9.3	16.3	12.4	9.5	16.5	14.4	5.4	43.5	37.4	53.4	50.5	9.4	18.6
	12	9.4	16.4	15.6	D	D	14.5	D	D	D	R	D	D	D
2	00			39.2			14.6	5.5	43.6					
	12	9.5	16.5	53.3			34.1	5.6						
3	00			62.5	R	R	34.2							
	12	9.6	16.6	31.1				26.1	14.1		53.3			
4	00	5.1	35.1	33.2			34.3	26.2		37.5				
	12			7.4			34.4		14.2					
5	00	5.2	35.2	4.6			34.5	26.3						
	12			59.1			34.6	26.4						
6	00	5.3	35.3	40.3			9.1		14.3					
	12			64.4	D	D		26.5					9.5	
7	00	5.4	35.4	47.6			9.2	26.6						
	12			46.1			9.3		14.4					
8	00	5.5	35.5	18.3			9.4	11.1						
	12			48.4			9.5	11.2	14.5					
9	00	5.6	35.6	57.5			9.6							
	12	26.1	45.1	50.1				11.3						
10	00			28.2			5.1	11.4	14.6					
	12	26.2	45.2	44.3			5.2	11.5						
11	00			1.4			5.3							
	12	26.3	45.3	43.5			5.4	11.6	34.1					
12	00			14.6			5.5	10.1				50.6		
	12	26.4	45.4	9.1					34.2	37.6				
13	00			5.2	R	R	5.6	10.2						
	12	26.5	45.5	26.3			26.1	10.3						
14	00			11.3			26.2		34.3					
	12	26.6	45.6	10.4			26.3	10.4						
15	00			58.5			26.4	10.5						
	12	11.1	12.1	38.5					34.4					
16	00	11.2	12.2	54.6			26.5	10.6						
	12			61.6			26.6	58.1	34.5					
17	00	11.3	12.3	41.1			11.1							
	12			19.1			11.2	58.2						
18	00	11.4	12.4	13.1			11.3	58.3	34.6		53.2			
	12			49.2										
19	00	11.5	12.5	30.2			11.4	58.4						
	12			55.2			11.5	58.5	9.1	63.1				
20	00	11.6	12.6	37.3			11.6							
	12			63.3			10.1	58.6	9.2					
21	00	10.1	15.1	22.3			10.2	38.1						
	12	10.2	15.2	36.4			10.3							
22	00			25.4	D	D		38.2	9.3					
	12	10.3	15.3	17.5			10.4	38.3						
23	00			21.5			10.5							
	12	10.4	15.4	51.6			10.6	38.4	9.4					
24	00			3.1			58.1	38.5						
	12	10.5	15.5	27.1			58.2		9.5					
25	00			24.2			58.3	38.6						
	12	10.6	15.6	2.3				54.1						
26	00			23.4			58.4		9.6	63.2				
	12	58.1	52.1	8.6			58.5	54.2						
27	00	58.2	52.2	16.1			58.6	54.3	5.1					
	12			35.2	R	R	38.1							
28	00	58.3	52.3	45.4			38.2	54.4						
	12			12.6				54.5	5.2					
29	00	58.4	52.4	52.1			38.3							
	12			39.3			38.4	54.6						
30	00	58.5	52.5	53.5			38.5	61.1	5.3		53.1			
	12			56.1			38.6							
31	00	58.6	52.6	31.3			54.1	61.2	5.4					
	12			33.5			54.2	61.3						

January 1975

Date	Time	☉	⊕	☾	☊	☋	☿	♀	♂	♃	♄	♅	♆	♇
1	00	38.1	39.1	4.1	9.5	16.5	54.3	61.3	5.4	63.3	53.2	50.6	9.5	18.6
	12	38.2	39.2	29.3	R	R	D	61.4	5.5	D	R	D	9.6	D
2	00			59.5			54.4	61.5						
	12	38.3	39.3	40.6			54.5							
3	00			47.2			54.6	61.6	5.6					
	12	38.4	39.4	6.4			61.1	60.1						
4	00			46.5			61.2		26.1					
	12	38.5	39.5	48.1			61.3	60.2						
5	00			57.2	D	D	61.4	60.3				28.1		
	12	38.6	39.6	32.3					26.2					
6	00			50.5			61.5	60.4						
	12	54.1	53.1	28.6			61.6	60.5	26.3	63.4				
7	00			1.1			60.1							
	12	54.2	53.2	43.2			60.2	60.6						
8	00	54.3	53.3	14.3			60.3	41.1	26.4					
	12			34.3			60.4							
9	00	54.4	53.4	9.4			60.5	41.2						
	12			5.5	R	R		41.3	26.5					
10	00	54.5	53.5	26.6			60.6							
	12			11.6			41.1	41.4	26.6		39.6			
11	00	54.6	53.6	58.1			41.2	41.5						
	12			38.1			41.3			63.5				
12	00	61.1	62.1	54.2			41.4	41.6	11.1					R
	12			61.2			41.5	19.1						
13	00	61.2	62.2	60.3					11.2					
	12	61.3	62.3	41.3			41.6	19.2						
14	00			19.4	9.4	16.4	19.1	19.3						
	12	61.4	62.4	13.4			19.2		11.3					
15	00			49.4			19.3	19.4						
	12	61.5	62.5	30.5			19.4	19.5						
16	00			55.5					11.4					
	12	61.6	62.6	37.5			19.5	19.6		63.6				
17	00			63.6			19.6	13.1	11.5					
	12	60.1	56.1	22.6			13.1							
18	00			36.6			13.2	13.2						
	12	60.2	56.2	17.1				13.3	11.6					
19	00	60.3	56.3	21.1			13.3							
	12			51.1			13.4	13.4	10.1					
20	00	60.4	56.4	42.2			13.5	13.5						
	12			3.3										
21	00	60.5	56.5	27.3	D	D	13.6	13.6	10.2	22.1				
	12			24.4			49.1	49.1						
22	00	60.6	56.6	2.5					10.3		39.5			
	12			23.6			49.2	49.2						
23	00	41.1	31.1	20.1			49.3	49.3						
	12			16.2					10.4					
24	00	41.2	31.2	35.3	R	R	49.4	49.4						
	12			45.5				49.5						
25	00	41.3	31.3	12.6			49.5		10.5					
	12	41.4	31.4	52.2				49.6		22.2				
26	00			39.4			49.6	30.1	10.6					
	12	41.5	31.5	53.6										
27	00			56.2				30.2						
	12	41.6	31.6	31.4			30.1	30.3	58.1					
28	00			33.6	9.3	16.3								
	12	19.1	33.1	4.2				30.4	58.2					
29	00			29.4				30.5						
	12	19.2	33.2	59.6										
30	00			64.2				30.6	58.3	22.3				
	12	19.3	33.3	47.4			30.2	55.1						
31	00	19.4	33.4	6.6			R 30.1		58.4					
	12			18.2				55.2						

February 1975

Date	Time	☉	⊕	☾	☊	☋	☿	♀	♂	♃	♄	♅	♆	♇
1	00	19.5	33.5	48.4	9.3	16.3	30.1	55.3	58.4	22.3	39.5	28.1	9.6	18.6
	12			57.5	R	R	R	D	58.5	D	R	D	D	R
2	00	19.6	33.6	50.1				55.4						
	12			28.2				55.5	58.6					
3	00	13.1	7.1	44.3			49.6							
	12			1.4	D	D		55.6		22.4				
4	00	13.2	7.2	43.5			49.5	37.1	38.1		39.4		5.1	
	12			14.6										
5	00	13.3	7.3	9.1				37.2	38.2					
	12			5.2	R	R	49.4	37.3						
6	00	13.4	7.4	26.2			49.3							
	12	13.5	7.5	11.3				37.4	38.3			R		
7	00			10.4			49.2	37.5						
	12	13.6	7.6	58.4						22.5				
8	00			38.5			49.1	37.6	38.4					
	12	49.1	4.1	54.5			13.6	63.1						
9	00			61.5					38.5					
	12	49.2	4.2	60.6	9.2	16.2	13.5	63.2						
10	00			41.6				63.3						
	12	49.3	4.3	13.1			13.4		38.6					
11	00			49.1			13.3	63.4						
	12	49.4	4.4	30.1				63.5	54.1					
12	00	49.5	4.5	55.2			13.2			22.6				
	12			37.2				63.6						
13	00	49.6	4.6	63.2			13.1	22.1	54.2					
	12			22.3	9.1	16.1								
14	00	30.1	29.1	36.3			19.6	22.2	54.3					
	12			25.3				22.3						
15	00	30.2	29.2	17.4			19.5							
	12			21.4				22.4	54.4					
16	00	30.3	29.3	51.4				22.5		36.1				
	12			42.5			19.4		54.5					
17	00	30.4	29.4	3.5				22.6						
	12			27.6				36.1						
18	00	30.5	29.5	2.1			19.3		54.6					
	12	30.6	29.6	23.1				36.2						
19	00			8.2				36.3	61.1					
	12	55.1	59.1	20.3	D	D								
20	00			16.4	R	R		36.4		36.2				
	12	55.2	59.2	35.5				36.5	61.2					
21	00			45.6			D							
	12	55.3	59.3	15.2				36.6	61.3					
22	00			52.3				25.1						
	12	55.4	59.4	39.5							39.3			
23	00			53.6				25.2	61.4					
	12	55.5	59.5	56.2										
24	00			31.4			19.4	25.3	61.5	36.3				
	12	55.6	59.6	33.6	34.6	20.6		25.4						
25	00	37.1	40.1	4.2										
	12			29.5				25.5	61.6					
26	00	37.2	40.2	40.1				25.6						
	12			64.3			19.5		60.1					
27	00	37.3	40.3	47.5				17.1						
	12			46.1				17.2						
28	00	37.4	40.4	18.3			19.6		60.2	36.4				
	12			48.5				17.3						

March 1975

Date	Time	☉	⊕	☾	☊	☋	☿	♀	♂	♃	♄	♅	♆	♇
1	00	37.5	40.5	32.1	34.6	20.6	19.6	17.4	60.3	36.4	39.3	28.1	5.1	18.6
	12			50.3	R	R	13.1	D	D	D	R	R	D	R
2	00	37.6	40.6	28.4				17.5						
	12			44.6			13.2	17.6	60.4					
3	00	63.1	64.1	43.1										
	12			14.2			13.3	21.1	60.5					
4	00	63.2	64.2	34.3				21.2		36.5				
	12	63.3	64.3	9.4	D	D	13.4							18.5
5	00			5.5	R	R		21.3	60.6					
	12	63.4	64.4	26.6			13.5	21.4						
6	00			11.6	34.5	20.5			41.1					
	12	63.5	64.5	58.1			13.6	21.5						
7	00			38.1				21.6						
	12	63.6	64.6	54.2			49.1		41.2					
8	00			61.2				51.1		36.6				
	12	22.1	47.1	60.3			49.2	51.2	41.3					
9	00			41.3										
	12	22.2	47.2	19.3			49.3	51.3						
10	00			13.4			49.4		41.4					
	12	22.3	47.3	49.4				51.4						
11	00			30.4			49.5	51.5	41.5			50.6		
	12	22.4	47.4	55.5			49.6			25.1				
12	00	22.5	47.5	37.5				51.6						
	12			63.5	34.4	20.4	30.1	42.1	41.6					
13	00	22.6	47.6	22.6			30.2							
	12			36.6				42.2	19.1					
14	00	36.1	6.1	25.6			30.3	42.3						
	12			21.1			30.4				D		R	
15	00	36.2	6.2	51.1				42.4	19.2					
	12			42.2			30.5	42.5		25.2				
16	00	36.3	6.3	3.2			30.6		19.3					
	12			27.3				42.6						
17	00	36.4	6.4	24.3			55.1	3.1						
	12			2.4			55.2		19.4					
18	00	36.5	6.5	23.5			55.3	3.2						
	12			8.5				3.3	19.5					
19	00	36.6	6.6	20.6	D	D	55.4							
	12	25.1	46.1	35.1			55.5	3.4		25.3				
20	00			45.2			55.6		19.6					
	12	25.2	46.2	12.3				3.5						
21	00			15.4	R	R	37.1	3.6	13.1					
	12	25.3	46.3	52.6			37.2							
22	00			53.1			37.3	27.1						
	12	25.4	46.4	62.2				27.2	13.2					
23	00			56.4			37.4							
	12	25.5	46.5	31.6			37.5	27.3	13.3	25.4				
24	00			7.2	34.3	20.3	37.6	27.4						
	12	25.6	46.6	4.3			63.1		13.4					
25	00			29.5			63.2	27.5						
	12	17.1	18.1	40.2				27.6						
26	00			64.4			63.3		13.5					
	12	17.2	18.2	47.6			63.4	24.1						
27	00			46.2			63.5	24.2	13.6	25.5				
	12	17.3	18.3	18.4			63.6							
28	00	17.4	18.4	48.6			22.1	24.3						
	12			32.2			22.2		49.1					
29	00	17.5	18.5	50.4				24.4						
	12			28.5			22.3	24.5	49.2					
30	00	17.6	18.6	1.1			22.4							
	12			43.2			22.5	24.6						
31	00	21.1	48.1	14.4			22.6	2.1	49.3	25.6				
	12			34.5	D	D	36.1							

April 1975

Date	Time	☉	⊕	☾	☊	☋	☿	♀	♂	♃	♄	♅	♆	♇
1	00	21.2	48.2	9.6	34.3	20.3	36.2	2.2	49.4	25.6	39.3	50.6	5.1	18.5
	12			26.1	D	D	36.3	2.3	D	D	D	R	R	R
2	00	21.3	48.3	11.2			36.4							
	12			10.3			36.5	2.4	49.5					
3	00	21.4	48.4	58.4										
	12			38.4			36.6	2.5	49.6		39.4			
4	00	21.5	48.5	54.5	R	R	25.1	2.6		17.1				
	12			61.5			25.2							
5	00	21.6	48.6	60.6			25.3	23.1	30.1					
	12			41.6			25.4	23.2						
6	00	51.1	57.1	19.6			25.5		30.2					
	12	51.2	57.2	49.1			25.6	23.3						
7	00			30.1			17.1	23.4				50.5		
	12	51.3	57.3	55.1	34.2	20.2	17.2		30.3					
8	00			37.2			17.3	23.5		17.2				
	12	51.4	57.4	63.2			17.4		30.4					18.4
9	00			22.2			17.5	23.6						
	12	51.5	57.5	36.3			17.6	8.1						
10	00			25.3			21.1		30.5					
	12	51.6	57.6	17.3			21.2	8.2						
11	00			21.4			21.3	8.3	30.6					
	12	42.1	32.1	51.4			21.4							
12	00			42.5			21.5	8.4	55.1	17.3				
	12	42.2	32.2	3.6			21.6	8.5						
13	00			27.6			51.2							
	12	42.3	32.3	2.1			51.3	8.6	55.2					
14	00			23.2			51.4							
	12	42.4	32.4	8.2			51.5	20.1	55.3					
15	00			20.3	D	D	51.6	20.2						
	12	42.5	32.5	16.4			42.1							
16	00			35.5			42.2	20.3	55.4	17.4				
	12	42.6	32.6	45.6			42.3	20.4						
17	00			15.1			42.4		55.5					
	12	3.1	50.1	52.2			42.5	20.5						
18	00	3.2	50.2	39.3			42.6							
	12			53.5			3.2	20.6	55.6					
19	00	3.3	50.3	62.6			3.3	16.1						
	12			31.1	R	R	3.4		37.1					
20	00	3.4	50.4	33.3			3.5	16.2		17.5				
	12			7.4			3.6	16.3						
21	00	3.5	50.5	4.6			27.1		37.2					
	12			59.2			27.2	16.4			39.5			
22	00	3.6	50.6	40.4			27.4		37.3					
	12			64.5			27.5	16.5						
23	00	27.1	28.1	6.1			27.6	16.6						
	12			46.3			24.1		37.4					
24	00	27.2	28.2	18.5			24.2	35.1		17.6			9.6	
	12			57.1			24.3	35.2	37.5					
25	00	27.3	28.3	32.3			24.4							
	12			50.5	34.1	20.1	24.5	35.3						
26	00	27.4	28.4	28.6			2.1		37.6					
	12			1.2			2.2	35.4						
27	00	27.5	28.5	43.3			2.3	35.5	63.1					
	12			14.5			2.4							
28	00	27.6	28.6	34.6	D	D	2.5	35.6	63.2	21.1				
	12			5.2			2.6	45.1						
29	00	24.1	44.1	26.3			23.1					50.4		
	12			11.4			23.2	45.2	63.3					
30	00	24.2	44.2	10.5			23.3							
	12	24.3	44.3	58.5			23.4	45.3	63.4					

May 1975

Date	Time	☉	⊕	☾	☊	☋	☿	♀	♂	♃	♄	♅	♆	♇
1	00	24.3	44.3	38.6	34.1	20.1	23.5	45.4	63.4	21.1	39.5	50.4	9.6	18.4
	12	24.4	44.4	61.1	34.2	20.2	23.6	D	D	D	D	R	R	R
2	00			60.1			8.1	45.5	63.5	21.2				
	12	24.5	44.5	41.2			8.2							
3	00			19.2			8.3	45.6	63.6					
	12	24.6	44.6	13.3	R	R	8.4	12.1						
4	00			49.3			8.5				39.6			
	12	2.1	1.1	30.3			8.6	12.2	22.1					
5	00			55.4			20.1							
	12	2.2	1.2	37.4	34.1	20.1	20.2	12.3	22.2					
6	00			63.4			20.3	12.4		21.3				
	12	2.3	1.3	22.5			20.4							
7	00			36.5			20.5	12.5	22.3					
	12	2.4	1.4	25.6			20.6	12.6						
8	00			17.6			16.1		22.4					
	12	2.5	1.5	21.6				15.1						
9	00			42.1			16.2							
	12	2.6	1.6	3.2			16.3	15.2	22.5					
10	00			27.2			16.4	15.3						
	12	23.1	43.1	24.3			16.5		22.6	21.4				
11	00			2.4				15.4						
	12	23.2	43.2	23.4			16.6							
12	00			8.5			35.1	15.5	36.1					
	12	23.3	43.3	20.6	D	D		15.6						
13	00			35.1			35.2		36.2					
	12	23.4	43.4	45.2			35.3	52.1						
14	00			12.4										
	12	23.5	43.5	15.5			35.4	52.2	36.3		53.1			
15	00			52.6			35.5	52.3		21.5				
	12	23.6	43.6	53.1					36.4					
16	00	8.1	14.1	62.3			35.6	52.4						
	12			56.4										
17	00	8.2	14.2	31.5			45.1	52.5	36.5					
	12			7.1				52.6						
18	00	8.3	14.3	4.2			45.2		36.6					
	12			29.4	R	R		39.1						
19	00	8.4	14.4	59.6			45.3							
	12			64.1				39.2	25.1	21.6				
20	00	8.5	14.5	47.3			45.4							
	12			6.4				39.3	25.2					18.3
21	00	8.6	14.6	46.6				39.4						
	12			48.2			45.5							
22	00	20.1	34.1	57.3				39.5	25.3					
	12			32.5										
23	00	20.2	34.2	28.1	D	D	45.6	39.6	25.4			50.3		
	12			44.2				53.1						
24	00	20.3	34.3	1.4						51.1	53.2			
	12			43.5				53.2	25.5					
25	00	20.4	34.4	14.6			12.1							
	12			9.2	R	R		53.3	25.6					
26	00	20.5	34.5	5.3										
	12			26.4				53.4						
27	00	20.6	34.6	11.5				53.5	17.1					
	12			10.6										
28	00	16.1	9.1	38.1				53.6	17.2					
	12			54.2						51.2				
29	00	16.2	9.2	61.3			12.2	62.1						
	12			60.3					17.3					
30	00	16.3	9.3	41.4			R	62.2						
	12			19.4				62.3	17.4					
31	00	16.4	9.4	13.5			12.1							
	12			49.5				62.4						

June 1975

Date	Time	☉	⊕	☾	☊	☋	☿	♀	♂	♃	♄	♅	♆	♇
1	00	16.5	9.5	30.6	34.1	20.1	12.1	62.4	17.5	51.2	53.2	50.3	9.6	18.3
	12			55.6	R	R	R	62.5	D	D	53.3	R	9.5	R
2	00	16.6	9.6	37.6	D	D			17.6					
	12			22.1				62.6		51.3				
3	00	35.1	5.1	36.1				56.1						
	12			25.1					21.1					
4	00	35.2	5.2	17.2			45.6	56.2						
	12	35.3	5.3	21.2					21.2					
5	00			51.3				56.3						
	12	35.4	5.4	42.3										
6	00			3.4				56.4	21.3					
	12	35.5	5.5	27.4			45.5							
7	00			24.5				56.5	21.4					
	12	35.6	5.6	2.6				56.6						
8	00			8.1						51.4				
	12	45.1	26.1	20.2	R	R	45.4	31.1	21.5					
9	00			16.3										
	12	45.2	26.2	35.4				31.2	21.6		53.4			
10	00			45.5			45.3							
	12	45.3	26.3	12.6				31.3						
11	00			52.2					51.1					
	12	45.4	26.4	39.3			45.2	31.4						
12	00			53.5					51.2					
	12	45.5	26.5	62.6				31.5						
13	00			31.2						51.5				
	12	45.6	26.6	33.3			45.1	31.6	51.3					
14	00			7.5				33.1						
	12	12.1	11.1	29.1					51.4					
15	00			59.2			35.6	33.2						
	12	12.2	11.2	40.4										
16	00			64.5				33.3	51.5					
	12	12.3	11.3	6.1										
17	00			46.3	D	D		33.4						
	12	12.4	11.4	18.4			35.5		51.6		53.5			D
18	00			48.6				33.5						
	12	12.5	11.5	32.1					42.1					
19	00			50.3				33.6		51.6				
	12	12.6	11.6	28.4										
20	00			44.5				7.1	42.2					
	12	15.1	10.1	43.1										
21	00			14.2			35.4	7.2	42.3					
	12	15.2	10.2	34.3	R	R								
22	00			9.4				7.3						
	12	15.3	10.3	5.5					42.4					
23	00			26.6			D	7.4						
	12	15.4	10.4	10.1					42.5					
24	00			58.2				7.5						
	12	15.5	10.5	38.3			35.5							
25	00			54.4				7.6	42.6	42.1	53.6			
	12	15.6	10.6	61.5										
26	00			60.5				4.1						
	12	52.1	58.1	41.6					3.1					
27	00			19.6				4.2						
	12	52.2	58.2	49.1					3.2					
28	00			30.1			35.6							
	12	52.3	58.3	55.2				4.3						
29	00			37.2					3.3					
	12	52.4	58.4	63.2				4.4						
30	00			22.3			45.1							
	12	52.5	58.5	36.3				4.5	3.4					

July 1975

Date	Time	☉	⊕	☾	☊	☋	☿	♀	♂	♃	♄	♅	♆	♇
1	00	52.6	58.6	25.3	34.1	20.1	45.1	4.5	3.4	42.1	53.6	50.3	9.5	18.3
	12			17.4	R	R	45.2	4.6	3.5	D	D	R	R	D
2	00	39.1	38.1	21.4	D	D				42.2				
	12			51.5				29.1			62.1			
3	00	39.2	38.2	42.5			45.3		3.6					
	12			3.6										
4	00	39.3	38.3	27.6			45.4	29.2	27.1					
	12			2.1										
5	00	39.4	38.4	23.2			45.5	29.3						
	12			8.2					27.2					
6	00	39.5	38.5	20.3	R	R	45.6	29.4						
	12			16.4										
7	00	39.6	38.6	35.5			12.1		27.3					
	12			12.1			12.2	29.5				D		
8	00	53.1	54.1	15.2					27.4					
	12			52.4			12.3	29.6						
9	00	53.2	54.2	39.5	14.6	8.6							9.4	
	12			62.1			12.4		27.5		62.2			
10	00	53.3	54.3	56.3			12.5	59.1		42.3				
	12			31.4			12.6							
11	00	53.4	54.4	33.6				59.2	27.6					
	12			4.2			15.1							
12	00	53.5	54.5	29.4			15.2		24.1					
	12			59.6			15.3	59.3						
13	00	53.6	54.6	64.1										
	12			47.3			15.4		24.2					
14	00	62.1	61.1	6.5			15.5	59.4						
	12			18.1			15.6							
15	00	62.2	61.2	48.2			52.1		24.3					18.4
	12			57.4			52.2	59.5						
16	00	62.3	61.3	32.5	D	D	52.3							
	12			28.1					24.4					
17	00	62.4	61.4	44.2			52.4	59.6			62.3			
	12			1.3			52.5		24.5					
18	00	62.5	61.5	43.4			52.6							
	12			14.5			39.1	40.1						
19	00	62.6	61.6	9.1	R	R	39.2		24.6					
	12			5.2			39.3			42.4				
20	00	56.1	60.1	26.2			39.4	40.2						
	12			11.3			39.5		2.1					
21	00	56.2	60.2	10.4			39.6							
	12			58.5			53.1							
22	00	56.3	60.3	38.6			53.2	40.3	2.2					
	12			54.6			53.3							
23	00	56.4	60.4	60.1			53.5		2.3					
	12			41.2	14.5	8.5	53.6							
24	00	56.5	60.5	19.2			62.1	40.4			62.4			
	12			13.3			62.2		2.4					
25	00	56.6	60.6	49.3			62.3							
	12			30.4			62.4							
26	00	31.1	41.1	55.4			62.5		2.5					
	12			37.4			62.6	40.5						
27	00	31.2	41.2	63.5			56.1							
	12			22.5			56.2		2.6					
28	00	31.3	41.3	36.5			56.4							
	12			25.6			56.5							
29	00	31.4	41.4	17.6			56.6	40.6	23.1					
	12	31.5	41.5	21.6	14.4	8.4	31.1							
30	00			42.1			31.2		23.2					
	12	31.6	41.6	3.1			31.3							
31	00			27.2			31.4							
	12	33.1	19.1	24.2	D	D	31.5		23.3		62.5			

August 1975

Date	Time	☉	⊕	☾	☊	☋	☿	♀	♂	♃	♄	♅	♆	♇
1	00	33.1	19.1	2.3	14.4	8.4	33.1	40.6	23.3	42.4	62.5	50.3	9.4	18.4
	12	33.2	19.2	23.3	D	D	33.2	D	D	D	D	D	R	D
2	00			8.4			33.3	64.1	23.4					
	12	33.3	19.3	20.5	R	R	33.4							
3	00			16.6			33.5							
	12	33.4	19.4	45.1			33.6		23.5					
4	00			12.2			7.1			42.5				
	12	33.5	19.5	15.3			7.2							
5	00			52.5			7.3		23.6					
	12	33.6	19.6	39.6			7.4							
6	00			62.2			7.6							
	12	7.1	13.1	56.4			4.1	R	8.1					
7	00			31.6			4.2							
	12	7.2	13.2	7.2			4.3				62.6			
8	00			4.4			4.4		8.2					
	12	7.3	13.3	29.6			4.5							
9	00			40.2			4.6							
	12	7.4	13.4	64.4			29.1		8.3					
10	00			47.6	14.3	8.3	29.2							
	12	7.5	13.5	46.2			29.3	40.6						
11	00			18.4			29.4		8.4					
	12	7.6	13.6	48.5			29.5							
12	00			32.1			29.6							
	12	4.1	49.1	50.3			59.1		8.5					
13	00			28.4			59.2							
	12	4.2	49.2	44.6			59.3							
14	00			43.1			59.4		8.6					
	12	4.3	49.3	14.2	D	D	59.5	40.5						
15	00			34.3	R	R	59.6			R				
	12	4.4	49.4	9.4			40.1		20.1		56.1			
16	00			5.5			40.2							
	12	4.5	49.5	26.6										
17	00			10.1			40.3	40.4	20.2					
	12	4.6	49.6	58.2			40.4							
18	00			38.2			40.5							
	12	29.1	30.1	54.3			40.6		20.3					
19	00			61.4			64.1	40.3						
	12	29.2	30.2	60.4			64.2							
20	00			41.5			64.3		20.4					
	12	29.3	30.3	19.5			64.4					50.4		
21	00	29.4	30.4	13.6			64.5	40.2						
	12			49.6	14.2	8.2			20.5					
22	00	29.5	30.5	55.1			64.6						D	
	12			37.1			47.1							
23	00	29.6	30.6	63.1			47.2	40.1	20.6		56.2			18.5
	12			22.2			47.3							
24	00	59.1	55.1	36.2			47.4							
	12			25.2			47.5	59.6	16.1					
25	00	59.2	55.2	17.3										
	12			21.3			47.6							
26	00	59.3	55.3	51.3	14.1	8.1	6.1	59.5	16.2	42.4				
	12			42.4			6.2							
27	00	59.4	55.4	3.4			6.3							
	12			27.4				59.4						
28	00	59.5	55.5	24.5			6.4		16.3					
	12			2.5			6.5							
29	00	59.6	55.6	23.6			6.6	59.3						
	12			8.6	D	D	46.1		16.4					
30	00	40.1	37.1	16.1	R	R								
	12			35.2			46.2	59.2						
31	00	40.2	37.2	45.3			46.3		16.5					
	12			12.4			46.4				56.3			

September 1975

Date	Time	☉	⊕	☾	☊	☋	☿	♀	♂	♃	♄	♅	♆	♇
1	00	40.3	37.3	15.5	14.1	8.1	46.4	59.1	16.5	42.4	56.3	50.4	9.4	18.5
	12			52.6	R	R	46.5	R	D	R	D	D	D	D
2	00	40.4	37.4	53.2			46.6		16.6					
	12			62.3				29.6						
3	00	40.5	37.5	56.5			18.1							
	12			33.1			18.2		35.1					
4	00	40.6	37.6	7.3			18.3							
	12			4.5				29.5						
5	00	64.1	63.1	59.1			18.4		35.2					
	12			40.3			18.5							
6	00	64.2	63.2	64.5										
	12	64.3	63.3	6.1			18.6	29.4						
7	00			46.3	43.6	23.6	48.1		35.3					
	12	64.4	63.4	18.5										
8	00			57.1			48.2							
	12	64.5	63.5	32.3				29.3	35.4					
9	00			50.5			48.3				56.4			
	12	64.6	63.6	44.1			48.4							
10	00			1.2										
	12	47.1	22.1	43.4			48.5		35.5	42.3				
11	00			14.5	D	D						50.5		
	12	47.2	22.2	9.1			48.6	29.2						
12	00			5.2			57.1							
	12	47.3	22.3	26.3	R	R			35.6					
13	00			11.4			57.2							
	12	47.4	22.4	10.5										
14	00			58.5			57.3		45.1					
	12	47.5	22.5	38.6										
15	00			61.1			57.4							
	12	47.6	22.6	60.1										
16	00			41.2			57.5		45.2					
	12	6.1	36.1	19.2										
17	00			13.3			57.6							
	12	6.2	36.2	49.3				29.1						
18	00			30.3					45.3					
	12	6.3	36.3	55.4			32.1	D						18.6
19	00	6.4	36.4	37.4	43.5	23.5		29.2			56.5			
	12			63.4			32.2							
20	00	6.5	36.5	22.5					45.4					
	12			36.5						42.2				
21	00	6.6	36.6	25.5			32.3							
	12			17.6										
22	00	46.1	25.1	21.6					45.5					
	12			51.6										
23	00	46.2	25.2	3.1			32.4							
	12			27.1										
24	00	46.3	25.3	24.2					45.6					
	12			2.2										
25	00	46.4	25.4	23.2										
	12			8.3	D	D		29.3						
26	00	46.5	25.5	20.4										
	12			16.4					12.1					
27	00	46.6	25.6	35.5			R							
	12			45.6										
28	00	18.1	17.1	15.1										
	12			52.2				29.4	12.2	42.1		50.6		
29	00	18.2	17.2	39.3	R	R								
	12			53.4										
30	00	18.3	17.3	62.5							56.6			
	12	18.4	17.4	31.1										

October 1975

Date	Time	☉	⊕	☾	☊	☋	☿	♀	♂	♃	♄	♅	♆	♇
1	00	18.4	17.4	33.2	43.5	23.5	32.3	29.5	12.3	42.1	56.6	50.6	9.4	18.6
	12	18.5	17.5	7.4	R	R	R	D	D	R	D	D	D	D
2	00			4.6										
	12	18.6	17.6	59.2			32.2							
3	00			40.4	43.4	23.4		29.6					9.5	
	12	48.1	21.1	64.6					12.4					
4	00			6.2			32.1							
	12	48.2	21.2	46.4				59.1						
5	00			18.6			57.6							
	12	48.3	21.3	57.2						51.6				
6	00			32.4			57.5		12.5					
	12	48.4	21.4	50.6				59.2						
7	00			44.2			57.4							
	12	48.5	21.5	1.4			57.3							
8	00			43.6	D	D		59.3						
	12	48.6	21.6	34.1			57.2		12.6					
9	00			9.3										
	12	57.1	51.1	5.4			57.1	59.4						
10	00	57.2	51.2	26.5			48.6							
	12			11.6										
11	00	57.3	51.3	58.1			48.5	59.5						
	12			38.2			48.4		15.1					
12	00	57.4	51.4	54.3										
	12			61.4	R	R	48.3	59.6		51.5				48.1
13	00	57.5	51.5	60.4										
	12			41.5			48.2	40.1			31.1			
14	00	57.6	51.6	19.5								28.1		
	12			13.6					15.2					
15	00	32.1	42.1	49.6			48.1	40.2						
	12			55.1										
16	00	32.2	42.2	37.1				40.3						
	12			63.1			18.6							
17	00	32.3	42.3	22.2										
	12			36.2				40.4						
18	00	32.4	42.4	25.2					15.3					
	12			17.3			D	40.5						
19	00	32.5	42.5	21.3										
	12	32.6	42.6	51.3						51.4				
20	00			42.4				40.6						
	12	50.1	3.1	3.4										
21	00			27.4			48.1	64.1						
	12	50.2	3.2	24.5										
22	00			2.5				64.2						
	12	50.3	3.3	23.6	D	D	48.2		15.4					
23	00			8.6				64.3						
	12	50.4	3.4	16.1										
24	00			35.2			48.3	64.4						
	12	50.5	3.5	45.2										
25	00			12.3			48.4							
	12	50.6	3.6	15.4				64.5						
26	00			52.5			48.5							
	12	28.1	27.1	39.6			48.6	64.6						
27	00	28.2	27.2	62.1						51.3				
	12			56.2			57.1	47.1						
28	00	28.3	27.3	31.4	R	R	57.2		15.5					
	12			33.5				47.2						
29	00	28.4	27.4	7.6			57.3					28.2		
	12			29.2			57.4	47.3						
30	00	28.5	27.5	59.4										
	12			40.5			57.5	47.4						
31	00	28.6	27.6	47.1			57.6							
	12			6.3			32.1	47.5						

November 1975

Date	Time	☉	⊕	☾	☊	☋	☿	♀	♂	♃	♄	♅	♆	♇
1	00	44.1	24.1	46.5	43.4	23.4	32.1	47.5	15.5	51.3	31.1	28.2	9.5	48.1
	12			48.1	R	R	32.2	47.6	D	R	D	D	D	D
2	00	44.2	24.2	57.3			32.3							
	12			32.5			32.4	6.1						
3	00	44.3	24.3	28.1			32.5							
	12	44.4	24.4	44.3			32.6	6.2		51.2				
4	00			1.5										
	12	44.5	24.5	43.6	D	D	50.1	6.3						
5	00			34.2			50.2						9.6	
	12	44.6	24.6	9.4			50.3	6.4						
6	00			5.5			50.4	6.5						
	12	1.1	2.1	11.1			50.5							
7	00			10.2				6.6	R					
	12	1.2	2.2	58.3			50.6							48.2
8	00			38.4			28.1	46.1						
	12	1.3	2.3	54.5			28.2				31.2			
9	00			61.6			28.3	46.2						
	12	1.4	2.4	41.1			28.4							
10	00			19.1			28.5	46.3						
	12	1.5	2.5	13.2										
11	00	1.6	2.6	49.2	R	R	28.6	46.4						
	12			30.3			44.1							
12	00	43.1	23.1	55.3			44.2	46.5						
	12			37.4			44.3	46.6						
13	00	43.2	23.2	63.4			44.4			51.1		28.3		
	12			22.4			44.5	18.1						
14	00	43.3	23.3	36.5										
	12			25.5			44.6	18.2						
15	00	43.4	23.4	17.5	D	D	1.1				R			
	12			21.6			1.2	18.3						
16	00	43.5	23.5	51.6			1.3	18.4						
	12			42.6			1.4		15.4					
17	00	43.6	23.6	27.1			1.5	18.5						
	12	14.1	8.1	24.1										
18	00			2.2			1.6	18.6						
	12	14.2	8.2	23.2			43.1							
19	00			8.3	R	R	43.2	48.1						
	12	14.3	8.3	20.4			43.3							
20	00			16.4			43.4	48.2						
	12	14.4	8.4	35.5			43.5	48.3						
21	00			45.6										
	12	14.5	8.5	15.1			43.6	48.4	15.3		31.1			
22	00			52.2			14.1							
	12	14.6	8.6	39.3			14.2	48.5						
23	00			53.4			14.3	48.6						
	12	34.1	20.1	62.5			14.4							
24	00	34.2	20.2	56.6			14.5	57.1						
	12			33.2										
25	00	34.3	20.3	7.3			14.6	57.2						
	12			4.4			34.1		15.2					
26	00	34.4	20.4	29.6			34.2	57.3		21.6				
	12			40.1	D	D	34.3	57.4						
27	00	34.5	20.5	64.3			34.4							
	12			47.4				57.5						
28	00	34.6	20.6	6.6			34.5							
	12			18.2			34.6	57.6						
29	00	9.1	16.1	48.3			9.1	32.1	15.1			28.4		
	12			57.5			9.2							
30	00	9.2	16.2	50.1			9.3	32.2						
	12	9.3	16.3	28.2										

December 1975

Date	Time	☉	⊕	☾	☊	☋	☿	♀	♂	♃	♄	♅	♆	♇
1	00	9.3	16.3	44.4	43.4	23.4	9.4	32.3	15.1	21.6	31.1	28.4	5.1	48.2
	12	9.4	16.4	1.6	D	D	9.5	32.4	R	R	R	D	D	D
2	00			14.2	R	R	9.6		12.6					
	12	9.5	16.5	34.3			5.1	32.5						
3	00			9.5			5.2							
	12	9.6	16.6	5.6			5.3	32.6						
4	00			11.2				50.1						
	12	5.1	35.1	10.3			5.4		12.5					
5	00			58.4			5.5	50.2						
	12	5.2	35.2	38.5	43.3	23.3	5.6	50.3						
6	00			54.6			26.1							
	12	5.3	35.3	60.1			26.2	50.4						
7	00	5.4	35.4	41.2					12.4					
	12			19.3			26.3	50.5						
8	00	5.5	35.5	13.4			26.4	50.6						
	12			49.4			26.5							
9	00	5.6	35.6	30.5			26.6	28.1						
	12			55.5			11.1		12.3					
10	00	26.1	45.1	37.6				28.2						
	12			63.6			11.2	28.3						
11	00	26.2	45.2	22.6	D	D	11.3			D				
	12			25.1			11.4	28.4						
12	00	26.3	45.3	17.1			11.5		12.2					48.3
	12	26.4	45.4	21.1			11.6	28.5						
13	00			51.2				28.6						
	12	26.5	45.5	42.2			10.1							
14	00			3.2			10.2	44.1						
	12	26.6	45.6	27.3			10.3	44.2	12.1					
15	00			24.3			10.4							
	12	11.1	12.1	2.4			10.5	44.3						
16	00			23.4	R	R								
	12	11.2	12.2	8.5			10.6	44.4	45.6					
17	00			20.6			58.1	44.5				28.5		
	12	11.3	12.3	35.1			58.2							
18	00			45.2			58.3	44.6			56.6			
	12	11.4	12.4	12.3			58.4	1.1						
19	00	11.5	12.5	15.4					45.5					
	12			52.5			58.5	1.2						
20	00	11.6	12.6	39.6			58.6							
	12			62.1			38.1	1.3						
21	00	10.1	15.1	56.3			38.2	1.4						
	12			31.4			38.3		45.4					
22	00	10.2	15.2	33.5				1.5						
	12			4.1			38.4	1.6						
23	00	10.3	15.3	29.2			38.5							
	12			59.4			38.6	43.1						
24	00	10.4	15.4	40.5			54.1	43.2						
	12	10.5	15.5	47.1			54.2		45.3					
25	00			6.2				43.3						
	12	10.6	15.6	46.4			54.3			51.1				
26	00			18.6	D	D	54.4	43.4					5.2	
	12	58.1	52.1	57.1			54.5	43.5						
27	00			32.3			54.6		45.2					
	12	58.2	52.2	50.4			61.1	43.6						
28	00			28.6				14.1						
	12	58.3	52.3	1.1			61.2							
29	00			43.3			61.3	14.2						
	12	58.4	52.4	14.4	R	R	61.4	14.3						
30	00	58.5	52.5	34.5			61.5		45.1					
	12			5.1				14.4						
31	00	58.6	52.6	26.2			61.6							
	12			11.3			60.1	14.5						

General Info

This volume of the Zen Human Design Ephemeris covers 25 years of data. Much care has gone into presenting this wealth of information as accurately and easily to read as possible.

The positions of the activating forces (the "planets") are checked twice a day, at midnight and noon GMT. (See below map to adjust to other timezones.) The results are displayed in tables, with two months per page and six pages per year. If no gate or line change has happened since the last checkpoint twelve hours earlier, nothing is displayed. For visual support, gate changes are marked with a black triangle in the upper left corner. Sundays are shaded in gray.

At the top of each month the current gate/line activation for each planet is displayed. If a change has happened within the past twelve hours, it's in black, if the last change happened more than twelve hours ago, it's in gray.

In the second row, D and R indicate direct or retrograde motion of the planet, in black only when reversal of direction happened within the past twelve hours, otherwise in gray.

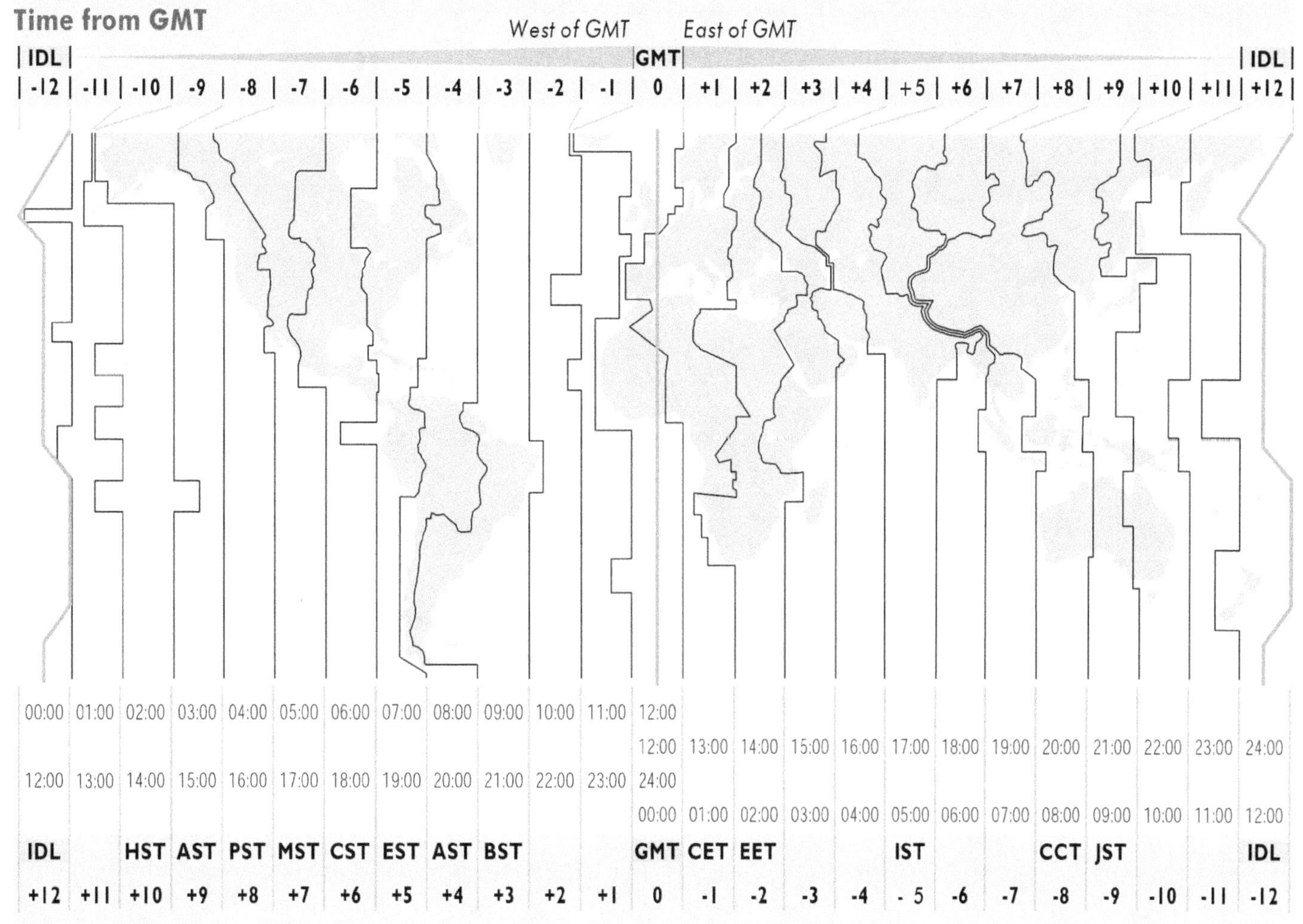

www.ingramcontent.com/pod-product-compliance
Lightning Source LLC
Chambersburg PA
CBHW080636230426
43663CB00016B/2887

* 9 7 8 1 9 3 1 1 6 4 1 9 1 *